KB236571

# 노무현 **코드**의 반란

저자 | **김헌식**

1999년 인터넷 한겨레를 시작으로 2001년부터 오마이뉴스에서 미디어·대중문화 글쓰기를 해왔다. 제19회 인터넷 한겨레 하니리포터상과 제1회 오마이뉴스 오름상을 받았다. 문화 현상에서 사회적 의미를 분석하는 데 주목해 왔다. 최근에는 Culture Leadership 연구를 통해 일종의 인문학적 리더십을 문화심리를 통한 리더십의 철학과 효과를 분석한다. 지은 책으로는 ≪대중문화심리 읽기≫, ≪촛불@광장 사회의 메커니즘≫(공저), ≪세종, 소통의 리더십≫(2008 문화체육관광부 우수교양도서) 등이 있다.

노무현 **코드**의 반란 [개정증보판]
제2노무현의 운명

2003년 6월 20일 초판 발행
2009년 7월 10일 개정증보판 발행

지은이 김헌식
펴낸이 이찬규
펴낸곳 선학사
등록번호 제01-1519호
주소 121-801 서울시 마포구 공덕동 115-13번지 2층
전화 (02)704-7840
팩스 (02)704-7848
이메일 sunhaksa@korea.com
홈페이지 www.sunhaksa.com
ISBN 978-89-8072-224-2 (03300)

값 13,000원

개정증보판

# 노무현 코드의 반란

## 제2 노무현의 운명

김헌식 지음

선학사

누구나 옳은 사람 사랑하기를
호랑이 가죽을 좋아함과 같네.
살아있을 땐 죽이려고 애태우고
죽은 뒤엔 입을 모아 칭찬한다네.
- 우연히 읊조림, 남명 조식

# 그를 잃게 한 딜레마 구조

## 1

그날은 새벽 내내 몸이 좋지 않았다. 고모 제사가 있어서 인천 문학동에 간 김에 그곳에서 잠을 청하고 있었다. 전날 많은 눈물을 흘렸기 때문일까. 뒤척이느라 잠을 제대로 못 자느니 차라리 일찍 일어나 버렸다. 아침 일찍 전철역으로 향하면서 몸을 가누기도, 숨을 쉬기도 힘들었다.

그날은 2009년 5월 23일. 전철역에서 내려 9시 30분쯤, 마을버스를 기다리고 있었다. 때마침 버스 노선이 바뀐 첫날이나 혼란스러웠다. 마침내 기다리던 버스가 오자 배낭을 멘 아주머니 한 분이 잽싸게 앞으로 뛰어들었다. 마을버스에 탄 아주머니가 기사에게 말했다. "노무현이 자살했대." 이 엄청나게 충격적인 말에 정작 실없는 소리라 여겼는지 운전기사는 관심이 없었고, 뒤에 앉아 있던 세련된 복장의 할머니는 이렇게 말했다. "돈을 얼마나 많이 처먹었으면 죽었나."

사실 추모열기 뒤편으로 비난의 목소리도 있었다. 어떤 이들은 노무현은 참 나쁜 사람이라고 했다. 이기적인 사람이고 자신을 위해 죽었다고도 했다. 건설사 사장을 말로 죽게 만들더니, 자신의 말 때문에 죽었다는 말도 들렸다. 한 나라의 리더가 그깟 일을 갖고 죽다니 처음부터 리더의 자격이 없다고도 했다. 조금만 참지 그것을 견디지 못하고 자기 성격을 이기지 못해 죽었다고 하는 것은 노무현의 완벽주의, 결벽증을 보도하는 언론매체와 같았다.

한편에서는 죽음을 맞은 인물에 관대해지는 문화심리도 비판했다. 동정과 연민의 심리 때문에 합리적인 평가가 이루어지지 못한다는 것이다. 역시 노무현 전 대통령의 죽음을 그렇게 좋게만 보지는 않는다. 분명 유례를 찾아볼 수 없는 추모객들의 발길을 긍정적으로 보지 않은 시선이 존재한다. 하지만 그것은 여전히 노무현을 오해한 것이었다. 그러한 오해는 노무현이 처한 '구조'의 산물이다. 이러한 점은 본문에서 다룰 것이다. 이는 왜 사람들은 노무현을 오해하고 폄하하면서 그를 버리게 되는가를 다루는 것이다.

생물학적으로 보았을 때 인간은 자신을 위해서 이기적으로 사고하고 행동한다. 이것이 주류경제학에서 말하는 인간형이기도 하다. 하지만 그러한 견해는 평균을 말하는 것이다. 사람 중에는 그렇지 않는 사람도 있다. 최대한 자신을 버리고 공공적인 과제에 헌신했는가가 중요하다. 노무현을 이기적인 사람, 자신만을 위한 사람이라고 비난하기 전에 그가 무엇을 위해 그렇게 한평생 고생의 길을 걸었는지를 생각해야 한다. 그는 차용증을 쓴 최초의 대통령이고, 빚만 남긴 대통령이었다. 그것은 도덕심이나 윤리의식, 결벽증이나 완벽주의 때문이 아니고, 자신의 이익을 타익과 일치시키면서 그 진정성을 위해 한평생을 산 결과였다. 그런데 그 결과의 끝에는 죽음이 있었다. 그것도 죽음으로 몰아갈 정치공학적 구도가 있었다. 그것이 바로 눈물을 만들어 내는 대중심리이기도 했다. 하지만 그것이 아주 특별한 것은 아니다. 노무현에 대한 슬픔은 뛰어나거나 아주 앞서가는 고품격 감정이 아니라 그저 상식적인 것이다. 누구나 당연히 가져야 하는 것이며, 그렇지 않을 경우에는 사이코패스 같은 성격이거나 그를 시기하는 것이다.

어떤 이들은 노무현을 지지했던 사람들에게 안부전화를 했다. 또 어떤 이들은 우는 사람들에게 자신의 부모가 죽으면 그렇게 서럽게 울 수 있느냐고 힐난도 했다. 노무현 지지자들은 자신들의 울음과 눈물은 노무현을 사랑하기 때문이라고 했다. 그러나 사랑의 문제는 아닐 것이다. 너무나 당연한 것이기 때문이다. 눈물을 짓는 사람들을 '노빠'나 '노사모'로만 보는 것은 타당하지 않았다. 왜냐하면, 유례 없는 추모열기는 상식적인 수준에서 충분히 이해할 수 있는 것이고, 특별한 게 아니기 때문이다. 거꾸로 죽음의 애도가 남다른 진보적 세계관을 나타내는 것도 아니다. 그 '상식'이라는 것은 무엇일까. 그것은 노무현에게 투영(projection)된 대중들의 심리이기도 하다. 물론 이명박 정권 타살론은 정치역학 차원의 분석이겠다. 추모에는 진보 민주개혁세력의 결집 여망도 있다.

무엇보다 근본적으로 노무현이라는 기호를 둘러싼 사람들의 마음은 무엇일까 생각하지 않을 수 없다. 그래야 사람들의 마음에 맞는 정치나 정책을 통해 좀 더 나은 사회, 노무현 같은 진정성의 정치인이 꿈을 실현할 수 있기 때문이다. 우선, 반성과 대속(代贖)에 대한 애도이다. 죽을 사람은 그가 아니라 더 문제가 심각한 대부분의 사회 지도층들이기 때문이다. 분노와 슬픔은 한국 사회에 대한 근본적인 반성과 회개를 요구하는 것이다. 노무현은 죄 많은 이들의 짐까지 대속했다. 모든 이들의 죄를 자기가 지고 떠났던 것이다. 그것은 비단 주변 사람들의 죄만이 아니라 자신을 비난했던 사람들까지도 원망 말라며 모두 안고 갔다.

그에 대한 한없는 눈물에는 대중이 만든 민주 권위의 좌절심리가 담겨 있었다. 인터넷을 중심으로 많은 인기를 끌었던 '노간지'의 사진들은 노무현이 서민 대통령이라는 점을 강조했다. 대선 전부터 서민 대통령을 강조했고, 별명도 노짱, 노이장이라는 친근한 호칭이 붙었다. 그런 점에서 탈 권위의 상징이기도 했다. 그런데 이를 특이하거나 독보적인 것으로 보는 것 자체가 비정상이다. 당연히 대통령은 서민, 약자의 대통령이다. 자본주의는 강자의 논리가 지배한다. 정부와 대통령이 대의민주주의 원칙에 맞게 구성되는 것은 사회구성원의 다수가 약자들이기 때문이다. 대통령이 강자의 편이라면 존재 의미가 없다. 시민들이 스스로 만들어 낸 대통령이 결국 죽음에 이른 것은 시민, 민주주의가 스스로 죽음에 이른 것과 같다. 지도자의 죽음이 자신의 죽음과 같은 것으로 여겨지는 것, 그것이 오히려 상식에 맞다.

또한 배제와 차별받은 자에 대한 동일시와 감정이입의 심리가 존재한다. 정치경제의 주류질서는 물론 진보정당에서는 보수주의자로 냉전수구세력에게서는 '좌빨'로 몰리는 상황이 반복되었다. 거꾸로 그가 선택을 받은 것은 그렇게 어중간한 경계인들이 많았기 때문이다. 민중가요도 잘 모르고 진보정치의 이론도 잘 모르며, 운동구호도 외칠 줄 모르지만 우리 사회가 좀 더 잘살았으면 좋겠다는 사람들을 끌어안아 줄 세력이 없던 터에 노무현이 그나마 채웠던 것이다.

한쪽은 친일과 냉전수구세력이 부유한 자들에 복무하고, 다른 한쪽은 지역주의, 희망을 걸어 볼 또 다른 쪽에서는 그들만의 진보논리가 사람들을 멀도록 했다. 경계인들은 '단결투쟁가'보다는 '상록수'와 해바라기의 노래들이 더 알맞았다. 무엇보다 진보정당은 대중의 욕망을 간과하거나 그것을 억제하는 방향으로 나갔다. 하지만 노무현은 나이와 성, 학력과 지역에 관계없이 자신의 꿈을 이루고 잘 사는 나라를 만들고자 했다. 이를 위해 정치 개혁과 지역주의 타파가 필요하기에, 때를 묻히며 진흙탕 속에서 대안과 절충점을 끊임없이 찾고자 했다.

씨알들은 분배는 물론 성장도 중요하게 생각한다. 노동자, 농민으로 남으려 한 것이 아니었다. 그들은 현재 가난하지만 금융인, 사업가로 성장하고자 한다. 노무현은 서민 성공 모델이었다. 가난한 집안 형편 때문에 상고에 진학한 뒤 노동자로 고생하다가 독학으로 사법고시에 합격했다. 하지만 이는 다른 정치인의 사례에서도 많다. 노무현은 가진 것을 버린 존재였다. 돈 잘 버는 조세전문변호사에서 인권변호사로, 국회의원이 되어서도 3당 야합을 거부했다. 지역주의를 없애려 국회의원 당선지역을 피했다. 명분을 위해 손해를 보는 '바보 노무현'이었다.

영악한 이들이 많으면 선한 자는 악한 자가 된다. 약자는 우자(愚者)다. 그러나 현자다. 예수는 바보 현자였다. 약자를 위해 다 버린 노무현이 예수다. 온화한 예수는 없었다. 예수도 거칠고 과격했다. 강자들의 무도함에 분노하고 그것에 항의하며 격정에 휩싸였기 때문이다. 노무현은 거칠고 직선적이었다. 하지만 자신을 위한 분노와 격정이 아니었다. 고상함을 따지며 현실 모순에 침묵할 수 없었다.

그러나 위선을 거부한 그는 좌절되었다. 하지만 지지자는 집결했다. 천민자본주의에서 진정성을 좌절당한 수많은 사람들의 감정 이입과 동일시 감정이 일어났기 때문이다.

경계인은 좌우에서 비난을 받는다. 진보는 고수가 아니라 끊임없는 새 시도다. 경계인의 운명이다. 그 경계인은 항상 비난 속에서 고독과 슬픔의 감정을 겪는다. 군중 속의 고독을 겪는 인간으로 어느 세력이나 이데올로기, 심지어 종교에도 의존하지 않고, 좀 더 나은 세상을 위해 참 열심히도 산 노무현. 그를 둘러싼 대중적 애도는 경계인의 고독과 슬픔을 자신의 것으로 받아들이는 신이 아닌, 인간의 마음에서 일어난 것이다.

죽음으로 지키려 한 것은 승부사라는 왜곡된 자신이 아니라 '진정성', '책임'이었다. 그것은 특별한 것이 아니라 지도자가 지켜야 하는 점이었다. 결국 노무현 애도는 배제되고 소외된 이들의 좌절된 꿈이자 분노다. 그가 지향한 가치의 인정이다. 한편으로 공포와 우려의 심리도 있다. 이명박 정권에서 승자독식 사회가 공고화됐기 때문이다. 어떤 이들은 노무현이 신자유주의자라 했지만, 이제 신자유주의의 본색이 드러나고 있다. 사람은 매번 지나고 나서야 후회하고 옛날을 그리워한다.

그러나 그는 정말 영원히 떠나간 것일까. 살아남은 자들의 슬픔은 그냥 눈물 속에 있어야 하는 것일까. 이제 감정에서 벗어나 이점을 말하려 한다. 그것은 왜 노무현이 스스로 떠나가야 했는가에 대한 좀 더 구조적인 탐색이다. 이를 위해서는 지난 날 필자의 책 이야기를 하지 않을 수 없다. 그 책에서 말하고 있는 현실은 전혀 변하지 않았기 때문이다.


## 2

2002년 12월, 대통령 선거운동이 한창일 때, 책 한 권을 쓰고 있었다. 제목은 '노무현 코드의 딜레마'였다. 그 당시는 매우 절박했다. 시간은 별로 없었다. 그

원고는 대선을 겨냥한 것이 아니라 노무현의 대통령 이후를 염두하고 있었다. 노무현 후보가 대통령이 될는지 알 수도 없다. 하지만, 일단 시작해야 했다. 내겐 강행군이었다. 읽어야 할 자료도 많았다. 손가락은 후들거리고 허리는 끊어질 듯이 아팠다. 그리고 엉덩이는 쥐가 났고 오금이 저렸다. 이때 안구건조증에 걸렸다. 오줌 색깔은 몸의 이상 상태를 경고했다. 그때 그런 것은 별로 중요하지 않아 보였다. 최종 원고는 3천 매였다. 단행본으로는 너무 많은 내용이었다. 어느 출판사에서 내줄지도 알 수 없었다. 단지 의무감 때문에 썼다. 그 의무감은 누가 쥐어 준 것도 아니었다. 노사모도 아니었다. 그 사이 노무현 후보는 대통령 당선자 신분이 되어 있었다.

"이대로 두면 대통령 노무현은 실패한다."

노무현을 대통령으로 만든 '노무현 코드'가 노무현을 실패하게 만들 것이었다. 노무현을 살게 한 이들이 노무현을 오히려 살지 못하게 할 운명이었다. 노무현 코드에 대한 지지자들이 오히려 노무현을 죽일 것이었다. 노무현이 겪게 될 운명적 구조였다. 그 운명을 막고자 했다. 진정성 있는 인물이 제도권 안에서 대통령이라는 수장으로 활동하게 되면 반드시 겪게 되는 딜레마가 있었다. 그것은 제도적 코드와 문화적 코드 사이의 딜레마 구조였다. 이를 풀어 주는 작업이 매우 긴요했다. 그렇지 않으면 지지자들은 이탈하고, 노무현은 결국 실패할 것이었다. 사실 별것 아닌 내용일 수 있었다. 상식적인 이야기일 수도 있었다. 그러나 상식이 통하지 않는 사회라는 점을 생각할 때, 노무현의 꿈이 '상식이 통하는 나라'였기에 의미를 두려했다.

노무현을 사랑했기 때문에 그러한 점을 지적해야 한다는 의무감을 지닌 것은 아니었다. 노무현이라는 인물은 매우 중요한 상징이자, 절체절명의 매개고리였기 때문이었다. 노무현이 실패하면 시민들의 장래는 장담할 수 없다고 생각했다. 냉전수구의 부활은 불 보듯 뻔했고, 역사는 퇴행의 길로 들어설 것이기 때문이었다. '냉전수구의 부활', '역사의 퇴행', 이러한 관념적인 단어가 의미하는 것은 이 땅의 약자들의 삶이 매우 피폐해지는 암흑기의 시작이었다. 무엇보다 꿰뚫어 보려 한 것은 노무현의 '마음'이었다.

사전에 경계경보를 울린다는 측면에서 책의 출간은 대통령 취임식을 앞둔 2월 25일 이전이면 좋았다. 여러 출판사를 알아보았다. 하지만 번번이 딱지를 맞았다. 함량 미달이라는 평가도 있었다. 절망이었다. 사실 꼭 출간을 기대한 것은 아니었기 때문에 크게 낙심한 것은 아니었다. 원고를 미리 보던 후배는 이러한 책을 내줄 곳은 이 나라에 없다고 했다. 더구나 진보진영에서는 더더욱 말이다. 그러던 가운데 월간 말지 편집국에서 전화가 왔다. 김서정 출판부장이었다. 한번 만나자는 전화였다. 당시 효창공원 앞에 있는 말지 사무실에서 만났다. 다행히 그렇게 책은 계약되었다. 그런데 2월 말 출간으로 예정되었지만, 내부 사정으로 책은 6월 중순이 되어서야 출간되었다. 원고의 3분의 2는 대중서의 성격상 잘라 내야 했다. 그런데 당시 책 제목으로 결정했던 원래 제목인 '노무현 코드의 딜레마'를 사용할 수 없었다. 다른 출판사에서 이미 '노무현 정권의 딜레마'라는 이름을 이미 사용해 출판했기 때문이었다. 그 출판사는 말지 이전에 출판을 의뢰했다가 거절당했던 곳이었다. 그 출판사에서 낸 책은 대담이 주요 내용이었는데, 책 제목과 내용이 별로 상관이 없었다. 어쨌든 다른 출판사에서 '노무현'과 '딜레마'를 사용했기 때문에 책 제목을 바꿔야 했다. 그래서 바꾼 것이 '노무현 코드의 반란(월간 말, 2003. 6)'이었다. 그렇게 제목을 정한 이유는 노무현의 코드가 오히려 노무현을 죽이는 칼이 될 수 있다는 책 내용 때문이었다. 즉 '노무현 코드의 역풍'이라고 해도 맞는 말이다. 책이 출간되자, 월간 신동아의 추천도서로 올라갔다. 중앙일보 논설위원은 칼럼을 통해 이 책을 들면서 진보진영을 공격했다. 이제야 정신 차린 책이 나왔다는 식이었다. 말지의 상징성 때문에 그러했을 것이다. 이 책은 정작 말지 편집국에서도 외면을 받았다. 어떤 이는 일사분란하게 모든 것을 밀어붙이면 끝나는데 무슨 딜레마냐고 조소했다.

외면과 공격, 내용이 함량 미달이기 때문이려니 했다. 하지만 가슴이 저렸다.

더구나 대통령에 취임한 지 몇 달이 안 된 사이에 노무현을 지지하던 이들은 대거 이탈했다. 예견된 일이 현실로 나타났다. 차별화된 삶의 질을 제공하고도 오히려 버림받은 그는 무력했다. 집권 5년 내내 노무현은 자신의 진정성을 실현하기 위해서 고군분투했다. 수구·보수와 진보 양쪽에서 좌우 협공을 받았다. 어떤 형태의 정책적 행동도 승부사적 전략, 개인적 성공 욕망, 도덕적 독재 등으로 불신받았다. 정작 지지자들은 대거 이탈했고, 냉전 수구의 후예들은 강고하게 결집했다. 마침내 지지자들은 노무현을 버렸다. 그리고 아군과 적군을 막론하고 욕을 하였다. 강자보다는 약자를 위해 참으로 눈물겨운 외로움을 견뎌야 했던 그를 정작 약자들이 버렸다. 2002년 노무현을 선택한 이들은 2007년 냉전수구의 새로운 마스크인 이명박을 선택했다. 욕망이 커진 이들은 유다가 되었다. 제사장들과 서기관을 도운 유다 때문에 예수가 못 박혀 죽었듯이 노무현은 그와 같았다. 그에게 남아 있는 것은 아무것도 없었다. 한 나라의 대통령에게 남은 것은 차용증과 유서였다. 그러한 마지막 진정성에도 불구하고 그는 결국 목숨도 내놓아야 했다. 2009년 5월 23일 퇴임 1년여 만에 세상을 스스로 떠났다.

또한 노무현 코드가 노무현을 잃게 했다. 마지막 유서가 주는 의미심장함대로, 예정된 운명대로 되었다. 하지만 운명을 거부하고, 그것을 극복할 수 있었다. 노무현은 갔지만 노무현은 다시 부활할 것이다. 노무현의 노란 풍선은 풍선으로 남아 있지 않고 황금색 알이 될 것이다. 그 속에서 수많은 노무현이 잉태할 것이다. 그가 다시 부활해 다시금 우리의 꿈을 실현하려 할 때 노무현이 겪게 되는 딜레마는 여전히 다시 그를 괴롭히게 될 것이다. 노무현을 죽게 한 그 구조가 여전히 강고하기 때문이다.

이 책이 '노무현 코드의 반란'에서 말하고 있는 딜레마 구조를 다시금 끄집어내는 이유가 바로 그것이다. 그 이유는 두 가지다. 하나는 왜 진정성을 가진 노무현을 죽게 만들었는가에 대한 원인 분석이다. 두 번째는 다시 노무현을 잃지 않기 위해서이다. 노무현의 유산이나 그의 꿈을 잃지 않기 위해서이며, 제2·제3의 노무현을 다시 잃지 않기 위한 작업이다. 제도적 코드와 문화적 코드의 딜레마 구조는 이후에 노무현의 후예들이 정치권이나 제도권에 들어갔을 때 겪게 되는 비극적 운명을 또다시 잉태한다. 애써 시류에 영합하는 인상을 주며 책을 내는 이유는 노무현의 정신과 꿈을 실현하겠다는 그들이 또다시 진정성을 의심받고 외면받으며 스스로 떠나가게 되는 일이 반복될 수 있기 때문이다.

노무현 딜레마와 집권 초기 상황을 담은 2003년 서문을 부록에 넣으며 본문 내용을 대폭 간추렸다. 본문 곳곳에 새로운 사실을 추가했으며, 현재형의 시점을 과거형으로 바꾸었다. 참여정부 집권기간의 노무현 대통령의 어록을 분석한 내용을 제4장에 넣었고, 결론 부분은 보강했다. 마지막으로 2003년 판에서 빠진 문화·제도적 정책구도에 관한 자료를 부록으로 넣었다.

2009년 7월<br>
김 헌 식

차 례

# 제 1 장

# 흙탕물 속의 바보

혼돈스러운 모습이여
그것이 흐린 물과도 같도다!
누가 능히 자기를 흐리게 만들어
더러움을 가라앉히고
물을 맑게 할 수 있겠는가?
(混兮, 其若濁  孰能濁以靜之徐淸?)

- 노자, 《도덕경》 제15장

노자는 누가 자기를 더럽게 버리면서 더러움을 맑게 할 수 있느냐고 말했다. 그것을 하고자 한 이가 노무현이었다. 고고하게 물 밖에만 있어서는 더러운 물이 저절로 깨끗해지지 않는다. 그 안에 들어가 물을 퍼내거나 새로운 물을 대야 한다. 아니면 진흙을 묻혀가며 맑은 샘을 파야 한다. 그 과정에 보기 싫은 모습도 보일 것이고, 진창에 더러워지기도 할 것이다. 흔히 그 안에 들어간 사람을 가리켜 더러운 놈이라고 한다. 똑같은 놈이라고 한다. 단지 진흙탕에 몸을 담갔다는 이유만으로 공격에 노출된다. 그가 정말 참기 힘든 것은 바로 자신을 믿어 주던 이들이 등을 돌리는 것이다. 처음부터 자신에게 적대적인 이들이 욕을 하는 것이야 그러려니 할 수밖에 없다. 장 라쿠튀르(Jean Lacouture)의 ≪베트남의 별≫에서 호치민은 "쌀이 찧길 때에는 고통을 느끼겠지만, 다 찧은 후에는 솜처럼 하얗게 된다."고 했다. 물이 맑아지려면 견딜 수 없는 고통이 있어야 한다. 노무현이 일정한 성과를 내기 위해서는 감내할 수 없을 것 같은 고통의 시간이 있어야 했다. 그것은 혼돈의 시간인 것처럼 느껴질 수도 있다. 하지만 노자의 말처럼 혼돈 속에서 새로운 생명이 탄생한다. 그것이 바로 검을 현(玄)이다. 노무현의 의미는 그것에 있었다. 고요한 정적은 죽은 상태이다. 무엇인가 혼돈스럽게 약동하는 것이 생명이며, 생명을 통해 무기물의 죽은 이 세상은 진보를 이루어간다.

## 1. 왜 사람들은 노무현의 진정성을 믿지 않았나

2002년 노풍이 불었을 때도, 대통령의 직위에 올랐을 때도 사람들은 노무현의 본심이 무엇인지 어떤 정책을 통해 어떠한 세상을 그리려는지 몰랐다. 아니 관심이 없었다. 그가 주변인이 아니라 경계인이었기 때문에 처음부터 양쪽에서 공격을 받는 끼인 사람이라는 것조차 외면했다.

한나라당이나 민주노동당의 지지자들이 노무현이 잘 한다고 지지할 리는 없었다. 그들이 노무현이 잘하든 잘하지 않든, 모두 잘못한다고 비판할 것이었다. 그들이 노무현 쪽으로 돌아서는 것은 불가능이었다. 더구나 노무현이 하려는 제도적 현실에서 추진하는 개혁적인 작업들은 원칙적으로 이를 불가능하게 했다. 노무현을 성공적인 대통령으로 평가하는 작업은 노무현 지지자들이다. 노무현 지지자들이 이탈하는 한 노무현은 실패하는 것이다. 김대중이 실패한 대통령이라 찍혀 민주정권이 넘어갈 뻔한 것은 한나라당 지지자들 때문이 아니라 김대중 지지자들이 대거 이탈했기 때문이다.

이것은 노무현에게도 마찬가지였다. 노무현은 김대중보다 높은 비율로 득표를 했다. 그런데 불행하고도 중요한 것은 노무현을 지지하는 사람들은 얼마 되지 않는다는 사실이었다. 무슨 소리인가. 변화를 바라는 수많은 이들이 노무현을 지지했고, 이러한 점은 20~30대의 세대혁명을 이루었는데 말이다. 그러나 많은 지지가 쉽게 빠져 나가리라는 점 때문에 역설적으로 그 허약함을 알게 된다.

2002년 12월 한국갤럽이 조사한 바에 따르면 노무현 지지자 가운데 47.6%는 타 후보와 비교해 차선책으로 선택한 이들이었다. 노무현을 지지한 48.9% 중에 반 수 이상은 이러한 성향을 보인다고 할 수 있다. 실제로 많은 이들이 노무현을 찍으면서 자신이 지지하는 후보자는 따로 있는데, 현실적인 구도에서 한나라당에 정권을 넘기지 않으려는 동기를 강조하는 데서 자신의 개혁성과 진보성을 드러내었다.

더구나 노무현을 지지하는 사람들이 대부분 노무현의 본질(진정성)이라기보다는 그가 가지고 있는 문화적인 코드를 우선시했다. 그 코드는 대통령이 된 노무현에게는 절대적인 것이 아니었다. 노무현은 제도적인 코드를 통해 활동해야 하기 때문이었다. 또한 그는 원칙적인 가치를 주장하는 시민운동가도, 단순히 이미지적인 인기를 위해 모든 짓을 하는 정치가도 아니었다.

대중적인 인기를 어느 정도 추구해야 했던 노무현은 이제 그 문화적인 이미지들을 거두어야 했다. 법과 제도를 통해 그 속에서 현실적인 수단을 추구해야 했다. 때로는 사회문화 인식을 거스르는 행동을 하는 일도 벌어질 수밖에 없었다. 그러한 때일수록 노무현의 진정성을 생각해야 했다. 노무현은 현실에서 할 수 있는 것이 무엇인지에 대해 분명하게 인식하고 이탈의 대오를 거두어야 했다. 그러나 노무현 지지자들은 노무현의 문화적인 코드를 보고 판단했다.

무엇보다 모든 것은 노무현의 개인 책임으로 돌려졌다. 노무현의 잘못이라는 귀인이론의 탄생이었다. 그러나 지지자들이 준 것, 그 문화적인 코드로 노무현은 움직일 수 없었다. 이것이 노무현의 실패와 죽음을 예고하는 전조였다. 문화적 코드는 다음과 같은 인식이다.

노무현은 비주류이다. 가진 것, 봐주는 사람 하나 없는 적막강산, 수많은 가난한 이들이 있는 자들에게 억압받고 억눌려 살 때, 그도 익압받고 소외받았다. 그는 매번 가시밭길에서 민주화의 깃발을 들고 눈보라를 맞으며 울었다. 그는 서민과 빈자의 대변자이고 저항과 항거 그 자체의 전사로 보였다. 국민은 그를 선택했다. 이제 악의 무리를 쳐부수는 우리 모두의 바람을 지니고 악마가 사는 고성(古城)에 들어선 전사가 되었다. 그는 악의 무리를 쳐부술 것으로 기대되었다. 그러나 이러한 문화코드로만 본 것이 노무현을 나락으로 떨어뜨렸다.

노무현은 2003년 1월 11일, 노사모 회원들과 가진 식사 자리에서 이렇게 말했다.

> 정말 감개무량하다. 설계도도 나침반도 없이 여기까지 왔다. 신(神)의 안내가 있지 않았나 생각된다…. 요즘 대통령답게 걷는 방법, 대통령답게 말하는 방법을 배우려고 신경을 쓰고 있다.[1]

"정말 감개무량하다."는 말은 노무현이 대통령이 되기까지가 한 편의 영화를 보는 것보다 감동스러웠다는 것을 본인의 입으로 이야기하는 것이고 이는 듣는 사람도 공감하는 내용이다. 노무현을 만든 것은 감동이고, 감동은 노무현의 지지 기반이다. 그러나 노무현은 이러한 영화, 드라마 같은 감동, 그러한 문화적인 코드만으로 활동하는 것이 아니라 이제는 다른 코드가 필요하다

---

1) 동아일보, 2003년 1월 13일자 A5면

는 것을 말하고 있다. "요즘 대통령답게 걷는 방법, 대통령답게 말하는 방법을 배우려고 신경을 쓰고 있다."는 발언은 그가 시민운동가도 아니고 재야인사나 단지 정치가가 아닌 다른 코드를 받아들이고 이에 따라 사고하고 행동해야 한다는 것을 일찍부터 인식하고 있었음을 드러내 주는 말이다. 그러나 그에게 나침반이 없는 것만은 똑같은 현실이었다.

중요해진 것은 노무현을, 노무현 정부를 문화적인 코드로 분석하고 이를 대통령이 된 이후에도 정부·정책과 정책가의 평가의 잣대로 사용하는 경우에는 그가 실패한다는 점이었다. 그것은 노무현이 실제로 잘 했느냐, 잘못 했느냐와는 별개의 문제이다. 이미 노무현의 잔치는 대통령 당선과 함께 끝났다. 이는 이제 문화적인 코드만으로 채워진 잔치는 끝났다는 것을 말한다. 이것은 축제 뒤의 아픈 일상으로 돌아오는 것이다. 그것은 마치 쌀알을 찧는 것과 마찬가지이다. 끊임없는 고통의 현실이지만, 지지자들이 노무현에게 바라는 것은 그러한 끊임없는 축제의 제공이었다. 그러한 축제가 제공되지 않는 한 노무현은 실패한 대통령이 될 터였다.

이 전체 글을 쓰는 이유는 노무현에 대한 이야기가 크게 몇 가지 흐름으로 획일화되었기 때문이다. 이는 전적으로 도서 간행물을 중심으로 보았을 때다.

하나의 부류는 노무현이 이러한 사람이고, 이러한 행동을 해왔으며, 이는 역사·사회적으로 어떠한 의미가 있는지를 말하기 위함이다. 이런 책에는 《노무현 반DJ 신드롬을 넘어서》, 《노무현의 색깔》, 《노무현은 왜 조선일보와 싸우는가》, 《노무현과 국민사기극》, 《노무현과 안티조선》, 《노무현과 자존심》 등은 노무현의 이러한 타당성과 정당성을 알리는 책이다. 노무현에 관한 저서들은 이런 쪽에 많으며, 몇 권은 노무현 자신이 쓴 책이다. 여기에는 《노무현의 리더십 이야기》, 《노무현이 만난 링컨》, 《여보 나좀 도와줘》가 있다. 국민경선과 대선의 과정적인 측면에서 엮은

책에는 ≪바보 노무현 대통령 만들기≫, ≪노무현과 서프라이즈 세상을 바꾼 드라마≫, ≪노무현 대통령 만들기≫, ≪우리들의 비밀암호 노무현을 부탁해≫ 등이 있다. 이외에 노사모에 관련된 ≪유쾌한 정치반란 노사모≫가 있다. 사실상 이러한 책들은 모두 노무현이 대통령이 되어야 한다는 당위의 측면에 집필 동기가 있는 것이고, 이 점은 전체적으로 소재는 다르지만 동일한 맥락이라고 할 수 있다. 여기에 대선 후 나온 노무현 브랜드에 관련된 책들도 있는 게 사실이다.

그러나 노무현은 민주당 경선의 경선주자가 아니며 민주당 대선후보가 아니라 대한민국이라는 민주공화국, 아니 세계자본주의의 한 가운데에 있는 자본주의 체제를 이끌어 가야 하는 대통령이 되었다.

2002년 현재 세계경쟁력 21위인 국가[2], 국내총생산(GDP) 기준 경제성장률이 3.0%로 경제협력개발기구 회원국 중에서 그리스 4.1%, 헝가리 3.8%, 룩셈부르크 3.3%에 이어 네 번째로 높고 국내총생산은 4,222억 달러로 미국 10조 2,081억 달러, 일본 4조 1,414억 달러, 독일 1조 8,578억 달러, 영국 1조 4,240억 달러, 프랑스 1조 3,061억 달러 등에 이어 12위이며, 1인당 국내총생산 역시 8,918달러로 세계 12위인 나라[3], 세계 상품 수출의 1.5%, 수입의 2.2%로 수출과 수입이 모두 모두 세계 13위인 나라[4], 전 세계 198개국 전자정부 중 2위를 기록한 나라[5], 선박수주 잔량은 1위, 조강 생산은 6위, 화섬 생산은 4위, 자동차 생산은 5위이고 특히, D램 반도체, 초박막액정표시장치(TFT-LCD), CDMA 휴대폰 생산은 1위, 초고속인터넷 가입자 수 1위, 인터넷 쇼핑몰 이용률 2위 등 이어서 인터넷으로는 세계에서 최강인 나라[6], 이

---

2) 대한매일, 2002년 11월 13일자 2면, 세계경제포럼 80국 평가
3) 한겨레, 2002년 11월 12일자 2면; 통계청, 통계로 본 세계 속의 한국, 2002년 11월
4) 한겨레, 2002년 10월 12일자 1면, 2002년도 WTO 세계무역통계보고서
5) 중앙일보, 2002년 11월 1일자 1면, 미국 브라운대 평가

런 나라를 이끌어가야 하는 국정 운영, 정책가의 수장이 되었다.

이렇다면 이제는 노무현이 왜 되어야 하는가가 아니라 무엇을 어떻게 해야 하는가를 보아야 했다. 그러나 그것이 노무현이 해야 할 일을 정리한 것 수준에 그치는 것이라면 그것은 반쪽이다.[7] '왜 개혁에 실패하게 되는가, 제도권 진출에서 실패하는 것으로 보이는가' 하는 점을 밝혀 주어야 한다. 객관주의적 비판자를 넘어 개혁과 민주화 세력이 포획된 딜레마와 패러독스의 상황에서 같이 고민하는 것을 말한다. 이는 단지 노무현에만 해당하는 것이 아니라 민주화와 진보세력이 제도권 내에서 무엇을 어떻게 해야 하는가에 대한 고민이 닿아 있다.

우리는 제도권에 진출한 이들을 정치가와 구별해서 정책가라고 부른다. 보통 정책가의 정책 행동을 보는 사람들은 어떠한 결과를 낳았는가, 어떠한 것을 못했는가만 본다. 그 반면 왜 그러한 결과를 만들어 냈는지에 대해서는 관심이 없다. 이는 잘한 것도 실패한 것으로 만든다. 현실적인 여건에서 가능한 것과 불가능한 것에 대한 구분을 흐리게 한다. 노무현에 대한 곤혹스러운 고민과 난처한 상황을 간과하기 쉽기 때문이다.

많은 이들이 지지자에서 비판적인 그룹으로 돌아서야 절대권력을 견제하는 지식인의 책무를 다한다고만 생각했다. 이 또한 국민의 정부를, 실질과는 상관없이 실패한 정부로 만들어 버린 이유와 동급으로 노무현 정부를 실패하게 만드는 것이었다. 비판적인 그룹은 얼마든지 있고, 뜯어먹고자 하는 조직과 세력은 널려 있기 때문이다. 즉 노무현은 절대권력이 아니었다. 이 땅의 실질적인 지배세력들이 잔뜩 포진하고 있는 가운데 무조건적인 냉소와 비판은 자

---

6) 한국무역협회, '202개 지표(2001년 기준)로 본 대한민국' 보고서, 2002년 10월; 한국일보, 2002년 10월 8일자 1면
7) 이런 책으로는 다음과 같은 것이 있다. 동아시아연구원, ≪2002 대선 평가와 노무현 정부의 과제≫, 이슈투데이, 2003

중지란이었다. 절대권력에 대한 비판이 중요한 것이 아니라 진정성 있는 세력에게 어떻게 힘을 실어 주면서 현실적인 개혁작업들을 이끌어 내는가가 중요했다.

정책가의 시각에서 대통령의 처지를 생각하지 않았고, 정책가의 위치에 생각하고 제언을 하면 어용이고, 지식인이 아니라는 이중적인 잣대가 진보세력 각자 마음 깊숙이 자리하고 있었다. 전체적인 지배질서의 구도는 생각하지 않고, 절대권력자 노무현을 비판해야 한다고 여겼다. 그것은 고정관념과 편견의 재생산일 뿐이지 실질적인 현실 인식, 실천과는 거리가 먼 것이었다. 그럴수록 그러한 재생산을 도와주는 언론은 부정적인 문화코드를 부추기면서 자신의 독과점을 재강화하고, 정치적인 정적을 없애는 일거양득의 효과를 얻었다.

정책과 정부에 대한 평가는 항상 부정적으로 결론을 내리는 습성이 다시 재구조화됐다. 즉 제도권 밖에서 권력에 대한 비판이랍시고 해대는 논평행위들은 현실적인 정책 성취에 별로 도움이 되지 않는 일이었다. 어디 그들만의 탓이었을까? 이는 편협한 관념에서 나올 수밖에 없는 피상적인 관찰과 인식이 문화적인 코드로 축적되어 있는 데에서 비롯하는 것이다.

이러한 코드가 횡행하고 있는 한 제도와 정책의 코드로 움직여야 하는 노무현은 실패할 수밖에 없었다. 노무현이 어떠한 정책을 하건 간에 그것은 부정적인 평가가 내려졌다. 더구나 그들의 '만족'이라는 항아리는 너무나 커서 채울 수가 없었다. 이것을 채울 수 있는 이들은 영원히 존재하지 않는다.

노무현 잔치는 이미 대통령 당선과 함께 끝났고 문화적인 코드와 다른 제도적인 코드 사이에서 끊임없는 번민을 하여야 하는 정책가적 수장이 되었던 것이다. 이제 감동도 웃음도 더 이상 노무현을 지지해주지 않았다. 그런 문화적인 코드는 부정적인 문화코드와 함께 노무현의 발목을 잡았다.

아니, 노무현이 이러한 사실을 몰랐을 리가 없었다. 그는 변호사일 뿐만 아나라 해양수산부 장관을 해보았기 때문에 정책 제도의 틀과 문화적인 코드 사이에 얼마나 큰 괴리가 있는지 잘 알고 있었다. 그래서 그는 대통령 후보는 시민운동가와는 다르다는 점을 자주, 분명하게 밝히고는 했다. 각종 토론회에서 공약을 추진하지 못하는 점을 솔직하게 밝히기는 했다. 이를 정치적인 부담을 덜고자 하는 것이라고 민주노동당 지지자들은 공격했다. 그럼에도 그것은 정치가와 시민운동가와는 달리 정책가와 정책가의 수장은 수많은 딜레마에 빠져있다는 점을 말해 주는 것이었다.

노무현은 이점을 잘 알고 있기 때문에 지지도가 높아지면서 책임질 수 없는 말을 하지 않는 조심성을 보였다. 이는 단지 보수층을 끌어안거나 정치적인 부담을 줄이기 위한 것이 아니다. 노무현은 뻥치는 상징의 정치에 대한 거부감이 있는 것이다. 에델만(Murray Edelman)의 논리대로라면 이는 이미지 정치가들의 가장 특징적인 마술의 정치에 대한 거부감을 드러낸 것이다. 여기에서 마술은 선출되어 정책 수장이 되면 뭐든지 해주겠다는 '뻥'을 말한다. 노무현은 뭐든지 할 수 없다는 사실을 이미 잘 알고 있었다. 대한민국 헌법과 자본주의 시장질서에 바탕을 둔 상태에서 다할 수 있는 존재도 아니었다.

노무현 코드의 기대치는 노무현 자신이 만든 것이 아니라 때로는 수구·보수층과 언론의 공격에 상대적인 개혁을 바라는 계층들이 상승효과를 일으켰기 때문에 만들어졌다. 노무현을 지지한다면 그에 대한 문화적인 코드를 줄이고 제도적인 코드를 보아야 했다. 그렇지 않으면 노무현의 잔치는 영원히 끝나는 것이었다. 처음부터 그를 지지한 사람은 노무현을 지지한 것이 아니라 자신의 환상을 지지한 것이다. 그 환상에서 벗어나자 노무현을 버렸고, 노무현이 정말 어떤 마음을 가지고 있는지, 그의 진정성이 무엇인지 외면했다.

대통령은 보통연설이라는 의식(儀式)으로 시작한다. 그는 자신이 악령을 죽이면 모든 문제가 사라질 것이라고 선언한다. 그는 약속한다. 가난, 범죄, 또는 공해가 완전히 사라질 것이라고. 엄청난 팡파르가 끝나고 나면 원로들이 의식적인 회동을 갖고, 대통령은 의회에 어떤 프로그램을 실천하겠다고 요청하고, 그러면 새로운 기구가 하나 탄생하게 된다. 1년 남짓 지나면 우리는 그 새로운 기구의 실적에 대해 듣게 된다. 달라진 건 아무 것도 없다. 아니, 오히려 원래의 사회적 문제는 더욱 악화되어 있다. 그 기구의 치료 또는 사회의 우연적인 변화에 의해 문제의 일부가 다소 치유되었는지도 모른다. 그 어떤 이유에 의해서건 그 공은 마술사들에게 돌아간다. 그러나 대부분의 사회문제들은 전혀 나아지지 않았다. 그래서 마술사들은 추가의 마술 처방을 내린다. 그들은 그 기구를 재편하고 새로운 이름을 붙이고 새로운 우두머리를 임명한다. 아니면 그들은 무엇이 성공인지, 그 성공의 정의 자체를 바꿔 버릴 것이다….

현대의 마술사들은 아주 다양한 마술로 우리를 어지럽게 만든다. 과거 마술사의 주문에 해당되는 오늘날의 연설은 언어에 행동의 환상을 덮어씌우려고 한다…. 위원회를 만드는 것도 옛날 마술의 또 다른 형태 중 하나이다. 겉으로 보아선 그럴듯하다. 마을에 문제가 생기면 원로들이 모여 전문가들과 연구자의 도움을 받아 문제를 탐구하고 처방을 내리는 거야 당연한 일 아니겠는가? 그러나 미국의 위원회들은 아무런 조치도 취하지 않는 걸 감추기 위해 급조된 것들이다. 위원회 위원들은 조사결과를 무시하며, 또 대통령들은 위원회의 건의사항들을 무시하는 경향이 있다. 보통 위원회의 보고서가 만들어질 때쯤이면, 정치적 압력은 다른 곳으로 이동해 있으며 그래서 건의사항들은 그 당장의 현실정치와 조율이 맞지 않는다. 대통령은 그 보고서를 받는 것이 자신의 지지를 의미하는 것이라도 되는 것처럼 보고서를 받는 것조차 꺼린다.[8]

미국의 현실을 이야기한 내용이지만 쉽게 와 닿는 이야기이다. 그러나 언제나 그렇듯이 쉽게 이해되는 것은 쉽게 문제를 일으킨다. 가만히 내용을 살펴보면 매우 타당해 보인다. 시끌벅적한 이들, 정치인들이 잔치를 벌이고 수

---

8) 강준만, ≪커뮤니케이션 사상사들≫, 한나래, 1996, pp. 168-169
Amitai Etzioni, "The Grand Shaman", Psychology Today, vol.6, November 1972, pp. 89-91

선을 떨었는데 달라지는 것은 없다. 현실적으로 달라지는 것은 보이지 않는다. 아니, 보지 않는다. 다만 무슨 정책을 추진하는지, 그것이 무슨 효과를 내었는지, 끝까지 보는 이들이 없기 때문에 달라지는 것이 없는 것처럼 보이는 것이다. 그러나 분명 달라진다.

위의 글을 읽고 있자면 모든 것이 부질없는 것으로 보인다. 정치인에 대한 회의와 대통령, 선거, 정책에 대한 불신은 별로 나아지는 것이 없다는 생각이 들게 할 뿐이다. 물론 이러한 글이 의미가 있는 것은 사람들이 선거와 대통령제와 정책에 대한 불신이 아니라 환상을 가지고 있고, 그것이 환상이라는 것을 채 인식하지 않았을 때이다. 아예 이러한 인식이 존재하지 않는다면 끊임없는 냉소만을 부추긴다. 자신의 환상을 채워 주지 않으니 당연히 냉소하게 된다.

여기에서 냉소는 그놈이 그놈이라는 인식을 말하는 것이다. 이러한 견해는 한국에 어떠한 시사점을 줄까. 사람들은 한국 정치도 이러한 '마술의 정치'라고 한다.9) 무엇이든지 다 이루어지는 것 같지만 결국은 이루어지는 것이 하나도 없는 사기라는 것이다. 그것에 대한 환상의 기대치가 심할수록 현실의 허허로움은 큰 법이고 냉소주의는 강화된다. 이러한 인식은 잘하는 정치인, 정책가들과 수구적인 정책가, 정치가의 구분을 모호하게 한다. 이는 잘한 정책과 우수한 정책가를 보는 바른 눈을 멀게 하는 데 결정적인 역할을 한다. 이것은 정책이나 정책에 대한 일반적인 평가를 부정적으로 만드는 핵심적인 요인이 된다.

이러한 평가적 태도는 민주적 정권을 수구적인 정권으로 바뀌게 하는 대대적인 변화로 나타나는 데에서 그 심각성을 알 수 있게 한다. 정치인, 정책가

---

9) 강준만, ≪커뮤니케이션 사상사들≫, 한나래, 1996, pp. 168-169

그리고 민주화 세력에 대한 냉소주의적인 양비론의 인식은 군사독재정권과 민주정부를 동일시하는 오류를 너무나도 쉽게 만들어 내고 국민들의 좌절을 통해 수구세력을 재등장하게 하기 때문에 위험했다.

그런데도 불구하고 정치학자들이나 경제학자들은 일반적인 정치의 마술에 대해서 논하면서 한국의 특수성을 무시하고, 오히려 민주화 세력을 공격하고 수구 독재 잔존세력을 옹호하는 언론에 포획된다. 더욱 심각한 문제는 포획되는지조차 모른다는 것이며, 이러한 기초적인 정치학적 개념을 새로운 사실인 양 개개인이 확산시킨다는 것이다.

이로써 개혁세력은 딜레마에 빠진다. 개혁세력은 분배성과 형평성을 위한 정책들을 매우 다양하게 시도한다. 수구에서는 그것을 포퓰리즘(대중영합주의)이라고 공격한다. 그럼에도 대중은 만족하지 않는다. 문화적인 코드와 제도적 코드의 사이의 정책 딜레마의 소산물이다. 만약 노무현 계열에 대해 한 순간에 세상이 확 바뀌기를 바라고 지지했다면 그것이 잘못이다. 제도와 정책에 대한 인식 없음에서 비롯하는 결과이다.

혁명을 바란다면 선거의 의미를 되새겨야 한다. 이것은 노무현을 어떻게 바라보아야 하는가를 암시하는 것이다. 노무현은 자신이 정치가임을 반복해서 강조했다. 이는 다른 정치인들과는 매우 다른 점이라고 할 수 있다. 다른 정치인들은 자신이 정치인이 아니라고 말하는 것과 대조적이었던 것이다. 노무현은 정치가란 때로는 뻥을 때리고 허세를 부려야 한다는 것을 괴롭게 생각하면서 그 특유의 솔직성으로 이야기했다. 이는 정치가 일종의 마술임을 인식하고 있으며, 이를 이용해야 했던 자신의 처지를 고백하는 것이었다.

이는 무엇을 뜻하는 것일까. 그것은 국민의 지지를 위해 장밋빛의 이야기만을 해야 하는 처지를 말한 것이다. 노무현은 그것이 괴로웠다.

그가 그러한 고백을 한 것은 단지 괴로운 속마음을 알아주기를 바라거나 자신의 처지에 대한 이해를 구하는 것은 아니었다. 또한 정치적인 전략만이 아니었다. 자신은 국민들이 바라는 문화적인 코드를 충족시킬 수 없음을 알고 있으며, 그것에 대한 속죄와 고백의 의식이었다. 정책가의 수장은 문화적인 코드가 아니라 헌법과 법률에 따른 정책구조 속에서 제도적인 코드를 가지고 움직여야 했기 때문이다.

노무현은 정치의 마술과 같이 많은 것을 이야기했다. 그러나 이러한 약속의 대부분은 지켜지지 않을 것이었다. 그러나 그것은 노무현이 거짓말을 했다거나 권력적인 이득만을 추구했기 때문이 아니다. 그것은 일종의 운명과도 같은 것이었고, 그러한 운명적 구조를 지지자들은 인식하고 있어야 했다.

요컨대, 일반 시민들은 문화적인 코드로 모든 것을 재단하려는 경향을 가지고 있다. 노무현의 문화적 코드는 매우 높은 수준에 차 있었다. 그런 상태는 노무현이 만족시킬 수 없었다. 노무현은 문화적인 코드가 아니라 정책적·제도적인 코드로 움직여야 하기 때문이다. 무엇보다 노무현은 이제 변방이나 저항의 존재가 아니라 형식상 중심의 정책가 수장으로서 있기 때문이다. 그는 경계인이었다. 특히나 경계인의 수장은 항상 외롭다. 그 지배질서의 대표자도, 절대권력의 수장도 아니었다. 김대중에 이어 노무현도 외로웠고 괴로웠다.

## 2. 억울한 김대중, 불쌍한 노무현

새로운 시작은 과거에서 반추하면서 비롯한다. 이미 노무현의 운명은 국민의 정부 대통령이었던 김대중에게서 그 징조를 볼 수 있었다. 노무현의 시달림을 보려면 김대중을 먼저 살펴야 한다. 사람들은 김대중 정부가 실패했다고 했다. 정말 그럴까?

실패했다는 평가가 절대적이었지만, 실패한 것처럼 인식될 뿐이었다. 김대중 정부는 참으로 많은 일을 했지만, 실패한 것으로 낙인 찍혔으니 그런 면에서 보자면 김대중은 여전히 억울하고도 불행했다. 노무현이 뒤를 이어 덜했다.

김대중 정부를 평가할 때 대중적인 평가의 결론은 부정적이었는데, 그 이유는 '부정부패'했기 때문이었다. 즉, 수많은 개혁작업과 정책들에 대한 평가는 결국 부정부패했기 때문에 실패했다고 규정되었다. 이러한 평가는 매우 광범위해서 한나라당이 2002년 6·13지방선거와 8·8재보선 선거에서 승리하는 결정적인 요인이 되었으며, 민주노동당이 지방선거에서 약진하는 계기가 되었다. 호남인들마저 김대중에게서 멀어져간 이유의 핵심 키워드는 '부정부패'였다. 그러나 김대중 개인이 비리를 저지른 것은 없었으며, 정권 차원의 비리는 존재하지 않았다. 또한 과거와 같이 은폐하거나 압력행사를 통해 조직적으로 엄호하지도 않았다. 무엇보다 개인이 아니라 그들이 처한 구조에 대한 주목은 없다. 이 부분에 대해서는 뒤에서 자세하게 다룰 것이지만 중요한 것은 부정부패의 양상이 아니라 부패구조에 대한 개혁세력의 포획당함이었다.

이러한 구조적 문제를 생각할 때 정책과 국정의 전체 구조를 생각한다면 수많은 개혁정책들을 어떻게 부정부패라는 단 하나의 키워드로 묶어 전체를 평가하는 것이 가능한가라는 의문점이 생긴다. 결론적으로 이는 정책평가가 정책평가의 기준이 아니라 사회문화적인 인식과 문화적인 분위기에 따라 국정과 정부를 평가하기 때문에 벌어지는 반복적인 현상이다. 이러한 편협한 평가 기준 덕분에 부동층은 커졌으며, 막판에 선거에 참여하지 않은 이들은 과거에 비해 매우 크게 늘어났다.

인터넷에서는 공방이 뜨거웠지만 실제적으로는 선거참여율이 저조했고, 부정의 평가에 크게 영향을 받아서 냉소주의가 사회문화적으로 크게 팽창했기 때문이다. 다 똑같은 놈들이라는 인식, 이 때문에 정권 자체가 넘어갈 뻔 했다. 과연, 다 똑같은 놈들인가. 아니라는 것이다.

이렇게 쉽게 몇 가지 사회문화적 인식으로 평가하는 것이 일반화되는 이유는 정책적인 구조, 즉 제도적인 코드를 간과하기 때문이다. 이념의 잣대로 정책가와 정부를 판단하는 것도 이와 밀접하게 연결되어 있다. 보수나 진보라고 하는 구도의 남용은 사실 정책에 대해서 잘 모르는 상태에서 이분법적으로 적군과 아군을 구분하기 위한 흑백논리에 다름 아니다. 경마식 보도에는 적과 아군의 진영이 필요하다. 좌우 이분법적 논리는 조회 수를 높이기 위해 언론들이 만들어내는 흥행의 허상에 불과하다. 이러한 상태에서라면 정책은 의미가 없다. 정책은 이데올로기가 아니라 현실의 구체성과 밀접하기 때문이다. 이 때문에 노무현이나 김대중은 자신이 진보주의라거나 보수주의자라는 구분을 사용하는 데 거부감이 있다. 무엇보다 이념을 문제 삼을 경우 보수, 진보 양쪽에서 공격을 받기 때문에 구체적인 정책을 위주로 이야기하자고 강조한다. 이분법적 구도에서는 정책을 운용하는 데 장애와 부담이 되기 때문이다. 분단의 한국 현실에서는 더욱 그러하다. 여기에서 부담이 된다는 것은 정책의 현실적인 적용성, 다양성을 해치는 것을 말한다.

이러한 포위 고립상태에서 김대중은 제대로 평가받기 힘들었다. 아니, 제대로 지지받기 힘들었다. 과연, 김대중을 끝까지 지지한 사람들을 얼마나 될까. 아니 김대중이 대통령이 되어, 김대중 그룹이 활동하는 제도적인 틀의 코드에서 맞게 되는 처지에서 생각한 사람들은 몇 명이나 될까. 심지어 강준만은 이렇게 이야기했다.

정권교체 후 한국의 지식인 가운데 김대중 정권을 가장 혹독히 비판한 사람이 누구인지 따져 보죠. 저예요. 제가 다 확인해 봐서 압니다. 저를 김대중주의자로 보는 사람은 제가 김대중을 비판한 글을 읽지 않습니다. ≪김대중 죽이기≫(1995)라는 이미지 하나로 저를 때려잡거든요. 책 한 권 분량이 되지 않을까 싶어요. 그 동안 김대중 정권을 비판한 글들이.

실제로 그는 1997년 대선 전까지는 정권교체의 당위성을 역설하는 데 정열을 바쳤지만 김대중 정권이 들어선 후로는 비판을 그치지 않았다. 심지어 올 1월에 출간한 인물과 사상 13권에선 '김대중 정권의 몰락'을 선언하기도 했다.

– [밀착인터뷰] '독설가' 강준만 교수 11시간 밀착 인터뷰, 신동아, 2000년 11월호

김대중에 대해 애정을 가지고 있는 이들도 이런 식으로 김대중을 비판만 했다. 김대중이 어려움에 처했을 때 그가 개혁을 지속적으로 추진하도록 힘을 실어준 사람은 누구일까. 제도적인 코드에 대해서 고민한 이들은 있었는가. 많은 사람들이 김대중의 곁을 떠났다. 애초에 김대중에게 남아 있을 사람은 없었다. 국민들이 김대중을 떠날 수밖에 없는 것은 이미 정해진 수순이었다.

왜냐하면 국민들은 김대중이 겪게 될 딜레마에 대해서, 그가 맞게 될 어려움에 대해서 고민하지 않았다. 김대중에 대한 잘못된 인식이 작용하고 있었기 때문이다. 아니 그것은 단지 김대중에 대한 개인적인 오해가 아니었다. 군사독재가 온 사회를 헤집어 놓은 결과물이었다.

김대중이 당선되었을 때의 많은 기대는 김대중이 당선되었으니까 이제 됐다는 심리가 많이 작용했다는 것을 말한다. 그러나 곧 그러한 기대는 깨지기 시작했다. 그것은 이미 애초에 정해진 것이 현실로 실제 발생한 것이었다. 언제든지 그를 지지한 이들은 떠나는 구조 속에 김대중이 있었다는 것을 미처 깨닫지 못했을 뿐이다. 그러한 코드 간의 충돌은 단지 김대중에게만 해당하는 것이 아니라 노무현에게도 해당하는 것이었다.

김대중을 지지하는 사람들은 제도적인 코드로 김대중을 지지한 것이 아니라 문화적인 코드로 지지했기 때문이다. 문화적인 코드의 기대치로 국정 운영

의 최고 수장을 평가하는 것은 번지를 잘못 찾은 우편배달부와 같다. 이는 국정 운영은 문화적 취향을 맞추는 것을 의미하는 것이 아니라는 말이다.

다음의 글을 보자. 김영삼의 개혁보다 김대중의 개혁이 더 못하다는 평가이다. 그런데 그 이유가 무엇인지 관심 있게 볼 일이다.

무엇이 문제인가. 의회 다수를 얻지 못한 것이 지난 총선 민주당의 실패였다면, 주요 개혁정책들이 속시원하게 성공하지 못했다는 것이 가장 중요한 원인의 하나였다. 김영삼 정부는, 적어도 초기에는 군인사 개혁, 금융실명제 단행, 비리공직자 사정 등 국민을 후련하게 하는 개혁의 성과를 거두었다. 반면 김대중 정부에 들어서는 각종 개혁프로그램들이 집권세력의 이런저런 정치적 고려와 기득권층의 저항, 사보타주 등으로 말미암아 도중 하차하거나 슬그머니 유야무야 되어버린 경우가 많았다. 금융개혁이나 재벌개혁 등 부분적인 성공을 제외하고는 개혁의 추진주체 자신이 미적미적 좌고우면하다가 개혁의 타이밍을 놓친 예도 적지 않았다.

용두사미가 되어 버린 행정개혁이나 답보상태를 면치 못하고 있는 정치개혁, 그리고 법무부와 검찰의 양동전술로 본질이 왜곡되어 버린 사법개혁, 이 모두가 성공과는 거리가 먼 개혁의 흔적들이다. 사람들은 느낄 수 없었다. 피부에 와 닿는 참신한 변화의 기운을. 느낄 수 없었기에 감동도 지지도 없었다.[10]

이러한 평가가 일반적인 것 가운데 하나다. 이 글은 김영삼보다 김대중의 개혁이 못하다는 것을 말해 주고 있다. 김영삼은 후련하게 속 시원하게 뭔가를 보여 주었다는 것이다. 그런데 김대중은 이러한 면을 보여 주지 않았다는 것이다.

이러한 글을 보고 있으면 정책가나 대통령들이 슈퍼맨이나 전사인 것으로 보인다. 악의 무리를 쳐부수고, 정의를 수호하는 만화를 보는 것 같다. 액션

---

10) 문화일보, 2000년 4월 20일자 6면, [포럼] 선거후 개혁 어디로 가나

만화는 악과 선, 정의와 불의를 구분하고 통쾌하게 적을 쳐부수는 것, 즉 문화적인 코드가 매우 강하게 작용하는 콘텐츠다. 이러한 만화나 영화를 보면 사람들은 주인공이 뭔가를 했다는 인식을 갖게 되고, 주인공에 대해 열화와 같은 지지를 보낸다. 그러나 사람들은 협상과 대화를 통해서 뭔가를 이루는 영화들을 보면 지루해하고 심지어 졸거나 잔다. 단지 초고속 스피드 시대이기 때문에 그런 과정이 견딜 수 없는 느림의 무거움인가. 텔레비전이라면 대개 돌려버린다. 그리고는 나중에 아무 것도 한 일이 없지 않느냐고 한다. 그 과정을 보지 않으면, 아니 그것의 맥락을 보지 않으면 이해하지 못하므로 당연하다. 피부에 와 닿지 않으니까 말이다. 지루해야 하는 것에 연연한다면 정책가나 국정 운영자는 적을 만들고 적을 부수는 통쾌함을 선사해야 한다.

김영삼은 초기의 사정 위주의 개혁작업을 문화적인 코드를 충족하는 데 사용했고, 이는 집권 내내 지속됐다. 그러나 액션 무협영화는 보기에는 시원하지만 결과적으로 현실에서는 존재하지 않는 허구였다. 적을 부수는 개념의 사정활동이나 단지 바꾸고 교체하는 것만이 개혁은 아니며 국정 운영 또한 아닌 것은 당연했다. 더구나 민주공화국에서 누군가를 적으로 만들어 일률적으로 쳐부수는 것은 독재의 딜레마에 빠지는 것이었다.

결국 김영삼도 문민독재라는 이름을 얻었으며 통쾌, 유쾌함을 보여 주는 액션물을 찍은 그는 제대로 내용이 있거나 현실을 변화시키는 결과물을 만들어 내지는 못했다. 현실을 바꾸기는커녕 오히려 환란 위기로 귀결하게 했다.

'노무현 코드'는 기존의 체제나 중심을 적으로 규정했고, 자신이 원하든 원하지 않든 그러한 억압적인 '중심(지배질서)'을 쳐부술 수 있는 사람이라는 문화적인 코드를 가지게 되었다. 노무현은 그러한 문화적인 코드를 충족시키기 위해서 노력해야 했다. 무엇보다 대중의 문화적인 코드가 여전히 높은 한에서는 더욱 그러했다. 특히 노무현을 지지하는 핵심 주력군일수록 그러한 경향은 강

박재동, 한겨레 1993년 5월 9일자

김경수, 매일신문 2001년 7월 4일자

우리가 기억하는 김영삼은 통쾌한 액션영화의 배우다. 액션영화는 금방 질린다. 김대중에 대한 기억은 항상 문화코드와 제도 코드 사이의 번민(煩悶)과 딜레마에서 초췌해진 이미지다.

했다. 만약 그렇지 않다면 노무현은 어떤 평가를 듣게 될 것인가. 노무현은 정책가의 수장인 대통령으로서 제도적인 코드를 통해 움직여야 하는데 말이다.


## 3. 왜 사람들은 노무현을 문화적 코드로 판단했는가


일상생활에 열심인 일반 시민들은 법과 제도의 코드에 대해서 잘 모른다. 그것은 교양이나 학력에 관계없는 아주 정상적인 일이다. 대학을 나오고 석사, 박사를 해도 제도와 정책에 대해서 그리고 현재의 국정이 어떻게 운영되는지 모른다. 모를 수밖에 없다. 그것을 국민의 수준 탓이라고 하는 것은 지나치게 자학적이고 자기 모멸적이다. 자기 분야에서 먹고살기 바쁜데 그런 것을 어떻게 하나하나 알겠느냐라는 대답이 솔직할 수도 있다. 무엇보다 그 동안 국정운영과 정책 소통 구도가 폐쇄적이었다는 것을 말하기 때문이다. 여기에서 국민의 탓이라는 것은 무수한 정보 속에서, 복잡다단한 상황을 추적하면서 평가하기는 힘들다.

그렇지만 일반 사람들에게 정책평가는 매우 중요하다. 이러한 평가를 가지고 있어야 새로운 정책가들을 선거를 통해서 뽑을 수 있기 때문이다. 그런데 문제는 정책구조와 행위에 대해서 잘 모르게 된다는 점이다. 혹은 자신의 한 분야에서만 알 뿐이지 총체적으로 가늠하기는 쉽지 않다.

이것은 무슨 의미일까? 단지 정책의 성공과 실패에 대한 일련의 과정을 모르는 것이 문제가 아니라 정책이나 정부의 성과에 대해서 평가할 만한 준거점, 판단기준을 가지고 있지 않다는 것을 말한다. 이러한 구체적인 기준이 없다고 해서 사람들이 평가를 하지 않는 것은 아니다. 나름대로 사람들은 자신의 기준을 가지고 판단을 하고 잘잘못을 따지게 된다. 이때 사용하는 것은 대부분 문화적 코드이다.

이는 더욱이 문화적인 코드만을 중요시하는 사회 분위기에서 정책적인 코드, 제도적인 구조와 코드에 그 동안 관심이 없었다는 것을 말해 준다. 이는 언론사의 기자들도 마찬가지이다. 심지어 고위공직자도 정책이 무엇인지 모르는 비전문가인 경우가 많다.

이러한 판단기준이 없는 상태에서 정책평가나 정부에 대한 지지도를 물어보게 된다면 사람들은 어떻게 대답할까? 이런 질문에 대응하여 몇 가지 유형이 도출된다.


1) 기존의 편견을 통해 평가하는 유형이다. 김대중 정부에 대해서 부정적인 인식을 가지고 있으면, 그는 김대중이 어떠한 행동을 한다고 해도 밉게 본다. 예를 들어 김대중을 '빨갱이'라고 생각하는 사람은 모든 정책이 사회주의 내지 주사파의 정책이라고 본다. 이런 유형의 사람들은 김대중이 추진한 정책은 모두 실패한 것이고, 국정을 농단한 통치행위의 행사였다고 한다. 김

대중이 호남의 지지만을 받은 지역주의의 화신이라고 생각하는 사람들은 국민의 정부가 행하는 인사정책은 호남 편중 인사라고 볼 수밖에 없다. 지역 구도를 타파하기 위해서 어떠한 행동을 했고, 어떠한 성과를 보였는가와는 상관없이 그가 행하는 인사정책은 호남인을 위한 것이 된다. 심지어 김대중을 지지하는 사람들조차 이 부분에서는 부정적이었다. 김대중이 개혁적인 정책을 추진하기 위해서 친위세력이 필요했다는 구조적인 모순과 딜레마에 대해서는 보지 않는다.

김대중이 수구 반동이라고 보는 이들의 눈에는 김대중이 하는 정책은 모두 부르주아의 이익을 대변하는 것이고, 특권계급을 대변하는 것으로 보인다. 그래서 그가 행하는 모든 정책은 노동자들을 제물로 삼아 자본가를 살찌우는 것이고, 금융자본을 배부르게 하는 것이다. 그리고 국민의 정부가 내세우는 정책은 모두 신자유주의 정책이라고 공격한다.

결국 이러한 인식이라면 김대중이 어떠한 행동을 하더라도 그의 정책은 실패한 것이 되고, 국민의 정부가 실패한 셈이 되고 규정된다. 즉, 몇몇 사회적 자신, 그의 잣대에 따라 정책의 평가가 이루어지고 만족한다. 이러한 사람이 주위에 있을수록 이는 여론이 된다. 이러한 것을 조직적으로 하는 곳이 언론이다.


2) 정책에 대한 판단기준이 없을 때 통상적인 잣대를 주는 것은 언론매체다. 특히, 언론은 자세한 보도와 심층적인 기사를 통해 많은 준거점을 제공해 준다고 할 수 있다. 이는 사실상 우리나라에서 막강한 영향력을 행사하는 것을 말한다. 그러나 이미 상식이 되었다시피 우리나라의 언론은 신문을 중심으로 독과점을 형성하고 있다. 이러한 독과점의 구축은 단지 시장체제를 경제적인 이득을 중심으로 구축한 것이 아니라 여론을 독과점했다는 것을 의미한다.

이는 사회문화적인 코드를 자기 식대로 얼마든지 생산해 낼 수 있는 것을 의미한다. 이런 자기 식대로의 문화적인 코드를 통해서 언론은 얼마든지 정책에 대한 평가를 하여 자기 식대로 사회문화코드로 확장, 일탈(逸脫)시킬 수 있다. 이를 일컬어 여론을 주도한다고 말하지만, 사실상 정책의 평가를 언론이 내리고 규정하고 일반화하는 것이다. 시장을 장악한 신문의 정책평가가 정책평가의 주체가 된다. 예를 들어, 조선일보가 김대중 정부의 대북정책을 퍼주기식 실패정책이라고 평가를 해버리면, 그것은 실패한 정책이 되어 버린다. 장관이 아무리 개혁적이고 타당한 정책을 추진한다고 해도 언론이 멋대로 난자질해버리면 그 정책과 정책을 추진하는 이는 매도당하고 경질된다. 이렇게 사실상 무소불위(無所不爲)의 정책평가자로 군림해 버린다. 하지만 그러한 언론들은 사실상 정책에 대한 전문가가 아니다. 무엇보다 그들은 정책에 대해서 올바른 평가를 하기보다는 이익을 위한 상업성에 철저하게 복무한다. 이를 위한 정치적 헤게모니 속에서 정책평가를 이용한다.

이런 상태에서 신문을 무비판적으로 수용하는 경우, 이러한 평가를 옳은 평가인 것으로 여겨 버린다.

3) 그 다음에 의존하는 기준은 시민사회단체의 평가이다. 이러한 평가는 진보 매체 등을 중심으로 광범위하게 퍼진다고 할 수 있다. 시민사회단체는 정부와 객관적인 거리를 유지하는 것이 생명이다. 국가체제나 한 정권의 정책을 지지하는 것이 아니라 지속적인 감시자의 역할을 해야 한다는 것을 의미한다.

그러나 이러한 시민단체는 만족할 줄을 모른다. 시민단체가 김대중에 우호적이었다고 하지만 그것은 착각이다. 시민단체가 우호적이었던 것은 김대중 정부가 시민단체들이 내세웠던 정책 방안을 검토했기 때문이지 김대중에 대한 지지는 아니었다. 이는 김대중에 대한 신뢰는 아니었다는 것을 의미한다.

시민단체가 결코 만족하지 않는 이유는 끊임없이 비판하는 감시자의 역할을 해야 하는 측면뿐만 아니라 원칙적인 가치들을 끊임없이 주장해야 하기 때문이다. 진보세력은 사람을 믿는 것이 아니라 이미 설정되어 있는 잣대를 사랑한다. 시민단체가 만족하는 이상 현재의 정책 사회는 유지된다. 그러나 이러한 시민단체의 역할을 얼마든지 정치적으로 이용할 수 있음을 시민단체는 잘 인식하고 있다. 예를 들어, 개혁적인 그룹이 국정을 운영하고 있을 경우에 그들은 열세인 상황에서 개혁정책을 추진하게 된다. 국회는 다수 야당이 장악한 구도에서 모든 개혁법안이 통과되지 않은 상태라면 어떻게 해야 하겠는가. 개혁법안을 통과시키기 위해 인위적인 정계 개편을 한 것을 어떻게 평가할 수 있을까. 수구라는 사람들을 끌어들였을 때 이를 비판만 할 수 있을까. 시민단체는 의제 설정을 통해 여론을 환기시키는 압력단체로서 작용할 수 있지만, 이러한 부분에서는 거리를 유지할 수밖에 없다. 시민단체가 요구한다고 수구세력이 개혁법안을 그냥 통과시켜 줄 리도 만무하다. 당연히 그들의 기득권을 포기하라고 하면 포기하는 집단이 아니다.

시민단체는 근본적인 개혁을 향해 끊임없이 문제를 제기하는 사회조직이자 정책 생태계의 줄기이다. 이들이 만족하는 것은 가능하지도 않고 그렇게 해서도 안 된다. 정책을 만족시키는 것 자체가 문제가 있다. 또한 정치적인 역학관계 속에서 정권이나 국가와 일정한 거리를 두어야 하는 이들이 국정운영 정책가들이 개혁적인 세력이라고 하더라도 객관성을 유지해야 하는 이러한 시민단체의 평가가 과연 개혁정부, 개혁세력의 행동과 정책을 제대로 평가할 수 있는가. 아니 개혁세력이 정책을 추진하는 데 닥치게 되는 많은 딜레마와 진퇴양난의 지경을 바르게 평가할 수 있는가. 무엇보다 이데올로기를 중심으로 정책을 평가한다면 어떠한 개혁세력이 들어가서 정책 추진을 한다고 해도 부정적인 평가가 대부분일 수밖에 없다.

일반인들은 정책과 국정운영에 대해서 자세히 알 수 없고, 일반적으로 정책평가는 정부기관이나 연구소에서 이루어진다. 실질적으로는 국정감사를 통해서 이루어지지만 국정감사의 무용성이 지적되는 마당에 그 효용성이 없다는 사실은 너무나 분명한 사실이다. 학계에서 이루어지는 평가는 제대로 알려지지 않는다. 학계의 평가는 크게 세 가지 부분에서 이루어진다.

하나는 대부분의 경우로 경제성과 효율성을 중요하게 생각하는 평가이다. 요즘 활기를 띠고 있는 매니페스토(manifesto, 구체적인 예산과 추진일정을 갖춘 정책공약) 운동의 활성화는 정책의 적실성을 중요하게 생각하지만, 결국 경제성과 효율성이라는 점에서 벗어나지 못한다.11) 무엇보다 객관적인 정책안의 평가만을 가지고는 그 정책을 추진하는 이들의 진정성을 평가할 수 없는 근본적인 결함을 가지고 있으며, 수치화와 모델화하지 못하는 정책의 근본적인 한계는 도외시한다. 다른 하나는 소수파로 분배성과 형평성을 중심으로 평가하는 것이다. 이러한 평가모델에서는 성장모델에 대한 구체성이 떨어지는 경우가 많다. 또한 경제성이나 효율성의 구체적인 산정에 소홀하다. 명분에 치우치는 경향도 자주 목격된다. 세 번째는 이데올로기 관점으로 근본적인 개혁성을 묻는 평가가 이루어진다. 이러한 평가에서는 진보적인 이념에 맞느냐, 맞지 않느냐를 중심으로 평가가 이루어진다.

그럼 사회문화적인 영역은 어떨까?

사실상 사람들은 정책에서 소외되어 있다. 국정 전반에 대한 정책이 구체적으로 어떻게 이루어지고, 그것이 전체의 삶에 어떠한 영향을 주고 있는가, 혹은 주었는가에 대하여 쉽게 가늠할 수 없다. 이는 단지 투명한 공개성과 용

---

11) 다섯 가지의 영어 첫 글자를 딴 '스마트(SMART)지수'로 공약을 분석 및 평가한다. 평가기준으로는 공약의 구체성(specific), 검증 가능성(measurable), 달성 가능성(achievable), 타당성(relevant), 기한 명시(timed)의 다섯 가지가 있다. 공약의 지속성(substantiality), 자치력 강화(empowerment), 지역성(locality), 후속조치(following)의 첫 글자를 딴 '셀프(SELF)지수'도 평가의 기준으로 삼는다.

이한 정책적 접근성만을 나타내는 것이 아니라 제도적인 코드를 따라가는 것이 쉽지 않은 특성 때문이다. 누가 정책을 전체적으로 평가할 수 있겠는가는 당연한 물음이다.

정책의 소외가 벌어지는 상황에서 이러한 측면을 보완해 주는 역할을 해야 하는 매개체가 필요한데, 그것이 언론이다. 그러나 이미 상식이 되었듯이 언론은 독과점을 형성한 채 자신들의 논리대로 여론을 주도하기 위하여 정책가와 정책을 재단한다.

이렇게 반론을 펼 수도 있을 것이다. 그러한 신문들에는 많은 전문가들이 나오지 않느냐고. 그러나 그들은 그야말로 전문(專門)이다. 정책은 전문이 아니라 공공성을 지키는 공적인 결정이다. 자본과 경영 논리 사이에 획을 긋고 있어야 한다. 그런데 신문사의 논리에 맞는 전문가와 교수진들이 대거 포진하여 그들의 브랜드 이름으로 정책을 객관화하고 일반화하는 경우가 다반사다. 이러한 상황이라면 제대로 된 평가가 나올 수가 없고, 정책이 가지는 본래의 성격마저 끊임없이 훼손한다. 정책의 평가에서도 독과점이 생기는 것이다. 이는 일부 몇 개의 언론이 좌지우지하는 내용이 정책과 정책가에 대한 평가가 되는 것으로 정책 본질의 왜곡 그 자체이다.

무엇보다 일반의 정책에 대한 평가기준이 없는 상태에서 이러한 전문가 그룹들을 동원한 여론몰이 식의 정책 평가는 정부의 정권에 대한 흠집 내기이자 헤게모니 싸움의 장(場)이 되어버린다.

그런데 여기에서 일반 사람들은 신문에서 말하는 것을 무조건 따라가기만 하는 수동적인 존재냐고 문제를 제기할 수 있다. 국민은 신문의 의견을 무조건 따라가거나 그것에 순응하는 수동적인 존재는 아니다. 일정하게 독자적인 사고체계로 판단하고 행동을 통해 여론을 형성한다. 신문이 대중성을 통해 영향력을 확대하는 것이 무엇보다 중요한 목적이라고 한다면 여론을 대중의 코드에 맞추어 주어야 한다. 본격적인 문제는 여기에 있다.

일반 사람들은 정책에 대한 평가를 할 수 있는 구체적인 판단기준이나 준거기준이 없다. 정책을 평가하는 연습을 제대로 해본 적이 없다. 우리 사회구조가 이러한 구조를 습성으로 만들어 버렸다. 그런데도 사람들은 정책이나 정책가에 대해서, 그리고 정부나 정권에 대해서 징책을 평가한다. 신문이 일반 사람들의 이러한 정책평가기준에 맞추어 자신들의 논리를 전개하지 않으면 영향력을 확장할 수 없다.

일방적인 자기 식대로의 정책평가가 반드시 일반 사람들의 인식에 부합하느냐는 다른 문제이다. 아무리 신문사의 논리라고 하더라도 대중적으로 먹혀들어가지 않는다면 효용성이 없게 된다. 이러한 정책평가는 일종의 습성 형태(아비투스, habitus)를 나타낸다. 이러한 습성은 일반 사람들의 문화코드에 맞추는 정책평가를 일반화시킨다.

### ♪ 문화적 코드는 무엇인가?

앞에서 이야기했지만 일반 사람들이 정책을 평가하는 데 가장 많이 사용하는 것은 자신들이 가지고 있는 정서나 느낌, 선호도 등이다. 이러한 것은 문화적인 코드라고 할 수 있다. 때로는 편견이 정책을 평가하는 데 많은 부분을 차지한다. 또한 보편적으로 우리가 지향해야 윤리적인 가치들을 정책의 전적인 평가기준으로 사용한다. 또한 사회문화적인 분위기에 따라서 정책을 평가하기도 한다. 정책의 평가는 문화적인 코드만으로 분석할 수 없다. 일반적인 인식, 선호, 고정관념이라는 기준은 제도적인 부분에서 정책을 평가하는 것이 아니다. 문화적인 코드로 분석하는 데 필요한 판단 준거점을 말한다.

언론은 이러한 대중들의 문화적인 코드를 맞추고 이를 통해 정책을 평가하고 재단하면서 자신들의 영향력을 구축한다. 예를 들어 대북정책이 일방적으로 '퍼주기식'이라고 비판하는 것은 정책평가가 아니다. 그것은 북한에 대한 거부감을 기반으로 비유시킨 수사적 비난에 불과하다. 여기에서 북한에 대한 거부감은 수십 년간 분단사회에서 이루어진 부정적인 사회문화의 인식이다. 의약분업정책을 '빨갱이들이 하는 짓'이라고 하거나 학교운영위원회의 설치를 '인민위원회 설치'라고 평가하는 것도 마찬가지이다. 학교운영위원회의 경우 학교 민주화와 교육주체들의 능동적인 참여를 통해 교육목표의 달성에 효과가 있는지 없는지, 그 정책성을 검토하는 것이 아니라 '인민위원회'라는 거부감에 기대어 비판하는 것은 부정적인 사회문화코드에 기초한 것이다.

1997년 대선 며칠 뒤 한겨레에는 다음과 같은 글이 실렸다. 바로 강준만의 글 가운데 한 토막이다.

우리는 김영삼 정권의 실패에 언론의 책임이 크다는 점에도 주목해야 한다. 이른바 '킹메이커' 또는 '권력 하수인' 노릇을 적극적으로 하려는 언론에는 파당적 이익만이 눈에 보일 뿐 국익엔 관심이 없다. 정치를 감시하는 게 아니라 정치판에 끼어들어 권력을 누리지 못해 안달하는 언론을 그대로 두고서 어찌 김대중 정권의 성공이 가능하겠는가?
그러나 권력은 언론을 어떻게 할 수가 없다. 어떻게 하려고 시도해도 안 된다. 바로 여기에 언론개혁의 딜레마가 있는 것이다. 결국 국민이 나서야 한다. 일부 유력 언론은 사사건건 개혁에 트집을 잡으면서 여론을 오도하고 국론을 분열시키는 짓을 얼마든지 할 수 있다. 그러면서도 자기들의 이익에 해만 되지 않으면 정작 권력을 비판해야 할 일엔 침묵하거나 아첨할 수 있다. 이건 우리가 김영삼 정권 아래서 목격한 바다. 언론개혁을 하지 않고선 김대중 정권도 김영삼 정권의 전철을 밟을 수 있다는 것을 온 국민이 명심해야 할 것이다.12)

언론개혁은 제대로 이루어지지 않았다. 이 말대로 김대중은 실패했다. 김대

---

12) 한겨레, 1997년 12월 25일 6면, [시평] 언론권력도 교체하자 - 강준만 전북대 교수

중 정부 내내 언론들은 정책을 왜곡해 왔다. 이는 김대중 정부의 자산마저 아예 없는 것으로 국민들에게 인식하게 했고, 김대중 정부를 실패한 정권으로 규정, 하마터면 독재 잔존, 비민주적인 세력이 다시 정권을 장악하게 되는 비극이 일어나게 할 뻔했다. 그런데 노무현도 마찬가지 상황에 처했다.

문화적인 코드를 통해서 정책을 분석하는 것은 일견 필요한 일이다. 그러나 부정적 문화코드를 통해서 정책을 평가하는 것은 일반 사람들을 속이는 것일 뿐만 아니라 정책을 왜곡하는 것이다. 이렇게 부정적인 문화코드가 편견과 고정관념을 정책의 평가기준으로 두는 것이다. 또한 문화적 코드 자체가 문제를 발생하는 경우가 많은데, 그것은 자신들의 의도와는 별개의 문제이다. 사람들의 악의가 작용하거나 동기가 작용하는 것이 아니라 무의식적인 인식이나 아비투스(habitus)에 따른 결과이다.

다시, 언론과 일반인들의 평가 준거점 문제로 돌아가 보자. 일반인의 시각으로 생각하면 이는 매우 큰 의미를 지닌다. 우선 정책에 대해서 잘 모른다는 사실은 누구보다도 자신이 잘 알고 있다. 그러나 나름대로 정책에 대해서 평가를 하고 있다. 아니, 평가를 해야 한다. 그런 평가를 하더라도 자신의 평가가 맞는 것인지는 자신이 없다. 그런데 신문에서 하는 이야기가 자신이 생각하고 있는 것과 동일하다고 생각하면 달라진다.

신문과 자신의 생각이 같다고 하면 그것은 불변의 진리가 되어 버린다. 그러한 평가가 거대한 신문, 브랜드 이름만 대어도 알아주는 신문일 경우 그는 그 신문과 동일시를 이루게 된다. 자신의 평가가 옳다고 생각하게 된다. 심지어 자신이 마치 정책평론가이자, 전문가 수준에 이른 것으로 느껴진다. 그러나 그것은 그 신문의 논리가 그 논리를 가지고 있는 사람들을 중심으로 구성되는 것이지 실제 사실인 것과는 별개의 문제이다.

정책을 문화적인 코드, 부정적인 코드만으로 저널리즘 형태로 구성하는 신문들은 이러한 시장 장악성이라는 브랜드(예컨대, 1등 신문)를 통해 부정적 문화적 코드로 정책을 재단하고 평가한다. 그것은 진리가 되어 거대한 신문이 거짓말할 리 없다는 규모의 편견에 빠지게 한다. 이는 이 많은 사람들이 틀릴 리 없다는 심리와 동일하다.

그러나 아인슈타인이 등장하기 전까지 세상 사람들은 시간과 공간에 대해 잘못 생각하고 있었다. 코페르니쿠스와 갈릴레이가 나오기 전까지 사람들은 지구가 세상의 중심인 것으로 생각했다. 아니, 아인슈타인이나 코페르니쿠스, 갈릴레이와 같은 사람들이 무수하게 많았지만 인정받지 못했다. 다른 요소도 있겠지만 일단 그들을 인정하는 형식적 권위가 있는 개인이나 조직이 없기 때문이었다.

만약, 이러한 부정적인 문화코드에 기반한 정책과 정책가의 평가를 절대적으로 믿고 있는 상태에서 비판적인 공격을 하는 사람이 있게 되면 그들은 진리를 파괴하는 이들이 된다. 진리를 통해 구성된 체제를 공격하고 파괴하는 존재들이다. 바로잡으려 하거나 밝히려는 사람은 전복자가 된다. 그것은 주객이 전도된 것이다.

수십 년 동안 이런 식으로 정책평가에 익숙해진다고 할 때, 개혁을 하려는 이들이 정책가의 수장으로 뽑히게 된다면, 주류 언론은 대한민국이라는 체제는 망했다고 극단화시킬 수 있다. 보수를 넘어선 수구의 등장이다. 이러한 사람들을 가리켜 수구집단이라고 지칭하는 것이 일반적인데, 그 지칭을 받는 사람들은 당연하게도 화를 낼 수밖에 없다. 그들을 공격하는 이들이 문제집단이자 파괴자이기 때문이다. 결국, 수구 운운은 논쟁을 악화시킬 뿐만 아니라 정책평가 풍토를 극단적으로 몰아가서 생산적인 부분을 보여 주지 못한다.

이러한 일련의 과정이 일어나는 근본 원인은 궁극적으로 정책을 올바르게 보고 평가하며 공유할 수 있는 소통 구도가 없기 때문이다. 그 사이로 독점적인 시장성을 목표로 구성되고 세를 확장하는 거대 언론의 장난이 끼어들었다. 즉, 개인이 문제가 아니라 정책을 왜곡하고, 정책의 결과와 정책그룹들에 대해 제대로 평가하지 않는 언론집단이 문제인 것이다. 물론 그러한 언론은 정치, 경제의 주류 지배질서와 밀접하게 연결되어 있고, 그것은 자본(돈)의 지배질서와 맞닿아 있다. 노무현이 대통령이 되어서 싸운 것은 바로 이 거대한 주류 지배질서였으며, 그것은 강력한 금권의 절대권력이었다. 그것은 단순히 대통령 1인이 깨부술 수 있는 카르텔은 결코 아니었으며, 5년 안에 어떻게 해볼 수 있는 대상이 아니었다. 더구나 그것들은 겉으로는 합법적인 법과 규칙이라는 정당한 자격을 갖고 있었다.

정책을 모르는 가운데 정책세력들을 공격하는 행위는 단순하고 유치한 경우가 많다. 상대를 부정적으로 평가하는 것이 우월해 보이기 때문이다. 즉, 일단 부정하면 반은 먹고 들어가는 정책심리가 존재하기 때문이다. 그때 의존하는 것은 부정적인 문화코드다. 이러한 부정적인 문화코드에는 편견, 인습, 고정관념, 부정적인 상식이 대부분을 차지한다. 이러한 정책평가 행태들은 개개인이 무심코 하기 때문에 별거 아닐 수 있다. 긍정적인 제도적 코드로 보자면 그 규모로 보아 미미한 것일 수 있다.

하지만 단지 미미한 행위가 아니라 치명적인 결과를 가져온다. 조그만 돌을 던지지만 그것을 맞는 이들은 즉사하는 셈이다. 그것은 소소하지만 결국 언론을 통해 확장 증폭하기 때문이다. 결국에는 눈사람 효과를 낳거나 무감각한 현상을 낳아서 노무현에게 거대한 바윗돌로 떨어지게 되었다.

이러한 정책평가가 횡행하는 것은 단지 정책에 대한 왜곡이 아니라 개혁세력에 대한 정치공세용, 기득권 유지용이기 때문이다. 이는 밥그릇을 지키기 위한 필살기이기에 치명적이다. 하지만 진보개혁세력들은 밥그릇을 위해 지지하지 않는 경향이 있다. 이 때문에 게임이 안 된다. 보수들은 자기 밥그릇을 위해 악착같이 달라붙고 절대 이탈하지 않는다. 그것이 거대 한나라당이 계속 강고하게 존재하는 이유다. 한나라당은 한국이라는 나라의 욕망덩어리가 뭉쳐 있는 것이다.

거꾸로 정책을 올바르게 세우고 평가하는 것은 부정적인 문화코드에만 기대어 자신들의 영향력을 확장해 온 이들에게 치명적인 위협이자, 공포를 제공한다. 수많은 부정적인 행동들이 순식간에 까발려지는 순간이 다가오기 때문이다.

궁극적으로 반복해서 정책을 부정적 문화코드에 연결해서 평가하는 이유와 이를 계속 합리화하는 이유가 여기에 있다. 제도적인 코드를 알면서도 조선·동아·중앙일보가 이러한 부정적 문화코드에 기대어 일방적으로 정책가와 정책을 평가하는 이유이다. 물론 이들 신문만이 아니라 수많은 경제지가 여기에 합세한다. 이들 경제지는 금융 재테크에 대한 대중적인 관심의 증가로 강자중심의 정책을 무감각하게 만들어버리는데 큰 공훈을 세우게 만들었고, 노무현의 실패와 이명박의 등장에 큰 기여를 했다. 이는 조·중·동 중심의 언론운동의 한계를 나타내는 것 가운데 하나다.

여하튼, 정책을 올바르게 평가하지 않는 사회문화코드만 있는 한 어떠한 개혁세력이 집권체제에 들어간다고 해도 그러한 세력들이 만들고 집행하고 추진하는 정책들은 올바른 평가를 받을 수 없다. 노무현을 만들었던 문화코드들이 오히려 노무현을 치는 칼이 되는 맥락과 연결된다.


## 4. 노무현 진퇴양난, 제도적 코드와 문화적 코드의 차이


정책소통은 문화코드와 제도적인 코드가 일치되어 적절한 지점을 찾아야 생명력을 지닌다. 그러한 일치점을 끊임없이 모색하기 위하여 국민의 긍정적인 문화코드를 반영하는 선거를 치러 새로운 정책가들을 뽑는다. 이들을 통해 문화코드를 반영한다고 할 때 그것은 모든 것을 문화코드로만 해결해야 한다는 것을 의미하는 게 아니다. 대통령이 된다는 것은 문화코드를 통해 지지를 얻어 국정을 총괄하는 것이지만, 국정에는 정책을 결정, 집행, 평가하는 제도적인 코드가 존재한다. 이러한 제도적인 코드에 따라서 문화코드를 반영하는 것이다. 이를 조율하고 모색하는 것은 정책가들이다.

문화코드에는 부정적인 코드와 긍정적인 코드가 존재한다. 부정적인 문화코드는 주로 정책을 악의적으로 왜곡하는 데 사용되고 긍정적인 코드는 대중적인 지지를 나타내지만, 제도적인 코드를 간과하는 오류를 흔히 저지르게 된다.

김대중이 사람들이 바라는 문화코드를 통해서 대통령이 되었다면 그는 분명 국민의 지지를 받은 것이지만, 문화코드만으로 정책을 만들고 적용할 수는 없다. 이는 노무현도 마찬가지이다. 만약, 문화코드에서 거품이 있다면 김대중이나 노무현도 문화코드를 만족시킬 수 없다. 결과적으로 내려지는 평가는 실패인 것이다.

앞에서, 이런 문화코드에는 부정적인 문화코드가 많은 부분 작용하고 언론을 중심으로 횡행하며 이것이 정책평가의 큰 줄기를 형성한다는 점을 강조했다.

이러한 부정적인 문화코드를 부풀리는 식의 정책과 정책에 대한 평가가 지배적이라면, 이러한 상태의 개혁세력은 포위·고립된다. 어떠한 정책을 추진한다고 해도 정책적 의미는 평가를 제대로 받지 못한다. 포위되어 있는 상태라면, 당연히 이러한 조건이라면 이는 정책평가에 대한 명확한 대중적인 그룹이 존재해야 한다는 것을 말한다. 이것이 중요하다.

일반 시민들은 정책의 구체적인 메커니즘에 대해서 알 수가 없고, 그것은 현실적으로 불가능한 이야기이다. 중요한 것은 정책을 올바르게 보고 평가할 수 있는 그룹들이 도처에 존재해야 한다는 것을 말한다. 이는 시민사회의 성숙과는 별개의 문제이다. 이를 제공하는 공간은 사이버 공간일 수도 있고, 오프라인 공간일 수도 있다. 이는 논객과는 다르다. 논객들의 대부분은 정책에 대해서는 무지하거나 비전문가들이기 때문이다. 많은 이들이 형식논리와 근본적인 가치들을 주장하는 차원에서 화려한 수사학을 보이는 것에서 알 수 있다.

근본 가치를 강조하는 사이버 논객들은 사이버 공간의 게시판에서만 유용할 뿐이다. 애초 실질적인 논쟁이 되지 않는다. 형식논리만을 가지고 싸우거나 말꼬리를 가지고 싸우게 된다. 대개 실질적인 정책에 대해서는 함구한다. 무엇보다 노무현이 대중적인 지지를 광범위하게 받은 것은 무엇일지 생각해 보아야 한다. 그것은 노무현이 현실에서 끊임없이 무엇인가를 시도했다는 것이다. 그것이 실패이건 성공이건, 욕먹을 짓이건 손가락질을 당할 행동이건 말이다. 그러했기 때문에 노무현의 행동들은 전혀 예상치 못한 행동으로 보였다. 때로는 마치 그가 승부사인 것처럼 보이기도 했다. 그것은 결국 정책가의 행동을 평가하는 이들에게는 행동이나 실천이 없고, 논리와 이론만이 존재한다는 것을 말하는 것이다. 그것은 관념의 정책학임을 말한다. 하지만 노무현은 관념의 이론을 넘어서서 현실의 행동을 추구했다. 현실의 행동은 이론적 논리나 완결적 구조와는 달리 항상 무엇인가 부족하고, 매끄럽게 되지 않는 경향이 많다. 그럴수록 거칠어 보이고 어설프게 보일 수도 있다. 영원히 아마추어같이 보인다. 그가 정말 무식하거나 능력이 없어서일까? 매우 천재적인 아이디어도 맨 처음에는 조악하다. 천재들의 말을 들어 보라. 정리도 제대로 안 된 말들이나 작품들을 내놓는다. 그래서 천재들의 명성을 듣고 직접 만난 사람들은 실망을 하게 된다. 하지만 그것은 당연한 것이다. 세상에 처음 내놓은 것이어서 완벽하게 가다듬을 수 없기 때문이다. 학원 강사를 보라. 정말 말을 잘한다. 이렇게 잘하는 이유는 그동안 나온 자료가 많기 때문에 그것을 준거로 삼아 정리를 체계적으로 할 수 있기 때문이다. 그러나 학원 강사에게 창조적인 학술 아이디어를 내라고 하면 하지 못하거나 내도 어설프기는 마찬가지다. 노무현의 행보들이 거칠고 아마추어같이 보였던 것들은 다른 이들이 생각하지 않은 것들을 과감하게 실현하려 했기 때문이다. 양쪽에서 욕을 먹어도 말이다. 그것들은 교수나 연구원, 논객들이 보기에는 좋은 먹잇감이었다.

또한 진보논객들이 말하는 정책이라는 것은 결국 인문학적 테두리에서 벗어나지 못하는 경우가 많다. 인문학자들이 말하는 정책 방안이라는 것은 너무 원론적이라서 노무현과 같은 실제 정책가들에게는 '마음의 죄책감'만 증가시킬 뿐 실천적인 방안을 주지는 못한다.

그들이 말하는 사회과학이라는 것은 변증법적 유물론이거나 사회학적 방법론을 말한다. 여기에서 말하는 제도권, 제도적인 코드는 정책의 설정, 결정, 집행, 평가가 이루어지는 정책구조에 대한 전문적 맥락을 말한다. 요컨대, 사회주의 혁명을 전제하지 않는다면, 정책적 능력은 근본적인 가치들을 대한민국이라는 헌정 질서 속에서 어떻게 실현할 수 있느냐를 말한다.

국정 수반에 들어간 개혁세력에게 필요한 것은 단지 세를 몰아 주는 운동집단이 아니다. 이제는 제도적인 코드와 문화코드를 맞추어 노무현이 펴고자 하는 정책이 성공할 수 있도록 지원하는 정책적 지원세력이 필요했다.

그런데 5년 내내 문화코드를 들이대면서 한쪽만을 강조했다. 이는 노무현을 실패하게 하는 지름길이었다. 근본적인 가치들을 주장하지만 이의 현실적인 적용을 모색하지 않는 그룹은 문화코드에 함몰된 전형적인 예였다. 심지어 원내 진출을 꿈꾸는 그룹조차 이러한 코드에서 미처 벗어나지 못하기는 마찬가지이며 앞으로도 마찬가지일 것이다. 노무현이 떠나간 마당에 그것이 더 우울하게 만든다.

근본적인 혁명을 꿈꾸지 않고 원내에 진출하겠다는 정강을 가지고 있다면 이것은 대한민국이라는 정체를 인정하고 헌법을 준수하겠다는 것을 의미한다. 근본적으로는 혁명을 꿈꾸지만 전술적인 차원에서 원내에 진출하는 것이라도 마찬가지이다. 이는 현재, 현 단계에서 '무엇을 할 수 있는가, 할 수 있겠는가'를 고민하는 것이다. 이러한 고민에서 정당활동을 택했다면, 근본적인 가치들을 법과 제도를 통해서 실현해야 한다. 원내 진출은 국회 입법활동으로 정책활동이다. 따라서 원내에 진출하고자 하는 사람과 정당은 정책을 가지고 이야기해야 한다. 즉, 노동자와 서민을 위해서 원내에 진출하고자 하는 사람과 정당은 대한민국이라는 정체의 틀에서, 헌법적인 질서 속에서 정책을 중심으로 사고하고 행동해야 한다. 이것은 문화적인 정서만을 반영하는 것이 아니라 제도적인 코드를 통해 실현해야 하는 것을 말한다.

실현은 정책의 대중성과 원칙성을 조율하는 가운데 정책의 가능성을 바탕으로 이루어진다.

예를 들어, 전 국민에게 영구임대주택을 공급하겠다고 치자. 이러한 공약은 얼마나 좋은 정책인가. 많은 이들은 압도적으로 지지할 것이다. 그러나 이것이 실현 가능한가. 자본주의는 거부해야 하겠지만, 시장의 메커니즘을 거부하는 것은 타당하지 않다. 이러한 점을 보지 않은 참여정부의 부동산정책은 실패했다. 경제적인 관점에서 보자. 공공임대주택을 많이 짓게 되면 경기가 과열된다. 공공자금이 너무나 많이 풀리기 때문에 인플레이션이 가속화된다. 민간이 아니라 공공부분의 주택공급 팽창으로 기존의 민간기업들의 주택투자는 위축되고, 많은 기업들이 망하는 가운데 수많은 실업자가 발생할 것이다. 더구나 인간의 욕망이나 계급적 계층적 구분은 항상 고정적이지 않다. 즉 영구임대주택으로 영원히 살고자 하는 사람들이 시민의 전부는 아니다. 반대로 모든 주택시장을 민간에게 맡기게 된다면 법과 원칙에 맞는 것으로 보인다. 그러나 무한경쟁의 자본주의에서 약자와 소수자들은 이러한 보편적인 서비스에서 제외된다. 따라서 이러한 문화적 욕구와 시장적 제도 사이의 절충점을 모색해야 한다. 하지만 시장주의자들은 그러한 문화적 욕구를 부차적으로 만든다.

정부가 있는 것은 마르크스의 말대로 특징계급을 위해서가 아니며 부르주아만을 위해서도 아니다. 약자를 위해서다. 대중민주주의는 약자의 정부를 구성하기 위해서 존재하며, 그런 의미에서 홉스나 스튜어트 밀, 루소의 사회계약론은 잘못 정의되었다. 어차피 자본주의는 강자의 시스템이기 때문에 강자들은 정부가 없었으면 한다. 그것에 대응해 가는 것이 약자들의 정부 구성 요구였다. 예컨대 시장자유주의자들은 정부의 개입을 원천적으로 거부한다. 정부는 외교, 국방에만 치중해야한다고 한다. 이른바 작은 정부론, 야경 국가론이다. 삼성은 당근과 채찍에서 최고의 기업이다. 노조가 없지만, 개인의 인센티브를 통해 생산성은 최고를 달린다. 또한 돈을 통한 후생복지로 노동자들의 기타 불만을 해결한다. 노조가 없더라도 상대적으로 돈을 많이 주니, 많은 사람들이 몰려든다. 우수한 인재들을 통해 효율적인 관리와 기획, 생산, 마케팅, 유통, 판매가 이루어진다. 이는 반대로 능력이 없으면 언제든지 튕겨 나간다는 것을 말한다. 이러한 기업과 조직에는 능력이 없는 사람은 있을 수 없다. 능력은 상대적인 것이고 상대적이라는 의미는 실체와는 상관없이 그 기업과 생산의 논리에 따라 사람의 평가가 내려지는 것을 말한다. 오직, 경제적인 생산 산출물만이 중요하게 여겨진다. 이러한 경제적인 산출물을 많이 생산하는 사람일수록 능력 있는 사람으로 대접받게 된다. 하지만 삼성맨들은 일찍 퇴출된다. 쓸모가 없으면 버려진다. 생산결과를 만들어 내기 위해서는 끊임없는 긴장과 스트레스를 받아야 하고 살벌한 경쟁을 항상 겪어야 한다. 생명을 태워 무엇인가를 만들어 내야 한다. 이 과정에서 선택되는 사람은 소수에 불과하다. 대신 생산성은 국내 최대가 된다.

기업가들은 이러한 논리를 정부에 그대로 대입하자고 한다. 자유시장경쟁에 따른 원리를 그대로 도입하자고 한다. 정부의 규제를 모두 풀고 기업하기 좋은 나라를 만들자고 한다. 이는 문화코드가 아니라 제도, 법에 따라 제도적인 효율성만을 염두에 둔 발언이다. 문화는 없고 제도적인 코드만 있는 것이다.

경쟁과 효율, 경제성이라는 가치만을 염두에 두고 분배성, 형평성이라는 단어를 삭제하고자 한다. 만약, 이러한 분배성, 형평성, 보편적 서비스라는 부분을 삭제하게 되면 그것은 정책이 아니라 경영방침이 된다. 경영방침은 1순위가 경제적 이익이다. 그러나 정부의 정책목표는 사회통합이자 형평성과 분배성이다. 정부가 존재하고 조직이 성립하는 것은 생산성을 극대화하기도 하지만 이것을 어떻게 분배할 것인가를 고민하는 것이다. 약자를 위해 사회적인 부를 어떻게 배분하는가가 문제이다. 그래서 기업들은 정부의 존재를 싫어한다. 만약, 정부가 기업의 편, 아니 자본가와 지배계급의 이득만을 대변한다면 기업주들이 싫어할 이유가 없다. 무엇보다 선거를 할 필요가 없다.

누가 그곳에 선출되어도 특정계급의 편이라면 그것은 의미가 없다. 그러나 김대중 정부는 이러한 면에서는 차별성을 지닌다. 이러한 특징은 분명 매판자본이나 군사독재 권력이 정부를 잡고 있을 때와는 분명 다른 것이다. 분명, 김대중 정부는 기업이나 특권층만을 위해 정책을 입안하고 결정하지 않았다. 이것은 특히 재벌을 중심으로 한 기업주와 특권층들이 김대중 정부를 싫어하고 배척하는 이유이며, 노무현을 반대하고 이회창을 지지한 이유였다.

이러한 것만으로도 김대중 정부는 기득권층과 수구세력의 이익을 대변하기 위해 정책활동을 하지 않았다는 것을 알 수 있는 것이다. 그 자체가 매우 소중한 자산이다. 자산은 한꺼번에 생기지도 않으며 그러한 자산을 불리는 것이 중요하고 본격적으로 해야 하는 이가 노무현이었다. 이것만으로도 매우 큰 의미가 있다.

마찬가지로 참여정부가 근본적으로 다른 것은 그 밑바탕이나 지향점이었다. 같은 정책 행위를 하는 것 같아도 근본적인 바탕이 다르다. 즉 약자나 사람을 먼저 지향하는 것인가, 아니면 강자와 자본의 질서를 더 우선하는가에 따라 다르다는 것을 충분히 알 수 있는 문제였다.

또한 정부는 능력 있는 사람만을 위하는 것이 아니라 능력이 없는 사람을 배려해야 한다. 무엇보다 능력이 있고 없음을 떠나 다양한 기준으로 준거점을 마련해야 한다. 능력이 있고 없음을 떠나 배려하고 지원하는 것은 사회복지 정책을 말하며 분배성과 보편적 서비스를 말한다. 신자유주의의 특징은 복지 부분의 삭감이다. 혹자들은 우리나라의 복지수준이 너무 낮기 때문에 그것은 정책을 편 것이라고 할 수 없다고 이른다. 이는 전형적인 환원론이자 근본주의자의 정책평가이다. 만약, 이회창이나 이명박이 들어섰다면 이러한 복지정책이 가능했겠는가 하는 점이 제기되는 것이다. 또한 미국식 시장주의자들이 들어섰다면 가능했겠는가 하는 점이다. 진짜배기 신(新)자유주자들이 들어섰다면 더 강력한 민영화와 고용 유연화가 이루어졌을 것이다. 이것을 가능성, 개연성의 부풀림이라고만 할 수 있겠는가. 이명박 정권에 들어서면서 김대중과 노무현이 과연 신자유주의자들의 본령이었던가 하는 의문이 드는 것이 바로 이 때문이다.

문화코드와 제도적인 코드 사이에서 정책을 고민하는 것, 이 고민은 정책의 형태로 이루어지며 정책은 헌법적인 질서와 이 연원에서 발생하는 법률에 근거한다. 이러한 정책은 제도적인 코드로 움직인다. 제도권이라는 단어는 제도로 움직이는 영역을 말하는 지칭이다. 따라서 제도적인 코드로 움직이는 영역의 상대 영역은 문화코드로 움직이는 영역이다.

일하는 사람들이 이 세상의 주인이 되어야 한다는 사실은 누구나 안다. 일하지 않는 자는 먹지도 말라는 말은 보수라고 불리는 사람이건 진보라고 불리는 사람이건 공통적으로 가지고 있는 인식이기도 하다. 일하지도 않는 사람이 먹는다는 건 세상에서 가장 불합리한 일이다. 그럼에도 사람들은 최대한 일하지 않으면서 먹으려고 한다.

일반화시킬 수는 없지만, 대체적으로 일은 적게 하면서 밥을 안정적으로 얻기를 원하는 것이 심리이자, 행동원칙이 된다. 거꾸로 자신의 노동에 따른 밥을 빼앗기는 것은 불합리한 것이다. 여기에서 일하는 사람은 누구인가. 이를 지칭하여 노동자라고 한다. 생산수단으로 소유하고 노동자를 고용하며 자본을 축적한 것을 소유하고 있는 이들은 자본가이다.

동대문에서 옷 장사하는 사람도 일하는 사람이다. 프리랜서로 그림을 파는 사람도 일하는 사람이다. 영화를 통해 이미지를 팔고 있는 배우도 일하는 사람이다. 관리직도 일하는 사람이다. 요즘 주가를 올리고 있는 CEO들도 일하는 사람이다. 계급적인 의식은 없을 지라도 이들은 모두 일하는 사람, 노동자다. 심지어 국가 인권위원회에서 일하는 사람들은 정책가이지만, 일하는 사람이고 노동자다. 그러나 사람들은 부자를 꿈꾸지만 노동가치설만으로 부자를 꿈꾸는 것은 아니다.

한계효용이론과 같이 개인의 선호와 소비를 촉진하면서 부자를 꿈꾼다. 여기에서 부자 자체는 의미가 없다. 사람들은 단지 일하는 존재만이 아니라 욕망하는 존재이다. 잘먹고 잘살고 행복하게 살고 싶어 한다. 정해진 파이에서라면 이런 사람들의 욕망들은 충돌할 수밖에 없다. 이는 문화코드들의 충돌이라고 할 수 있다. 이것만으로는 해결할 수가 없다. 그 중간에 정부가 있고 제도적인 코드가 있으며 그것을 대변할 조직에 문화적 코드의 대표자가 뽑혀 간다. 그가 김대중이었고 노무현이었다.

노무현은 끊임없이 자본주의와 시장 메커니즘 안에서 잘먹고 잘사는 모델을 만들려고 했다. 분배에만 함몰되려 하지 않았고, 생산의 모델을 만들려 했다. 그렇지만 이명박과 달리 원칙과 상식을 지키려고 노력을 했다. 그 안에서 나이와 학력, 성별, 지역에 상관없이 잘살 수 있는 방안을 모색했던 것이다. 그러한 행동들이 신자유주의자, 재벌가의 대변자, 변절자라는 비판을 낳게 했다. 한미 FTA가 대표적이다. 그는 우루과이 라운드 등 수입 개방 등을 거부했지만, 결국 그러한 개방이 긍정적인 점을 낳았다는 점을 강조했다. 문제는 한국의 경제구조 자체에서 어떻게 최선의 방안을 만드는가가 중요했다. 더욱 더 중요한 것은 노무현이 이 정책을 추진한 것이 부자들이 더 부자가 되게 하려고 한 것이 아니라는 점이다. 만약 이명박 정권이 추진한다면, 한미 FTA를 약자를 위해서가 아니라 강자를 위해서 적극 활용할 것이다. 하지만 노무현은 진보세력이나 지지자들에게서 이명박과 똑같은 사람으로 취급받았다. 그러한 차이의 비구분은 결국 노무현은 경제 비전문가, 이명박은 경제 전문가라는 프레임에 쉽게 갇히게 했다. 하지만 그래도 그는 끊임없이 진흙을 묻혀가면서 무엇인가 만들려고 했다.

중층의 결절들 사이에서 노무현은 이른바 진보도 아니고 보수도 아니다. 규정은 양쪽 사이에서 규정된다. 진보도 보수도 아니라고 한다면 양쪽에서 나오는 비판이 달라질 수 있음을 의미한다. 그가 어중간하게 둘을 봉합하려는 것은 아니었다. 진보와 보수의 중간에서 창출하고자 했다. 정반합의 변증법이다. 이때 이를 나쁘게 말하면 회색분자의 행동이 된다.

이러한 상황에서 타개책은 무엇인가. 그것은 정책의 정당성과 타당성이다. 정책대결을 하자는 이유는 구체적인 현실에서 타당한 결과를 얻어내는 방안을 가지고 이야기하자는 것이다. 대한민국이라는 정체성과 법적 질서 속에서 정책을 중심으로 이야기하는 것이 보수수구세력에서 공격하는 빨갱이 사회주의자라는 딱지 표적을 떼어내는 것이며, 근본적인 변혁을 논하는 이들에서는 현실 적용성이라는 부분에서 방어를 할 수 있기 때문이다. 그러나 일반적으로 정책을 이야기할 때 둘을 모두 만족시키지 못하는 상황이 발생한다. 이는 정책의 실패이자 정부의 실패로 비쳐진다. 더구나 제도적인 코드가 아니라 문화코드로 인식하게 될 때 더욱 그러하다. 이럴수록 평가는 부정적이고 언론의 장난은 가속화되면서 정권 자체가 몰락한다.

노무현은 처음부터 어느 쪽도 만족시키지 못하는 게임에 뛰어들었다. 하지만 그렇지 않고서는 현실적 진전을 이루어내기는 쉽지 않다. 보수 쪽에서는 사회주의자가 정권을 잡았다고 한다. 진보 쪽에서는 자본의 전위인 보수 신자유주의자가 잡았다고 한다. 이 가운데에서 줄타기를 하는 것은 쉽지 않은 일이다.

제레미 벤덤은 이렇게 이야기한다.

> 정치가는 한결같이 국민들이 좋아하는 것을 주려고 한다. 인간은 한결같이 쾌락을 좋아하고 고통을 싫어한다. 생활보조금, 제도와 같은 정부의 각종 프로그램들은 국민에게 쾌락을 안겨 주지만 세금은 끔찍한 고통을 안겨 준다. 결국 정치가들이 국민들에게 인기를 얻으려면 정부지출과 세금인하를 동시에 단행해야 한다. 물론 결과는 재정적자이다.[13]

이러한 지적은 정치인들의 공공선택이 경제정책에 많은 영향을 미친다는 점을 이야기하고 있다. 즉, 문화코드를 충족시키기 위해서 제도적인 코드를 희생한다는 논리이다. 시장주의자들은 이러한 논리를 들어서 정치인들과 정부를 비판한다. 그러면서 정부의 역할을 부정하고 기업과 경제의 논리를 강요하는 것이다.

이러한 논리대로라면 진보진영에서 각종 정부 프로그램의 확장, 즉 공공부

---

13) 토드 부크홀츠, 《죽은 경제학자의 살아있는 아이디어》, 이승환 옮김, 김영사, 1997, p. 344

문의 확장을 더 하라고 요구하는 것은 사람들의 쾌락적인 요소만을 따르는 인기영합주의의 실현이 되는 셈이다. 그 가운데에서 실현하는 이는 한쪽에서는 대중의 욕구를 충족시켜 주는 대가로 표를 받는, 인기영합주의 정책을 펴는 정치인이고 한쪽에서는 적당히 표를 위해서 개혁적인 정책 몇 개만 덧씌워서 추진하는 보수수구주의자들이라는 평가를 받는다. 그것은 김내중이 처한 상황이었고, 노무현이 당한 현실이었다.

시장주의자들을 왜 보수주의자들이라고 하는가. 자본주의 체제의 기본은 경제이익 지향의 경쟁적 시장 질서이다. 그것을 지키려고 하니까 이데올로기에서 보수주의자가 되는 것이다. 이것에 대응하는 것이 사회주의이다. 물론 이것은 더 이상 그 자체로서는 진보가 아니다. 알튀세르식으로 말하면 끊임없는 이데올로기의 변증법적 투쟁이 없다면 그것은 진보가 아니기 때문이다.[14) 다양한 중층적 결정을 보아야 한다.

정치, 경제 등 다양한 분야의 이러한 중층성은 상부, 하부라는 이분법적인 구도도 아니며 이데올로기의 수호에서 발생하는 것도 아니다. 실제적인 삶에서 나오고 닿는 정책에서 발견되는 것이다. 이러한 측면에서 보자면 한국의 진보담론은 여기에 아직도 단일의 일층성에 가깝다.

만약, 시장질서만이 존재한다면 이를 견제해야 하는 조직이 필요해진다. 그러한 조직은 시민단체나 사회단체만으로는 불가능하다. 그것은 제도적 진출과 실천, 즉 진흙과 때를 묻혀가는 행동이 필요하기 때문이다. 그래서 일부 민주화 세력은 제도권 진입이 개인적인 영달이나 권력욕을 좇아가는 것이라고 비판받는 것에도 불구하고 제도권으로 진출해 왔다. 자, 다시 중요한 키워드 하나를 이야기할 때이다.

---

14) 루이 알튀세르, ≪오래된 미래를 지속된다≫, 권은미 옮김, 돌베개, 1993

## 5. 왜, 민주화 세력은 실패하는가
### - 제2의 노무현도 실패하는 구조

민주화 세력이 이러한 비판을 들으면서 제도권에 가기는 갔지만 무수한 이들이 실패했다. 그렇다면 왜 그들은 실패한 것일까. 단지 그들이 능력이 없기 때문일까. 이러한 의문이 던져질 때 어떤 이들은 정치개혁이 이루어지지 않았기 때문에 아무리 수혈이 되어도 개혁이 이루어지지 않는다는 점을 강조한다. 이는 단일 시스템이론의 일종이다. 왜 갑자기 민주화 세력 이야기를 하는가. 노무현은 민주화의 상징이기도 했다. 그의 실패는 민주화 세력의 실패였다. 인간 노무현에게만 초점을 맞추지 말고 민주화 진보세력이라는 하나의 키워드를 중요하게 생각해야 하는 이유다.

유시민은 386세대들을 무수하게 수혈을 했지만, 그들은 결국 희석되어 갔다고 말한 바 있다. 민주화 세력, 그 개혁작업의 성공은 그가 주장하는 것은 구조를 뜯어고치지 않고는 불가능하다는 점을 지적한다. 여기에서 구조라는 것은 돈을 잡아먹은 고비용 정치 구조다. 그러나 이러한 측면은 지나치게 정치적인 측면에서만 접근한 것이다. 정책을 실제로 집행하는 구조를 본 것은 아니다. 즉 정책적 구조는 생각하지 않고 있는 것이다.

그 구조에서 정책은 그 자체로 딜레마의 연속이다. 또한 단지 이념적으로 양쪽에서만 문제되는 것이 아니다. 이념적인 잣대로만 보면 정책 자체나 정책가가 처하는 본래적인 딜레마를 보지 못하게 된다. 수많은 집단, 개인, 조직들의 이해관계를 조율하는 것이 정책이자 정책가이기 때문에 이러한 복잡한 상황 속에서 정책가가 택하거나 개혁을 완수할 만한 여지는 많지 않다. 이 때문에 개혁정책 성과주의 자체가 중요한 것이 아니라는 점이 다시 한 번 부각되어야 한다. 이는 김대중이 처한 상황이었고, 노무현이 처한 상황에서 부각되어야 했으며, 더욱 주목되어야 했다.

무엇보다 주목해야 하는 것은 제도적 코드와 문화코드 사이에 근본적으로 딜레마가 존재하고, 문화코드가 제도적인 코드를 위협하거나 그 수치가 높을 때 개혁그룹의 정책은 모두 실패한 것으로 치부되어 포위된 채 사멸하게 된다는 점이다. 김대중의 개혁정책들이 많은 성과를 올렸음에도 부정적인 정책으로, 개인적으로도 많은 비판만 받는 것은 이 때문이며, 이는 노무현에게도 그대로 적용되고, 될 것이 예견되었고, 실제로 그렇게 되었다.

만약, 노무현이라는 인물이 없었다면 국민의 정부, 아니 김대중은 김영삼보다 더 못한 평가를 받을 수 있었다. 부정적 문화코드가 정책평가를 난도질한 결과였다. 진보ㆍ보수 언론을 막론하고 모두 문화코드를 김대중에게 들이대고 재단하는 데 서슴지 않은 결과이다. 단지 긍정적인 문화코드인가 부정적인 문화코드인가만 다를 뿐이다. 불행하게도 노무현의 정책들을 평가해 줄 만한 세력을 창출하지 못했고, 이명박 정부는 모든 것을 부정했으며, 국민들은 노무현의 정책들을 기억하지도 못하고 아예 버렸다.

이렇게 된 이유는 구조를 보지 않고 현상을 보았으며, 지지자들조차 진정으로 지지하지 않았기 때문이다. 제도적인 코드에 처한 딜레마를 보지 않고 정책과 정책, 국정을 오로지 자신의 문화코드, 사회문화코드로만 보아 왔으며 현재도 계속 그렇게 보고 있기 때문이다. 이러한 습성에 대한 거부는 김대중을 올바르게 재평가하는 것이며 노무현을 제대로 평가하기 위한 준비이다.

김대중 정부 5년 동안 개혁세력의 입지는 어떻게 달라졌는가. 우선 그 전제를 다음의 글에서 살펴볼 수 있다.

한상진 : 제가 이해하는 한 민주주의나 시장경제라는 틀 안에서 소유권 문제를 급진적으로 해결할 수는 없습니다. 다만 참여의 통로를 넓혀 기업에 대한 민주적 통제를

늘려 가는 모델은 가능합니다. 개혁속도를 빨리 하라는 이야기가 많은데 50년 만에 정권교체를 했지만 집권세력은 제도권 안에서 힘이 크지 않습니다. 관료들 사이에도 기본심리에 거부감이 없다 할 수 없고 지식인 사회도 다르지 않습니다. 실제로 개혁을 연대할 세력이 크지 않다는 뜻입니다. 따라서 지금 시점에서는 두루 대통령의 개혁 의지에 힘을 실어 줘야 한다고 봅니다. 현실은 힘의 관계인데 이도 저도 안되면 불가피하게 다른 방식을 선택하게 될 것입니다.[15]

이 말은 노무현이 대통령에 당선된 이후에 한 말이 아니라 5년 전 김대중 정부가 들어서고 나서 6개월 만에 평가를 내리는 자리에서 한상진 교수가 한 말이다. 이러한 상황은 노무현에게 끝까지 계속되었다. 관료들의 심리는 여전히 자신들의 이해관계를 위해 개혁세력에 비협조적이었다. 사사건건 관료들은 노무현의 개혁안들에 대하여 거부의사를 밝히고 때로는 조직적인 저항을 벌였다. 그들은 이명박 정권이 들어서면서 한순간에 자신들의 정책행동을 바꾸었다. 미국산 쇠고기 수입협상이 대표적이다. 반대의 논거를 만들어냈던 그들은 한순간에 찬성의 논거를 만들어냈다. 문화부 관료들은 문화계의 진보 인사 인적 청산을 위해 완장을 차고 앞장섰다.

노무현 정부를 지식인 사회에서도 상당수가 부정적으로 보았다. 족보도 없는 세력으로 가볍게 보았다. 또한 민주화 세력을 결집하려는 그의 노력도 순탄하지 않아 보였다. 민주당의 개혁은 만만치 않으며 정당정치와 지역구도에 관련한 일련의 개혁작업이 노무현에 힘을 실어 줄지는 불투명했다. 물론 그것은 열린 우리당의 창당이라는 하나의 실험으로 이어진다. 탄핵의 가운데에서 그 반발로 다수 의석을 확보하여 성공하는 듯이 보였지만, 그것도 결국에는 문화적 코드가 매우 강성해진 대표적인 사례였다. 그것은 결국 노무현을 죽이

---

15) 한겨레, 1998년 8월 14일자 4면, 정부수립 50돌 특별좌담 – 김대중 정부 개혁

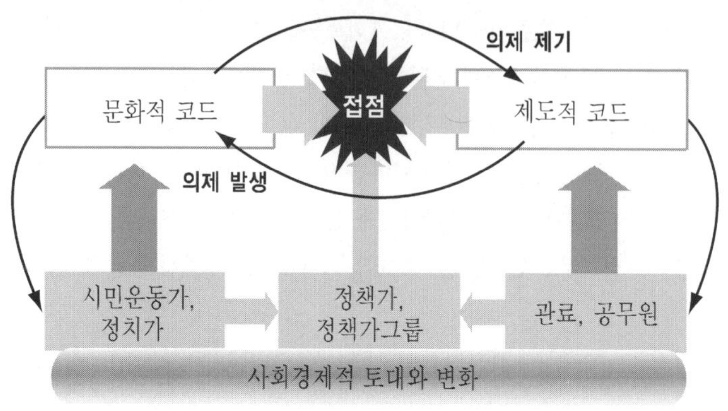



노무현의 딜레마와 패러독스의 기반인 정책가적 위치

는 역풍의 큰 요인이 되었다.

진보세력의 가장 큰 문제 중 하나는 사람을 믿지 않으며 가치에 반하는 행동을 하면 사람을 버리는 것이다. 그 희생양이 노무현이었다.

결국 노무현이 연대하고 개혁을 추진하며 국정을 운영하는 데 추진력과 관리력을 안정적으로 기대할 수 있는 곳이 없는 셈이었다. 노무현의 많은 개혁방안의 정도가 중요한 것이 아니라 전체적인 방향 속에서 딜레마를 주목하고 지속적인 지지를 통해 힘을 실어 주어야 하는 것이었다. 그것은 진정한 지지를 노무현의 본질(진정성)에 실어 주는가, 단지 문화코드에 실어 주는가 하는 점에서 결정된다. 문화코드에만 기대는 것은 의미가 노무현의 발목을 잡는 것이었다.

이제부터는 기본구도와 과거의 샤례들을 들어가면서 구체적으로 문화코드와 제도적인 코드 사이에 어떻게 실패구조가 발생했는지 살펴본다.

# 제 2 장

# 문화·제도적 코드 사이의 실패와 희생 구조

## 1. 노무현을 둘러싼 문화적 코드의 위험성

에델만은 "법이라든가 정부의 정책을 둘러싼 환경을 바꾸거나 그대로 두지 않는 것이 중요한 것이 아니라 환경에 대한 심리적 적응을 이해하는 것이 중요하다."[16]라고 했다.

좀 어려운 말 같다. 이렇게 풀이해 보자. 사람들은 자신이 처한 상황을 바꾸건 그렇지 않건 간에 그것에 적응하려 한다. 이를 이해하는 것이 중요하다. 노무현을 괴롭히는 환경을 바꾸려고 하지 않고, 그 상황 자체에 너무 익숙해져서 노무현을 버렸다. 개혁 피로증은 대표적이다.

아직도 다음과 같은 논의를 중심으로 생각하고 있다면 시대착오적이다.

지금 우리에게 필요한 것은 분단 이데올로기에 의거하지 않고, 지역주의에 편승하지 않으며, 그것을 극복할 역량 있는 민주세력을 통합해 내면서 개혁시대를 추동할 새로운 정

---

16) Murray Edelman, "Restricted and General Political Communication Networks," Communication, 1980, p. 210

권을 만들어 내는 것이다. 다시 말해 지역 및 민주세력의 통합과 민족통일을 위한 정치세력을 만들어 내고, 이를 통해 정권을 창출하며, 이 힘을 바탕으로 민주문화와 개혁문화를 만들어내는 것이다. 이제 개혁은 우리에게도 역사적 필연이며 동시에 역사적 당위이기도 하다.

그러나 우리를 포함한 모든 겨레에서 개혁은 구조적 제도적 개혁으로 연결되어야 하지만, 국민의 동의와 합의를 필수적으로 요구한다는 점에서 혁명보다 어려운 과정이라고 할 수 있다. 그러므로 21세기와 통일을 향한 새로운 개혁문화가 이 땅에 뿌리를 내리기 위해서는 최소한 한 세대, 30년이라는 시간이 필요하다고 개혁을 하나의 문화로 정착시키기 위해 노력하지 않으면 안 된다.[17]

이 글에서 30년이라는 시간이 걸린다는 말은 맞다. 이 정도의 시간이 걸려야 변한다. 하지만 노무현에 대한 지지는 몇 개월도 되지 않아 무너지기 시작했다. 그런데 이 글은 좀 따져 보아야 할 내용이 있는데, 그것은 문화에 대한 지나친 강조다. 일단 이 글에서 말하는 것은 세를 모아서 새로운 정권을 만들어 내야 한다는 것이다. 정권을 만들어서 궁극적으로 하고자 하는 것은 개혁문화이다. 민주화 세력, 개혁세력을 모아서 정권을 만들고 개혁문화를 만들면 된다는 것이다. 판단기준은 이러한 문화적 코드인 셈이다. 이 글의 필자는 여기에서 제도적인 부분을 그 하위에 두고 있다. 문화코드를 우위에 두는 것도 위험하지만 제도적인 코드를 문화코드에 종속적으로 맞추는 것도 궁극적으로는 정권을 붕괴시킨다는 사실을 간과하게 할 수 있다. 이러한 논리에서 민주화 세력은 이렇게 개혁적인 세를 모아서 정권을 만들어 내고, 그 안에서 개혁적인 작업을 하기만 하면 되는 단순한 인과관계를 생각한다. 그러나 개혁을 하기만 한다고 해서 되는 게 아니다. 또한 개혁, 반(反)개혁이 아니라 문화코드로 정책을 판단하는 한에서는 개혁작업은 성과와 의미를 제대로 평가받기

---

17) 이수인, "6월 항쟁 10주년과 국운 100년의 역사적 전환기", 〈창작과 비평〉, 1997년 여름호 통권 96호, p. 213, p. 217

힘들다.

전형적인 문화코드인데 이로써 개혁세력의 한계를 인정하지 않는 도덕적 순결주의를 또 강요하게 된다. 그러나 제도적인 구조는 때로는 정책적 연대와 타협이 필요하며 개혁세력이 소수일 경우에는 이러한 측면은 강해진다.

그렇다고 해서 노무현이 취하는 제도적인 코드가 법과 원칙만을 강조하는 것은 아니었다. 여기에서 자본주의 체제에서 법과 제도는 시장경제주의와 원리를 말하는 것이다. 노무현은 당연히 이것만을 고집하는 것은 아니었다.

이러한 부분은 대통령인수위원회 경제정책분과에 들어갔던 김대환 교수가 말한 것을 보면 알 수 있다.

제도적인 측면의 구조적인 문제는 시장경쟁을 중심으로 볼 때 게임 룰이 핵심적이기는 하지만 그것이 전부는 아니죠. 왜냐하면 시장경쟁이라는 어디까지나 시장참여자들 사이의 문제니까요. 우리 사회에는 실제로 시장참여에서 배제되는 부분이 존재하고 있습니다. 이런 부분에 대한 제도적인 뒷받침이 매우 중요합니다. 경제학적으로 시장에의 참여는 기본적으로 구매력, 즉 소득이나 자기생산품을 가지고 이루어지는데 구매력 또는 상품이 부족하거나 결여된 부분들에 대해서는 시장경쟁과는 다른 사회복지원리에 입각한 제도적인 배려가 있어야죠. 제가 이 문제를 왜 제기하냐면, 흔히들 시장에서 배제되는 사람들에 대한 정책적인 배려가 많이 이루어지게 되면 경제성장이라든지 발전에 장애가 된다는 선입견 비슷한 것이 있기 때문입니다. 지금 한국경제가 어렵다 하는데 게임의 룰이 제대로 정착되지 않아서 그렇다는 것으로 제도적인 문제가 다 설명되는 것은 아니지요. 기본적인 필요를 충족시킬 수 있는 인간다운 생활수준을 어느 정도 보장받을 수 있는, 그리하여 자신이 사회의 한 성원으로서 일체감을 느낄 수 있는 그런 정책이나 제도를 소홀히 해 왔다는 말이죠. 이런 상황에서 우리가 어떻게 열심히 일할 수 있겠느냐는 등 이른 바 사회균열의 문제도 한국경제의 활력을 떨어뜨리는 중요한 원인이 되지 않으냐 하는 의미에서 문제를 하는 것입니다.[18]

---

18) 김대환, 좌담: 한국경제의 활로를 모색한다, 〈창작과 비평〉, 1997년 가을 97호, p. 23

시장경쟁과 참여에 소외되는 사람들을 배려해 주고 뒷받침해 주면서 그들의 인간다운 삶이 이루어지는 것, 이것은 문화코드를 제도적인 코드에 적절하게 반영하는 것이다. 이러한 코드를 반영하는 정책을 어떻게 만들어갈 것인가에 고민이 있는 것이고 이것은 끊임없이 유동적으로 변화하는 진화, 그 자체이다. 즉, 현실에서 적용 가능한 방안을 모색하는 것이다.

제도와 문화 사이의 진보라는 것은 그것이 진보적이라는 정책적 평가가 내려져야 하는 것이다. 무엇보다 진보라고 불리는 많은 것들이 진보가 아니라 보수인 현실에서는 더욱 이런 고달픈 작업들을 하는 이들이 소중하다.

한국에서 시장경제가 제대로 실시된 적이 있었는가. 발전도상국가 모델, 정부 주도형 중앙집권적 경제모형은 시장질서와는 거리가 먼 것이다. 그럼에도 시장질서를 유지하고 그것을 확대하자고 하는 이들을 보수주의자라고 하는 이유는 기존의 이념과 체제적인 경제를 바라보는 시각이 동일하여 변화하지 않기 때문이다.

진보주의자들이 내세우는 노동자, 민중을 위한 사회주의 정책은 역시 변화가 없는 앵무새 모양의 주장이다. 한국의 현실에서 방어조차 못하는, 그것은 변화가 없는 내용이며 진보의 기본으로 작용하였다. 그러한 원칙적인 것들을 실현하지 못하면서 보수수구라는 논리가 지식인 사회에 광범위하게 그 심층을 형성했다.

문제는 현실적인 적용을 할 수 있는, 각 중층의 지점에서 누가 실현할 것인가 하는 물음이다. 양쪽에서 공격을 받으면서 누가 해낼 것인가 하는 점이다. 단지 그러한 공격은 정치적인 구도나 역학만을 의미하는 것이 아니다. 보수·진보라는 이념은 역시 정치적인 문화코드로 작용한다. 이점은 분명하게 규정되어야 하는 문제이다. 이러한 정치적인 이데올로기 문화코드가 정책의 타당성과 합당성이 아니라 원칙적인 가치에 대해 우선하는 문화코드를 형성한다.

한국 사회의 특수한 경험과 유산은 문화코드를 강력한 판단의 기준으로 만들었다.

이러한 코드만이 있다면 정책가가 맞게 되는 정책구조에 대해서는 간과하게 된다. 이는 단지 정책의 문제가 아니라 민주화 세력이나 개혁세력이 심하게 겪게 되는 태생적인 딜레마와 패러독스의 발생을 의미한다.

정책이나 정책가의 평가를 제대로 하기 위해서는 지나친 문화코드를 낮추고 제도적인 코드가 작용하는 정책구조의 접점에서 활용하여 취할 수 있는 수단을 모색해야 한다. 그것이 노무현을 실패하지 않게 하는 것이었다.

그 동안 문화코드의 일방적인 확장은 많은 정치가와 정책가들을 파멸로 몰아넣었다. 때로는 본인의 탓이었고 때로는 그러한 사회문화코드 체제의 구조에 따른 희생이었다. 이인제, 김영삼, 김대중은 그러한 구조 속에서 자취를 남겼다. 노태우, 전두환은 이러한 코드들과는 사실상 아무런 관계가 없다. 사회문화와 제도적인 틀, 양쪽 어느 쪽도 신경을 쓰지 않았기 때문이다.

문화코드만을 중요하게 생각하는 이는 이인제, 김영삼이었다. 김대중은 일반의 문화적인 기대수준을 제도적인 코드로 맞추려다가 제대로 된 평가를 받

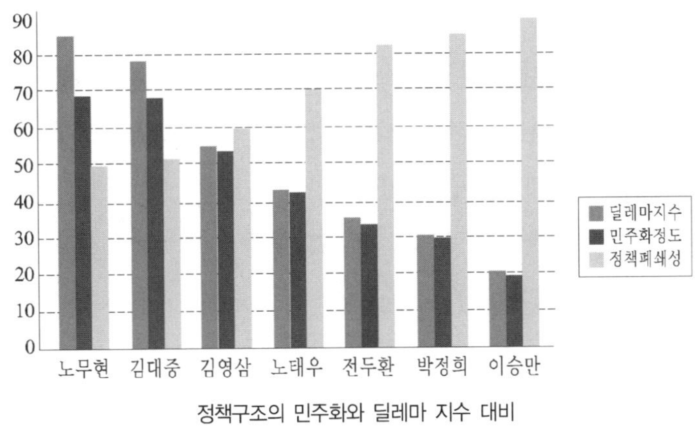



정책구조의 민주화와 딜레마 지수 대비

지 못하는 결과를 만들었다. 그러한 비극은 노무현에게도 그대로 이어졌다.

노무현의 비극은 민주화 세력, 개혁세력의 본래적인 딜레마와 태생적인 패러독스였다. 이러한 부분을 보지 못했기에 노무현은 실패한 것으로 규정되고 말았다. 이러한 점은 특히 노무현을 지지하는 이들, 돌아선 이들이 주목해야 할 부분이었다.

## 2. 반역의 문화코드를 뚫은 노무현의 코드
### - 이인제의 문화코드와 박정희 신화의 종말

노무현이 대통령이 된 과정에서 반드시 짚고 넘어가야 하는 인물이 이인제다. 이인제의 코드를 뚫고 노무현 코드가 등장했기 때문이다. 이인제는 정책가는 아니었지만, 그가 표방한 것이 정책가, 혹은 얼마나 제도적인 코드와 동떨어진 것인지를 극명하게 보여 주었다. 이인제는 1997년 대선에서 강력한 리더십을 상징하는 '박정희 신드롬'을 등에 없고 돌풍을 일으켰다. 그는 '3김'이라는 구세대를 대체하는 새로운 젊은 세대 교체론을 일으키며 젊은 박정희론을 내세웠다. 이는 박정희의 강한 리더십에 기운 사회문화코드에 3김 정치 중심의 구태 정치에 대한 혐오증을 적절하게 배합한 것이었다. 이는 사회문화코드에 맞추어 자신의 이미지를 구성한 것이다. 결국 오로지 문화코드에만 자신의 정치가적인 입지를 맞춘 것이다.

당시 박정희 신드롬이 불고 있을 때 강만길 교수는 월간 말과 가진 인터뷰에서 다음과 같이 말한 바 있다.

Q. 선생님의 제자들과 고대생들을 대상으로 한 조사에서 박정희가 복제하고 싶은 인물로

나왔더군요.

A. 고려대 학생들에게서 그런 조사결과가 나왔다는 말을 듣고 내가 학생들에게 이런 이
야길 했어요. 자살을 하고 싶은 심정이라고. 우리의 역사교육이 얼마나 잘못되었으
면…. 우리 역사를 뭐랄까요. 근현대사를 중요하게 가르치지 않을 뿐 아니라 옳게도
가르치지도 못했어요. 물론 나를 포함해서…. 내가 이런 말을 하면 뭣하지만 역사학계
의 책임이 큽니다.[19]

강만길 교수는 역사교육이 잘못되었기 때문에 박정희의 신드롬이 발생했다
는 견해를 피력하고 있다. 역사를 가르치는 교육이 잘못되었고 역사교육, 특
히 근현대사에 대한 교육적 배려가 제대로 이루어지지 않은 것이 문제의 발단
이며 이러한 발단의 제공처인 역사학계의 책임이 크다고 지적한다. 그러나 단
지 역사학계의 교육이 올바르게 된다고 해서 문제가 해결되는 것은 아닌 것으
로 보인다. 제도적인 교육의 반대편에는 강한 사회문화코드가 존재하고, 또한
단지 대학생과 같은 제도적인 교육의 범위에 있는 이들에게만 해당되는 것이
아니기 때문이다.

1997년, 박정희에 대한 향수는 김영삼 정부가 보여준 무능, 그것에 대한
반대급부적인 문화코드의 형성이었다. 이런 부정적인 사회문화코드는 경제 사
정이 나빠지는 것을 박정희식 강한 경제개발 논리의 정당성만 옹호하게 했다.
경제 사정의 악화는 여러 사회집단의 갈등과 이해관계의 발생을 합리적인 조
율과 타협을 통한 해결보다는 획일적이고 일방통행적인 박정희의 통제방식을
향수하게 했다. 또한 확성기를 든 언론과 보수논객들이 있었다. 당시 일반인
들뿐만 아니라 대학생들 사이에서도 가장 존경하는 인물로 박정희가 뽑혔다.
IMF 세대의 특징이라는 분석도 있었다. 박정희 부활에 지식인들은 강한 비판

---

19) 강만길 인터뷰, 월간 말, 1997년 7월, p. 27

의 목소리를 내었다. 그럼에도 박정희에 대한 신드롬은 지속되었다.

홍세화는 박정희 신드롬에 대한 비판을 다음과 같이 한 바 있다.

> 박정희 신드롬은 한마디로 박정희 씨가 한국의 역사에서 비판되고 극복되어야 할 대상이 아니라 추앙받고 또는 추종해야 할 대상이라고 주장하고 있습니다. 그리하여 한보사태나 김현철 사건으로 나타난 한국사회의 총체적인 부패상과 김영삼 정권이 보이고 있는 무능을 한꺼번에 타개하고 한국을 다시 회복시킬 수 있는 지도자로 박정희 씨가 그려지고 있습니다.
>
> …박정희 신드롬은 보다 더 강한 권위에 대한 향수를 부채질하면서 이 중차대한 민주주의에 대한 질문과 토론을 원천적으로 가로막고 있습니다.[20]

홍세화는 박정희 신드롬이 사회문화, 일종의 문화코드로 작용하는 것이 김영삼 정부의 무능과 부패에 있다는 점을 지적하고 있다. 김영삼에 비교했을 때 박정희의 경제개발 성과는 상대적으로 돋보이는 것이었다. 홍세화는 이러한 박정희의 신드롬이 민주주의를 저해하는 것이라고 지적하고 있다. 그런데 박정희 신드롬은 에리히 프롬이 말하는 민주주의에 대한 두려움을 말하는 것일 수도 있다. 에리히 프롬은 ≪자유에서 도피≫에서 사람들은 자유가 주어지는 경우 어떻게 해야 할지 몰라서 우왕좌왕하게 되고 다시 과거의 강력한 통제를 원하게 된다는 것이다. 그는 한 사례가 파시즘의 등장이라고 지적했다.

입시교육의 틀에서 16여 년 동안을 지냈던 학생이 갑자기 주어지는 대학생활의 방식을 어떻게 활용할지 몰라서 강력한 교사가 일정한 방향을 잡아 주고 통제해 주기를 바라는 것과 같은 심리가 존재한다는 것이다.

불완전하지만 문민정부라는 반독재의 기치를 내건 정부가 제대로 대처하지 못하자, 박정희의 강력한 방향성과 추진력만이 뭔가 사회질서를 잡아 주는 것

---

20) 홍세화, 박정희 신드롬의 집단적인 '정의의 포기', 월간 말, 1997년 8월, p. 45

이라는 심리가 생겼다. 민주주의를 해치는 결과를 초래한다는 사실이 분명 있음에도 경제와 관리통제만을 주목한 사회문화코드가 형성되었다. 그러나 이는 오히려 이인제를 무너뜨리는 결정적인 역할을 하게 된다. 노무현을 실패하게 만든 것도 같은 맥락이다. 강력한 리더십으로 경제성장을 이루는 시절을 향수하는 이명박을 통해 대중심리가 노무현을 거꾸러뜨렸다. 이명박을 통한 건설토목의 부활은 이러한 점을 상징적으로 나타낸다. 민주주의가 퇴행할 수 있다는 사실을 알면서도 가볍게 생각했다.

우선 이러한 박정희 신드롬을 이용한 이인제는 다음과 같은 방식으로 몰아갔다.

11월 26일 오후 6시 국민신당 당사 1층 청년조직인 21세기 청년연합회발대식. "우리는 지금 혁명을 꿈꾸고 있습니다. 어느덧 그 대열에 서 있습니다. 12월 18일 혁명의 대폭발을 이루어 정치지형을 완전히 바꾸어 놓읍시다." 이인제 후보가 두 주먹을 불끈 쥐어 올리며 외치자 '강력한 추진력'이라고 쓴 어깨띠를 두른 30대의 회원들이 일제히 이인제를 연호했다. 이 후보는 권총을 차는 심정으로 12월 18일 대선까지 머리띠를 두르려고 했으나 측근들의 만류로 그만 두고 대신 점퍼 차림에 '경제를 살립시다'라고 쓴 어깨띠를 두르기로 했다.[21]

김영삼 정부의 출발은 불완전하기는 하지만 군사독재정부에서 민주정부로 이행되는 과정에 있었다. 이러한 과정은 일정 정도 혼란이라고 지적할 수 있는 갈등과 반목이 드러나게 된다. 과거와 같은 강압의 통제가 없는 상태가 되면 이는 필연적으로 따르게 되는 것들이다. 이러한 민주주의의 과정에는 강력한 체제를 들이대면서 군사혁명 분위기를 주장하는 그룹들이 생겨난다. 그 그룹의 중심자를 자임한 것이 이인제였다. 그러나 그것은 진정한 혁명이 아니라

---

21) 시사저널, 1997년 12월 11일자, p. 34

위험한 혁명의 이미지를 모사한 것에 불과했다.

위 글에서 이인제는 "우리는 지금 혁명을 꿈꾸고 있습니다. 어느덧 그 대열에 서 있습니다. 12월 18일 혁명의 대폭발을 이루어 정치지형을 완전히 바꾸어 놓읍시다."라고 말했다. 여기에서 혁명은 박정희가 군사쿠데타를 5·16군사혁명이라고 칭한 것을 자연스럽게 떠올리게 한다. 혁명을 통해 세상을 바꾸자는 강한 군사적 모험주의가 짙게 배어 있다.

'권총을 차는 심정으로'라는 표현은 군사쿠데타를 일으킨 박정희를 연상시키는 이인제의 전략이 여지없이 드러나는 대목이다. 민주주의를 뒤로 후퇴시키고 군사쿠데타를 통해 등장했던 박정희가 제일로 내세웠던 것은 북한에 우월한 경제 발전을 이루는 것이었다. 이인제는 당연히 경제를 살리자는 구호를 강조했다. 강력한 추진력은 결국 경제발전을 위해 모든 가치, 모든 정책의 우선순위를 희생한다는 것을 의미한다. 그의 점퍼 차림은 박정희가 쿠데타 당시에 입었던 군대의 항공점퍼를 연상시킨다. 오로지 경제발전을 위해 모든 것을 희생할 수 있어야 한다는 강력한 일방통행적인 리더십은 이인제의 핵심적인 문화코드였다. 그는 또한 이러한 허구의 강력한 혁명논리를 세대교체론으로 이었다.

그러나 그의 혁명은 세대교체와 연결되었다. 세대교체는 3김이라는 정치문화에 대한 혐오증을 겨냥한 이미지 전략에 불과했다.

신한국당 경선 때 이인제 후보용 팸플릿을 본적이 있습니다. 토니 블레어와 클린턴을 인용했고 사진도 넥타이가 휘날리게 뛰어다니는 광고 같은 포즈를 잡았더군요. 아마 이인제 후보 나이가 제일 젊다는 것에 착안한 것이겠죠. 하지만 후보 나이가 적다는 것 외에는 무슨 다른 내용이 있는 것인지 그리고 그 쪽에 모여 있는 집단이 세대교체를 주장할 만한 구성인지 이런 부분에서 회의적인 생각이 드는 것도 사실입니다.[22]

이인제는 나이가 젊다는 것을 빼고는 실질적인 내용과 비전을 제시하지 못했다. 무엇보다 이인제 한 사람의 젊은 이미지만으로는 국민들의 지지를 받기는 어려웠다. 이인제가 몸담고 있는 신한국당 자체가 이미 노회한 정치꾼들의 집합소였기 때문이다. 이러한 집단과의 차별성이 없었다. 더구나 이인제는 3당 합당을 통해 군사독재 세력에 영합한 면 때문에 더욱 지지를 얻기 힘든 것이 사실이었다. 노무현은 이인제가 1997년 대선 과정에서 세대교체론을 이야기하는 것은 자격 미달인 사람이 이야기하는 것이라고 당시 세대교체론의 허구성을 비판했다.

> 지금 정치권에서 벌어지는 세대교체 논의는 잘못 진행되고 있습니다. 이인제 씨는 3당 합당에 영합하고 거기에서 쌓은 이력을 가지고 과거 청산과 세대교체를 하겠다는 겁니다. 그는 자격이 없습니다. 신한국당 경선이 그나마 정치발전이라고 보는데 그것마저 그는 뭉갰습니다. 이러한 사람에게 세대교체 논의를 맡길 수는 없습니다.[23]

신한국당에서 모든 정치적인 위치와 영향력을 확보한 이가 과거 청산과 세대교체를 하겠다는 것은 모순임이 분명했다. 이는 단지 세대의 문제가 아니라 누가 어떤 의도로 그러한 주장을 하는가에 주목하자는 것이다. 세대교체라고 한다면 나이가 젊은 사람이 지도자가 되는 것에 머무는 것이 아니라 실제로 새로운 본질의 변화를 보여 주어야 한다.

1997년 당시 신한국당의 경선은 한국정치의 진일보한 면을 보여 주는 것이었다. 이인제는 여기에 불복했다. 이는 원칙과 룰을 지키지 않는 과거 정치의 재탕이었다. 이러한 행태는 이인제가 차별화되는 점이 없다는 인식을 강화했고, 세대교체론의 허구성을 더욱 드러냈다. 이인제가 이렇게 불복한 것은

22) 유기홍, 사회평론 길, 1997년 11월, p. 48
23) 노무현, 이인제 세대교체 말할 자격 없다, 시사저널, 1997년 10월 9일자, p. 34

박정희 신드롬을 중심으로 한 젊은 이미지의 문화코드에 연연하며 이러한 코드라면 충분히 대선에서 승리할 수 있을 것으로 보았기 때문이다.

노무현은 야합과 변절, 원칙을 지키지 않은 이가 세대교체론을 내세우며 대통령에 당선되면 국민들은 배신을 당하게 된다는 점을 강조하기도 했다. 언제나 자신의 편의대로 말을 바꾸고 행동을 다르게 하는 이들은 그렇게 배신을 한다는 논지였다.[24]

그럼에도 이인제는 경선 결과에 대한 불복을 선언하고 난 이후 독자적인 행보를 가하면서 이러한 박정희 신드롬을 업은 세대교체론을 더욱 강화한다. 그러나 그의 세대교체론이 남겨 준 것은 아무 것도 없었다.

이인제는 대선에 뛰어든 후 8개월 동안 세대교체를 부르짖어왔지만 세대교체를 실현한 이후 비전을 제시하는 데 실패했다. 젊은 지도자의 출현이 필요하다는 포지티브식 접근보다는 기성정치의 문제점을 공격하는 논리의 일환으로 세대교체에 동원되었다는 것이다. 경제 불안에 따른 사회 전반의 보수화된 분위기와 결합돼 세대교체론에 대한 강력한 거부반응으로 이어졌다는 분석이 있다. 기업체의 명예퇴직, 감원 등으로 경제적인 측면에서 청·장년층들의 생존위협이 가시화되고 있는 것도 이런 반응을 촉발시키는 원인이 되는 것으로 관측되고 있다.[25]

그의 세대교체론이 지지를 얻지 못한 것은 어쩌면 당연한 것이었다. 그의 세대교체론은 비전이 없는, 비판을 위한 비판이었기 때문이다. 박정희에 대한 문화코드의 형성, 3김 정치에 대한 문화코드의 형성에 초점을 맞추었다. 그러한 문화코드 측면에만 호소했다. 명예퇴직, 감원이라는 경제사정의 악화, 외환위기는 이러한 세대교체론의 무용성을 여실히 보여 준 것이다. 박정희의 강

---

24) 노무현, 노무현의 이인제 비판 – 사이비 세대교체 깃발 내려라, 월간 말, 1997년 11월, p. 79
25) 월간 말, 1997년 12월, p. 83

한 리더십보다 구체적으로 현실을 어떻게 변화시키고 모순을 해결한 것인지에 대한 방안이 부재한 것과 공통적인 것이었다. 요컨대, 이인제의 박정희 이미지와 세대교체론은 본질이 없는, 구체적인 현실이 없는 하나의 허황된 문화코드 구색 맞추기에 불과했다. 그는 민주당으로 옮긴 이후에 이러한 문화코드에 안주하게 된다. 박정희와 세대교체론으로 표를 얻었기 때문에 이러한 코드에 맞추어 가는 것이 유리하다는 생각을 한 것이다. 이는 이회창 낡은 세대, 정치의 중심으로 규정하고 양자 대결을 염두에 둔 것이었다. 이회창이 낡은 세대, 정치 중심이므로 이회창의 낡은 부분에 대해 지속적으로 문제를 제기하게 되면 2002년 대선에서도 승산이 있다는 것을 의미했다. 이때 이러한 이인제를 고무하게 한 것이 대세론이었다.

대세론은 이인제가 신한국당 경선 결과에 불복하여 결과적으로 김대중의 당선을 도와주었다는 인식에 따라 '보은론'이 대두되고, 이인제 외에는 다른 대안이 없다는 식의 사회문화코드가 형성되면서 만들어진 것이다. 일종의 문화적인 대안 부재론이 이인제의 대세론을 잉태했다. 김대중을 도와준 꼴이 되었으니 이인제를 지지해야 한다는 것은 일종의 반역적인 문화코드였다. 이러한 반역적인 문화코드에 이의를 제기하며 나온 것이 노무현이었다.

이인제가 민주당 내에서 박정희를 흉내 내는 것은 자기모순이었다. 민주화 세력이 가지는 상징적인 의미를 가지는 민주당의 대선주자가 민주화 세력을 억압하고 탄압했던 박정희를 흉내 내고 있는 것은 배반적인 것이었다. 더구나 이인제는 강력한 박정희의 리더십을 밀면서 보수적인 성향을 유감없이 발휘했다. 이러한 보수적인 성향은 개혁과 변화를 바라는 이들의 기대와는 다른 것이었다. 이것이 또한 노무현이 문제제기한 이인제 대세론과 반역적인 코드였다.

2002년 민주당 경선 과정에서 노무현에게 보여준 이인제의 행태는 보수적인 성향에다가 색깔론 제기의 수구적인 행태가 더해졌다. 그러한 행태는 역풍을 몰고 왔다. 오히려 결정적으로 모든 것을 노풍에 날아가게 한 것이었다. 주지하다시피 색깔론은 대표적인 부정적인 문화코드다. 이인제 문화코드의 종말이었다. 노무현은 이인제를 제치고 대선후보 광주 경선에서 1위를 차지하고 대통령으로 가는 길에 오른다.

이인제가 부정적인 문화코드 맞추기에만 연연하여 안주한 것이 결국 그를 자멸로 이끌었다. 제도와 정책을 통해 어떻게 현실 문제들을 해결할 것인지에 대한 구체적인 역량을 보여주지 못했다. 아울러 이인제는 또 한 번 민주당에서 자민련으로 옮기고 이후 구체적인 비전을 제시하지 못한 것으로 마감되었고 2009년, 결국에는 어느 정당에서도 받아 주지 않는 무소속 국회의원으로 남았다. 국민신당 대선후보로 500만 표를 획득하며, 한 나라의 대통령이 되겠다고 한 이인제는 충남 논산·금산·계룡에서만 알아주는 인물이 되었다. 이인제의 종국에는 부정적 문화코드에 의존한 행태가 있었다. 그것은 이인제만의 문제가 아니었다.

마찬가지로 노무현이 실체 없이 일반의 문화코드 맞추기에 연연하는 것은 제도와 정책의 틀에서 현실적인 문제를 해결해야 하는 국정운영의 수장으로서는 치명적인 결과를 가져오게 할 수 있었다.

그런데 박정희라는 문화코드는 여전히 살아 있다. 각종 설문조사에서 존경하는 인물로 여전히 꼽히고 있다. 18년간 집권하면서 근대화 산업화에 성공, 한강의 기적을 만들어 냈다는 것이다. 18년 동안 만들어진 문화코드가 강고하게 영향력을 행사하고 있는 것이다. 그것이 박근혜에 대한 지지를 여전히 가능하게 하고 있다. 끊임없이 박정희는 막대한 영향력을 가지며 문화코드를 형성하고 있다. 이는 많은 이들이 바라는 국정운영 수장의 이미지이기도 하다. 하지만 박정희가 부활해도 그것은 여전히 문화적 코드일 뿐 현실의 제도적 코드를 충족시킬 수 없다.

노무현(진보민주세력)의 고충이 여기에 있었다. 노무현이 대중정치를 지향한다면 이러한 박정희의 허울을 좇는 사람들이 원하는 리더십을 보여야 했다. 이는 노무현이 강조하는 대화와 타협의 정치, 정책의 조율과 안정의 개혁이 이러한 허울에 포위되어 있다는 것을 말하는 것이었다. 박정희의 망령은 계속 살아나고 그러한 망령은 노무현을 괴롭혔다. 그렇다고 노무현이 박정희와 같을 수는 없었다. 지지를 넓히기 위해서는 노무현은 허울과 손을 잡아야 하는 순간이 올 수 있었다. 그러할 때 노무현을 지지했던 문화코드주의자들은 노무현을 버릴 것이었다. 그것이 노무현의 운명적 딜레마였다. 그러한 망령의 지속은 노무현 지지자들이 노무현의 본질(진정성)을 끝까지 신뢰하는가에 달려있었다.

중요한 것은 박정희가 18년의 집권을 통해 막강한 영향력을 구축했듯이 노무현도 그러한 시간이 필요했다는 것이다. 열린우리당은 20년 집권전략을 말하기도 했다. 그것을 용인하지 않고 대중은 그를 버렸다. 만약 그의 꿈이 실현되려면 그를 충실하게 이어가는 후예들을 지속적으로 지지해야 한다. 그런데 이 과정에서 매우 강력하게 재고해야 하는 것은 단순한 기계적 균형주의다. 단순한 기계적 균형주의는 민주화 세력이 한 번 했으면 한나라당이 한 번 해야 한다는 사고방식이다. 이러한 전체적인 구도에서 다시금 진정성 자체가 중요해진다.

다음은 김영삼의 사례를 통해 문화적 코드에 연연해하는 대통령의 종국을 보기로 한다.

# 3. 김영삼 문화적 코드의 불안한 댄스와 실패

강준만은 김영삼에 대해 "집권 초기 얼마나 감동을 시켰어요."라고 한 적이 있다.[26] 이렇게 감동을 주려고 애쓴 김영삼의 감동은 청산과 척결에 있었다. "영광은 짧았고 고뇌는 길었다."는 YS의 고백에는 대통령 시절 정치에서 군부의 그림자를 없애버린 업적이 제대로 인정받지 못한 데 대한 아쉬움이 배어 있다.[27]

김상택, 경향신문, 1993년 6월 12일자

군부의 그늘을 없애버리려고 노력하는 것. 이것은 김영삼이 집권 내내 신경을 쓴 것이었다. 이는 김영삼이 지닌 문화코드만을 의미하는 것은 아니다. 수십 년간의 군사독재와 가진 투쟁은 단지 김영삼 개인의 코드만이 아니라 국민의 코드, 사회문화코드다. 수십 년 동안 쌓인 군사독재문화를 척결하는 것, 이것을 김영삼은 자신의 사명이라고 인식하고 있었다. 김영삼이 행한 군사독재문화를 척결하려 했던 작업이 제대로 평가받지 못했다. 제대로 평가받지 못

---

26) 강준만 인터뷰, 월간 말, 2002년 1월호, p. 68
27) 중앙일보, 2000년 5월 8일자 6면, [데스크의 눈 3金과 2李

했다기보다는 근본적으로 김영삼이 가지고 있는 문화코드의 한계 때문이었다. 김영삼의 비극은 이러한 문화코드에만 충실했기 때문에 벌어진 결과였다.

그럼, 김영삼 정부가 출범했을 때 어떠한 코드가 작용하였을까. 아니, 어떠한 코드를 중요하게 생각하고 있었을까 하는 것은 김영삼의 지지를 어떻게 해석하는가에 따라 달라질 수 있다. 이는 김영삼 정부에 거는 문화코드의 의미를 말한다. 송호근은 김영삼 정부의 출범이 가지는 의미에 대하여 다음과 같이 지적했다.

1993년 3월 김영삼 정부는 권위주의적인 체제의 종식과 함께 민주화를 향한 개혁정치가 시작되었음을 국민들에게 알렸다. 1961년 5·16군사정권이 들어선 이래 32년만의 일이었다. 세 차례의 군부정권은 시민들의 입과 귀를 막았고, 지성과 문화공간을 질식시켰으며 개인적인 영달과 생존을 위하여 어떤 비합리적인 수단을 선택해야 하는지를 시민들에게 가르쳤다. 시민사회 내부에서 불신과 상호갈등이 번성하는 동안 국가주도의 일사불란한 강요된 동원에 의존한 경제는 세기적인 성장을 구가하였다. 성장의 결실이 커지면 커질수록 논공행상의 규칙을 둘러싼 분배투쟁도 격렬해지기 마련이다. 모든 형태의 분배투쟁은 성장업적에 사활을 거는 군부정권의 정치적인 논리에 의하여 봉쇄되었으며, 시민적 권리신장을 행한 집단행동과 시민사회운동은 성장우선주의와 정치적 안정을 명분으로 군부정권의 철퇴를 맞았다. 김영삼 정부의 출범은 군부정권이 각인한 이런 유형의 어두운 기억을 말끔히 씻어 주는 일종의 구원으로 다가왔다. 김영삼 정부에게 지지표를 던졌든지 그렇지 않았든 지를 막론하고 모든 국민들은 개혁 정치의 출발을 환호해 마지 않았다.[28]

일단 군사정부의 기억을 말끔히 씻어내라는 바람이 문화코드로 작용했다. 이러한 문화코드를 제대로 짚은 김영삼은 역사 청산, 군사독재 척결이라는 기치를 들고 청산 작업을 했다. '하나회 청산' 등 일련의 과감한 조치를 취하며 93년 11월 가장 높은 지지율인 87.3%를 기록하게 될 때까지 임기 첫 해에

---

28) 송호근, ≪또 하나의 기적을 향한 짧은 시련≫, 나남출판, 1998, p.133

는 대략 80%대를 상회하는 지지율을 보였다.[29] 그러나 김영삼은 이러한 사회문화적으로만 충만했다. 일반인들의 군사독재 거부 코드에 호응하는 '문민'이라는 코드에 충실하고자 했다. 이러한 코드에 대한 지나친 충실은 사실상 제도적인 코드의 무시를 의미했다. 김영삼의 무능력 부분이 그에 대한 평가에서 자주 제기되는 것은 사실상 김영삼은 문화코드로만 존재 기반을 유지했다는 점 때문이다. 여기에서 무능력은 국정을 중심으로 한 제도적인 역량이 없다는 것을 말한다. 즉, 그는 문화코드만을 맞추는 전형적인 정책가였다는 것이다. 이는 사실상 정책가라 할 수 없고 지지나 인기를 위해 활동한 정치인의 범주에서 벗어나지 못한 것이다.

정치인은 제도밖에 있었을 때만 그 의미가 있는 것이고 국정운영의 수장이라는 최고 정책가 위치에서는 제도적인 코드를 맞추어야 한다. 김영삼은 이러한 코드를 인식하지 못한 것으로 보인다. 김영삼은 문화코드를 다음과 같이 인식하고 있었던 모양이다.

문민정부의 등장은 민간인 출신 대통령의 등장을 의미하는 것만이 아니라 도덕과 양심과 정의의 승리라고 보았다. 따라서 과거를 이끌어 온 세력은 부도덕하고 불의와 부정을 대표하는 타도되어야 하고 규탄되어야 할 세력으로 간주되었다. 집권세력은 1960년대 초 한·일 정상화 반대에서 보듯이 독립투쟁 세력이며 민주화와 사회정의를 위해 싸워온 세력이라고 자부하고 있었다. 따라서 잘못된 과거와 현재를 바로잡는 그들에게 부여된 역사적 사명이며, 시대적 사명이라고 보았다.[30]

세력을 타도해야 하는 고귀한 존재라는 자의식, 이는 수십 년 동안 존재해 왔던 부정적인 문화, 그러한 문화를 만들어 왔던 세력들을 규정하고 이들을

---

29) 프레시안, 2003년 2월 13일자
30) 김충남, ≪실패한 대통령, 성공한 대통령≫, 둥지, 1998, p. 171

타도하는 것이 새로운 정부의 역할이라는 인식을 가지고 있었다. 그러나 이같은 인식에는 크게 두 가지 잘못된 점이 있을 수 있다.

먼저 이러한 인식은 정부의 존재가 단지 어떠한 세력과의 대결이라든가, 한쪽의 세력을 제거한다는 헤게모니 싸움의 논리에서만 본다는 점이다. 정부의 기능은 혁명이나 독립운동과는 달리 조정·통합의 기능을 수행하는 것이 대부분이고, 이는 제도의 틀에서 이루어지는 것이다. 이러한 제도의 틀에서 이루어지지 않으니 문민독재라는 이름을 얻게 되었다.

다른 하나는 당위성만을 강조하게 되면 실제 정책에서 많은 딜레마 상황을 해결해야 하는 여력이 감소된다. 민주화 세력이라는 이름으로 모든 정책을 정당화할 수 없다. 틀에 박힌 말이지만, 당연히 정부는 사회 형평성을 추구하고 이는 사회 공공성이라는 형태로 드러난다.

사회 형평성이라는 추상적인 개념을 추구하는 것보다 실제 정책을 어떻게 결정하고 집행하고 적절한 결과를 얻어내야 한다는 세밀하고도 종합적인 고민이 부족했다. 즉, 자신들이 지닌 문화코드가 무엇이고, 문화코드를 제도적으로 어떻게 실현해 내는가에 대해 고민하지 않았다는 것이다. 이는 정치가가 대중의 인기를 얻는 것과 국정 수반이 실제 국정을 운영하는 것과는 다르다는 문화적 코드와 제도적 코드의 간격을 인식하지 못하게 하는 것이고 이는 실제로 김영삼을 실패하게 했다.

> 민자당의 홍보자료는 공직자 재산공개와 성역 없는 사정(司正)을 문민정부 1백일의 업적으로 선전했다.[31]

결과적으로 이러한 부정적인 문화에 대한 문민정부의 상대적인 도덕적 우

---

31) 중앙일보, 1998년 6월 10일자 5면, [金永熙 대기자의 투데이] 金 대통령의 딜레마

월성을 강조하게 되고 이러한 위치 설정 속에서 타도만을 수단으로 삼게 되면 어떻게 되는가. 당연한 귀결로 부정적인 문화 속에서 설정하고 이를 대변하는 것으로 인식되는 인물들에 대한 인적 청산을 중요하게 생각한다. 따라서 부정부패와 비리에 대한 척결은 강한 도덕성을 바탕으로 구조나 시스템의 개혁이나 변화가 아니라 사람에 대한 청산이 되었다.

　문민정부는 출범 초기부터 과거 수십 년 동안 누적된 부정부패와 정경유착의 적폐를 해소하고 군부 출신의 정치엘리트에 대한 과감한 인적 청산을 통해 국가의 도덕적·문민적 토대를 마련하고자 했다.[32]

이 같은 인적 청산의 가시적인 효과가 모든 정책의 평가대상은 아니다. 인적 청산이 모든 정책의 실행과 개선, 그리고 정부의 역할이라면 그것은 누구라도 할 수 있는 문제이다. 사람만 갈아 치우면 모든 모순이 해결된다는, 소위 '인사가 만사'라는 김영삼의 인식은 더욱 정책 상황을 악화시켰다.

### ▪ 김영삼이 경제 정책에서 실패한 이유

나는 정의의 사자이고 그 외에는 모두 불의의 편이라는 인식은 선과 악이라는 코드가 있는 액션물에나 가능한 것이다. 정치가는 자신의 입지를 얻기 위해 상대 세력을 공격하거나 청산함으로써 대중적인 지지를 얻게 되지만, 대통령과 행정부의 수장은 정책가로 누구를 상대로 싸우는 것이 아니라 자신의 정책 비전과 실질적인 정책 그리고 집행을 통해 평가를 받는 것이기 때문이다. 절대선도 절대악도 존재하지 않으며 이분법적인 구분과 이를 통한 개혁은

---

32) 성경륭, 민주주의의 공고화와 복지국가의 발전 – 문민정부와 국민의 정부 비교, 〈한국 복지국가 성격논쟁 I〉, 2002, p. 494

제도적인 코드에서는 극히 제한적이다. 예컨대, 국정의 수장과 정책가들은 전사가 아니라 조율사다.

취임하자마자 국민의 환호 속에서 개혁작업에 착수했던 김영삼 대통령, 그때 그는 기득권세력에 맞서 싸우는 전사였다. 그러나 문민정부의 개혁작업은 지도자의 철학부재와 개혁주도 세력의 역량부족으로 대부분 실패로 끝나고 말았다.[33]

노태우 대통령 취임 후 1년도 안 지나 청와대 시스템이 '개판'이 됐어요. 김영삼 대통령 팀이 들어와서는 '옛날에는 다 썩었다. 우리가 전부 새롭게 뜯어 고친다'고 했어요. 부정부패를 추방하겠다며 아들까지 구속했지만, 부패방지를 위해 새롭게 한 게 뭐가 있습니까.[34]

전사는 적으로 규정된 이들을 척결하면, 그것으로 끝나게 된다. 그러나 중요한 것은 그러한 부패와 비리, 문제가 되는 사람들이 끊임없이 발생하는 구조이다. 국정운영에서 전사는 풍차를 행해 달려가는 돈키호테이다. 질병이 발생하는 구조와 메커니즘을 연구하고 이를 바꾸지 않는다면 질병에 감염된 사람들만 치료하는 것은 사후대책이 될 뿐이다.

얼마 전 술자리에서 누가 "개혁이 뭔지 알아? 개가죽이야."라고 빈정대 폭소가 터진 일이 있다. 김영삼 정부의 실패는 개혁이라는 낱말마저 불구로 만들어 버렸다. 그러면 YS는 왜 실패자로 청와대를 떠나야 했던 것인가. 문민정부 초기 여건은 얼마나 좋았던가. 지긋지긋하던 권위주의 정권들의 유습을 타파해야 한다는 강렬한 시대적 요청이 있었고, 웬만한 수술쯤은 무리 없이 받을 수 있는 건강한 경제가 있었다. 그러나 유감스럽게도 개혁은 잘못 이해됐다. 그는 파괴의 정치공학에는 능숙했지만 '한국병'이라던 부패구조의 근종(根腫)은 건드리지도 못했다.[35]

---


33) 김재일, 시론 - 김대통령의 마지막 사명, 시사저널, 1997년 10월 9일자 p. 132
34) 청와대 최장기(9년 6개월) 비서관 출신의 '대통령 전문가' 김충남 박사, 월간 조선, 2002년 7월
35) 경향신문, 1998년 7월 31일자 6면, [정동칼럼] 개혁 성공의 조건 - 박순철 언론인

김영삼은 많은 개혁정책을 추진했고 특히 경제 분야에서는 의욕적인 것이 많았다. 그러나 이것은 구체적으로 실시되지 않았다. 왜 경제정책이라는 제도적인 부분에 노력을 기울였는데도 불구하고 신통치 않았는가. 다음의 글은 당시 어떠한 경제정책을 실시하려고 했는지를 보여 주는 것이다. 정운영은 다음과 같이 말한 바 있다.

1993년 2월 출범과 더불어 김영삼 정부는 신경제 1백일 돌격 명령을 내렸다. 그리고 '쇳소리' 나는 정책들을 마구 토해냈다. 일례로 기업 분할 명령제. 재벌 그룹의 계열 기업을 임의로 잘라내는 권한을 정부가 보유하겠다는 것이다. 투자 회수 명령제. 재벌 계열사에 대한 투자 자금을 강제로 회수하도록 정부가 명령하겠다는 말이다. 그밖에도 많았다.
정주영 회장의 대통령 출마로 정권의 심기가 크게 불편했던 터라 재계로서는 이 '칼바람' 개혁 포고에 모골이 송연했었다. 당시 측근 실세 하나가 사사로운 자리에서 이런 말을 했다. "느그, YS 성깔 알제? 틀림없이 할 끼다."
그러나 개혁은 대통령의 성깔과 무관했다. 국제통화기금 치욕 속에 물러나기까지 재임 5년 동안 기업 분할이든, 투자 회수든 입도 벙긋하지 못했기 때문이다. 신경제 1백일 작전의 최대 개혁(!)은 역설이지만 금융실명제 유보였다.[36]

경제정책을 실시하지 않은 것은 바로 이러한 정책들이 실행되었을 경우 시간이 걸릴 뿐만 아니라 인기에 영향을 미친다는 사실 때문이었다. 당장에 인기를 끌기에 경제정책을 통한 개혁은 적합하지 않았다. 이것은 대중의 문화코드만을 중요하게 생각하는 김영삼에게 당연한 것이었다. 이렇게 김영삼 정부의 경제정책이 가지고 있는 특성을 드러내는 대목은 다음과 같은 지적에서 좀 더 볼 수 있다.

---

36) 중앙일보, 2003년 1월 10일자 6면, [정운영 칼럼] 쇳소리 나지 않는 개혁을

이한구 : 우리나라는 김영삼 정부가 들어서면서 계속 경기부양을 해왔습니다. 금융실명
제를 발표해 놓고 나서 경기부양을 했고, 조금만 경기가 안 좋으면 즉각 장밋빛
전망을 내놓았죠. 이 때문에 근로자나 기업 또는 금융기관, 심지어 정부 관리들
까지 경제현상에 대해 잘못된 판단을 하게 된 것입니다.[37]

김영삼의 경제정책은 계속 경기부양을 중심을 추진되었다. 김영삼의 문화
코드를 볼 때 단기간에 국민적인 인기와 성원을 한 몸에 받을 수 있는 것은
경기부양이었다. 단기간의 효과를 발휘하는 데 효과적이기 때문이었다. 경기
가 안 좋으면 실제와는 상관없이 장밋빛 청사진을 통해 대중들의 인식을 좋은
쪽으로 이끌어갔다. 이러한 일련의 정책적 행동은 일정한 한계에 이른 한국
경제에 대한 구조적 개혁과는 거리가 먼 것들이었다. 단기적인 처방으로는 경
제의 체질개선은 있을 수 없다. 결국, 근로자나 기업, 또는 금융기관, 심지어
정부 관리들까지 경제에 낀 거품을 보지 못하는 사태에 이르게 된다. 외환위
기라는 초유의 사태는 이러한 인식의 오류, 그 중층적인 축적이 폭발하여 드
러낸 것이었다.

아울러 경제정책은 김영삼의 기반과 밀접하게 연관되어 있는 재벌과 대기
업, 상류층, 보수 계층의 심기를 건드리는 것이었다. 이른바 개혁 딜레마도
중요한 요소로 작용하였다고 볼 수 있다. 적을 만드는 이러한 정책은 당장 반
개혁세력의 결집을 의미하는 것이다. 김영삼식 문화코드의 경제정책은 세계화
정책과 밀접하게 연결되기도 했다.

1994년 11월 17일, 아시아·태평양 3국을 순방 중이던 김영삼 대통령이
호주 시드니에서 세계화를 이렇게 천명했다. "세계화의 필요성을 더욱 새롭게
절감했습니다. 곧 '세계화를 위한 장기 구상'을 정부와 민간이 협력해 구체화

---

37) 국민일보, 1998년 6월 10일자 4면, IMF경제 6개월 과제와 전망 - 여의도 신사옥 이전기념 전문가 좌담

하도록 내각에 지시하겠습니다." 이렇게 시작한 것이 세계화 정책의 추진이었다. 이는 당시 새로운 무역질서에 대한 인식을 통해 이루어진 김영삼의 돌출적인 정책 추진의 백미 중 하나였다.

세계화가 무엇인지, 국제화와 어떻게 다른지 알 길이 없었고 제대로 개념이 정립되지 않은 것이었다. 돌출적인 것이었으니 김영삼의 세계화 선언 이후 급조해야 했다. 당시 청와대는 "국제화보다 적극적인 상위 개념으로 국경을 넘어 인류의 보편적 가치와 공동선을 추구하면서 세계 속의 한국으로 부상하려는 노력"이라고 설명했다. 하지만 정부 안에서도 국제화와 세계화 개념에 대한 혼란만 있었다.

불과 1년 전인 1993년 김영삼은 아시아 · 태평양경제협력체(APEC) 회의에 참석하며 '국제화'를 국정 목표로 내걸었다. 이 또한 충동적인 것이었다. 이런 충동적인 발언 뒤 1994년 내내 행정부 전반에 국제화 바람이 불었다. 국무총리실에는 국제화추진위원회가, 경제기획원에는 경제국제화기획단이 만들어졌다.

그런데 한 해 뒤 갑자기 외국에 한 번 갔다 와서 세계화라는 화두가 던져지고 수반이 그것에 다 매달리게 된 것이다. 대통령의 지시로 국제화를 버리고 세계화를 선택한 정부 부처는 개혁 · 개방 정책을 더욱 빨리, 강하게 밀고 나갔다. 12월 23일 세계화를 기준으로 선임했다는 새 내각이 들어섰다. 12월 27일 국무회의는 세계화추진위원회라는 특별 기구를 만들기로 했다.

문제는 정책 변화가 급격하고도 매우 컸다는 것이다. 1994년 11월 환율의 일일 변동폭을 확대한 데 이어 12월 외환거래의 자유화 및 선진화를 위한 외환제도 개혁방안을 확정했다. 이에 따라 1995~1997년 외국인의 국내 주식 소유한도 확대, 변동환율제 도입, 달러 송금 자유화, 외국인 직접투자 확대 등의 조치가 취해졌다. 짧은 기간에 과감한 자유화 조치가 이어지자 일부 달러가 해외로 빠져나갔고, 기업들은 싼 이자로 외국돈을 빌려 썼다.

그 결과 경상수지 적자와 외채가 급증했다. 일부 기업이 빌린 돈을 시설투자에 쏟아 붓자 중복·과잉투자도 나타났다. 1994, 1995년 8%대의 고성장이 기반이었던 세계화 정책은 1996년 세계경제가 수축되자 문제를 드러내기 시작했다. 기업의 단기채무와 과잉설비가 화를 불러들인 것이다.[38]

1998년 2월 삼성경제연구소 보고서는 "세계화 정책은 실력과 체제를 갖추지 않은 채 개방만 가속화시켰을 뿐이다. 1997년 외환위기의 주요 요인이 되었다."라고 지적하였다. 세계화 정책이 외환위기를 불러온 원인 중 하나라는 것이다. 이러한 일련의 사례는 제도적인 코드가 아니라 문화코드만 중요하게 생각한 김영삼식 정책 실패의 백미였다.

이러한 사회문화적 선호, 심리적인 충동의 문화코드 중심의 정책추진은 경제협력개발기구(OECD) 가입에서도 드러난다.


한국을 경제협력개발기구(OECD)의 29번째 회원국으로 받아들인다.


1996년 10월 11일 프랑스 파리 OECD 본부. 28개 회원국이 이사회를 열어 한국의 OECD 회원 가입을 만장일치로 의결했다. 1948년 OECD 창립 당시만 해도 세계 최빈국 중 하나였던 한국이 마침내 '부자 클럽'에 입성하는 감격스런 순간이었다.

하지만 당시 한국의 가입 시기와 자격을 둘러싸고 OECD 회원국과 국내에선 논란이 일었다. 아직 대외개방에 견딜 만한 경쟁력을 갖추지 못했다는 점이 집중 거론됐다.

한국에 앞서 1994년 4월 OECD의 25번째 회원국인 된 멕시코는 페소화

---

38) 중앙일보, 2002년 12월 5일자 40면, [역사속의 경제] 94년 요란했던 세계화 경제 준비 안 된 개방이
  禍불러 - 이재광

고평가 정책을 펴다 가입 1년 만에 페소화 폭락 사태로 경제가 혼란에 빠졌다. OECD 가입 반대론자들은 이 같은 멕시코식 파탄을 우려했다.

이 같은 논란을 무릅쓰고 들어간 한국은 가입 이후가 더 문제였던 것이다. 그러나 정부는 물론 온 나라가 대외개방의 파고에 대비하는 것보다 OECD 회원국이라는 외화내빈의 즐거움을 만끽하는 데 급급했다.

OECD 가입을 대선 공약으로 내걸었고, 1994년부터 세계화를 외치며 선봉에 선 김영삼은 가입이 확정된 이튿날 전국여성대회에서 "OECD 가입은 우리 국민들에게 용기와 자부심을 주는 일"이라고 평가했다. 하지만 1년 뒤 국민들을 기다린 것은 고통과 절망이었다. 멕시코식 파탄이라는 우려가 현실로 나타나 한국은 외환위기에 직면했다.[39]

김영삼은 분위기와 흐름을 강조하는 타입이다. 이러한 타입은 정책을 추진하는 가운데 그대로 드러난다. 따라서 세계화 정책을 추진하는 과정에서 드러났다. 세계적으로 개방이 가속화되는 가운데 김영삼은 이러한 분위기에 휩쓸려 버렸다. 그것은 일종의 세계사적인 문화코드에 휩쓸리는 것을 말한다. OECD 가입은 선진국에 들어야 한다는, 이제 우리도 선진국이라는 사회문화적인 강박 의식과 기대욕구를 충족시키는 데만 목적을 둔 것이다. 그것은 실질적인 국내 경제, 금융의 성장, 성숙과는 별개의 것이었다. 따라서 심각한 문제들을 낳았고, 이는 경제위기 심화로 이루어졌다는 것이다.

김영삼의 딜레마는 여기에 있었다. 문화코드만 생각하는 김영삼에게는 근본적인 개혁추진에 한계가 있었던 것이다. 이는 경제 정책뿐만이 아니다. 다음의 글을 보자. 강만길 교수의 말이다.

---

39) 중앙일보, 2002년 10월 10일자 44면, [역사속의 경제] 개방 대비 늦어 위기 불러 - 김동호

분명히 긍정적으로 평가할 부분도 있다고 봅니다. 정치군인들의 세력을 약화시킨 것이라는 점이라든지, 몇 가지 경제개혁이라든지, 지자제의 실시라든지 하는 것들은 김 대통령이 거둔 성과이지요. 그러나 가장 불행한 부분은 통일 부분입니다.

이건 군사정권 때보다 더 나빠지고 말았어요. 노태우 정권 때는 7·7선언이니 남북합의서 체결이니 상당한 진전이 있었어요. 그건 다음에 역사를 쓸 때 노태우 정권의 업적으로 남을 겁니다. 우리는 문민정부가 들어서면서 상당한 기대를 걸었어요.

또 그런 기대에 부응해서 남북정상회담이 합의되었어요. 정말 문민정권답다고 생각했는데 불행하게도 회담이 있기 전에 한쪽 정상이 죽었고, 조문 문제를 슬기롭게 풀지 못함으로써 엄청난 역풍이 불었단 말이에요. 거기서부터 잘못되기 시작해서 그 후 김영삼 정권 5년 동안에 남북문제, 민족문제에 대해서는 거의 쓸 게 없을 겁니다. 김영삼 정권을 위해서는 참 불행한 일입니다.[40]


문화코드 중에 부정적인 문화코드에 지나치게 얽매인 김영삼은 대북정책에서 오락가락하는 모습을 보일 수밖에 없었다. '오락가락한다'는 것은 이미 자체적으로 딜레마를 가지고 있다는 것을 말한다. 이것에서 벗어나지 못하고 정책이 일관성을 잃고 좌초되었음을 의미한다. 특히, 1994년 김일성 조문 논란은 조선일보를 필두로 하여 강력한 반대 분위기를 만들어 냄으로써 김영삼에게 강한 압박작용을 했다. 그런데 김영삼은 이를 1993년 이후 떨어지기 시작한 자신의 지지도를 올리는 문화코드로 이용했다. 1994년 7월, 북한 김일성 주석의 사망을 안보위기 조성으로 이용했고, 1994년 4월에는 33.7%까지 떨어졌던 YS 지지율은 50%대까지 올라가게 된다.[41]

이러한 조문의 거절은 남북관계를 급속하게 냉각시키게 된다. 이때, 북한은 조문 반대를 주도한 조선일보에 적대적이 되었다. 2000년 6·15회담 이후 북한은 다른 신문사와 달리 조선일보의 취재 입북을 거부, 배제하였다. 김대중은

---

40) 강만길, 역사는 진보한다는 것이 내 평생 공부의 결론, 월간 말, 1997년 7월, pp. 26-27
41) 프레시안, 2003년 2월 13일자

1997년 10월 8일 한국논단 사상 검증 토론회에서 이 조문은 단지 사회문화적인 차원이 아니라 외교관계 차원에서 해야 국익에 도움이 된다는 제도적인 코드 부분을 분명하게 밝히고 있다. 이는 다음과 같은 부분에서 드러난다.

Q. 김일성 사망 시 좌파는 모두 조문을 주장했습니다. 김총재는 정부의 대응방식이 남북관계를 감정적으로 만들어 국익에 도움이 되지 않는다고 비판했지요. 결국 조문론을 비호한 것 아닙니까.
A. 클린턴이 언제 공산주의를 지지해서 조문했습니까. 국익 때문에 외교적인 차원에서 그렇게 한 것 아닙니까. 그리고 내가 직접 김일성을 조문해야 한다고 말한 적은 없습니다.[42]

질문자의 말 중에 "감정적으로 만들어 국익에 도움이 되지 않는다."는 부분에서 주목해야 하는 단어는 '감정적'이라는 단어다. 여기에서 감정적이라는 것은 분단사회에 존재하는 부정적인 문화코드를 말한다. 김대중은 북한에 대한 부정적인 사회문화 인식을 부추기는 감정적인 대응과 분위기는 국익에 도움이 되지 않는다고 본 것이다. 또한 김대중은 국익은 감정적인 대응이 아니라 외교라는 제도적인 틀에서 엄밀하게 보아야 한다는 점을 말한다. 이것은 매우 중요한 의미를 지닌다.

문화코드와 제도적인 코드를 일정 정도 분리해야 한다는 점을 엄격하게 말하고 있는 것이기 때문이다. 이는 김대중의 기본적인 성격이자 특질이다. 이 때문에 김대중은 빨갱이 이면에 합리주의자, 준비된 대통령이라는 이름을 얻게 된다. 반면 김영삼은 감정적인 대응, 북한에 대한 보수적인 문화코드에만 의지하는 대북정책을 폈다.

한국이라는 사회에 있는 이러한 북한에 대한 부정적인 문화코드를 인식하

---

42) 정지환, 1997년 10월 8일 한국민주주의는 능욕 당했다, 월간 말, 1997년 11월, p. 53

고 전적으로 기대하는 한에서는 북한과 화해정책을 추진하는 것은 불가능하다. 이는 김영삼이 대북 화해정책을 추진하는 데에는 근본적으로 한계를 가질 수밖에 없다는 것을 의미한다.

결론적으로 김영삼은 문화코드와 제도적인 코드 사이에서 고민한 흔적이 별로 없는 것으로 보인다. 1993년 대통령에 취임한 이래 그는 국민이 원하는 개혁정책을 추구했다. 그러나 그의 개혁작업은 사정 위주로 시작되었다. 사정 위주의 개혁정책은 국민의 문화코드를 충족시키는 데 충분한 것이었다. 국민들은 오랜 정치의 구태와 부패, 그리고 군사문화에 대한 거부감이 강했다. 이는 강한 문화코드를 의미했다. 문화적인 욕구의 코드를 충족시키는 데는 악으로 규정된 대상이 필요했고, 문민정부라는 타이틀은 이러한 국민들의 기대를 일정정도 충족시키는 것이었다.

여기에 악으로 규정된 대상을 처치하는 것, 이보다 더 국민들의 문화코드를 연결·충족시켜 주는 정책적 행동, 제도적 국정운영은 없었다. 다만 부패한 인물 구시대적인 군 조직을 청산하는 것은 국민들에게 시원함과 통쾌함을 주었다. 전두환, 노태우를 구속하여 지지도를 초기 80%대로 회복, 유지하려는 인기 신경증에만 그쳤다.

그러나 개혁의 대상은 군사문화를 지닌 조직이나 인사 구시대적인 부패 인사만이 포함되는 것은 아니었다. 무엇보다 김영삼에게 과거의 부패는 현재와 연결되어 있었기 때문에 그는 곧 한계에 부딪치게 된다. 즉, 자신이 개혁의 대상이 되거나 자신의 그룹들이 사정의 대상이 되는 개혁사정의 딜레마에 빠지게 된다.

그는 집권 내내 인기 위주의 즉흥적이고 조직적이지 않은 개혁정책을 추구하였다. 깜짝쇼가 횡행하는 것은 이를 단적으로 드러내는 것이다. 깜짝쇼를 드러내 주는 다음 사례들은 김영삼의 특성을 잘 나타내 준다.

　1997년 11월 3일까지 김종필 총재와 가진 회담에서 김영삼은 탈당 가능성을 전면 부인했다가 4일 만에 전격 탈당해 자민련을 황당하게 했다. 10월 24일 개별 대선후보 면담은 오해를 불러일으킨다고 했던 그는 이회창이 자신에게 탈당을 요구하자 그 다음날 바로 개별면담을 했다. 또 1996년 12월 창사 42주년 기독교방송(CBS) 인터뷰에서 연말 개각은 없다고 해놓고, 바로 개각하기도 했다. 뿐만 아니라 1997년 5월 24일 대선 자금을 밝힐 자료가 없다던 김영삼은 국민 여론이 악화되자, 5월 31일에는 '지난 1992년 대선 자금의 경우에도 우리나라의 정당 운영과 선거운동 관행에 비추어 정당을 가리지 않고 막대한 자금이 필요했던 것이 사실이다.'라고 하면서 일부 시인하는 쪽으로 선회했다.

　김영삼은 문화코드가 매우 강한 사람이다. 격정의 신(神) 포세이돈으로 비유하는 이도 있다. 격하게 감정적으로 반응하여 바다처럼 날씨에 따라 기질이 변하는 포세이돈의 특성은 김영삼에게서 나타나는 특성이기도 하다.[43] 그는 어려서부터 성격이 활달하고 리더로서 놀기를 좋아했다. 그는 많은 사람들과 어울리고 그러한 사람들을 이끌어가는 것을 좋아했다. 이 과정에서 그가 사람들을 끌어 모은 방법은 전략적 계획이나 동기의 부여가 아니었다. 많은 사람들이 지적하듯이 그는 사람들을 편하게 해주는 방법으로 사람들을 끌어 모았다. 사람들을 배려하고 친근함을 가지게 하는 방법을 통해 사람들을 자연스럽게 자신의 주위에 있게 했다. 이는 문화코드를 말한다.

　보통 지적하듯이 그의 정치스타일은 합리의 정치가 아니라 감의 정치라고 할 수 있다. 이러한 면에서 보면 그는 정치적인 감각이 매우 뛰어나다고 할 수 있다. '감각이 뛰어나다'는 것은 이성적인 전략과 논리가 아니라 직관과 통찰 그리고 마음을 통해 정치를 한다는 것을 의미한다.

　이러한 특질은 논리적으로 예측하거나 설명이 안 되는 불확실한 현실 상황이 대부분이라고 한다면 오히려 상황 판단이 뛰어나 돋보이게 한다. 이는 위

---

43) 임희경, ≪그들 속의 신(神) - 그리스신화로 본 우리시대의 20명 캐릭터≫, 한송, 1999, p. 36

기의 상황에서는 매우 유효적절하며 많은 이들의 감탄을 자아내게 해서 신뢰를 높게 한다. 이 또한 그의 정치적인 리더십을 강화하는 것이었다. 그것은 정치가의 정치적 지지일 뿐이지 정책가의 정책적 지지는 아니었다.

이러한 구분과는 상관없이 그의 정치 스타일은 승부사라는 이름을 얻을 만큼 위기의 상황을 반전시키는 역할자의 이미지를 갖게 함과 동시에 정치구단의 대담한 정치인이라는 이름을 얻게 했다. 이는 사실상 김영삼의 존재기반이었다.

반면 김영삼의 감각 정치는 지나치게 감(感)이나 직관에 의존하게 해서 이성적인 측면에서 논리나 추론을 간과하게 한다. 이는 비합리적인 사고체계와 의사결정체계를 갖게 되는 것을 말한다. 더구나 그는 26살 때부터 국회의원이 되면서 논리적인 사고체계의 훈련 시기를 제대로 가진 게 아니라 감의 정치를 구축하는 데 시간을 소비한 측면이 많다는 지적도 있다.

김영삼의 정치 스타일은 사람들 사이의 감정, 감각, 분위기, 느낌 등에 맞는 정책을 추구하는 데 치중한다. 즉, 문화코드에 맞는 정책을 추진한다. 이러한 문화코드를 맞추기 위해 제도적인 틀을 벗어나거나 일관성을 잃는다.

김영삼이 강조했던 역사 세우기, 칼국수, 신한국, 한국병이라는 개념은 제도나 정책을 말하는 것이 아니라 문화코드만을 대변하고 실질은 없는 구호에 불과했다. 안가(安家) 철거, 총독부건물 철거 등은 그가 문화코드에만 연연한 쇼맨십에 치중한다는 것을 그대로 보여 주었다.

김영삼은 정책을 일관성 있게 추진하거나 조직적으로 계획한 것이 아니라 즉흥적이고 단발적으로 결정, 추진했다. 군 수뇌부 경질, 군 개혁, 신경제, 금융실명제, 세계화 정책, 김일성 주석 회담 계획 등 거의 모든 부분이 갑자기 결정·추진되었다. 이는 변덕스럽고 충동적인 성향의 정책 스타일을 보여 주는 가장 좋은 예이다. 안보와 통일정책은 진보와 보수를 오락가락했는데, 이것도 문화코드를 준수했기 때문이다.

정책이 구체적으로 어떠한 원칙과 틀 속에서 이루어져야 소기의 목적을 달성할 수 있겠는가 하는 고민보다는 그것이 얼마나 대중적인 문화코드에 인지도를 가져다 줄 수 있겠는가를 더 고려했기 때문이다.

그는 인사에서는 비밀주의를 준수했고, 장·차관 등을 수시로 교체했다. 경제정책을 담당하는 부서는 대중적인 지지와 밀접하므로 이로 인해 대중의 문화코드를 채우는 방향에서 수시로 바뀌었다. 정책의 본질을 고민하는 제도적인 틀이 아니라 문화적인 정서와 지지를 우선시했다. 그래서 대통령 임기 5년 동안 6~7번의 경제부처에서 장관 교체가 있었다.

그의 국정운영 전반에 걸쳐 불만을 토로하며 민자당 전국구 의원직을 사퇴한 노재봉 의원은 탈당한 후 '한 마디로 무노선이었다'고 말하며 감(感)의 정책으로 인한 일관성 결여의 문제점을 말했다.44)

무엇보다 그는 제도적인 코드를 통한 문화코드의 충족이라는 논리를 생각하지 못한 모양새였다. 감의 정치의 연장선상에서 감의 정책결정, 국정 운영을 했고, 이는 제대로 된 성과를 낼 리 없었다. 정책구조와 정책조직 그리고 이를 통한 국정 운영에 제도적인 코드가 필요했기 때문이다.

사람 사이의 문화코드를 중요시했기 때문에 제도적인 코드에 대해서는 인식이 없었다. 국정운영은 조직과 인사를 다루며 정책을 통해 정책 목적을 성취해야 한다. 객관적인 정책수단과 방법이 요구되고 평가가 공개적으로 이루어져야 한다. 김영삼은 사람을 위주로 이러한 것을 꾸려 왔기 때문에 국정운영에 대해서 논리, 합리적인 정책결정을 할 역량이 미처 성숙되지 못했다. 그래서 비밀주의 깜짝쇼라는 명칭을 얻게 되었다. 정책조직에서 그는 감의 정책

---

44) 김종석, 정신과의사가 분석한 김영삼 전 대통령의 리더십 스타일, 월간 말, 2001년 5월, p. 71

을 따라서 공식적인 정책조직이 아니라 비선 조직, 주변 사람들을 의지하게 되었고 심지어 아들 김현철의 말에 의지하기 시작했다.

융의 성격이론에 따른다면 합리적인 성격에는 외향적인 사고형, 외향적인 감정형, 내향적인 사고형, 내향적인 감정형이 있고 비합리적인 성격에는 외향적인 감각형, 외향적인 직관형, 내향적인 감각형, 내향적인 직관형이 있다. 이 중에 김영삼은 비합리적인 성격으로 외향적인 감각형에 속하는 것으로 보인다. 이에 비해 김대중은 합리적인 사고형으로 외향적 사고형이다.

### ♪ 김영삼을 실패자로 모는 이면

김대중 정부 첫해인 1998년 3월 주양자 보건복지부장관이 위장 전입한 사실이 처음 드러났을 때 청와대의 일부 핵심 관계자들은 "김영삼 전 대통령이 취임 초 여론의 움직임에 너무 민감하게 반응, 일부 각료들을 쉽게 경질했던 것은 실책이었다. 김대통령도 이 같은 우를 범해서는 안 된다."고 주장했다. 주 장관 문제가 새 정부의 인사전 충분한 사전 검증 원칙에 먹칠을 가하고 있다는 데에는 청와대 관계자들도 이론이 없었다.[45] 당시 여권은 주 장관 문제가 김영삼 전 대통령 취임 초처럼 장·차관의 재산과 병역, 자녀문제 등 개인적 비리로 인한 경질 도미노로 이어져 통치권 누수는 물론 경제회생에 쏟아야 할 힘을 분산시킬 우려가 있다고 보고 있었다.[46]

이는 김영삼 대통령은 사람들의 문화적인 코드에 매우 민감했다는 사실을 방증하는 사례이다. 김영삼은 초기, 개혁 리더십보다는 국민적인 인기를 어떻게 유지할 것인가에 대해 관심을 가지고 있었던 것이다. 이는 부정부패에 대해서 매우 민감한 한국사회의 문화코드를 매우 크게 생각하고 있었고, 인사정

---

45) 한국일보, 1998년 3월 10일자 5면, 주 장관 어떻게 … 청와대 '딜레마'
46) 세계일보, 1998년 3월 10일자 4면, 여 "주 장관 파문 예삿일 아니네 …"

책의 가장 중요한 요소로 삼았던 것이다. 김영삼 정부 초기에 이러한 인기 위주의 문화코드 중심 인사는 사실상 정책적인 능력이나 정책 추진력이 아닐뿐더러 개혁추진 세력에 대한 각 부처 간의 정책결합력을 떨어뜨린 것이었다. 이는 무엇보다 반개혁세력의 공세를 정당화하는 빌미를 제공해 주었고, 이러한 빌미는 개혁의 딜레마와 함께 후반부로 갈수록 김영삼을 괴롭힌 중요한 요소가 되었다.

그런데 과연 김영삼은 실패만 했는가. 김영삼은 아무런 의미가 없는 정책가였나. 가장 중요한 부분은 이 부분이다. 왜 김영삼을 철저하게 부정하는 것인가는 이러한 대목에서 알 수 있게 한다. 조희연의 말이다.

> YS 개혁은 개혁 마스터플랜의 결여, 사조직 중심의 개혁 추진, 즉흥적이고 여론몰이적인 개혁 스타일 등 많은 문제점을 드러냈다. 그러나 개혁 중단과 경제적 파탄은 정당한 변화를 지체시키고 그것에 조직적으로 저항한 기득권세력 혹은 반개혁세력에 더 큰 책임이 있다고 할 수 있다. YS에 대한 집단적 '이지메' 속에서 반개혁세력과 기득권세력은 현 경제파탄의 책임으로부터도, 또한 정경유착과 부실경영의 책임으로부터도 멀어지게 된다.[47]

김영삼의 정책활동은 성공한 것보다는 성공하지 못한 것이 더 많다. 그러나 모두 다 실패하는 것은 아니며 긍정적인 개혁작업도 분명히 존재한다. 그러나 이러한 개혁작업들은 처음부터 배제시켰다. 배제시키는 이유는 김영삼도 민주화 세력 출신이기 때문이다. 김영삼의 개혁작업에 대한 부정적인 평가는 기존의 개혁대상들이 자신들을 합리화시키는 의도에서 이루어진 것이다. 심지어 그의 민주화 운동 경력이나 그룹을 불안한 아마추어라고 규정하는 것은 민

---

47) 한국일보, 1997년 12월 26일자 7면, [전문가 진단] 개혁 마스터플랜 세워라 - 조희연 · 성공회대 교수 · 사회학

주화 세력을 비판하는 중요한 논거용으로 사용하기 위한 것이었다. 뿐만 아니라 김영삼을 왕따로 만들어 놓고 김영삼과 손을 대는 이들을 모두 공격했다. 특히 이를 통해 민주화 세력의 연대를 사실상 불가능하게 했다. 상대적으로 반개혁세력의 전선을 다잡는 기회로 활용했고, 김대중 정부에서도 이 같은 구도를 확고하게 할 수 있었다.

그러한 공격은 부정적인 문화코드에 기반을 두었다. 김영삼에 대한 긍정적인 개혁작업성과 보다는 부패, 경제위기, 지역주의, 문민독재/독선, 3김이라는 부정적인 문화코드에만 해당하는 것이었다. 김영삼 개인의 잘못을 논하기 이전에 주목해야 하는 점은 그러한 왕따가 궁극적으로는 반개혁세력의 개혁에 대해 혐오와 냉소주의를 부추겨서 그들의 기득권을 유지하려는 데 있다는 사실이다.

한나라당과 조·중·동은 김대중 정부 내내 김영삼에 대한 부정적인 문화코드를 통한 개혁세력의 죽이기에 적극적이었다. 이러한 김영삼의 부정적인 문화코드를 들이대며, 1987년 이후의 민주화 세력의 통합을 적극 반대하는 것은 당연한 일이었다. 그러나 부정적인 문화코드는 노무현 지지자들을 돌아서게 했다. 노무현이 김영삼을 찾아갔다고 여론은 뭇매를 날렸지만, 노무현의 본질이 달라지지는 않았다. 이후 터진 홍삼트리오로 일컬어지는 대통령 아들들의 부정부패는 노무현에게 결정타를 날렸지만, 노무현의 본질은 달라진 것이 없었다. 또한 민주화 세력이 결집하여 개혁을 완수해야 한다는 의식과 필요성도 여전히 남아 있었다. '스탈린과 히틀러 같은 독재자', '입만 열면 거짓말한다'며 DJ의 얼굴을 보지 않을 듯이 독설(毒舌)을 퍼부었던 YS[48), 우리는 지금 김영삼을 어떻게 평가해야 할까.

---

48) 중앙일보, 2000년 5월 8일자 6면, [데스크의 눈] 3金과 2李

과연 김 대통령은 다른 어떤 지도자도 흉내 낼 수 없는 단성의 오기, 그리고 뚝심의 소유자였다. 사실 그가 추구했던 개혁이 소기의 성과를 거두지 못했다고 하더라도 국민은 잘해보려고 했던 그의 충정과 애국심만은 인정할 것이다.[49]

이렇게 여기고 있다면 다행이다. 그러나 현실에서 일반적으로 김영삼에 대한 평가의 축은 한 가지이다. 이는 국정이나 정책의 정당한 평가와는 관계없는 것이다. 김영삼은 부정적인 문화코드에 격침되었다. 그것은 기득권 중심의 철저한 부정적인 문화코드의 평가였다. 이것은 김영삼에게만 해당하는 것이 아니라 김대중에게도 해당하는 것이다. 문성근은 YS와 DJ 정권이 펼친 개혁정책을 설명하고 그것에 대응하는 세력의 문화적 코드의 동기를 다음과 같이 밝힌다.

YS는 금융실명제라든지 '이인모 노인 송환', '역사 바로 세우기' 등의 개혁을 벌였고, DJ는 재벌개혁이라든지 '민주화보상법', '6·15남북공동선언' 등을 이끌었다. 스타일만 달랐지, 30년간 야당정치를 한 그들의 정책은 개혁적이었다. 그런데 실패로 비춰진 것은 '지역감정' 때문이며, 기득권 세력들이 지역감정을 등에 업고 개혁정책을 무력화시켰다.[50]

많고도 다양한 정책을 추진하고 그 성과를 본다고 해도 지역감정으로 평가를 해버린다면 누가 그것의 정책구조에 들어가서 정책을 펼친다고 해도 제대로 된 정책평가를 받기는 힘들게 된다. 이러한 부정적인 문화코드가 존재하는 한 김대중은 실패한 대통령이며, 이는 단지 김영삼이나 김대중에게만 그치는 것이 아니라 노무현을 괴롭히는 악재였다.

정치학에서 말하는 '개혁의 딜레마'는 다수의 이익을 앞세워 소수의 이익을 희생시키는

---

49) 김재일, 시론 - 김대통령의 마지막 사명, 시사저널, 1997년 10월 9일자 p. 132
50) 오마이뉴스, 2001년 12월 17일자, 문성근 씨가 노무현을 지지하는 이유

개혁정책이 어떻게 개혁 자체를 좌절시키는가를 실감나게 설명해 준다. 누구든 기득권의 파괴에 갈채를 보내지만 정작 자신의 밥그릇을 뺏으려 하면 반발하게 마련. N개의 개혁 정책은 N개의 계층을 정권의 적대세력으로 만들고 결국 모든 개혁은 모든 계층으로 하여 금 정권에 등을 돌리게 하는 것으로 막을 내린다는 비극적 시나리오다.[51]

지역감정도 이러한 딜레마에서 벗어나지는 않는다. 전라도는 민주당에 반기를 들며 열린우리당을 만들자, 노무현을 버렸다. 광주 경선의 노풍이 보여준 숭고한 정신은 퇴색되었다. 그것은 자신의 정치야욕을 위해 민주당을 이용한 것으로만 보였다. 열린우리당을 만든 목적은 지역주의 타파에 있었으며 그것은 이미 예정된 수순에 다름이 아니었다. 지역주의 타파는 노무현의 과제였으며 국민에게 내건 약속이었다. 민주당이 지역주의를 먼저 버리지 않으면 한나라당이 지역주의를 버리지 않는다고 생각하는 것은 노무현의 본질이었다. 노무현의 본질은 자신이 가진 것을 먼저 내놓는 것이었다. 민주당에 기대어 정치공학을 추진할 수 있었음에도 그것을 깨고 새로운 정당을 만든다는 것은 장래를 알 수 없는 모험임에는 분명한 사실이다.

지역주의가 주는 수혜를 버리지 못하거나 그것을 버리라고 하는 노무현을 불편하고 괘씸하게 생각하는 것은 결국 노무현의 본질을 지지한 것이 아니라 다른 수단으로 노무현을 활용했던 셈이 되었다. 노무현은 이러한 딜레마를 알고 있었을 듯하다. 김영삼의 사례를 보았으니 말이다. 제도적인 처방을 넘어 문화코드가 강한 지역감정을 어떻게 넘을 것인가. 그래도 문화코드에 맞춘 N개의 개혁안이 중요한 것이 아니라 어떻게 충실하게 애쓰고 있는 것인가가 중요하다. 노무현은 진정성을 유지하고 그것을 지키기 위해 노력할 뿐이었다. 노무현이 문화코드가 아니라 국정, 정책, 제도적인 틀을 강조하는 데 신뢰를

---

51) 문화일보, 2000년 3월 3일자 2면, [취재수첩] 전과기록 공개 '딜레마'

중요하게 생각하고 강조하는 이유였다. 노무현에 대한 지지는 그를 뽑아준 것으로 그치지 않는 것이었다. 그것에 머문다면 노무현에게 힘이 되어 주는 것은 없었다. 좋은 사람 고생시키고, 실패한 이로 만들어버리는 희생의식이 될 뿐이었다. 자, 이번에는 본격적으로 김대중의 딜레마를 통해 노무현을 비추어 보자.

## 4. 김대중 문화·제도적 코드의 괴리와 비극
### −김대중을 몰라주는 국민과 지지자들

유독 그에게만 가혹하게 되물어지던 윤리적 완벽성은 그를 비난하고 거부하는 집단과 개인들의 명분축적용 히스테리이기도 했으며, 레드 콤플렉스를 동원해 그를 공격하던 정치집단과의 공범의식이 가학적으로 표출된 결과이기기도 했다. 많은 것을 가진 기득권자들의 불안은 소외된 자들의 고통보다 더 공격적이고 무자비하다는 것을 우리는 역사를 통해 많이 보아 왔다.

김대중이라는 정치인의 이름은 이 과정을 통해 고난 받는 정의로운 자로서의 상징성을 얻게 되었다. 가해하는 자들을 용서하고 그들까지 함께 구원해야 하는 한국현대정치서의 대속적 존재로서, 그는 차라리 예언자이기도 했다. 그는 이 무렵 가치의 중심이자 미래의 정치적 대안이기도 했다.[52]

어떤 사람들은 본질과 진정성에 관계없이 불신과 의심을 받으며 수난을 당한다. 그것은 그들이 남을 불편하게 만들기 때문이다. 양심과 진정성에 따라 움직이므로 그러하지 않는 이들은 눈엣가시 같은 존재가 되는 것이다. 김대중은 그 본질과 상관없이 수난을 당한 사람이다. 김대중이 고난을 받는 과정에

---

52) 이영진, 김대중, 그래도 희망을 갖는 까닭, 월간 말, 1997년 10월, pp. 47-48

서 얻은 것은 무엇인지 분명하게 짚어 보자. 그것은 위 글에서 나타내고 있듯이 '상징성'에서 짐작할 수 있다. 심지어 정의로운 자라는 상징성, 그리고 예언자라는 표현까지 사용하고 있다. 만약 김대중이 정당이나 재야에서 활동 했을 경우에는 이러한 점이 계속 유지될 것이다. 마틴 루터 킹(Martin Luther King Jr.)이 암살되지 않고 대통령이 되었다면 과거의 대중적 지지를 유지하지 못했을 것이라는 진단도 이러한 측면과 통하는 맥락이다.

김대중은 대통령 취임식에서 선서를 했다. 대한민국의 헌법을 준수하는 틀 내에서 모든 행동을 해야 한다. 이는 문화코드에서 제도적인 코드로 돌아와야 한다는 것을 의미한다. 만약에 계속 대통령이 된 이후에도 김대중에게 문화적 코드에서 정의로운 자의 편이기를 기다린다면 그것은 헛된 기다림일 가능성이 크다. 고도는 아무리 기다려도 안 올 것이다.

그는 신이 아니고 예언자가 아니며 인간으로 수십 년 간 보통 사람이 느끼고 생각하는 보편적인 사고로 세상을 바로잡고자 했다. 이를 두고 군부독재와 기득권은 그를 비정상이라고 몰아붙였고 갖은 탄압을 가했다. 오히려 이것이 많은 이들에게 고난 받는 자, 정의로운 자를 대변하는 자로 비쳐졌다. 상식이 통하지 않는 사회에서 노무현도 이러한 특성을 보였다. 그러나 그는 결코 정의로운 자만 대변하는 사람도 아니고 메시아 같은 역할을 하는 사람도 아니었다. 그러나 숙적들의 그에 대한 폭압성이 강화될수록 김대중이 가진 이러한 이미지는 더욱 강화되었고, 사람에 따라서는 범접하지 못할 하나의 신(神)이 되었다. 문화적 코드의 증폭현상이었다.

증폭된 문화코드는 사람이나 사물, 현상을 부풀리는 가면이 된다. 그러한 가면은 제도적인 코드에서 그 사람의 사고와 행동이 드러날 때 커다란 역방향을 불러일으킨다. 사람들은 제도적인 코드에서 움직이는 그를 보고 매우 놀랄 것이다. 그가 변했다고, 변절했다고 말할 것이다. 의심했던 사람들은 그거 보라고 김대중은 원래 그런 놈이라고 말하면서 다시 한 번 죽이기를 한다. 자신들의 부정적인 문화코드가 절대적으로 옳은 것인 냥 인식하지 못하는 것이다. 여기에서 김대중을 인식하는 기준, 그것은 제도적인 코드와는 상관없는 것이고, 이러한 기준은 그가 국정을 수행하면 할수록 그의 지지를 갉아먹는, 필연적인 결과를 낳게 한다. 1997년 대선을 앞두고 사람들의 말은 이러했다.

> 김대중에 대한 거부감이 왜 그렇게 크죠? 충청도하고는 별 이해관계가 없잖아요.
> 김대중이라는 한 인물보다는 전라도에 대한 거부감이 더 크다고 봐. 그쪽 사람들이 어디가도 뭉쳐 다니잖아. 그게 싫은 거야.53)

> 부산사람들은 이렇게 이야기한다.
> "김대중은 결사반대다. 전라도는 안 된다."

이러한 지적은 전라도 사람은 안 된다는 뿌리 깊은 부정적인 문화적 습성 코드를 말한다. 김대중과는 상관없이 전라도 사람이기 때문에 전라도 사람의 지지를 받고 있기 때문에 안 된다는 것이다. 그러나 분명 이는 개인의 정책능력이나 국정수행능력과는 전혀 별개의 코드이다. 전라도 사람이라는 인식, 그러한 인식을 통해 모든 것을 판단하는 것, 그것으로 김대중을 바라보고, 그의 정책적인 능력이나 국정수행력을 보지 않는 것이다.

> "이번에 부산사람이 신한국당 찍으면 병신이죠. 그렇다고 김대중이야 찍을 수는 없지."
> "김대중 이야기는 꺼내지도 말라." 54)
> "김대중은 사상이 깨끗하지 않아, 서경원이도 그렇고 오익제도 그렇고. 주변에 맨 빨갱이들뿐이잖아." 55)

---

53) 김경환, 김대중이 능력은 있는 것 같은데 아직은 …, 월간 말, 1997년 10월, p. 66
54) 김경환, 김대중이 능력은 있는 것 같은데 아직은 …, 월간 말, 1997년 10월, p. 68-69
55) 김경환, 김대중이 능력은 있는 것 같은데 아직은 …, 월간 말, 1997년 10월, p. 65

경북 안동의 한 현역 대령은 "외교안보분야에 대한 DJ의 식견에 많은 장교들이 공감하지만, 근본사상을 의심하는 사람이 아직 남아 있다…."라고 말한다.56)

요컨대, 김대중이 전라도 사람이기 때문에 안 되며, 빨갱이이고 그 주위에 있는 사람들은 빨갱이이기 때문에 대통령으로서 바람직하지 않다는 것이다. 여기에서 '빨갱이'라는 단어는 구체적인 법이나 제도, 학술적인 코드를 의미하는 것이 아니라 사람들이 가지고 있는 정서, 편견, 이미지, 심리상태를 말한다. 따라서 이는 제도적인 코드라기보다는 일종의 문화코드다.

김대중을 반대하는 일반인의 논거는 이렇게 두루뭉수리한 문화코드 때문에 가능하다. 문화코드가 이러한 사람들에게 제도적인 처방만을 내린다면 그것은 역효과다. 즉 정책의 효과성과 타당성을 위해서 인사를 '탕평한다.'고 했을 때 일부러 정책의 타당성이 효과성에 상관없이 인사와 정책을 배제해야 하는 상황이 벌어질 수 있는 것이다. 예를 들어, 아무리 정책 결정의 효과성과 타당성, 집행추진의 일관성을 위해서라고 해도 호남인사가 약간 많다는 인사정책을 하게 되면 그것은 즉각 문화코드가 작동하여 반감을 일으키게 한다.

김대중은 이러한 문화코드를 불식시켜야 하는 행동과 발언을 해야 한다. 그것은 비단 선거운동 과정에서만 취해야 하는 것이 아니라 대통령이 당선된 이후에 더 힘써야 하는 것이다. 그러나 이것은 정책이나 국정운영이 가지는 기본적인 원칙과는 별개의 특수한 상황을 말한다. 예를 들어 빨갱이라는 딱지를 불식시키기 위해서는 그런 인식을 불러일으키는 행동에 주의를 기울여야함을 의미한다. 특히, 정책에서 사회주의 요소가 드러나거나 이러한 인식이 부추겨질 수 있는 요소의 정책에 대해서는 부담스러울 수밖에 없다.

---

56) 정희상, 표류하는 군심, 누구를 찍을까, 시사저널, 1997년 10월 16일, p. 55

박정희는 남로당 군책이었다는 과거 경력 때문에 미국에 좌익으로 인식되었고, 이러한 인식은 미국의 신임을 얻는 데 실패하게 했다. 따라서 박정희는 비밀리 남한에 협상 차 온 북한 무역부수상 황태성을 처형하는 등의 조치를 통해 자신이 좌익성향을 가진 이가 아님을 적극적으로 보여야 했다.[57] 황태성은 형의 친구였고, 박정희와 함께 성장한 인물이었다. 또한 전반적으로 좌익에 대한 극렬한 처결을 보여 주었고, 이 과정에서 민주화 세력에 대한 대대적인 탄압이 있었다.

또한 박정희는 자신의 정치 – 정책적인 견제자에 대해서는 빨갱이라는 이름으로 가차 없이 제거함으로써 자신의 이념적 순수성을 부각시켰고, 이러한 점은 진실과는 관계없이 그의 리더십을 형성하는 한 축이 되었다.

강준만은 김대중이 계속 대통령 선거에서 낙선한 이유를 불공정한 선거 때문이라고 말한 바 있다. 김대중이 어떠한 사람인지 대중들이 알 수 있는 통로가 없었기 때문이었다는 것이다. 이것이 조금 허물어진 것이 1997년 당시 텔레비전 토론이라고 할 수 있다. 텔레비전 토론이라는 것이 공정토론을 뒤집은 것이냐는 질문에 그는 이렇게 대답한 적이 있다.

> 아니죠. 공정선거의 개념을 굉장히 좁게 보는군요. 내가 말하는 공정선거는 선거제도만이 아니라 제 사회 집단들의 후보를 보는 태도를 다 포함하는 거예요. 과거의 공정선거에는 선거제도와 직접 관계되지 않은 용공 조작이라든가 환경적인 요인이 크게 작용했습니다.[58]

국민의 정부는 외환위기 극복, 남북정상회담, 국민 기초 복지제도 시행 등 많은 부분에서 성과를 이루었다. 그럼에도 정책의 성과에 맞지 않게 많은 비

---

57) 문명자, 내가 본 박정희와 김대중, 월간 말, 1999년 11월 참조
58) 강준만, 김대중은 차악중에 최상이다, 월간 말, 1997년 11월, p. 175

판을 받아왔다. 권위적인 리더십, 인사정책에 대한 불신 등이 민심의 이반을 낳아왔다. 그런 외중에 측근과 아들의 부패 연루는 치명적인 민심의 이반을 낳았다.

　김대중 정부는 구조적으로 아주 취약한 구도에 있었다. 집권 여당이면서 민주당은 원내에서 다수 세력을 확보하지 못한 상태였다. 이것이 의미하는 바는 개혁적인 정책을 추진하는 데 필요한 원내의 다수의석을 확보하지 못한 것을 말했다. 이는 단지 정국의 주도권을 확보하지 못한 헤게모니 싸움의 열세만을 의미하는 것이 아니라 개혁정책의 전면적인 퇴행의 가능성을 뜻했다.

　이 때문에 헤게모니 확보는 물론 개혁정책의 추진을 위해서도 원내의 다수석을 차지하려는 전략에 필사적일 수밖에 없었다. 그래서 벌어진 것이 의원임대 사건이라고 할 수 있다. 이는 사상 유례를 찾아볼 수 없는 편법이었다. 이를 통해 자민련을 교섭단체로 만들어 주는가 하면 의원이 두 명에 불과한 민국당과의 3당 정책연합을 성사시켜 국회다수당이 된다. 그러나 이 같은 행동은 편법적이고, 무소신의 행동이라고 규정하고 나선 문화코드에 직격탄을 맞았고 민심 이반의 결정적인 원인이 된다.

　이 같은 행동을 하게 된 것은 개혁적인 정책을 추구하는 데는 이 방법밖에 없다는 주장을 했지만, 수구세력과의 연대라는 측면에서 비판을 면치 못했다.59) 여기에서 무엇보다 중요한 것은 김대중과 민주당은 제도적인 구조의 틀만을 중요하게 생각했고 국민들이 중요하게 생각하고 있는 정서와 마음, 문화코드는 상대적으로 간과되었다는 점이다. 즉, 문화코드를 일방적으로 따라가지 않고 제도적인 코드만을 중요하게 여겼으며, 제도적인 코드를 해결하기 위해 문화코드를 종속시키면서 성취하려고 했다. 그렇다고 해서 김대중이라는

---

59) 이충렬, 수구로의 회귀 막을 대안은 신민주대연합, 월간 말, 2001년 7월, pp. 140-141

**DJ정권과 노무현 정권이 인계받은 각종 지표들***

|  | 1997년 말 | 2002년 말 |
|---|---|---|
| 외환보유고(달러) | 89억 | 1,170억 |
| 대외채무(총외채 달러) | 1,592억 | 1,297억 |
| 주가지수 | 376(12/27) | 656.92(12/97) |
| 경제성장률(%) | 5.0 | 6.1 |
| 실업률(%) | 2.6 | 3.0 |
| 물가(%) | 4.4 | 2.7 |
| 경상수지 흑자(달러) | -82억 | 65억 |
| 수출총액(달러) | 1,361억 | 1,625억 |
| 환율(원/달러) | 1,695 | 1,200 |
| 인터넷 인구(명) | 163만 | 2,565 |
| 휴대전화 보유인구(명) | 682만 | 3,089만 |

*조선일보, 2003년 1월 1일자 A8면

정책가의 수장, 정책가 그룹이 지니고 있는 구조적인 진퇴양난을 무시할 수만은 없는 것이었다.

김대중이 가지고 있는 중산층과 서민의 대변자라는 문화코드는 그가 제도적인 코드에서 활동하는 가운데 깨어져 나갔다. 사람들 중에는 김대중이 변절했다느니 있는 놈들만 위해 준다느니 하면서 김대중에 대한 실망을 거침없이 드러내는 경우가 많았다. 평가는 냉정한 것이 사실이다. 그러나 그러한 냉정함은 어떠한 이들이 제도 틀에 가더라도 발생할 수밖에 없는 구조적인 모순을 간과하게 한다. 이러한 간과는 결국 지속적인 문제의 발생을 말하며, 사람들에게는 소외와 냉소주의를 깊게 하여 보수세력의 기반만을 공고하게 한다. 다음의 글은 김대중 정부가 중산층 서민의 지지도를 잃어간 과정을 간략하게 지적하고 있다.

특히, 정리해고와 취업불안정이 증대하면서 DJ 정권의 사회정책기조가 노동계급으로부터 강력한 비난을 받게 되었다는 점은 주목할 만한 변화다. 주지하다시피, 현 정권은 노동자 계층을 위시한 중·하층의 지지에 기반을 두고 있는데, 전반기의 사회정책이 이들의 기대를 충족시키지 못했다. 그리고 후반기로 갈수록 기업, 자본, 시장의 요구에 포획되어 가는 양상이 짙어지자 이들의 지지도가 급격하게 하락하고 있는 것이다.[60]

김대중은 1997년 선거에서 '중산층과 서민을 위한 정책'이라는 모토를 내세웠다. 일반적으로 형성되었던 고난 받는 정의의 대변자라는 기존의 문화코드와 매우 잘 맞아떨어지는 것이었다. 그러나 상황은 최악이었다. IMF체제라는 제도적인 코드가 이러한 문화코드를 여지없이 허물었다. 금융개혁법이 마지막 국회에서 통과되지 못했다. 낙후된 금융시스템을 자율적으로 해결할 수 있는 마지막이자 중요한 기회를 상실했다. 이러한 기회의 상실은 낙후된 금융시스템으로 국제적인 신뢰 저하와 연결되는 것이었다. 이를 통해 국제통화기금에 큰 소리칠만한 구실이 없어지자 낙후된 금융시스템을 문제 삼아 국제통화기금은 무리한 조건을 통해 자금지원을 하게 된다.

이러한 상황에서 김대중이 할 수 있는 일은 무엇인가. 단지 IMF체제 극복의 문제가 아니라 경제위기를 넘기 위해서는 생산성과 경제성을 염두에 두어야 한다. 이 때문에 노동자와 서민을 위한 정책을 펼 것이라는 믿음을 저버리게 했다. 경기는 점차 회복이 되었지만, 기업과 자본은 소수파인 김대중 그룹을 압박해 들어왔다. 이는 한시적인 정권이라는 요소에 대한 자본의 자신감뿐만 아니라 신자유주의라는 세계사적인 흐름을 뒤에 업은 채 이루어지는 것이었다. 더구나 여기에 경제위기 회복과정에서 상대적으로 배려받지 못한 중산층, 서민과 노동자들은 지지를 거두었다.

---

60) 송호근, '한국 적합형' 사회정책 지침, ≪21세기 한국대개조론≫, 신동아 500호 부록, 동아일보사, 2001, p. 303

몇 해 전 존경받는 저명한 재야인사가 김대중 총재로부터 얼마간의 돈을 생활비로 받았다는 사실이 사건의 뒤끝에 전해진 적이 있다. 많은 사람들이 씁쓸해 했다. 그렇게 돈을 주고받을 수 있는 관계, 친밀도란 사실상 보수야당이 재야세력에 가지는 영향력을 말해주는 하나의 단초라고 보지 않을 수 없는 일이기 때문이다.[61]

진보진영에서는 김대중이라는 인물을 보수 내지는 부르주아 지지의 앞잡이라는 도식으로 평가했다. 사회주의·이념적 진보의 측면에서 본다면 그의 정치적인 행보나 정책적인 발언들은 분명 지배계급의 이득을 보전해 주고 이념적으로는 수구보수다. 대한민국이라는 정체와 대한민국 헌법, 그리고 정당을 통한 국회정치를 하고 있기 때문이다.

대한민국이라는 자본주의 국가를 유지, 운영, 발전시키고자 하는 바에야 보수라고 할 수밖에. 그러나 그러한 체제에서 분배성과 형평성을 현실에서 관철하기 위해서는 정치에 몸담을 수밖에 없다. 민중이라 불리는, 일반 사람들의 생활에 막강한 영향력을 미치는 것은 국회를 중심으로 한 법안, 즉 정책이다. 그러한 정책이 현실적으로 공공의 약속과 규정이라는 이름으로 많은 영향을 준다. 영향을 준다는 것은 아무리 서민과 약자를 위한 조치라고 해도 국회를 통과해야만 효과를 발휘한다는 것이다.

이러한 구도 속에서 정치를 하자면 세를 이루어야 한다. 세(勢)를 이루는 것은 어떻게 해서든지 다수의 의원을 국회의원으로 확보하는 것을 말한다.

만약, 도덕성이나 원칙적인 가치만을 강조하는 상태라면 의원들을 확보할 수 없는 게 현실이다. 왜냐하면 정치문화는 상상 이상으로 천박하기 때문이다. 배신과 변절과 협잡이 판을 치는 곳이다. 이러한 곳에서 정당을 꾸리고 정치를 하면서 다수의 의원을 유지하여 민주화, 개혁을 이루는 것은 그에 상

---

61) 이광영, 진보 세력, 통일단결의 5대 걸림돌, 길, 1992년 8월호, p. 44

응하는 대응책을 모색하게 한다.

　도덕성이나 원칙을 강조하는 문화코드만을 강조할 수는 없다. 그러한 것은 현실적으로 국회를 중심으로 펼쳐지는, 행정부로 구성되는 제도적인 코드, 정책적인 코드들을 무시하는 것이다. 이렇게 무시할 때 언제나 소수로 남게 되고 대중적인 기반을 제대로 가질 수 없다. 그에 대응하는 다양한 방법이 모색되어야 한다. 그것은 타협일 수도, 거래일 수도 절충일 수도 있으며 완화의 단계적인 조치일 수도 있다. 그것이 퇴행으로 보일 수도 있다. 다만, 법과 규칙의 틀에서만 할 수 있는 상황을 인정하는 것이 필요하다. 그것을 인정하지 않는 한 제도적인 정치·정책 행동은 추악하고 지배계급의 이익만을 보호하는 것이 된다. 그게 아니라 현실적으로 무엇을 어떻게 어느 선까지 확보할 수 있는가를 보아야 한다.

　지역감정, 색깔론, 각종의 편견이라는 부정적인 문화코드를 들이대는 이상 민주화, 인권, 복지, 개혁적인 작업들이 제대로 된 평가를 받기는 힘들다.

　그들은 부정적인 문화코드를 없애기 위해서 보수와 연대를 모색하기도 한다. 국정 경험을 보충하기 위해서 보수층의 인물을 기용할 수도 있다. 그렇다고 해서 그것이 보수로 회귀하는 것은 아니다. 그렇게 될 수밖에 없는 것인가에 대한 고민이 필요하다. 어떻게 활용하여 수렴하는가가 중요하며 단지 인물의 색깔이라는 이미지가 국정이나 정책의 평가를 대변하는 것은 이분법적인 도식의 재생산이다.

　진정으로 문화코드만이 아니라 제도적인 코드와 그 간격을 메우는 것이 정책가의 역할이자 능력이다.

　김대중에게는 문화코드가 매우 높았다. 국민의 정부, 민주화와 인권의 상징, 개혁세력이라는 문화코드는 도덕성과 함께 사람들의 기대를 한 몸에 받았다. 또한 호남인의 한을 풀어 주었다는 역사적인 맥락에서 볼 수 있는 강한 문화코드가 작용하고 있었다.

　그러나 김대중은 그러한 문화코드를 충족시킬 수 있을 만한 코드를 가지고 있지 않았다. 그는 단순히 민주화 투사이거나 재야운동가, 혹은 정당의 대표가 아니었다. 그는 단지 항의나 저항의 상징이 아니었다. 대통령은 한쪽의 일방적인 주장만을 대변하는 이들이 아니었다. 김대중은 전 국민의 반에도 못 미치는 득표율을 얻었다. 이는 태생적으로 반만 만족시키는 것에 머물 수 있다는 것을 의미했다. 흔히 반에 못 미치는 지지를 보이면 정책은 실패한 것으로 보인다. 반쪽에 그치려는 정책가의 수장은 없다.

　양쪽을 포용하려는 정책을 펴게 되면 두 마리 토끼를 잡다가 놓치는 꼴이다. 시장경제와 민주주의로 함께 포용한다는 그의 DJ 노믹스 기조는 이미 김대중의 실패를 예견한 것이었다.

　그러나 그것은 진정한 실패가 아니었다. 정책가는 본래 다양한 이해관계를 조율하는 중재가, 조율사, 협상자이므로 전폭적인 지지를 가지고 정책이나 국정의 활동을 평가할 수는 없다. 항상 딜레마가 존재하는 상황에서 갈등하는 상대자들을 모두 충족시켜야 한다. 이러한 와중에 시민노동자의 문화코드를 더 배려해야 하는 김대중의 본질적인 코드는 더욱 김대중을 옥죄었다. 이러한 상태에서 김대중이 어떠한 행동을 하더라고 실패한 것으로 보인다. 그러나 정책가의 본질적인 특성, 정치적인 열세라는 구도에서, 수많은 김대중의 딜레마를 단순한 몇 가지 문화코드, 인식, 편견, 습성에 따라 판단하는 한 실패한 것이다.

　원하던 결과가 아니라 당위적인 가치들을 실현하지 못했다고 규정하는 것은 정책가를 희생양으로 만들어 자신의 정치적인 이득을 추구하는 세력에 오히려 포획되는 것이다. 결과가 아니라 과정이, 단지 정책적 행동이 아니라 그러한 행동을 할 수밖에 없는 맥락과 구조적 관계성이 중요하다.

그러한 딜레마, 갈등과 불투명의 정책가적인 구조를 본다면 그것은 결코 실패가 아니다. 결과만을 두고 이야기하는 것은 언제나 실패자로 낙인찍기 위한 자기 위안의 변명이다. 그러한 독선에 실패자가 아닌 사람이 없다. 그것은 또한 노무현을 옭아매고 있었지만 아무도 관심이 없었다. 모든 것이 다 노무현 탓이었다.

## 5. 높은 도덕적 우월성, 부메랑으로 돌아오는 까닭

### —김영삼, 김대중, 노무현 그 공통의 태생적 딜레마

들어와서 보니 정치판은 참 무서운 곳이다. 정말 위험한 곳이다. 온갖 유혹이 사방에 깔려 있는가 하면 도처에 틈을 엿보고 있는 적대감의 눈빛이 번득이는 곳이기도 하다. 자칫하면 위선에 빠지기도 한다. 껍데기와 허울과 그럴듯한 명분으로 치장하는 것이 정치 현실이기 때문에도 그렇다. 바로 그런 것들 때문에 재야에 있을 때보다 몇 곱 깨어 있어야 하고 반독재 투쟁 때보다 훨씬 더 위험한 칼날 위를 걸을 수밖에 없다.

— 제정구, 《신부와 벽돌공》, 1997, pp. 301–302

김영삼, 김대중, 노무현은 다르다. 김영삼은 3당 합당을 통해 민자당에 들어갔고 이후 간판을 바꾸어 단 신한국당의 대통령 후보가 되어 마침내 문민정부의 대통령이 되었다. 김대중은 민주화 세력의 정통성을 지키고 수평적인 정권 교체를 했다. 하지만 그는 자민련과 연합을 통해 정권을 얻었으며, 지역주의와 보스 정치에서 벗어나지 못했다. 더구나 그는 3김 정치의 표상이었다. 노무현은 3당 통합을 강행하는 김영삼에게 삿대질을 하고, 명패를 집어 던졌다. 그는 지역주의를 넘어서 가신과 계파, 금권의 정치를 뛰어넘어 개혁과 민주화 세력의 분열을 다시 통합하려는 의지를 가지고 있다. 이는 3김 정치를 넘어선 민주주의의 완성에 대한 의지이다. 김대중과는 달리 보수적인 세력과 연대하지는 않았다. 그것이 노무현의 본질이었다. 하지만 고난의 길이었다.

김영삼, 김대중, 노무현은 다르지만 같은 점이 있다. 그들은 상대적으로 깨끗하다는 점이다. 이는 도덕성을 의미한다. 전두환, 노태우로 규정되는 독재 세력은 정경유착과 부정부패의 코드를 문화와 제도에 모두 뿌리 깊게 했다. 이에 반하여 김영삼은 도덕적인 우위를 가지고 집권 초기에 독자적인 부정부패와의 전쟁, 사정 작업을 할 수 있었다. 김대중 또한 정권교체라는 것이 의미하듯이 기존의 정권과 본질적으로 다르다는 코드를 가지고 있었다. 그러나 김영삼의 경우, 많은 사정작업을 했음에도 부정부패에서 자유롭지 못했다. 그의 그룹들은 과거의 정치시스템 - 부패시스템에 너무 오래 있었다. 결국 도덕성을 내세운 김영삼은 도덕성의 균열로 결국 붕괴되었다. 김대중은 이러한 김영삼과 구별되는 도덕성을 가진 것으로, 김대중만은 깨끗한 국정 관리를 할 것으로 보였다. 사회문화코드, 그 기대치의 상승이었다. 그것은 국민의 정부라는 김대중 정부의 문화적 코드였고 이 또한 김대중에 대한 도덕적인 기대, 사회문화적인 요구였다. 그러나 김대중 정부도 각종 게이트와 권노갑, 홍삼트리오의 비리에 평가절하되었다. 기존의 정권과는 달리 조직적이고 권력적인 비리와 부패는 아니었음에도 김대중 정부는 부정부패라는 코드에 완전히 낙인 찍혔다.

노무현은 이러한 김대중 정부의 부채 때문에 민주당의 대통령 후보에 선출되었음에도 사퇴하라는 요구에 시달리게 된다. 6·13지방선거와 8·8보선에서 민주당이 부정부패 심판론을 내세운 한나라당에 패했다는 이유 때문이었다. 이것은 문화코드 부정부패가 일반 사람들뿐만 아니라 민주당이나 김대중을 지지했던 사람들에게도 먹혀 들어갔기 때문이었다. 그것은 개개인의 문제로 한정할 수는 없는 것이었다. 기존에 뿌리 깊게 형성되어 온 부패 구조 속에서 소수의 개혁그룹 둘이 포위된 것이었다. 각종 게이트는 그러한 부패 구조 속에서 기생하고 확장해온 브로커들의 농간에 휘말린 것이었다.

그것은 단지 김대중이 원인이 아니라 정치가와 정책가 그룹이 총체적인 구조 속에 함몰된 상태였다. '깨끗함'이라는 문화코드는 구조가 아니라 한 사람, 인물에게 모든 것을 전가하는 것은 잘못이다. 그것은 정치적인 공세 속에서 문제의 원인을 개인의 능력이나 인지적인 오류에 귀결시켜 구조적인 모순을 간과하게 만든다. '왜 하나같이 똑같으냐' 하는 것은 불신과 냉소만을 낳는 것이고, 구조적인 모순을 간과하게 하는 것이며 결국에는 모순의 확장을 통해 지속적인 문제를 양산하는 것이다. 즉 진정성 있는 정치인이 죽음으로 내몰리게 되게 한다.

노무현은 그러한 구조 속에 있었다. 노무현이라는 한 인물을 보면 안 되었다. 노무현이 처한 구조를 보아야 했다. 구조를 보지 않고 노무현 자체만을 보면 노무현에 대한 전체적인 국정운영의 평가를 제대로 할 수 없는 것이었다. 대통령이 되기 전 노무현은 깨끗했다. 부정한 정치자금에 연루된 적이 없다. 이는 재계에 갚을 빚이 없다는 것을 말한다. 부정한 돈을 받아 챙기거나 인사 청탁을 통해 자리를 봐주는 위치에 있지도 않았다. 금권정치를 하지도 않았으며 그러한 선거를 치르지도 않았다. 오히려 국민들이 돈을 내주면서 선거를 치르도록 했다. 가신이나 학연, 지연을 통해 계파를 형성하지 않았다. 그것은 현실 정치인에게 사실상 불가능한 것이었다. 이러한 점들이 노무현에 있는 문화코드라고 할 수 있다.

노무현에게 줄대기를 원천적으로 금지하겠다는 강력한 의지가 있었다는 것은 잘 알려진 사실이다. 노무현은 패가망신을 시키겠다고 반복해서 경고했다. 그럼에도 불구하고 인사청탁이 끊이지 않았다. 이는 얼마나 구습이나 습성이

근절하기 어려운 것인지를 잘 보여주는 것이다.

그런데 이러한 인사 청탁의 강력한 근절 의지도 문화코드에 닿아버리면 돌이킬 수 없는 결과를 낳게 된다. 상식적으로 민주화 세력이나 개혁세력은 높은 도덕적인 장점을 통해 집권에 성공한 이들이다. 이들의 존재기반, 지지기반은 나름대로 부패하지 않았다는 점이고 당연히 그들을 지지하는 사람들은 그전의 집권그룹보다는 깨끗한 이미지를 선호하기 때문에 표를 던진 것이다.

이러한 표의 획득은 자동적으로 집권그룹의 도덕성을 높여 준다. 이는 김영삼이 집권 초기에 강도 높은 사정작업을 할 수 있었던 이유였으며, 김대중이 상대적으로 한나라당에 우위를 점하면서 집권할 수 있었던 것이었다. 그러나 이러한 지지는 상대적으로 민주화 세력이나 개혁세력을 붕괴시키는 결정적인 요인이 된다. 김영삼의 경우에는 아들을 중심으로 일어난 비리들로 치명타를 입었다. 김대중은 이러한 점에서 상대적으로 자유로울 것이라고 사람들은 문화코드를 형성했다. 그러나 김대중 정부 또한 동교동계의 비리와 홍삼트리오라고 불리는 아들의 비리연루로 인하여 큰 타격을 입었다.

김대중의 경우에는 수많은 성과들이 이러한 부패로 인하여 희석되었고 실패한 정권으로 낙인 찍혀 2002년 지방선거와 보선에 참패하는 원인이 되었다. 결국 이 도덕성에 대한 비현실적인 잣대는 노무현의 지지를 대거 이탈하게 했고, 그를 죽음으로 몰아넣었다. 노무현이 검찰의 수사를 받으면서 어떤 이들은 노무현이 전두환, 노태우보다 더 나쁘다고 했다. 이 말은 최근의 말이 아니었다.

문성근은 2002년 10월말 개혁적 국민정당 발기인 대회 연설에서 이런 요지의 말을 한 적이 있다.

김대중 아들들이 100억 해먹었다는 것 아닙니까. 그들이 해먹은 게 100억이지만 제 눈에는 전두환 노태우가 해먹은 6,000~7,000억보다 많게 보입니다. 김대중 정권 부패했습니다. 맞습니다. 부패했습니다. 그럼 심판을 해야 하는 데 누가 하겠습니까. 재벌이 하겠습니까, 한나라당이 하겠습니까. 그것은 고양이에게 생선을 맡기는 꼴입니다. 도둑질도 처음 하는 게 어렵다고 한 번 해먹은 놈은 노냥 해먹습니다. 부패를 심판하는 것은 원천적으로 부패하지 않았던 사람이 할 수 있습니다. 그게 누구겠습니까. 여러분 누구요? 맞습니다. 노무현 밖에 없습니다.

하지만 결국 노무현도 자유로울 수 없었다. 도덕성이 높을 것으로 기대했던 이들이 도덕적인 흠을 보이는 경우에는 그에 대한 배반감이 더 크게 느껴진다는 점에서 자유로울 수 없는 것이다. 기대가 큰 만큼 실망도 크다는 상식이 여지없이 드러나는 대목이다. 여기에서 중요한 말은 느껴진다는 말이다. 사고가 아니라 느낌이라는 점이다.

그러나 과연 민주화 세력은 더 많은 욕을 먹어야 하며, 우리 사회는 부패가 없어지지 않았나. 민주화 세력이 집권하고 아니 노무현이 집권한 뒤에도 부패는 사라지지 않았는가. 결론은 다 아는 사실이다. 많이 투명해졌다. 오히려 부패를 대하는 일반적인 인식은 사람에 대한 것이다. 부패를 한 사람에 대한 비난과 행동에만 주목하는 것이다. 사람들은 김대중 정부의 부패를 보면서 그것에 대한 엄밀한 구분을 하지 않았다. 즉, 김대중 정부는 그것이 개인들의 비리였지 과거와 같은 조직적인 권력형 비리는 아니었다는 점이다. 또한 각종 브로커들의 포획에 관료들과 김대중의 측근들이 걸려드는 경우가 대부분이었다. 이는 홍삼트리오나 최규선 그리고 각종 게이트에서 드러났다. 하지만 무엇보다 이러한 비리를 조직적으로 은폐하는 과거와 같은 통치그룹의 조직적인 행태는 없었다.

정권 차원의 비호가 없다는 것은 상대적으로 부패 사건이 많이 공론화되는 것을 말한다. 이것은 매우 중요한 대목이다. 하나의 다른 예를 들어 보자. 다음 기사는 직장 성희롱이 늘어났다는 내용을 담고 있다. 그런데 그 근거가 신고 수와 상담 수가 늘어났기 때문이라고 한다.

### 직장 性희롱 급증 … 지난해 92% 늘어

직장 성희롱이 급증하고 있다. 노동부는 16일 지난해 접수된 성희롱 신고사건은 92건으로 전년도의 48건에 비해 91.7% 늘었고 지방노동관서 및 민간단체의 고용평등상담실에서의 성희롱 관련 상담건수는 1천 845건으로 전년 대비 37.7%가 증가했다고 밝혔다.

신고내용을 보면 육체적·언어적인 성희롱을 당했다는 등 행위관련 사건이 75건(81.5%)으로 가장 많았고, 다음으로는 예방교육 미실시(7%), 피해자 불이익 조치 관련(4%) 등이었다. 75건에 대한 조사결과 19건이 직장 내 성희롱으로 인정됐으며, 나머지는 합의취하 및 진정인의 출석 불응 등으로 직장 내 성희롱으로 인정되지 않았다.

성희롱 가해자는 주로 30~40대(65%) 남성 상급자였고 피해자는 대부분 20대(59%)로 경리·사무직 등 하위직급에 종사하는 여성이었다. 또한 성희롱은 대부분(75%) 근무시간 중 회사 내에서 발생한 것으로 분석됐다. 직장 내 성희롱이 발생한 사업장은 100인 미만 사업장이 81%로 가장 많아 중·소규모 이하의 사업장에 대한 지도 점검이 필요한 것으로 지적됐다.[62]

기사 내용과 달리 거꾸로 성희롱이 갑자기 이렇게 늘어났다기보다는 사회적으로 성희롱에 대한 인식이 높아졌고, 이를 대하는 여성들의 행동이 능동적으로 변했다는 것을 알 수 있다. 또한 사회적으로도 성희롱의 문제점을 인식하고 있고 이러한 문제제기에 대하여 정당하다는 인식이 있기 때문에 성희롱에 대한 신고와 상담이 늘어난 것이라고 보아야 한다. 만약 이러한 사회적인 인식이 없었던 과거에는 성희롱에 대한 문제제기가 적었기 때문이다. 갑자기 성희롱이 늘어날 구체적인 원인이 제시되지 않는 상태에서는 이러한 이유가 더 타당하다.

---

62) 한국경제신문, 2003년 1월 17일자

높은 사회적 인식 그리고 법과 제도가 갖추어지는 단계에서는 비리가 많이 적발될 수 있다. 비리가 많이 적발된다고 해서 더 부패했다고 할 수는 없다. 적발하고 드러나는 것으로 부패를 평가하는 경우, 비리를 적발하지 않으면 부패하지 않은 사회로 평가되는 일이 일어난다. 세계부패방지기구의 부패지수는 이러한 결함을 가지고 있다.

우리 사회는 과거보다 부패한 것이 아니라 부패를 방지하고, 척결하기 위하여 많은 노력을 하고 있으며, 그 과정에서 과거의 묻혔던 습성들이 드러나고 있는 것을 말해 주고 있다. 적발 건수가 많아지고 이것을 보도하는 언론의 양이 많아지면서 이를 보는 이들은 과거보다 부정부패가 많은 것을 인식하게 되는 것이다.

김대중 정부의 부패들은 과거 정권 같았으면 유야무야 무마될 것들이었다. 그러나 무마시키지 않았다. 또한 그것의 발생은 개인적인 비리였으며 그러한 비리는 주로 브로커들을 통해 그리고 부패를 통해 이권을 챙기려는 이들이 만들어낸 것이다. 그런데도 이를 김대중 정부의 전체 평가기준으로 재단하는 것은 지나친 일이다. 무엇보다 김대중을 열렬하게 지지했던 이들도 이러한 부분에서는 지지를 철회는 사태가 발생했다.

노무현을 둘러싼 부패는 강금원과 박연차를 중심에 두고 있었다. 이들은 20~30년 동안 가깝게 지냈던 사이였다. 재벌이나 중소기업들에게 무작위로 돈을 걷어 들이던 부패의 커넥션과는 거리가 멀었다. 노무현은 강한 도덕적 우위를 가지고 있다. 모멸적인 비난에 직면했다. 이에 문성근의 연설은 결국 노무현의 목을 죄이는 결과가 되었다. 노무현을 지지한 사람들의 대부분은 이러한 노무현의 도덕성을 높게 평가하는데, 국민들이 돼지저금통에 돈을 꼭꼭 채워 주면서 그에게 희망을 걸었던 것도 이러한 이유 때문이고 이러한 행동들이 또한 노무현의 도덕성을 높여 주었다. 그러나 노무현은 이러한 도덕적 기대는 노무현의 다른 정책적 업적들을 모두 붕괴시켰다. 더구나 그가 해야 할 수많은 정책적 행동들을 사라지게 했다. 즉 이 나라 이 땅의 사람들이 더 잘 살 수 있게 하는 데 할일 많은 사람의 생명을 빼앗고 말았다.

사실 노무현을 빼고는 대부분 그의 측근들이 부패에 연루된 것을 어떻게 보아야하는 것일까? 한 공무원은 다음과 같이 지적한 적 있다.

경제부처 같은 경우 특히 정경유착, 관경유착이 많이 보인다. 하지만 그럼에도 불구하고 그 모든 걸 한꺼번에 바꾼다는 게 불가능하다. 하나하나 해야 한다. 세세한 부분을 한꺼번에 바꾸려 하면 사회 분위기가 전체적으로 흉흉해지면서 곳곳에서 정서적인 암초가 솟아 나온다.

이건 일종의 우리 사회 수준 같은 거다. 돈 주고받고, 서로 봐주고 하는 식의 온정주의가 깊게 뿌리 박혀 있다. 이걸 한꺼번에 모두 건드려 불만과 저항이 일단 돌출하기 시작하면 걷잡기가 더 어렵다. 전체적인 사회 분위기를 한 방향으로 만들면서 세세한 현장에서는 그 방향으로 조금씩 일할 수 있는 여건과 분위기를 만들어가야 한다.

– 프레시안, 〈한 공직자의 격정 토로〉 "줄세우기가 더 문제", 2003. 1. 15.

이러한 지적은 단순히 정책가 개인의 의지만으로는 버거운 구조들이 포진하고 있다는 것을 말한다. 인사청탁의 사례를 보자. 노무현이 이러한 인사 청탁에 하나하나 방어를 할 수 있는 여력이 되지 않는다. 그 수많은 인사들을 노무현 혹은 노무현 수반이 통제하고 관리한다는 것은 불가능하다. 특히, 관료집단은 대통령이나 개혁세력의 뜻과는 전혀 상관없이 자신들의 이해관계만을 위해 존재한다. 그것은 김대중 정부를 실패한 정권으로 만드는 코드로 작용했다. 자신의 인맥, 학벌을 통해 세를 형성하는 것이 수십 년 동안 그들이 만들어온 코드이다. 다음은 2003년 1월 보도 기사의 일부분이다.

**장관후보 인터넷 추천 부작용 속출… "동문─선배 밀어 주자"**

대통령직 인수위원회가 인터넷을 통해 18개 정부 부처 장관을 추천받기로 하자 공무원 사회 등에서 특정 학교와 지역을 중심으로 자신들의 연줄과 닿는 사람을 장관 후보로 추천하려는 '세몰이'에 나서고 있다.

금융감독원 노조는 관료가 맡아 온 금융감독원장 자리를 이번에는 민간인 출신이 맡을 수 있도록 하자는 취지에서 차기 금감원장 후보로 10여 명의 민간인을 무더기로 인수위 국민참여센터에 인터넷으로 추천한 것으로 알려졌다. 금융계의 한 임원은 "장관 자리를 노리는 일부 금융권 인사들이 직원들을 부추겨 은근히 추천을 종용하기도 한다."고 귀띔했다. 한 증권사 사장은 "금융계뿐 아니라 부처 공무원들도 특정 학맥을 중심으로 끼리끼리 장관으로 밀어 보자는 식으로 인터넷 추천에 가담하고 있다."고 전했다.[63]


이러한 기사가 노무현을 흠집 내기 위한 것 일수도 있지만 다르게 볼 필요가 있다. 노무현의 정책구조다. 그것은 노무현의 강력한 의지만으로 되는 것은 아니다. 노무현의 의지나 의도 탓이 아니었다. 그럼에도 비판은 노무현에게 쏟아졌다. 제도나 정책의 결합, 조직의 모순에 과거의 습성을 그대로 가지고 있는 이들은 이러한 구조를 이용하여 인사 등의 이권을 챙기는 행태를 반복한다. 그것은 노무현 개인의 의지와는 상관없이 노무현이 집권하고 있는 내내 이루어지고 반복되었다. 이런 와중에 조그마한 사건이 드러날 경우, 노무현은 김영삼이나 김대중보다 더 많은 도덕적인 치명타를 입었다. 이것은 노무현에게만 해당하는 것이 아니라 노무현을 지지했던 사람들에게 더 컸다. 또한 '노무현이 해도 안 된다'는 실망은 곧 냉소주의로 변했다. 따라서 노무현을 신뢰하고 있는가 안하고 있는가는 다시 한 번 드러났다. 여기에서 보듯이 노무현이 가지고 있는 문화코드만을 바라보고 평가하는 이들은 노무현의 문화코드가 흠집이 나면 곧 이탈했다. 그러나 중요한 것은 노무현이 어떤 의지를 가지

---

63) 동아일보, 2003년 1월 15일자

고 있는가이다. 사람만 바뀐다고 달라지지 않으며 누구라도 그곳에 가면 그러한 구조에 포획되는 구조를 보지 않는 이상 노무현이 어떠한 행동을 하고 고군분투를 한다고 해도 노무현은 실패했다고 규정될 것이었다. 한나라당과 보수층, 언론이 사정없이 노무현 지지자들을 이간질하고 부풀릴 것이기 때문에 더욱 그러했다.

<blockquote>노 후보 부인 권양숙 씨는 '우리 친척은 많지도 않고 모두 평범한 서민'이라며 "(권력형 비리 같은) 일을 감히 저지르지도 못할 사람들"이라고 말했다.[64]</blockquote>

노무현의 친인척 가계도는 많은 사람들에게 다른 느낌을 주었다. 회사원, 농업인 등 서민이 대부분이었기 때문이다. 더구나 노무현의 자제들은 평범한 젊은이이자 직장인들이었다. 하지만 결국 노무현을 잃게 한 것은 결정적으로 권양숙 여사가 30년 지기 박연차에게 받은 돈이었는데, 결정적으로 노무현이 세상을 버리기로 결심한 것은 그 돈으로 집을 샀기 때문이었다.[65] 권력형 비리가 아니었음에는 분명했지만, 가족이 돈을 받은 것이 돌이킬 수 없는 결과를 만들었다. 하지만 이전보다 매우 미미한 것이었다.

노무현이 권력형 비리를 저지르지 않을 것이라는 기대감은 그 동안 있었던 많은 권력형 비리들에 대한 혐오로 이루어진 것이다. 부정적인 문화코드이다. 노무현에 대한 기대가 크면 클수록 노무현에게 벌어지는 조그만 한 도덕적 훼손은 치명적이었다.

김대중의 경우에도 자신의 의도하는 상관없는, 자신의 도덕적 동기 없이 벌어진 부패에 대해서도 과거와 같은 조직적인 권력형 비리 이상의 비난을 들어

---

64) 동아일보, 2002년 12월 11일자 A8면
65) 한겨레, 2009년 6월 2일자, 문재인 인터뷰 - "노 전 대통령, 돈 문제 대신 인정하려 했다"

야 했고, 국민의 정부나 정책의 전반적인 정책의 평가기준으로 작용했다. 부패와 비리는 최고 정책가, 통치권자와는 상관없이 벌어지는 것이고 이는 수십 년간 누적된 사회문화적인 습성이다. 이러한 부분을 제도적인 코드, 정책이나 제도, 법만으로 단시일 내에 극복할 수는 없다.

특히, 엄밀하게 구분하지 않고 부패로 모든 국정 평가의 기준으로 사용하는 또 다른 습성은 개혁적인 세력, 민주화된 세력을 독재 잔존 세력과 동일시하여 개혁작업, 그 자체를 없는 것으로 한다. 이는 냉소주의를 만들어 수구 보수의 입지만을 더 강화해 주었다. 큰 실망을 안겨 줄지도 모른다고 떠나는 것이 아니라 노무현의 본질을 믿고 그것을 신뢰한다면 끝까지 그의 위치, 딜레마에서 생각하고 행동 방향을 모색하여 행동해야 했다.

노무현 당선자를 지켜볼 것입니다. 그가 만약 실정(失政)을 하면 과거의 정치인보다 더한 반발을 받을 것이고, 큰 실망을 안겨줄 것입니다.[66]

## 6. 정책 수사의 난무 노무현의 포획

정책과 정책구조에 대해서 잘 모르는 경우, 정책의 목표와 효과에 대한 관찰이 불가능할수록 정책평가와 제도적인 기준이 적용되지 않는다. 이때 본격적으로 작용하는 기준이 문화코드라고 할 수 있다. 특히, 정책에 대한 실패라는 규정은 일반 사람들의 부정적 문화코드에 기대어 이루어진다. 정책평가에 대한 맥락이 전혀 인식되지도 고려하지도 않은 상태에서 부정적인 정책평가는

---

66) 조선일보, 2003년 1월 8일자 9면, 2030 난상토론 - 노무현을 지지한 젊은이들, 이회창을 지지한 젊은이들

폭발적으로 확산된다. 이때 정치적인 시각에서 부정적인 문화코드에 바탕을 둔 단어들이 횡행하게 된다. 이는 주로 신문의 사설이나 칼럼, 월간지의 심층 기사를 중심으로 대량 확산된다. 한국의 전문적인 정책평가가 대중성을 잃고 있는 상태에서라면 이는 필연적으로 예고되는 것이다.

정책 수사(修辭)는 정책이 복잡하거나 정책적 맥락을 쉽게 파악하기 어렵고 정책의 불확실성이 높을수록 확산된다. 그런 측면에서 서로 상대적인 관계가 있지만 절대의 적대적인 관계는 없다. 다만, 정책수사는 문화코드, 즉 사람들의 인식과 고정관념에 기대어 이루어지기 때문에 제도와 규칙의 틀에 따라 이루어지는 정책에 상반된다. 그런데 문제는 정책의 수사도 층위가 있다는 사실이다. 긍정적인 문화코드에 의존하는 경우에는 생산적이지만 부정적인 코드에 의존하는 경우에는 비생산적이고 소모적이다. 정치적인 공세용 수사이기 때문이다.

정책 수사의 실제적 내용을 말하기 전에 먼저 다소 지루한 정책의 평가에 대해 간단하게 언급하고 넘어가는 것이 필요하다.

정책 분석과 정책평가가 혼동되는 경우가 있다. 정책분석은 정책결정 과정에서 정책의 목표를 달성하기 위해서 최선의 대안을 마련하기 위한 과정이다.

정책평가는 정책이나 사업계획의 효과성·능률성을 파악하는 것이다. 그러나 정책평가는 이러한 점만 있는 것이 아니다. 정책의 과정이나 결과를 이해하고 그 가치를 판단하는 총체적인 사회과정이다. 여기에서 사회과정이라는 것은 문화코드와 제도적인 코드를 적절하게 조화시켜야 한다는 것을 말한다. 그러나 이러한 관점은 정책을 객관화시키면서 이를 이끌어 가는 정책가의 처지를 배제하는 것이다. 정책은 누가 그것을 어떻게 결정하게 되었고 집행하게 되었으며 그러한 결과로 정책결과를 이끌어냈는가 하는 점이 중요하다. 이는 정책결정자나 사업계획의 관리자로 하여금 질적인 측면에서 평가하는 것을 포함한다. 단지 한 인물에게 정책의 책임을 묻는 것은 잘못된 것이지만 모든 것을 정책구조의 탓으로 돌릴 수 없는 이유이다.

그러나 현실적으로 이러한 일련의 정책구조와 정책가들의 정책과정에 대한 인식이 없는 상태에서 한 면만 다룬 정책평가가 일반화되면서 정책을 왜곡하는 현상이 비일비재하게 발생한다. 정책평가에는 매우 다양한 유형이 존재한다. 특정한 정책이 목적에 따라 자원, 정책의 주체, 대상 집단에 대한 수혜가 제대로 돌아갔는지에 대해 평가하는 것이 있는가 하면 정책의 투입에 대한 산출이 효과와 능률이 있는가만 평가하는 유형도 있다. 정책평가의 결과에 대하여 가치판단을 내리고 미래정책에 대한 해결책을 제시하는 경우도 있다. 이는 가치판단을 내리고 어떻게 해야 하는지를 밝히는 것이다.

이를 위해서는 정책을 평가하는 이들에 따라 자체평가, 내부평가, 조직평가, 기관평가, 외부 평가 등이 존재하게 된다. 대북정책을 평가하는 것은 자체평가도 중요하지만 외부의 객관적인 기관 평가가 중요하다. 또한 다른 나라의 평가도 매우 중요하다.

또한 정책평가의 시기에 따라 사전평가, 과정평가, 사후평가가 있고 빈도에 따라 수시평가, 주기적 평가, 종합평가가 있다. 정책은 한 시기나 한 번의 평가만으로는 이루어질 수 없다. 햇볕정책 같은 대북 화해 정책은 아직 끝난 것이 아니기 때문에 정책평가를 못 박는 것 자체가 평가의 기본적인 틀을 넘어선 것이다. 종합적인 평가는 더욱 더 없는 게 현실이고 이는 시간과 공간의 총체성이 검토되어야 하는 문제이다.

이러한 정책평가의 총체성을 검토하기 위해서는 매우 다면적인 기준에 따라야 한다. 정책평가의 기준에는 노력, 성과량, 성취한 일의 적정성, 능률성, 효과성, 필요성, 균형성, 대응성, 분배성, 목표달성 등이 있다.

무엇보다 분배성은 계층 간의 차이를 좁히고 한쪽에 치우쳐 있는 자원들을 법과 제도의 틀에서 재배분하는 것은 정책목표의 가장 중요한 목표 가치이다. 이러한 분배성을 실현하기 위해서는 어떤 일정한 정책이 가지고 있는 목표, 그리고 성과가 어느 정도의 가치가 있는 것인지를 판단해야 하고 실현해야 한다. 때로는 균형성은 분배성과 같은 의미로 사용된다. 비용과 편익이 여러 사람과 계층에 골고루 퍼지게 되었는가 하는 점이다. 대북 화해정책을 평가하는 데 사용되는 일반적인 기준은 단기적인 측면에서 효과성과 성과량만을 중요하게 한다. 그러나 장기적인 분배성과 균형성은 더 자세하게 살펴보아야 한다.

그런데도 불구하고 단기적인 비용의 표면적인 산출에 대한 비판, 이것을 나타내는 딘어가 '대북 피주기'라는 용이이다.

'퍼주기'라는 단어는 정책의 평가라기보다는 정책의 수사(修辭), 그 중에서도 정책의 비유법에 해당한다. 정책의 비유는 정책을 핵심적으로 나타내기 때문에 유용하다. 예를 들어서 햇볕정책은 남북 간의 긴장대결이 아니라 온건 평화적인 정책을 압축해서 표현하는 것이고 이러한 의미성은 대중적인 지지를 받게 한다. 햇볕이 바람과 내기를 하는 우화에 배경 코드들 둔 것이어서 더욱 설득력이 있었기 때문이다. 이 부분을 구체적으로 보기 전에 미리 수사에 대한 사례를 보기로 하자.

외환위기에 대한 대응책을 모색하는 가운데에도 이러한 정책의 비유와 수사는 적절하게 사용되었다. 전체적인 금융 구조를 바꾸어야 한다는 내과 수술론과 급한 외환 방어 같은 대응책에 더 고심했어야 한다는 외과 수술론이 등장했다. 김영환의 글을 보면 이러한 정책 수사(修辭)가 외환위기에 따른 경제정책에 등장하고 있다.

IMF 외환위기가 밀려오는 상황에서 위기를 막을 생각은 접어두고 금융개혁에 매달린 경제팀의 실책을 지적하는 게 가장 중요한 일이었다. 금융개혁이 우리 경제를 위해 꼭 필요한 일이라는 것은 두말할 나위 없지만 그러기에는 많은 시간과 준비가 필요하고, 백보를 양보하여 그 일이 그때에 꼭 필요한 할지라도 우선은 외환위기를 막는 데 모든 역량을 집중하지 않으면 안 될 급박한 상황이었던 것을 밝혀내야만 했던 것이다.

나는 이 문제를 국민과 증인들에게 잘 이해시키기 위해 '식수(植樹)론'이라는 비유를 만들어냈다. '홍수가 났는데 나무를 심은 것과 같은 이치다.'라는 뜻이었다. 홍수를 막기 위해 나무를 심는 것은 꼭 필요한 일이지만, 당장에 홍수가 나서 온천지에 물이 넘쳐나는데 나무만 심고 있으면 당면한 위기를 방치하는 것이며 사태를 악화시키는 요인이 될 수 있다는 견해를 피력한 것이었다. 내가 이러한 견해를 펴자 그에 맞서는 증인들은 외환위기는 급작스럽게 몰려왔다는 점과 그 시기와 장소를 예측하기 어렵다는 점을 들어 날벼락론으로 대응했다.

나는 어느 교수의 주장을 참고로 하기는 했지만 외환위기의 날벼락적인 성격을 예견하고 그렇기 때문에 피뢰침을 세웠어야 했다고 주장했다. 아마 국민은 그토록 급박한 상황에 대비해서 나라와 국민을 위해 피뢰침을 세웠어야 했다는 나의 주장에 공감을 해주시리라 기대했던 것이다.[67]

김영환은 구조적인 금융개혁의 방안보다는 당장의 외환위기를 극복하는 방안에 치중했어야 한다는 것을 주장했다. 홍수가 났는데 이제서 나무를 심고 있으면 어떻게 하는가하는 점을 국민들에게 알리기 위해서 즉, 정책의 잘못된 점을 알리기 위해서 '식수론'을 들고 나온 것이다. 이러한 지적은 타당해 보인다. 홍수가 났는데 나무를 이제야 심고 있으면 어쩌자는 것인가.

그러나 이러한 정책적인 수사는 정책에 대한 개념과 구도를 명확하게 보여주지만 이는 본질을 호도할 수 있다. 이러한 정책의 평가는 사후의 평가일 뿐만 아니라 외부 평가에 의존하고 있을 뿐 내부나 기관평가를 생략한 채 경제위기를 불러온 정부의 실정에 대한 불신이라는 문화코드에 의존하고 있기 때문이다.

---

67) 김영환, ≪홀로 선 당신이 아름답습니다≫, 중앙M&B, 2000, pp. 240-241

햇볕정책도 그러한 개념적인 수사에서는 문제가 있다. 햇볕정책의 내용은 이렇다. 바람과 해가 둘 중 누가 강한지 내기를 한다. 마침 들판에 한 사내가 지나고 있다. 둘은 그 사내의 외투를 벗게 하는 사람이 이긴 것으로 하자고 합의를 본다. 먼저 바람이 승리를 장담하며 의기양양하게 나선다. 그가 사용한 방법은 강한 바람을 통해 외투를 날려버리는 것이었다. 그러나 사내는 바람이 많이 불수록 외투를 벗는 게 아니라 강하게 다잡으며 가던 길을 계속 갔다. 결국, 바람은 실패를 하게 된다. 반면 해는 바람과 달리 강한 햇볕을 통해 덥게 만들었다. 덥게 하자, 사내는 더위를 참지 못하고 외투를 벗었다. 해의 승리였다. 여기에시 햇볕은 남한의 대북화해정책을 말한다. 바람은 대북강경책을 이른다.

결국, 대북화해정책이 승리할 것이라는 비유를 들어 햇볕정책에 대한 평가를 긍정적으로 유도하고자 하는 것이다. 이 또한 문화코드에 연결되어 있다.

그러나 이런 문화코드는 한 측면만을 나타낼 수 있다. 여기에서 외투는 폐쇄적인 사회주의 체제를 말한다. 이는 두 가지 문제를 나타낸다. 하나는 햇볕정책이 북한을 배제한 남한의 시각만 반영된 것이라는 점이다. 햇볕을 쬐면 외투를 벗게 되어 있다는 수동적인 존재라고 규정하는 것은 북한을 대등한 존재로 보는 것이 아니라 게임의 대상으로 전락시키는 것이다. 이는 북한이 정책에 대해 남한이 원하는 대로 움직이지 않을 가능성을 지니게 한다. 그러한 상태라면 그 사내가 입고 있는 외투가 과연 햇볕을 얼마나 쬐고 더위가 얼마나 지속되어야 벗는 것인지에 대해서는 장담할 수 없다. 정책 불확실성의 극대화이다.

우화로만 보면 사내는 햇빛과 바람을 인식하고 있지 않다. 그러나 실제 북한은 인식하고 있다. 이런 상태라면 북한은 남한의 의도가 무엇인지 알고 있다는 것을 말한다. 상대방의 의도를 알고 있다는 것은 이러한 의도를 자신의 처지를 개선하기 위해 활용할 수 있다는 것을 의미한다. 이는 단지 남한이 햇볕을 쬐기만 하면 되는 것이 아니라 북한이라는 상대방의 반응이 여러 가지 가능성을 지니고 지연될 것이라는 점을 충분히 내포하는 것이다.

무엇보다 외투라는 것이 외부의 추위가 아니라 내적인 시스템을 유지하기 위한 기본적인 수단일 때는 아무리 더워도 벗지 않을 가능성이 많다. 이러한 점들은 화해의 결과물이 불확실하다는 것을 의미한다.

이 때문에 햇볕을 쬔다고 해서 당장에 효과를 발휘하기보다는 한반도의 평화와 긴장을 해소하는 것, 그 자체만으로도 의미가 있다.

이 자체의 의미에 바탕을 두고 불확실성을 줄이는 것이 더 중요하다. 이는 실제적인 신뢰를 통해 확보한다. 대북정책의 신뢰라는 정책의 평가기준은 문화코드와 제도적인 코드가 만나야 의미가 있다. 문화적인 신뢰는 옥수수 몇 포대, 몇 천 달러 준다고 해서 형성되는 것이 아니다. 그렇게 쉽게 되는 문제라면 세상에 신뢰 쌓기는 모래성 쌓듯이 쉬울 것이고 언제든지 배반할 기회를 노린 것이다.

그런데 이러한 제도적인 코드와 문화코드의 일치를 고민하는 것이 아니라 부정적인 문화코드만을 사용하는 경우 제대로 된 평가를 내릴 수 없다.

외환위기 관련이나 대북 화해 정책에 대한 수사와 그에 따르는 수사는 그래도 긍정적인 문화코드를 사용하고 있다는 데서 바람직하다. 그런데 이러한 정책적인 수사와는 다른 측면에서 접근하는 것이 '퍼주기식'이라는 비유이다. '퍼주기식'이라는 비판은 어느덧 일반의 대북정책에 관한 일반적인 평가가 되었다.

일단 '퍼주기식'이라는 단어의 사회 심리적인 배경은 이렇다. '퍼주는 것은 바람직하지 않다. 우리도 그에 상응하는 대가를 받아야 한다. 그렇지 않으면 주는 것은 속아 넘어가는 짓이다'라는 이기적인 심리를 전제한다. 이러한 정책평가 심리는 주는 만큼 받아야 한다는 근시안적인 경제적인 사고를 부추기는 것이다. 경제적 사고도 아니고 단순 이기심이다. 그러나 정책의 목표는 대북화해정책으로 한반도의 평화와 화해를 이루어 긴장을 해소하는 것만으로도 큰 의미가 있다.

그런데 과연 한국이 퍼주기를 하고 있는가 하는 점을 본다면 '퍼주기식'이라는 평가는 의미가 없다. 일본이나 미국과 지원 내용을 비교하여 보면 그 비율에서 뒤진다. 미국이나 일본도 대가없는 인도적인 지원을 하는 데 같은 민족이 그러한 지원을 대가를 바라고 추진하는 것은 아이러니한 것이다.

무엇보다 퍼주기란 평가는 경제적인 효과성과 능률성만 정책의 평가를 보는 것이고 필요성, 균형성, 분배성, 적절성에 대한 기준은 적용하지 않는 것이다. 사회문화에 걸친 효과는 측정조차 불가능하다.

더구나 퍼주기 수사에 포함되어 있는 효과성과 능률성 논리는 단순히 단기간의 투입에 대응하는 산출물이 적다는 단순한 코드를 사용한다. 그러나 평화와 화해는 안정을 통해 경제에 매우 큰 영향을 미친다. 특히, 금융에 미치는 영향은 절대적이다. 한국의 대외 개방률은 98%를 기록했고 외국기업이나 투자자들은 한국경제에서 매우 큰 영향력을 미치고 있다. 이러한 상태에서라면 한반도의 평화와 안정의 보장은 필수적이고 이를 위해서는 남북관계를 협력적이고 평화체제로 구축해야 한다. 이 때문에 대북 강경책은 기업과 금융에게는 치명적이다. 안정과 평화적 분위기를 위해서는 어려운 북한을 위해 지원을 해주는 것은 당연하다.

무엇보다 이 과정에서 북한에 대한 접근이 없으면 대북화해정책은 의미가 없다. 북한이 남한에서 원하는 대로 움직일 것이라는 프로그램으로 지원을 한다면 정책의 배경, 그리고 정책 대상자에 대한 고려를 전혀 무시하는 것이다. 이러한 무시가 있는 한 정책은 성공할 수 없고 평가도 올바르게 이루어질 수 없다.

'좌파적인 정권'이라는 단어도 정책을 획일적으로 평가하기 위한 수사이다. 이 또한 부정적인 코드를 사용하는 직유이다.

이회창은 2002년 4월 3일 한나라당 대선 경선에 출마를 선언하는 기자회견을 통해 "지금 급진 세력이 좌파적인 정권을 연장하려 하고 있으며 음모와 술수로 상황에 따라 말을 바꾸는 무원칙한 작태가 횡행하고 있다."며 현 정권과 민주당 대선후보 경선 주자인 노무현 후보를 공격했다. 김용갑이나 김만제의 경우 빈번한 색깔 발언을 했지만, 당대표인 이회창이 좌파적인 정권발언을 한 것은 파장이 클 수밖에 없었다.

이 발언에 이어 대변인 남경필은 '좌파적 정책' 8개항을 공개했다. 이에 대해 청와대가 직접 응수[68]하는 일이 벌어졌다. 청와대 측은 그 동안의 정책이 그렇게 비난받는 것에 대해 참을 수 없어 마련한 수석 논의 결과라고 했지만 선거를 앞둔 상태에서 국민일반에게 작용하고 있는 색깔이라는 문화코드를 인식하지 않을 수 없었다. 그 만큼 문화코드의 작동이 심상치 않을 수 있다는 것을 이야기하는 것이다. 그런데 문제는 색깔론 제기를 받게 되면 일단 그 색깔론에서 벗어나는 데 초점을 맞추게 되고, 그것이 실제 어떠한 정책적인 효과를 논하는 모양새와는 거리가 멀게 된다.

> 이회창 측은 대북 화해 정책을 '퍼주기식'이라고 규정하였다. 이에 대해 청와대는 "평화와 안정을 위한 인도주의적 지원은 당연한 것"이라며 "과거 서독 정부가 동독에 엄청난 지원을 했는데, 그렇다면 서독이 좌파 정권이었는지 묻지 않을 수 없다."고 말했다.

청와대는 인도적인 지원이 정책적으로 무슨 목표와 효과를 낳는 것인지에 대한 내용을 밝히지 않고 당위적인 가치만을 강조하고 있다. 뿐만 아니라 좌

---

68) 한겨레, 2002년 4월 5일자 3면, 청와대 야당공세 조목조목 반박

파라는 딱지를 떼기 위해서 서독의 사례만을 인용하고 있다. 사회주의가 아닌 나라의 사례가 필요하다. 서독은 당연히 사회주의 국가가 아니다.

경제 분야에선 '정부의 개입'이 현 정권의 '좌파적'이고, 대기업 빅딜은 "시장원리를 무시한 계획 경제적 발상"이라는 것이었다. 금융정책과 관련해선 "정부가 개입해 관치금융을 하는 것은 시장논리에 맞지 않는다."는 것이었다.

이에 대해 청와대는 "현 정부 들어 강력하게 추진한 것이 외환위기를 계기로 한 기업·금융·공공·노사 등 4대 부문 개혁추진이었다."며 "이 가운데 기업과 금융개혁은 시장경제 원리에 입각해 추진해 왔다."고 했으며 "능력 없는 기업, 효율이 떨어지는 기업은 퇴출돼야 한다는 원칙이 적용됐다."고 밝혔다.

경제정책 분야에서도 마찬가지이다. 시장경제원리를 사용했느냐 안했느냐가 중요한 게 아니라 정부가 주도적으로 정책을 입안하고 추진한 것이 무슨 긍정적인 의미와 사회적인 가치 정책목표를 추구하는지 이야기해야 한다. 정부개입, 시장경제 원리는 본질이 아니라 수단이다. 한국경제의 모순을 해결하는 데 어떠한 기능을 하고 있는지를 논해야 한다. 무엇보다 국가의 개입을 사회주의라고 말하는 것은 많은 어폐가 있는데, 이는 한나라당 뿌리를 부정하는 모순을 낳는다. 이는 손호철의 글에서 확인할 수 있다.

모든 국가개입과 관치 경제는 사회주의라는 단세포적 논리로서, 80년 국보위 시절 빅딜의 모형이었다고 할 수 있는 산업구조조정을 주도한 전두환 정권, 나아가 국가주도형 산업화의 대표주자였던 박정희 정권은 둘 다 좌파정권이었단 말인가?[69]

국가의 개입이 사회주의 내지 좌파정권이라면 한반도에는 5000여 년 역사에서 모두 사회주의 왕조와 정권이 들어선 셈이다. 또한 박정희, 전두환, 노

---

69) 중앙일보, 2002년 4월 12일자, [논쟁] 김대중 정부 좌파적인가

태우 정부에서 활동했던 한나라당의 주요 세력은 좌파, 빨갱이가 되는 셈이다. 한나라당은 의약분업 등의 복지정책을 사회주의 방식이라고 문제 삼았는데 이는 의사그룹이 의약분업을 반대하면서 내세웠던 논리와 같다.

한나라당이 의약분업과 국민건강보험 재정통합을 좌파적 정책으로 규정한 데 대해서는 "최근의 경제학은 후생경제학에서 이른바 '나눔의 경제학'으로 학문적인 입지가 바뀌고 있다."며 "주요 선진국들은 현대국가의 중요한 기능의 하나로 분배기능을 강화해 왔고, 이것이 사회복지제도의 원동력이 되고 있다."고 설명했다. "현 정부의 정책이 좌파적이라고 비난하는 한나라당은 자신들이 집권하면 앞으로 사회복지비용은 안 쓰겠다는 얘기냐."고 반문하면서, "헐벗고, 어렵고, 소외되고, 자본주의 사회의 그늘에 있는 국민들을 도외시하겠다는 얘기인지 답변하라."고 반격했다.

복지부문의 논의를 보면 한국의 복지수준을 짐작하게 해준다. 애써 최근의 경제학은 후생경제학으로 나눔의 경제학이라고 말하는 것조차 어이가 없게 하는 점이다. 여전히 경제학의 관점에서 복지를 보고 있기 때문이다. 경제에 도움이 되지 않으면 언제든지 복지를 그만두겠다는 논리에 포획되는 것이다. 이는 현대 후생경제학의 오류 극복을 과거로 되돌리는 것이다.

청와대의 공격은 한나라당의 공세를 피하기 위해 복지부분에 대한 당위성을 이야기하고 있다. '너희 같으면 안 쓰겠냐'는 것이다. 그러면서 헐벗고, 어렵고, 소외되고, 자본주의 사회의 그늘에 있는 국민들을 도외시하겠냐는 말을 했다.

그러나 이는 의약분업이나 국민건강보험 재정통합의 정책에 대한 내용이 아니라 당위성에 대한 설명일 뿐이다.

교육 평준화 문제에선 "평등주의에 입각한 무조건적인 하향평준화로 공교육이 붕괴했다."는 게 주장에, "고교 평준화 정책은 과거부터 계속 시행되어온 것으로 한나라당 논리 대로라면 박정희 정권 이후 모든 정권이 좌파"가 된다는 반박했다.

무조건적인 하향평준화로 공교육이 붕괴되었다는 논리를 좌파로 연결시키는 것을 오히려 한나라당을 향해 역공하는 데 사용하고 있다. 그러나 이 또한 정책에 대한 이야기는 없고 역설적인 수사를 통해 정당성을 내세우고 있다. 이는 청와대도 포획되어 말려 들어가는 것이다.

결국, 이러한 대결을 보면 정책에 대해서 부정적인 문화코드로 정책을 평가하고 있다는 것을 알 수 있다. 예를 들어 레드 콤플렉스를 가지고 있는 일반 사람들에게 좌파적인 정권이라는 수사를 구성해서 개혁적인 정책 주체들의 모든 정책을 부정적으로 만들어 버린다. 정책의 맥락, 목표수단, 결과물에 접근하는 한 논리성이 원천적으로 차단되어 있는 상태에서 이러한 정책 공세는 사람들이 정책평가의 준거점으로 사용하고 있는 문화코드에 적합한 것으로 오인하게 한다. 인지심리학에서 말하듯이 부정적인 소식 내지 루머는 무엇보다 급속하게 퍼진다.[70]

이러한 색깔론이라는 문화코드에 따라 정책에 대한 부정적인 평가가 일반화되는데 정책가들은 이러한 부분을 바로 잡는 데 주력하게 된다. 그러나 그러한 인식을 바로잡는 것은 잘 해야 원점으로 돌아오는 수준에 머물게 된다. 따라서 애초에 그 정책이 어떠한 목표를 설정했고 그러한 설정된 목표를 위해 적절한 수단과 방법 자원이 동원되었는가에 대한 평가는 불가능하다.

심지어 잘한 점도 그저 그렇다는 반응으로 똑같아지는 셈이 된다. 부정적인 문화코드를 사용하여 일방적으로 매도하는 방식은 겉으로는 효과가 없다고

---

70) Nicholas DiFonzo, Prashant Bordia, Rumor and Prediction: Making Sense(losing Dollars) in the Stock Market, Organizational Behavior and Human Decision Processes, Vol.71, No.3, September, 1997, pp. 329-353

한다. 이는 상대방을 비난하는 정치적 광고의 예에서 발견된다.[71] 그러나 잘한 정책에서 대해서 그저 그렇다는 식의 평가를 내리게 하는 것은 결국 실패를 의미하는 것이고, 그저 그런 정책에서 그저 그러하다는 인식이 중요한 정책의 실패로 비치면 그 행정부의 정책은 전체적으로 실패하게 된 것으로 비쳐진다.

현대상선의 대북 송금을 평가하는 기준은 무엇이었는가.

그것은 남한의 법만으로 판단할 수 없는 사례이었기에 문제 삼는 기준은 부정적인 문화코드 일색이었다. ① 검은 거래, 비밀 거래라는 코드, ② 정경유착에 대한 피해의식이라는 코드였다.

'검은 거래'라는 단어가 먹히는 것은 그 과정이 명확하게 밝혀진 것이 아니었기 때문이었다. 이러한 점은 그 동안 국민들이 겪어왔던 군사정부 통치자들이 자신들의 사적인 이익을 취하기 위해 비밀거래를 한 과정에서 소외되었던 역사적인 피해의식에 기댄 것이었기 때문이다.

그러나 사적인 부분에서 과연 군사정부와 국민의 정부가 같은 것인지는 의문이다. 또한 여기에는 왜 그럴 수밖에 없었는가에 대한 주목은 없다. 사적 이익 부분은 가장 핵심적인 부분이므로 뒤로 미루고 우선 검은 거래, 비밀이라는 문화코드를 살펴보자. 여기에 작용한 것은 ① 한나라당이라는 변수, ② 북한 체제의 특수성과 제도적인 요구, ③ 제도적 시간이 촉박한 점들이다. 이들은 모두 모두 제도적인 코드에서 발생한 것이라고 할 수 있다.


① 비판자들은 비밀이 아니라 국회를 중심으로 투명하게 처리했어야 한다는 점을 지적한다. 그러나 김대중 정부가 들어선 이후 사사건건 대북정

---

71) Richard R. Lau, The Effects of Negative Political Advertisements: A Meta-Analytic Assessment, Aerican Political Science Review Vol.93, No,4 December 1999, pp. 851-875

책을 트집 잡은 한나라당이 승인할 리가 없는 것이었다. 야당도 야당 나름이다. 제도적인 과정이 불능이었다.

② 북한은 사회주의 국가일 뿐만 아니라 정책결정이 폐쇄적이며 비밀주의에 따른다. 북한의 특수한 체제는 비밀거래에 익숙한 것이다. 또한 사회주의라는 특수성뿐만 아니라 남한과 벌인 체제 경쟁의 구도에서 북한과 남한의 돈 거래 사실은 북한 주민에 대한 김정일 그룹의 리더십에 치명적인 타격을 준다. 그것은 대외적으로도 마찬가지이다.

③ 김대중 정부는 출발부터 한시적인 정권이라는 시각이 지배적이었다. 이러한 소수, 한시적이라는 태생적인 상황에서 대북 사업은 김대중 정부의 정당성과 정책적인 역량을 알리는 가운데 지속적인 지지를 이끌어 내는 중요한 키워드였다. 정책을 정상적인 소통구도로 펼칠 시간이 없었던 것이다. 그렇다고 민주 정부의 연장을 포기하는가.


정경유착에 대한 피해의식이라는 코드를 보자.

① 북한과 현대의 관계, ② 사적 이익과 현대의 대북 사업의 관계, ③ 정치자금관계라는 코드를 중심으로 볼 수 있다.


① 정경유착이 가능하기 위해서는 일단 자원의 분배와 규제권이 정부에 있어야 한다. 그러나 북한과 현대의 관계는 남한의 정부가 주도권을 가지고 연결해 준 것이 아니라 북한과 정주영이라는 기업가의 특수한 관계가 이미 국민의 정부 이전에 성립하고 있었다. 따라서 앞에서 살펴본 특수한 제도적인 코드 속에서 대북 송금을 허용해 준 것에 불과하다.

② 사적 이익을 위해서 현대에 편의를 봐준 것이라면, 정경유착이 맞는 것으로 볼 수 있다. 남북화해정책이 사적 이익을 위한 것이었나. 뿐만 아

니라 북한과 현대의 특수한 관계가 이미 성립하고 있었다. 그것은 남한의 정부가 현대를 선택한 것이 아니라 북한이 선택했다. 북한의 특수한 체제적인 특성이라는 제도적 코드가 남한기업의 선택에 개입할 수밖에 없기 때문이다.

③ 과거 정경유착의 핵심은 정치자금이다. 정권의 연장을 위해서는 막대한 자금이 필요했고, 이러한 자금을 채우는 것은 기업에 특혜를 주고 대가를 받는 것이었다. 국민의 정부가 선거자금을 받기 위해 현대에게 특혜를 준 사실이 있는가.


이렇듯 중요한 것은 사적인 이득 부분이다. 보수언론, 보수단체, 한나라당은 이러한 사적 이익과 대북 송금 문제를 연결시켜야만 과거의 정경유착, 그리고 비밀거래의 문화코드를 결정적으로 자극해서 남북화해정책, 햇볕정책을 붕괴시키고 결국 총선에서 승리할 수 있게 된다. 이때 등장하는 것이 노벨상 로비설이다. 노벨상을 타기 위해 남북화해정책을 돈을 퍼주며 추진하고, 사적인 조직을 통해 김대중 개인이 노벨상 수상을 할 수 있도록 로비를 했다는 것이다. 이것에 코웃음 치는 것이 정상이다. 노벨상이 내신을 높이기 위해 남발하는 동네 고등학교 상(償)이라고 착각하는 것인지, 한국이라는 나라에서 로비한다고 하면 노벨상은 얼마든지 로비력이 있는 나라가 독식할 것이다. 이렇게 한국이 로비력이 뛰어나다니 감탄만이 있을 뿐이다. 유독 한국에서만 이러한 논쟁이 있는 것은 어떻게 설명해야 할까.

요약하면 김대중은 문화코드와 제도적인 코드 사이에서 타협과 거래를 택한 것이다. 그러나 북한과 남북한 관계의 특수한 제도적 코드에서 민족의 화해라는 긍정의 문화코드를 채우고자 했다. 김대중 대통령은 다음과 같이 밝혔다.

남북관계의 이중성과, 북의 폐쇄성 때문에, 남북문제에는 불가피하게 비공개로 법의 테두리 밖에서 처리할 수밖에 없는 경우가 있습니다. 이러한 점은 동서독의 협력관계에서도 찾아볼 수 있습니다. 이번 경우도 어떻게 하면 한반도에서 전쟁을 막고 민족이 서로 평화와 번영을 누릴 수 있을 것인가, 어떻게 하면 우리 국민이 안심하고 살면서 통일에의 희망을 일궈나갈 수 있도록 할 것인가 하는 충정에서 행해진 것입니다.

저는 이번 사태에 대한 책임을 지겠습니다.[72]

김대중은 부정의 문화코드가 아니라 긍정의 문화코드를 제도적인 코드를 통해 조율하고 타협하여 남북화해를 이끌었다. 그 결과는 무엇이었는가.

김대중이 2월 대북 송금 사과 성명서에서 밝혔듯이 외국인 투자를 과거 50년간의 총계보다 2.5배나 유치하는 데 기여했다. 남북 화해로 우리의 기업과 국민 모두 안심하고 생업에 종사해 왔다. 북한은 시장경제를 받아들이기 시작했다. 부산 아시안게임에서 보았듯이 북한 사람들은 남한 사람들에 대한 적대와 증오로부터 이제 이해와 동경으로 서서히 변화했다. 58년 만에 휴전선을 넘어 육로관광을 시작했다. 개성공단, 남북 철도 연결 등 북한 경제를 우리 경제의 영향 속에서 변화시키는 기틀을 마련했다.

김대중은 "잘못했다면 잘못한대로, 잘했다면 잘한 대로 공정하게 평가받을 것"(2002년 2월 12일 민화협 관계자 오찬), "햇볕정책에 대한 공과는 역사가 평가할 것"(2002년 2월 13일 시민사회단체 대표 오찬)이라고 '역사적 평가'를 언급했다.[73]

이것이 가능하기 위해서, 아니 정책의 바른 평가를 위해서는 문화코드와 제도적인 코드에 대한 적절한 준거의 구성이 중요하다. 그것은 권영길도 그렇고 노무현을 위해서도 필요한 것이다. 문화 · 제도 접점의 준거를 구성해야 하는 중요한 사례인 것이다.

---

72) 2003년 2월 14일, 김대중 대통령 대국민 발표문 가운데
73) 연합뉴스, 2003년 2월 14일자

김영삼의 경우 일반인들이 기억하는 것은 경제위기를 불러와 사람들을 고생하게 한 장본인이라는 점뿐이다. 그가 금융실명제 등의 정책을 성공적으로 집행하였지만 그것에 대해서는 일반적으로 평가, 인식되지 않는다. 또한 그의 민주화 운동 행적 자체가 의미를 잃었다. 이는 단지 김영삼 개인의 민주화 이력만이 아니라 민주화 세력의 한 부분이 떨어져나가는 것이다. 이 때문에 노무현의 민주화 세력을 결집을 통한 지역구도 극복 노력은 어려움에 처했다.

부정적 문화코드의 사용은 달라진 것이 하나도 없다는 식의 반응이 나오게 하고 이는 민주화 세력이나 개혁적인 세력을 뽑아도 달라질 것이 없다는 양비론적인 시각에서 부정적인 평가를 내리게 한다. 이는 개혁이나 변화에 대한 올바른 평가를 하지 못하게 함으로써 결국은 타당한 정책에 대하는 지지를 근본적으로 불가능하게 하여 보수층의 지지만을 상대적으로 높여 준다. 김대중의 정책이 아무리 의미가 있다고 하더라도 부정적인 문화코드로 분석하고 평가하는 습성이 남아있는 한 제대로 된 평가를 받기는 힘들다. 이러한 상태에서라면 의미 있는 정책을 의미 있게 만들게 하기 위해서라도 문화코드를 충족시키는 방향으로 선회할 수밖에 없다. 그러나 그러한 코드만으로는 적절한 성과를 내지 못한다.

이것이 딜레마에 김대중이 포획된 구조적인 현실이었고, 대충 추스른 정책과 제도적인 코드 사이에서 고민한 결과였다. 이는 김대중이 잘못했다기보다는 부정적인 문화코드를 통해 정책판단의 준거점을 흐린 수구보수층과 수구보수언론 때문이다. 이들이 끊임없이 장난을 치고 있기 때문이다. 이러한 장난 때문이 정당한 정책, 의미 있는 성과들이 형편없이 폄하된다. 그것은 김대중이 실패한 것으로 인식되는 이유와 연관된다.

사이비 마르크시즘에 따른 국가에 대한 혐오는 제도라는 틀 안의 개혁세력의 존재를 수구와 동일화 한다. 국가주의를 상징하는 정부조직과 각 부처는 동일한 집단이 아니라 끊임없이 자신들과 이해집단의 이익을 위해 서로 치고 받는 갈등 관계에 있다. 시민운동 방식은 철저하게 시민 - 국가라는 그람시적인 이분법적인 구도에서 접근하고 국가에 대한 감시만을 중요하게 본다. 이는 모든 정책가를 동일시하는 것이다. 그러나 민주화 세력과 독재 세력은 동일하다는 획일화를 낳는다.

이는 정책의 결과만을 가지고 논하는 것이 일반적인 정책의 평가가 이루어지는 것을 말한다. 정책가의 구체적인 딜레마를 간과하게 한다. 그러한 딜레마를 간과하는 것은 정책가의 구조나 정책과정의 구조적인 어려움을 놓치게 하는 것이다.

정책의 결과가 아니라 정책이 왜 그러한 결과를 만들어 냈는가에 주목해야 한다. 김대중이 펼친 정책들에 대하여 몇 가지 부정적인 인식으로 평가하는 것, 그 자체는 이미 본질과는 상관없이 김대중을 실패한 것으로 만들어 버린다. 실제 김대중이 어떠한 정책을 펴려 했고, 이것이 가지는 정책적인 효과는 무엇인지에 대한 면밀한 평가의 대중화가 없는 한 김대중은 실패한 대통령이 된다.

오로지 몇 가지 문화적인 기대치를 채우지 못했다고 하는 것은 수구적인 세력의 정치적인 전략에 포획되는 것이다. 이것은 16대 대선에서 민주화 세력이 붕괴될 뻔한 현상으로 드러났다. 그것은 김대중에게만 해당하는 것이 아니라 노무현에게도 마찬가지 맥락에서 적용되었다.

그렇다면 노무현은 구체적으로 어떠한 코드들을 가지고 있고, 이러한 코드들은 노무현에게 어떠한 기대치를 가지고 있는가, 그리고 그것은 어떻게 노무현의 생명을 앗아 갔는가.

# 7. 문화적 코드와 제도적 코드의 괴리

## ♪ 노무현의 흔적 그리고 문화코드

노무현의 문화코드를 우선 진단해 보자. 노무현을 지지하는 코드들은 사회에서 소외되었던 요소들이다. 노무현을 지지하는 코드들은 노무현이 대통령의 자리에서 이루어 주었으면 하는 큰 소망이자 작은 바람이다. 이러한 코드들은 결국 노무현이 이루어 주었으면 하는 바람이므로 이것에 어긋나면 지지를 철회하는 것을 의미한다.

한국의 대통령은 제왕적이라고 한다. 하지만 노무현은 그 제왕적인 대통령의 권한을 행사하지 않았다. 예컨대, 국정원조차 활용하지 않았다. 사람들은 바보라고 비웃었고, 안타까운 이들은 눈에 차서 하소연했다. 하지만 정보기관을 국정에 운영하는 것은 옳지 않았다. 그것이 노무현의 본질이었다. 노무현 대통령이 독자적으로 개혁을 추진할 수 있는 것은 거의 없었다. 대통령은 산타클로스가 아니었다. 개혁이라는 선물을 원하기만 하면 언제나 던져 주는 사람이 아닌 것이다. 알라딘의 요술램프의 지니처럼 원하는 대로 소원을 들어줄 수 있는 만능맨도 아니었다. 오로지 노무현은 법과 제도 속에서 실현 가능한 정책을 통해 응답할 수 있을 뿐이다. 협력과 대화는 그것이 통하는 당과 조직을 만났을 때 가능하다. 그러나 한국 현실은 그것이 불가능하다. 상식적으로 다수당을 통한 원내의 확보가 아니고서는 노무현이 할 수 있는 일은 없는 것이었다. 더구나 일방적 정책 통행을 용인하지 않았다. 이러한 제도적인 코드를 대하면 노무현을 대통령으로 만들었던 문화코드의 주체들은 실망하게 된다. 문화코드들은 노무현을 중심으로 다양한 지형도를 그리면서 감동과 웃음, 축제를 동시에 선사했다. 심지어 2002년의 모든 것들이 판타지의 형태로 노무현에게 집약되었다는 견해도 나왔다. 노무현의 경선 과정, 지지도 추락, 단일화, 정몽준의 배신, 대통령 당선이라는 일련의 과정이 도저히 현실에서 일어날 수 없는 것이라는 점 때문이다.

판타지는 문화코드 중에서 가장 제도적인 코드에 배치되는 것이다. 판타지는 제도적인 코드와 분명하게 다르다. 현실과 꿈만큼이나 다르다. 꿈은 실제 같을수록 깨어났을 때 절망감을 깊게 한다. 절망은 현실 정책과 구조에서 치명적이다. 노무현은 여기에서 실패의 본령이 있고, 노무현의 태생적인 버거움은 이러한 코드들과 가지는 싸움에서 예정되어 있었다. 이러한 구분은 문화코드에 대해 살펴보는 것에서 시작한다.

먼저 노무현을 대통령으로 가능하게 했던 2002년 노무현 지지의 문화코드들과 이의 한계들을 살펴본다.

### ✔ 코드들과 벌이는 한 판 전쟁

지지를 만들어 내는 코드에는 여러 가지가 있지만 문화코드만큼 강력하게 영향을 끼치는 것은 없다. 사람들은 사회문화의 코드를 근거로 사람과 사물에 대한 판단을 내린다. 이는 대선에서도 지지여부를 이러한 문화코드를 통해서 결정한다. 정책선거가 무색할수록 이러한 경향은 강해지고 2002년 16대 대선도 아직은 정책선거라기보다는 문화코드 선거였다.

노무현을 둘러싸고 있는 문화코드는 여러 가지가 있다. 노무현을 바라보는 기본적인 시각은 기존의 것과는 다른 것을 중심으로 형성된다. 이는 낡은 것, 변화와 개혁의 대상에 대한 저항이다. 이는 저항은 기본적으로 중심이 아닌 이들, 중심이 아닌 영역의 존재들이 자신들을 옭아 왔던 대상, 상위 중심의 대상들에게 이루어지는 용트림이다. 이는 잘못되고 불합리한 점들에 대한 문제제기이다. 단지 문제제기만이 아니라 적극적인 문제해결의 의지를 나타낸다.

노무현을 대통령에 이르게 한 발단은 부림 사건이었다. 이 사건은 조세법률 전문변호사를 운동권 변호사로 만든 계기가 되었다. 1981년 당시 부산지역 조세사건의 90%를 독식할 정도로 '돈 잘 벌던' 조세전문변호사 노무현은 '부림 사건'을 만난다. 그는 학생들이 고문당한 상처를 직접 보고 "피가 거꾸로 솟는 듯했다"(저서 ≪여보 나좀 도와줘≫)라고 했다.

집에서 연락조차 못했던 그 학생을 내가 처음 접견했을 때 그는 경찰의 치료를 받아 고문으로 인한 상처의 흔적을 거의 지운 후라고 했다. 한창 피어나야 할 젊은이의 처참한 모습이란… 눈앞이 캄캄해졌다. 세상에 이런 일이…. 상상조차 해본 일이 없는 그 모습에 기가 막혔다. 분노로 인해 머릿속이 헝클어지고 피가 거꾸로 솟는 듯했다.[74]

똑같은 사건을 겪어도 어떤 사람은 무덤덤하게 지나간다. 하지만 그는 학생들이 폭력에 당하는 것을 보고 분노했다. 그것은 휴머니즘 혹은 인간애가 있어야 가능한 것이다. 노무현이 독재권력과 싸우는 길에 나선 것은 바로 이러한 인간애에서 출발한 것이다. 어떤 명분이나 정치적인 목적을 가지고 나선 것은 아니라는 사실이다. 부림 사건을 계기로 현실에 눈뜬 노무현은 1984년 공해문제연구소를 만든다. 1985년 5월 3일, 부산민주시민협의회 창립대회를 경찰이 원천 봉쇄할 때 이미 노무현은 아예 길바닥에 드러누울 정도로 거리 투사였다. 그가 최루탄이 쏟아지는 거리에서 연설을 하거나 항의하는 모습은 이때 사진으로 대중들에게 각인되어 있다. 1987년 6월 항쟁 당시에는 민주헌법쟁취국민운동부산본부(이하 부산국본)의 책임자인 상임집행위원장을 맡았다. 당시 부산국본에서 상임집행위원으로 활동했던 문재인 변호사는 다음과 같이

---

74) 노무현 보고서 - 부림 사건에서 현대자동차까지, 월간 말, 2002년 6월, p. 148

말했다.


　내가 노변을 따라가지 못하는 점은 흔히 말하는 먹물, 지식인이라는 범부에서 벗어나지
못하고 스스로 행동의 한계를 설정하고 선을 긋는 점이다. 변호사니까 단체에 참여하더라
도 재정적인 지원들 2선이나 바람막이를 하다가 일터지면 변론을 하는 것으로 자기를 규
정한다. 몸으로 부대끼는 것은 자기와 맞지 않는다고 스스로 규정하는데, 노변은 그런 것
이 없다. 이것을 단점이라고 평가한다면 아주 속물적인 견해다. 부산국본 당시 나도 맞대
고 투쟁하는 것은 내가 할 일이 아니라고 생각했다. 하지만 노변은 흔쾌하게 집행위원장
을 맡고 연설하고 거리를 돌며 행동하고 투쟁했다.[75)]


　1987년 2월 7일 그에게 처음 구속영장이 청구되었다. 박종철 열사의 추모
집회가 그 구실이 되었다. 그러나 구속영장 청구가 번번이 기각 당했고, 노무
현은 불구속상태에서 조사를 받게 된다. 조사과정의 진술서 말미에 그는 이렇
게 적었다.


　법질서 유지를 위해 노심초사하는 모습에 경의를 표함과 아울러 한편으로는 송구스럽
기도 하다. 그러나 이 자리는 결과적으로 독재 권력에 대한 저항과 그에 대한 탄압에 맞
서는 자리라고 생각한다. 그리고 현실적으로 법을 집행할 수 없다 할지라도 그 법의 집행
은 엄격한 법 원리에 의해서 집행되어야지 누구의 명령이나 정치적 분위기에 의해 좌우
되어서는 안 된다.[76)]


　이 사건에서는 무죄로 풀려났지만, 노무현은 1987년 8월 대우조선 노동자
이석규가 시위 도중 최루탄을 가슴에 맞고 사망하자, 그 현장인 거제도에 들어
갔다가 제3자 개입 및 장례식 방해 혐의로 구속된다. 구속 21일 만에 적부심

---


75) 월간 말, 2002년 6월, p.151
76) 월간 말, 2002년 6월, p.154

에서 풀려났지만, 11월 변호사 업무 정지처분이 내려진다. 1988년 2월 22일, 1백만 원의 벌금을 선고받는다. 검찰과 노무현이 판결에 불복해서 쌍방이 항소하지만 기각 당한다. 노무현은 1988년 김영삼, 당시 통일민주당 총재의 발탁으로 부산 동구에 출마, 정권 실세였던 허삼수를 꺾고 제13대 국회에 진출하면서 파란을 일으켰다. 1998년 말 국회에서 열린 5공 청문회는 전국에 TV로 생중계 되면서 노무현을 일약 스타로 만들었다. 그의 말대로 어느 날 아침 일어나 보니 유명인사가 돼 있었다. 정주영 당시 현대그룹 회장을 차분하면서도 날카롭게 추궁하다 눈물을 쏟았다. 그 장면에 깊은 인상을 받은 강원도 삼척의 한 할머니는 14년이 지난 2002년 12월, 생활보조금 30만 원 중 10만 원을 노무현에게 선거자금으로 쓰라고 우편으로 보내기도 했다.

2002년 대선에서 노무현 측은 선거운동의 방향을 "신물 나는 싸움질만 해온 정치, 권위의 무게에 눌려 숨 쉴 공간조차 없는 정치, 지역구도로 모든 게 설명되는 정치를 청산하자"는 데 초점을 맞췄다. 이는 기존의 정치와 체제에 대한 저항이자 변화를 위해 갈망의 대변이었다. 11월에 최종 확정한 구호는 '낡은 정치 청산', '새로운 대한민국', '국민후보 노무현', '행복한 변화' 등이었다. '희망', '미래', '밝음'의 포지티브(긍정적) 캠페인이었던 셈이다. 이러한 것이 가능했던 것은 노무현이 가지고 있었던 인간적인 면모, 휴머니즘 때문이다.

### ♪ 노무현 코드 2. 고난 속의 소신

노무현은 초등학교 6학년 때 교내 붓글씨 대회에서 2등을 했는데 수상을 거부했다. 선생님의 아들이 새로 고쳐 쓴 끝에 1등 상을 받은 것은 공정하지 않다고 생각했기 때문이다. 중학교 1학년 때의 '백지동맹' 사건은 그의 이러한 원칙에 대한 소신을 보여준다. 3·15 부정선거를 앞둔 1960년 노무현은 '우리 이승만 대통령'이라는 제목의 작문을 거부하고 백지동맹을 선동했다가 1주일간 정학을 당했다. 고시합격과 변호사 생활 뒤 민주화운동과 인권 변호사 생활에서도 그의 뚜렷한 소신이 드러났다. 그의 소신이 본격적으로 알려지기 시작한 것은 민자당과 선을 그은 뒤부터다.

　14대 총선에서도 내가 언제든지 민자당에 입당할 수 있는 자리가 비어 있었다. 실제로 제의도 받았고 15대도 마찬가지다. 변절하지 않은 많은 사람들 중 오라고 하지 않아서 못 간 사람도 있고 오라고 해도 안간 사람이 있다. 나는 오라고 해도 안간 사람 아닌가. 그것도 90년 3당 야합 때뿐만 아니라 그 이후 15대에 이르기까지 두 번의 국회의원 총선과정에서 나 스스로 그 기회를 포기해가면서 원칙과 옳은 길을 지켜왔다. 내가 이익을 좇아서 옳은 것을 훼손한 일이 있는가? 적어도 굵직굵직한 정치적 경륜에서 그런 건 없다. 바른 정치를 위해서 내 전부를 던지며 그렇게 치열하게 싸워왔지 않느냐는 것이다.[77]

노무현은 민자당의 입당을 거부하고, 독자적인 길을 모색한다. 그러나 이러한 독자적인 길은 말이 좋아 독자적인 길이지 흔한 말대로 가시밭길이었다. 경상도 지역에서 김영삼까지 버리는 것은 어쩌면 정치 생명을 끝내는 것을 의미하기도 했다. 그렇지만 그의 이러한 점은 자신을 '특화'시키는 역할을 하게 된다. 어려움에도 불구하고 이는 실제로 많은 부분 노무현을 지지하는 사람들을 고정적으로 확보하는 모양새를 보이게 된다. 노무현은 한겨레 21과 가진 인터뷰에서 가진 인터뷰에서 다음과 같이 이야기한 적이 있다.

Q. 대중적 평판이 높은 것으로 조사됐습니다.
A. 일관되게 도전과 어려운 선택을 해온 것이 인상을 심은 것 같습니다. 그 선택이 개인적인 차원이 아니라 그 시기마다 변화를 바라는 대중의 요구를 나름대로 반영한 것이었다고 생각합니다.[78]

---

77) 노무현, 객석에서 보내는 이인제 세대교체론에 대한 반박, 사회평론 길, 1997년 11월, p. 63
78) [인터뷰] 노무현 국민회의 부총재, 한겨레 21, 1999년 7월 1일 제264호

노무현에게서 이러한 면을 빼버린다면 사실상 노무현은 무너진다. 그는 원칙에 대한 소신, 그것에 대한 자존심으로 그의 정체성을 형성해 왔다. 그러나 그러한 원칙은 자기만의 소신이 아니라 시대정신이나 사회에서 요구하는 것들이었다. 그가 중학교 1학년 때 이승만 대통령 생일기념 글짓기 대회를 불법 선거운동이라며 백지동맹을 선동하는 등 당찬 모습을 보여 주기도 한 사실은 사회의식이나 역사적인 통찰이라고 보기보다는 원칙 그리고 그에 따른 소신을 지키고자하는 노무현의 본성과 본질을 말해 주는 것이다.

1988년 노무현은 13대 총선에서 민정당 실세 허삼수 후보와 대결한다. 원래 부산 남구에서 출마하기로 됐으나 고집을 부려 동구로 바꿨다. 노무현의 나이 42세, 다른 정치인들은 허삼수를 피했지만, 노무현은 정면으로 부딪혀 그를 꺾고 등원한다. 특유의 배짱과 소신은 일종의 그가 지니고 있는 자존심이고 정체성이다.

1988년 국회 앞에서 끌려가던 상계동 철거민들을 무기력하게 바라보며 번민하던 그는 청문회장에서 의원직 사퇴서를 써 국회의장 앞으로 보낸 뒤 잠적해 또 한 번 파문을 일으켰다.

1990년 1월은 정치인 노무현의 소신이 빛나기 시작한 시기이자 시련이 본격화되는 시기다. 노태우 당시 대통령과 김영삼 총재, 김종필 총재가 3당 합당을 선언했다. 그러나 노무현, 그는 이를 거부하고 김영삼과 결별했다. 야당 잔류를 선언했고 1년 뒤 김대중 총재가 이끌던 신민당과 야권통합을 이뤘다. 그러나 3당 합당 거부의 대가는 1992년 총선의 낙선으로 돌아왔다. 김영삼이 부산에 내려와 노무현 대신 허삼수의 손을 번쩍 드는 것으로 선거는 끝났다. 13대 총선에서 "허삼수 후보는 반란의 총잡이로 국회가 아니라 감옥에 보내야 한다."던 YS가 14대 총선(1992년)에서 '허삼수 씨는 충직한 군인'이라고 그의 손을 번쩍 들어주면서 노무현은 첫 번째 고배를 마신 것이다.

1995년 부산시장 선거에 나섰지만 결과는 마찬가지였다. 이듬해 15대 총선(1996년) 직전 DJ가 국민회의를 창당하자 노무현은 "신당 창당은 야바위 정치"라고 비판하며 민주당에 남았다. 오히려 노무현은 '3김 청산'을 내세우며 서울 종로에 도전장을 냈다. 하지만 양김(兩金)을 모두 적으로 삼은 결과는 신한국당, 국민회의 후보에 이은 3등으로 나타난다.

민주화 세력의 통합, 수평적 정권교체를 명분으로 1997년 다시 DJ와 손잡은 노무현은 1998년 종로 재·보선에 집권 국민회의 후보로 나서 당선된다. 이로써 7년 만에 원내에 재입성한다. 그런데 1998년 보궐선거에서 간신히 배지를 단 그는 2000년 총선을 앞두고 배지를 던진 후 다시 부산에서 출마했다. 그는 모든 사람의 반대를 무릅쓰고 서울 종로를 버린 것이다. 그가 내세운 것은 지역주의 타파였다. 그가 평소에 가지고 있던 소신을 또 한 번 어김없이 드러냈다. 지역주의 타파를 명분으로 그가 찾은 곳은 부산(북-강서 을)이었다. 그러나 그가 던진 승부수는 또 한 번 빗나갔다. 네 번째 패배였다.

결국 지역주의의 벽을 넘지 못했다. 언제나 있어온 패배였고 집권당 부총재까지 오르며 어느덧 중진으로 성장했지만, 이때의 낙선은 타격이 컸다. 정치를 그만둘 정도로 좌절감에 사로잡혔다. 정치적 성장은 한계에 부딪힌 듯했다.

5공 청문회에선 논리적이고 매서운 추궁으로 이해찬, 이인제 등과 함께 청문회 스타로 도약했고 이때만 해도 그의 앞날은 탄탄한 듯했다. 그러나 전국선거에서만 내리 4연패째였고 청문회 스타 노무현도 점점 대중의 기억에서 멀어져 갔다.

그러나 이미 역사적인 기운은 그곳에서 이루어지고 있었다. 그 사이 3당 합당 거부, 종로 지역구 포기 등 무모한 저항의 정치는 뚜렷이 각인됐고, 정치인 최초의 온라인 팬클럽 '노사모(노무현을 사랑하는 사람들의 모임)'도 이때 결성

된다. 다 타고 남은 잿더미에서 오히려 싹이 움트고 있었던 것이다.

역으로 그러한 소신과 자존심은 대중적인 지지를 이끌어 내는 역할을 하게 된 것이다.

> 지역구도 타파를 외치며 DJ당 간판으로 부산 선거에 출마해 세 차례나 낙선했던 당시 의 무모함도 이번 대선에선 '원칙과 소신'의 이미지로 재활용할 수 있었다."[79]
> 대선 이후 노무현의 한 핵심 참모는 "여러 측면에서 노 후보가 자존심을 지킬 수 있는 사람이라는 우리의 메시지와 이런 사회적 흐름이 오버랩되는 효과가 있었던 것 같다."고 해석했다.[80]

김대중은 아직도 이러한 정치인이 있었느냐는 말과 함께 그를 해양수산부 장관으로 임명했다.

### ♪ 노무현 코드 3. 저항과 소외의 한(恨) 폭발

김해, 부산을 연고로 두고 있는 민주당의 노무현은 분명 지역주의와 구도로 볼 때 비주류이다. 호남 기반의 민주당에 그러한 기반을 가지고 있다는 것 자체가 이미 변방 비주류다. 또한 김영삼과 김대중의 일정한 영향을 받았고 그들로 인해 정치적인 생활을 할 수 있었지만 거리를 두고 있었기 때문에 더욱 더 여기도 저기도 아닌 비주류 변방이었다. 그러나 여기에서 중심이 어떠한 속성을 가지고 있느냐에 따라 전혀 다른 문화코드를 가지게 된다.

여기에서 중심은 지역주의, 금권정치, 가신 정치, 3김 정치였다. 이러한 중심에서 거리가 멀었던 그는 오히려 중심을 대체할만한 사람으로 인식될 수 있었다. 국민들은 지역주의, 금권정치, 가신 정치, 3김 정치에 대한 혐오와 분

---

79) 중앙일보, 2002년 12월 20일자 3면, 막 오른 노무현 시대 - 민심은 '젊은 한국'을 선택했다
80) 중앙일보, 2002년 12월 20일자 3면

노감이 존재하고 있었고 이는 중심을 갈아 치우고 싶은 심정을 형성하게 하였다. 이러한 중심을 갈아 치우기 위해서는 정치개혁들을 추구할 사람이 필요하게 되는데 그 적임자로 노무현을 주목하게 된다.

기존 정치권의 시각에서 노(盧) 당선자는 변방의 비주류였다. 때문에 "3金 등 기존 정치권에 빚진 일이 없으며 돈과 가신도 없다."는 '정치개혁 적임자론'을 가능케 했다.[81]

노무현은 비주류라는 이유로 소외되어 변방에 머물렀다. 조직이나 계파가 없기 때문에 민주당 국민경선 당시에도 천정배 의원만이 노무현을 지지했을 뿐이었다. 여기에서 변방이라고 하는 의미는 단지 비주류라는 의미만이 아니다. 일종의 국민들과 노무현의 동일시 현상이 만들어졌다. 동일시 현상은 노무현과 국민이 같은 고민을 하고 그것을 풀기 위한 행동, 그 행동으로 비슷한 경험을 했다는 공감대를 형성하는 것이다.

이는 그간 국민이 정치개혁의 과정에서 소외되었던 과정을 그대로 나타낸다. 국민들은 그 동안 정치에 대해 개혁할 것을 요구했지만 언제나 묵살 당했고, 국민이 주인이어야 할 정치에서 항상 국민은 외면을 받았다. 국민을 외면하고 소외시키면서 기존의 정치인들은 계파 보스체제, 금권정치, 권력에 따라 중심으로 재편하는 철새정치를 만들어 내고 이를 통해 그들만의 기득권을 유지했던 것이다.

지역주의, 금권, 계파정치를 넘어서 원칙과 상식이 존중되지 않는 소외의 정치, 그것을 깨고자 하는 것은 결국 비주류와 변방이다. 노무현은 중심을 깨려는 용감한 변방의 투사였다.

또한 노무현은 이미 자신의 학력을 대선 전략으로 연결시켜 주류학벌에 나

---

81) 중앙일보, 2002년 12월 20일자 3면, 막 오른 노무현 시대 - 민심은 '젊은 한국'을 선택했다

도 끼워 달라하기보다는 출신과 경력을 내보이며 서민과 비주류의 대변자임을 자임하고 나섰다. 물론 그에게 학력은 득보다 실이 많았다.

변호사 할 때는 전혀 불편함을 느끼지 않았는데 정치하면서는 참 불편한 점이 많았어요. 명문대 출신이 아니다 보니까 우선 후원금 모으기가 훨씬 힘들었어요. 또 인간관계에서 나오는 정보들이 많은데 그런 것도 부족했지요. 전화 한 통화로 될 것도 찾아가서 정중히 취지를 설명해야 되지요.[82]

명문대 출신일수록 많은 이들이 사회지도층에 있다. 또한 명문대 출신들이 정치인에 입문하게 되면 더 신뢰하고 성공 가능성을 점치는 것이 일반적인 부정의 문화코드이다. 이는 명문대 출신은 후원금을 모으는 데 유리하다는 것을 의미한다. 상대적으로 노무현은 대학은커녕 상고 출신이므로 이러한 후원금을 모을 수 있는 길이 수월하지 않은 셈이다. 또한 인간관계를 통해서 많은 정보를 입수하고 분석을 하면서 적절하게 정치적인 위치를 가져야 하는 처지에서 상대적으로 이러한 지도층의 인맥이 없다는 것은 불리한 것을 말한다. 이러한 정치구조라면 노무현은 기를 쓰고 명문대 간판을 만들었어야 한다. 또한 인간관계를 주류지향으로 만들었어야 한다. 그럼에도 노무현은 다음과 같이 말한 바 있다.

물론 그런 게 콤플렉스가 되지 않겠느냐는 소리도 들어요. 하지만 나는 이게 강한 강점이 될 수도 있다고 봐요. 특히, 비주류라는 기득권 세력이 출신 학교 등으로 네트워크를 형성하고 바람직하지 않은 쪽으로 우리 사회나 나라를 몰고 가는 경우를 많이 보고 있기 때문에 다양한 국민적 바람을 받들어 녹이는 데에는 그런 네트워크에 얽혀있지 않은 사람이 자유로울 수 있다는 거죠. 그리고 저는 그런 학교 문제니 그룹이니 하는 데 무관심

---

82) 월간 말, 1998년 5월호

한 편이에요.[83)]

## ♪ 노무현 코드 4. 소통과 솔직-신뢰

노무현의 특징은 솔직하다는 점이다. 이는 노무현을 지지하는 사람들이 공통적으로 지적하는 것이다. 노무현의 솔직한 면이 많은 부분 노무현의 지지기반을 이루고 있는 것이다.

"텔레비전 토론에서 보여준 노 당선자의 솔직하고 시원시원한 태도가 맘에 들었다."

– 대학생 정연욱(23세)[84)]

"돌발악재에도 불구하고 노 당선자가 승리한 것은 낡은 정치를 청산하자는 그의 절규와 진지하고 솔직한 모습이 국민의 마음을 움직인 것 같다."

– 노사모 이정기 인터뷰 [85)]

심지어 이회창도 대선과정의 한 프로그램에서 노무현의 이 같은 점을 장점으로 보기도 했다. 2002년 12월 2일 저녁 9시 뉴스 MBC-TV 창사특집 특별인터뷰에 나란히 응한 자리에서 앵커가 서로의 장점을 묻자 이회창은 노무현에 대해 "노 후보는 자기감정을 솔직히 표현하는 것이 장점"이라고 말했다.[86)]

이러한 솔직한 감정은 기존의 사회에서는 보지 못하는 것들이었다. 정치권을 예를 들면 정치권 인사들은 언제나 밀실정치를 즐겼다. 밀실정치는 국민들 앞에서 공개적으로 이야기하는 것이 아니라 자신들만의 공간에 숨어서 이야기

---

83) 신동아, 2001년 1월호, p.147
84) 문화일보, 2002년 12월 20일자 33면, 노무현 시대 열리다 - 노사모 창립자 이정기 씨 "지지한 만큼 비판도 서슴없이"
85) 문화일보, 2002년 12월 20일자 33면, 노무현 시대 열리다 - 노사모 창립자 이정기 씨 "지지한 만큼 비판도 서슴없이"
86) 대한매일, 2002년 12월 3일자 5면, 선택 2002 - "盧 젊고 솔직" "李 집념 대단"

하는 것이다. 이미 자신들의 공간에서만 이야기한다는 것은 이미 무엇인가를 숨긴다는 것을 의미한다.

자신들의 솔직한 마음을 이야기하지 않기 때문에 속마음과 겉으로 이야기하는 말들이 따로 놀았다. 이는 언제든지 먼저 한 말들이 뒤에 바뀔 수 있다는 것을 의미했다. 이렇게 먼저 한 말과 뒤에 한 말이 다를 경우에는 그 사람이 하는 말들에 대해서는 믿지 못하는 현상이 벌어진다. 이것이 정치권에 대한 불신이다.

이러한 불신은 노무현에 대한 주목을 낳게 했다. 노무현은 자신의 감정, 생각을 솔직하게 이야기한다. 노무현이 왜 이렇게 솔직한 면을 강조하는 것인지는 그가 말한 다음 대목에서 드러난다.

우리의 사고 틀에 대한 이야기를 해야겠다. 보수냐, 진보냐 지역주의냐 하는 데 가장 중요한 틀이 있다. 지금 많은 사람들이 말하고 있는 것은 '정치는 믿을 수 없다', '정치인은 거짓말쟁이다.' 이런 것이다. 이런 불신을 신뢰로 바꾸는 것이 한편으로는 추상적이긴 하지만 가장 기본적인 거다. 거짓말을 하지 않는 지도자, 사심이 없는 지도자가 필요하다.[87]

보수냐 진보냐 하는 논의보다 당장에 사람과 사람 사이, 정치인과 국민들 사이의 신뢰의 회복이 중요하다고 생각하여 왔고 이러한 신뢰를 극복하기 위해서 항상 솔직하게 자신의 사고나 행동, 동기, 처지, 감정에 대해서 이야기하려고 노력했다. 이는 다르게 보면 자신이 권력을 쫓는 정치인이라는 사실을 인정한 것이다.

인터넷은 그가 취한 소통과 대화성의 상징이었다. 숨기는 것이 많은 사람들이라면 인터넷을 통하거나 그것이 가지는 소통성을 이야기할 수 없다.

---

87) 노무현, 객석에서 보내는 이인제 세대 교체론에 대한 반박, 사회평론 길, 1997년 11월, p.67

인터넷은 노(盧) 당선자를 낳게 한 또 하나의 주요한 변수였다. 한나라당의 각종 폭로 공세와 일부 강경 보수층의 목소리는 채 반나절도 안 돼 인터넷의 바다를 돌고 돌아 대부분 조소(嘲笑)의 대상으로 전락했다. 오프라인은 조용했지만 인터넷은 시끄러웠다.[88]

사실 이번 선거에서 노 후보의 상대는 한나라당이 아니라 거대언론이었다는 지적이 나올 만큼 거대 보수언론과 노 후보는 사실상 전면전을 벌였다. 조·중·동이 전체시장의 70%를 차지하고 있는 상황에서 노 후보는 대안으로 인터넷을 선택했다. 노 후보의 인터넷 선거에 대한 열의는 올 봄부터 선거캠프의 최대 핵심사업이라 할 만큼 비중이 높았다. 그런 덕분인지, 인터넷 덕택을 톡톡히 보았다는 게 노 후보의 자평이다.[89]


감정을 많이 쌓아 두는 것을 피하는 사람은 마음에 쌓아 두는 것이 타당하다고 생각하지 않는다. 자신의 의사를 표현하는 데 관심을 둔다. 이러한 사람들은 뒤끝이 없다. 마음에 쌓아 두지 않는 사람은 직선적이고 솔직한 표현을 즐겨한다. 이러한 유형의 사람은 솔직하고 직선적인 어법을 구사할 가능성이 많다. 참여정부에서 크게 달라진 것 중의 하나는 대통령의 구어체(口語體) 어법이다(경향신문, 2006. 6. 23). 대통령이 참모들이 잘 다듬은 문어체보다 자신의 속마음의 직설적 표현을 선호하기 때문이다. 공석에서 화투판의 '운칠기삼(運七技三)'이라는 말을 쓰고, "성질을 한 번 보여주고 싶었는데 …" 등의 어법을 썼다. 솔직 어법을 쓰는 것은 바로 마음에 쌓아 두는 것에 대한 거부감이 있기 때문이다.

### ♪ 노무현 코드 5. 서민의 문화코드

문성근은 노무현을 지지하는 이유에 대해 "점점 서민의 삶이 고달파지는데 노무현은 성장도 서민적이고 정책도 서민에게 맞춤하지 않나?"라고 말했

---


88) 중앙일보, 2002년 12월 20일자 3면, 막 오른 노무현 시대 - 민심은 '젊은 한국'을 선택했다
89) 프레시안, 2002년 12월 18일자, 노무현 단독 인터뷰

다.[90] 노무현은 1946년 9월 1일, 이른바 까마귀도 먹을 것이 없어 울고 돌아갔다는 경남 김해군 진영읍 본산리 봉하 마을에서 과수원을 하는 노판석과 이순례의 3남 2녀 중 막내로 태어났다.

노무현의 대창초등학교 학적부에는 '소농(小農)으로 생활은 하류(下流)'라고 생활수준이 적혀 있다. 1959년 진영중학교에 들어갈 때도 입학금이 없어 '외상'으로 입학했다. 공납금이 원인이 된 1년간의 중학 휴학, 상고 진학(부산상고), 고교시절의 야간경비, 차가운 교실바닥에서의 숙식, 농협 입사시험 낙방 등이 가난의 편린들이다. 중학교 3학년 때 조그만 복숭아 과수원마저 빚에 쪼들려 처분됐고, 집안의 어려움은 더 심해졌다. 그는 오로지 장학금을 받기 위해 부산상고에 진학했다. 방을 얻을 형편이 못돼 교실 바닥에서 새우잠을 자기도 했다.

그는 부산상고를 졸업하고 어망회사에 일한 대가를 받아 쥐고 그 형편없음에 절망하며 집으로 돌아온다. 노무현은 고향마을 산기슭에 마옥당(磨玉堂: 옥을 가는 집)이란 집을 짓고 고시공부에 매달린다. 이 무렵 책값을 벌기 위해 울산의 한국비료 공장 건설현장에서 막노동을 했고, 이 세 개가 부러지는 사고를 당한다. 그가 어망회사나 건설현장 노동자 생활을 해보았기 때문에 노동자에 대한 애정이 있었고, 노동현장에서 인권변호사 생활을 할 수 있는 계기가 되었다. 그는 고시공부를 하던 가운데 군에 입대해 강원도 최전방에서 복무했다. 그가 전방에서 근무할 때 찍은 사진들은 많은 화제를 낳기도 했다. 이러한 점은 다른 사회지도층이 병역 기피하는 것과는 다른 점이라 그의 지지자를 불러 모으는 역할을 했다. 제대 후 권양숙을 만나 연애결혼을 한다. 2002년 장인의 좌익 활동 문제가 불거지자 4월 6일 민주당 대선후보 경선 연설에서

---

"나보고 아내를 버리란 말입니까."라고 말해 세상의 주목을 받았다. 2009년, 노무현은 결국 아내의 허물을 끌어안으며 아내를 버리지 않았고, 자신의 목숨을 버리게 된다.

2002년, 한 네티즌은 노무현을 찍은 이유에 대하여 다음과 같이 말했다.

왜 노무현 찍었냐고요? 그 이유는 다음과 같습니다.

첫째, 농사짓는 집안에서 태어나도 열심히 노력하면 대통령 될 수 있는 나라를 만들기 위해서.

둘째, 고등학교밖에 안 나와도 열심히 노력하면 대통령 될 수 있는 나라를 만들기 위해서.

셋째, 지역감정에 편승 않고 맞서 싸워도 대통령 될 수 있는 나라를 만들기 위해서.

넷째, 돈 없고 빽이 없어서 강원도 최전방에서 말단사병으로 박박 기다 나와도 국군 최고 통수권자가 될 수 있는 나라를 만들기 위해서.

다섯째, 원리원칙대로 살다가 이리 배신당하고 저리 치여도 소신대로 살면 언젠가는 그 보답을 받는다는 선례를 우리 아이들에게 남겨주고 싶어서.


변호사 생활 이후 민주화운동 과정에서도 그의 가난에 대한 경험은 많은 부분 그의 말에서 드러났다. 1988년 12월 26일 현대중공업 파업 현장을 방문한 노무현. 1만 8,000명의 현대 중공업노조원이 모인 가운데 국회의원 노무현의 강연이 열린다. 노무현은 다음과 같이 말한다.

여러분, 이번 여러분의 파업은 법률상 위법입니다. 그런데 법도 여러 가지 법이 있습니다. 저 산동네의 철거민을 보십시오. 그 사람들도 하루 종일 일하고 퇴근해서 따뜻하게 등 눕힐 수 있는 구들장이 필요하고 그 사람 자식들도 밥 먹던 상이나마 행주로 닦아 책 놓고 공부할 수 있는 방이 필요합니다. 그런데 법에 위반되었다고 무허가라고 집을 뜯어 버립니다. 노점상들도 그렇습니다. 입에 풀칠을 하려고 나와 있는 노점상들을 도로 교통법에 걸어 목판을 차버립니다. 그들 중 어떤 사람들은 집에 불이 나 다섯 가구가 몽땅 타

버렸는데 피해액이 백만 원도 안 돼는 경우도 있습니다. 그들에게 목판 하나는 전 재산입니다. 밥 못 먹게 하는 법, 그것은 법이 아닙니다. 노동자가 놀면 세상이 멈춥니다. 잘났다는 대학교수, 국회의원, 사장님 전부가 뱃놀이 갔다가 물에 풍덩 빠져 죽으면 남은 노동자들은 어떻게든 세상을 꾸려나갈 것입니다. 그렇지만 노동자가 모두 염병을 얻어 자빠져 버리면 우리 사회는 그날로 끝입니다. 그럼에도 불구하고 법률, 경제, 사회관계 등 모든 것을 만들 때 여러분이 만듭니까? 그게 바로 오늘 한국의 노동자가 말하는 노동자가 주인 되는 세상입니다. 그런 사회를 위해 우리 다함께 노력합시다.[91]

이 글에는 서민과 노동자에 대한 노무현의 생각이 깊게 묻어나고 있으며, 이는 실제 그가 살아온 경험이 그대로 배어 있다. 이러한 노무현의 삶과 삶이 배어있는 이미지는 상대적으로 정치인들이나 사회지도층 인사들이 가지고 있는 이미지와는 전혀 다른 것이었고 이것이 서민후보, 서민을 대표한다는 문화코드를 제공하게 된다. 또한 2002년은 사회지도층 인사들에 대한 일반 사람들의 실망과 분노가 교차되었던 한 해였다. 따라서 노무현의 삶은 사회지층이나 사회상위층에 대한 거부감 사이에서 눈길을 끌게 되었다. 이러한 점은 승리의 원인으로 지적되고 있다. 노무현은 "부당하게 짓밟고, 그에 항의한다고 더 밟고 '맛볼래' 하며 가족을 뒷조사하고 집중적으로 조지는 특권에 의한 횡포는 용납할 수 없다(2003. 8. 2, 제2차 참여정부 국정 토론회)."라고 말하기도 했다. 이는 민주당 대선 후보 경선이나 16대 대선의 결과를 평가하는 데 동일하게 나타났다.

이인제 고문의 핵심 참모인 한 재선 의원의 분석도 이와 비슷하다. 이회창 총재의 빌라게이트와 대통령 아들의 게이트 연루설이 터져 나오면서, 우리 사회의 학벌 좋고 가문 좋고 돈 있는 기득권층에 대한 반역의 기운이 일고 있다. 이 때문에 보수, 기득권, 세력의

---

91) 월간 말, 2002년 6월, p.160

이미지가 있는 이인제 고문도 덤으로 무너지고 있다. 이 밖에 노 고문이 갑자기 뜨는 이유를 설명할 길이 없다.[92]

선거 분석과정에서 간과됐던 하나의 변수는 바로 8월 이후 2개월 넘게 지속됐던 총리 인사 청문회였다. 대학 총장, 경제신문 사장, 대법관 등 우리 사회의 핵심 주류 인사들이 차례로 등장했던 이 자리는 기존 사회지도층의 도덕성에 대한 일반 국민들의 의문을 확산시켰다. 노(盧) 당선자가 일관되게 "가난한 농민의 아들로 태어난 허물없는 후보", "등록금, 집 마련 걱정 등 누구보다 서민의 아픔을 잘 아는 후보"라고 강조하며 상대를 지칭한 '특권층 후보'와 대립각을 세워나간 데에 청문회 신드롬이 영향을 미쳤다는 게 노(盧) 당선자 측의 분석이다. 노(盧) 당선자의 승인을 한 줄로 정리하면 '시대의 바뀐 흐름을 읽고 같은 방향으로 순응했다'는 점이다.[93]


부정부패, 비리 등 도덕성에 많은 논란이 있었던 2002년은 문화적인 키워드로 서민, 그리고 보통 사람들의 삶이 많이 부각되려 한 해였다. 이러한 키워드를 단적으로 대변해 주는 후보가 노무현이었던 것이다. 〈집으로〉라는 영화의 할머니에 대한 일상성을 주목하게 하였다. CF의 카피인 '부자되세요~'는 우리 모두는 부자가 될 수 없다는 현실에서 다소나마 위안이 되는 심리를 반영하는 것이었다. 로또 복권의 열풍 또한 이러한 서민의 현실에 대한 절망, 그것을 탈출하고자 하는 의지가 배어 있는 것으로 볼 수 있다. 지식정보화 시대의 상대적 박탈감은 1997년 IMF 위기 이후의 20 - 80의 사회 심리적인 요소와 함께 이러한 역설적인 상황을 만들어 냈다.

서민의 코드는 그를 대통령답지 않다는 이미지 프레임으로 끊임없이 괴롭게 했다. "지금 우리 국민은 대통령에 대해 두 가지 잣대를 갖고 있다. 하나는 친구 같이 친근감 있는 대통령을 원하면서도 실제 그렇게 행동하면 권위가

---

92) 한겨레21, 2002년 3월 28일자 제401호, p. 9
93) 중앙일보, 2002년 12월 20일자 3면, 막 오른 노무현 시대 - 민심은 '젊은 한국'을 선택했다

없다, 너무 나선다, 가볍다, 말이 많다는 지적을 한다(2004. 1. 10, 청와대 비서진 워크숍)."라는 말을 보면 국민에게 책임이 있는 듯이 보인다. 노무현 대통령이 수평적 리더십을 추구하려 해도 그는 한 나라의 최고지도자의 대접을 받아야 했다.

장수가 투구가 찌그러지고 갑옷이 누더기가 되면 똑같은 실력과 법적 권한을 갖고 있어도 영(令)이 안 선다(2004. 10. 28).

해일처럼 밀려온 여론 앞에 책임의 소재조차 제대로 밝히지 못한 상태에서 장수를 떠내려 보내는 것은 인사권자로서 부끄러운 일이 아닐 수 없다(2005. 3. 18).

대통령은 소속 정당의 많은 의원들의 의견을 존중해야 하나, 독자적인 소신에 따라 판단해야 한다(2003. 3. 14).

### ◢ 노무현 코드 6. 경계인 – 역동적인 현실적 진보

1998년 8월 노무현은 현대 자동차 노사협상 중재자로 울산에서 8월 18일부터 6일 동안 중재에 나선다. 현대자동차 사태는 회사 측이 정리해고가 법제화된 것을 계기로 4월 19일 노동자 8천 189명을 해고하겠다는 통보를 하면서 시작되었다. 이로써 8월까지 여섯 차례의 파업에 회사는 세 차례의 휴업으로 맞섰다. 이 과정에서 보여준 대화를 통한 중재는 하나의 신선한 충격이었다. 그러한 신선한 충격은 충격에만 머문 것이 아니라 중재라는 결과를 만들어 내었다. 정범구는 다음과 같이 평가했다.

노 부총재가 노사분규를 대화로 푸는 데 일등공신 역할을 한 것이다. 그 동안 노사 간의 극단적 대결에 이어 공권력 투입에 의한 사태 해결방식에 익숙해져 있던 우리에게 대화를 통한 노사분규 해결은 하나의 신선한 충격이었다. 그런데 노부총재는 언론과 재벌에게 감사나 격려의 인사를 받기는커녕 집중포화를 맞았다. 심지어 김대중 대통령마저도 결승골이 아닌 자살골로 판정했다.[94]

노무현 대통령의 측근 이광재 의원은 2009년 5월 27일 법원의 구속집행정지 허가로 일시석방되자 이렇게 말했다. "정말 돌아보지 마시고 이젠 정말 주변인이 서럽지 않은 좋은 나라 가시길 빈다."라며 흐느꼈다. 이광재 의원의 이 말은 "평생 비주류로 살다 비통한 죽음을 맞은 노무현 전 대통령을 애달파하는 말이었다."라고 해석되기도 했다.[95] 이러한 말은 노무현이 비주류 주변인에 머물렀으며 자칫 중심, 주류에 대한 열등감이 있는 것으로 비칠 수 있겠다. 사실 노무현은 비주류나 주변인이라기보다는 경계인이었다.

언제나 새로운 것은 제대로 된 평가를 받지 못한다. 그가 노동 투사에서 노동 중재자로 나선 것은 매우 의미 있는 행동이었음에도 여권에서, 노동계 어디에서도 제대로 평가하지는 않았다. 노동계가 보기에 그것은 노동자보다는 사용주를 위한 타협이라는 인식이 강했다. 또한 여권의 입장에서는 노동계에게 양보를 한 것으로 비쳐졌다.

노무현이 이러한 새로움을 추구하는 것은 일종의 법과 사회과학적인 인식에서 실용주의적인 방식의 사고 체계로 바뀌면서 특징적인 면으로 만들어진 것이다. 노무현은 1987년 이후 앨빈 토플러의 ≪제3의 물결≫이나 ≪미래 예측≫ 같은 책을 읽어볼 것을 주위에 있는 이들에게 권했다. 그가 1990년대 중반 이후의 원외 정치인 시절 정보기술 분야에 몰두한 것도 같은 맥락이다. 정보통신에 대한 그의 관심은 젊은 세대에게 많은 지지를 이끌어낼 수 있었다. 단지 그가 그런 이미지만을 가지고 있는 것이 아니라 실질과 본질을 갖추었다는 것이다.

1993년 지방자치실무연구소를 차린 직후 당시 대기업에서 보기 드물었던 근거리통신망(LAN)을 사무실에 설치했고, 회원 관리를 위한 전산프로그램 개

---

94) 월간 말, 2002년 6월, p. 161
95) 오마이뉴스, 2009년 5월 27일자, "너무 불쌍해요, 너무…" 끝내 흐느낀 '노무현의 이광재'

발에 나섰다가 인명 종합데이터프로그램인 '노하우 2000'을 개발해 참모들을 놀라게 하기도 했다.[96]

그가 끊임없이 시도를 한 것을 예로 들면 2005년 7월 28일, 권력의 반을 내놓겠다고 한 대연정 제안이다. 2005년 8월 25일, KBS TV '국민과의 대화'에서 대연정을 제안하며 이렇게 말했다. "권력을 통째로 내놓는 방안도 검토하겠다." 자신이 그렇게도 비판한 한나라당에게 권력의 반을 내놓으면서까지 그가 이루려고 한 것은 지역구도의 탈피였다. 권력 조정을 원하지 않는 한나라당의 거절을 당했을 뿐 아니라 여당의 반발까지 불러왔다. 결국 이쪽에서도 저쪽에서도 인정을 받지 못한 채 레임덕 현상을 더 앞당기기도 했다.

이러한 새로움을 추구하는 사람들은 정책가의 가장 중요한 특징이다. 원칙적인 가치들을 실제 현실에서 어떻게 관철시킬 것인가를 고민해야 한다. 이러한 행동에는 단순히 법적인 사고만을 위주로 생각해서 되는 것도 아니고 단순히

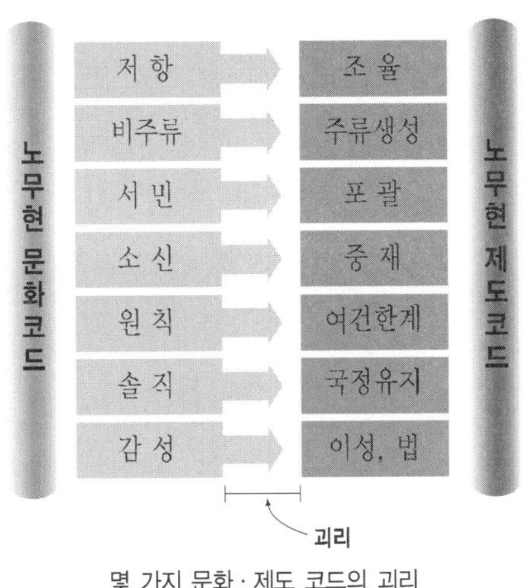


몇 가지 문화·제도 코드의 괴리

---

96) 동아일보, 2002년 12월 4일자 8면, [이회창 對 노무현] (2)지적 편력

이념적인 사고만을 가지고도 안 된다. 그것은 모든 것을 아우르는 상태이어야 한다. 정책은 종합적인 예술이라는 말이 여기에서 다시 나온다. 예술은 새로움과 창조성을 기본으로 한다. 따라서 정책은 끊임없이 창조성과 새로움을 가지고 있어야 하며, 이는 현실이 끊임없이 요구하는 것이다. 정책가는 그것을 끊임없이 반영하는 수단과 방법을 고민해야 하고, 이는 단지 방안을 연구하는 연구위원이 아니라 실제 다양한 사회집단 사이에서 행동하는 실천가이다.

# 제 3 장

# 진정성 실천, 십자가를 만나다

제도적 틀 안에 들어간 노무현이라는 정책가가 노동가, 시민운동가나 재야 정치인과 다른 점이 무엇인지 정책구조에서 검토하고자 한다. 노무현에게 시민운동가나 재야인사의 문화코드로 적용하는 것은 노무현을 실패했다고 규정하기 때문이다.

## 1. 왜 노무현은 촛불 시위에 가지 않았나

2002년 12월 당시 네티즌, 시민사회 단체들은 노무현 후보에게 적극적인 형태의 반미 시위 참여를 요구했다. 이회창 후보에게는 시위참여 자격이 없기 때문에 아예 오지도 못하게 했다. 민주노동당과 사회당은 시위에 적극 참여했다. 소파개정 등 일련의 반미 기류에서 가장 많은 관심을 받는 것은 노무현이었다. 미국에 대한 강경 발언을 한 바 있고, 그의 사회적 정치적인 이력을 감안하면 미국에 대해 강한 발언을 할 것 같았다. 어찌되었든 후보 중에서 가장 많은 욕을 먹는, 먹었던 사람은 노무현이었다. 이회창 후보 측에서는 반미를 선거에 이용한다는 비난을 받았지만 애초에 기대도 안 했다. 언론들도 싸잡아 반미를 선거에 이용한다고 공격했다. 공세를 취하지 않아도 이루어지는 일방적인 공격이었다. 진보정당을 자처하는 이들도 마찬가지였다.

12월 9일, 민주노동당의 김종철 대변인은 노무현에게 "보수층을 겨냥해 서명을 거부하는 행위는 기회주의적인 것"이라고 말했다. 사회당은 12월 8일 "미선이 효순이는 '대한민국'을 외치지 않는다."는 제하의 논평을 내고 "노 후보, 당신은 두 중학생이 죽고 6개월이 지나는 동안 무엇을 했는가? 미군 무죄 평결을 규탄하고 살인 미군 처벌을 요구하는 민중들의 대열에서 당신은 단 한 번도 모습을 보이지 않았다"고 노 후보의 소극적 대응을 비판했다.

노무현이 무엇보다 많은 욕을 먹었던 것은 다름 아닌 그를 지지하는, 혹은 그래도 그에게 호감을 가지고 있는 개혁적인 성향의 사람들에게서였다. 그럼에도 서명하지 않고 시위운동에 참가하지 않을 것임을 천명하고 했다. 노무현은 12월 9일 '여중생 사망사건 범국민대책위원회' 관계자들을 만나 "정부는 주권국가로서 현재의 SOFA 규정만이라도 제대로 운영하도록 해야 한다."며 "아울러 제도 자체의 개정 요구를 서둘러야 하고 미국 대통령의 사과를 요구하는 것도 당연하다"고 밝혔다.

"이번 사건과 그 사건의 처리과정에 대한 국민들의 분노는 오랜 시간 겪어온 한미관계의 역사 위에 있는 것"이라며 "지금 국민들의 분노는 '반미'라기보다 주권국가로서 국민적 자존심을 회복하자는 당연한 요구로 받아들인다."고 말했다. 그러나 노무현은 SOFA 개정을 위한 공개 서명 등을 요구하는 범대위 관계자들에게 "정치지도자가 서명을 하고 시위에 나서는 것은 시류에 영합하는 것"이라며 "시민운동은 조금 앞서나가더라도 정치인은 적절한 수준으로 중심을 지키면서 문제를 해결해 나가야 한다."고 밝혀 서명운동에 동참하지 않겠다는 기존 입장을 고수했다.

여기에서 중요한 말이 "시민운동은 조금 앞서나가더라도 정치인은 적절한 수준으로 중심을 지키면서 문제를 해결해 나가야 한다."는 말이다. 여기에서 정치인은 정책가, 대통령을 포함하는 것이다. 이 말을 통해 노무현 후보가 보수층을 겨냥하고 있기 때문이라고만 말할 수 없다는 것을 알게 된다. 그는 자신이 정치인을 솔직하게 인식하고 밝히고 있다. 정치인은 법과 제도를 통해 정책을 결정하고 집행 해내는 정책가의 하나다. 그가 일개 개인이라거나 대통령후보가 아닌 시민운동가라면 서명운동도 하고 시위에 적극적으로 참여하겠다고 말한다.

2002년 12월 7일 오후 대구 서문시장에서 열린 후보 연설에서 촛불시위에 참여하지 않는 이유에 대해 다음과 같이 이야기한다.

오늘 저녁 전국의 많은 시민들이 효순이와 미선이의 죽음을 애도하는 촛불시위를 한다고 한다. 나도 이 시위에 참여하거나 적어도 격려라도 해야 하는 것이 아닌지 고민을 많이 했다. 국민 여러분께 죄송하다는 말을 하고 싶다. 정치를 제대로 했더라면 이런 억울한 일이 없었을 텐데, 전 국민이 이렇게 억울한 마음을 가지지 않았을 텐데.

그동안 말을 참아왔다. 선거를 앞두고 있어서다. 너무 나서면 두 어린 여중생의 죽음을 선거에 이용하려 한다고 할까봐 그랬고, 또 아무 말도 안하려 하니 미국의 눈치를 보는 사람들의 표를 의식해서 그런다고 그럴까봐 (마음이) 편치 못하다. 나로서는 그동안 침묵했던 것이 참으로 죄송하고 미안하다. 지금이라도 이 자리를 빌려 여러분께 사과한다.

오늘 저녁 시위에는 참여하지 않으려고 한다. 두 가지 이유 때문이다. 오늘 (촛불시위) 참여가 (국민들에게) 진심으로 받아들여질 것인가, 아니면 선거용 참여로 비쳐질 것인가 때문에 망설여진다. 또 한 가지는 단순히 시민단체 간부이거나 하다못해 정당의 대표만 되더라도 당당하게 참여할 것이다.

그러나 얼마 안 있으면 대통령이 될지도 모른다. 대통령의 말과 행동은 책임이 따른다. 대통령의 발언은 그것이 바로 외교적 발언이 될 수 있기 때문에 신중하게 해야 한다고 생각한다. 후보의 말과 행동도 마찬가지다. 그동안 침묵했던 것에 대해 거듭 죄송하다고 말씀드린다.

그는 괴로웠다. 이를 두고 변절했다느니, 포획되어 같이 썩었다는 표현이 쏟아졌다. 그런 경우도 있지만, 제도 틀 내에 들어갔을 때 겪게 되는 상황을 보지 않으면 오히려 정치적으로 이용당할 수 있다. 그것이 실제 문화·제도적인 코드의 차이에 따른 포획이었다.

노무현은 시민운동가가 아니라 정치가였고, 정책가로 나려 했다. 아니, 그러려 한다고 천명했다. 정책가의 수장은 욕을 먹게 되어 있다. 상대적으로 시민운동가는 욕을 먹지 않는다. 제도 밖이라는 위치도 그러하거니와 원칙적인 가치를 위해 힘쓰는 사람에게 욕할 이는 없다. 그러나 원칙적인 가치를 제도적 현실에서 실현하려는 정책가 같은 이들은 수많은 욕을 먹게 되어 있다. 수많은 가치들이 상호 충돌하는 현장에 홀로 서 있기 때문이다. 수많은 가치들 속에서 제도와 법의 틀에 갇혀 포위되어 있다. 그 속에서 할 수 있는 일은 많지 않다. 더구나 지지가 소수인 개혁적인 그룹은 더 난감하고, 그들이 내세운 개혁적인 작업을 제대로 꾸려가기 힘들다. 그럼에도 나가야 한다.

그래도 그 속에서 하나 지켜야 할 것이 있다. 중요한 것은 욕먹는 것이 아니다. 할 수도 없는 일을 할 수 있다고 책임질 수도 없는 일을 책임지겠다고 하는 것, 그러한 헛말을 통해 국민들을 속이고 우롱하는 짓을 하지 않는 것이다. 원칙적인 가치, 반드시 지켜내야 할 가치라고 하더라도 책임질 수 없는 일을 큰소리칠 수는 없다. 그것은 거짓말이자, 사기이다. 그것이 정치, 정부와 정책, 지식인사회에 대한 불신의 근원이었다. 불신은 모든 행동의 장애이자 공공 정책 집행의 걸림돌이다. 중요한 것은 노무현에게 '진정성'과 그에 따른 '책임'이었다. 제도권 밖에서 하던 소리를 반복하다가 나중에 책임지지 못하고 추락한 이들이 얼마나 많은가. 그것은 그 사람 자질만의 문제가 아니라 제도적 딜레마를 보지 못한 결과이다. 그러한 간과의 결과는 개혁세력에 대한 불신으로 이어지고 보수세력에 반대 급부적인 지지를 낳게 했다. 보수, 개혁을 떠나 욕을 많이 먹어도 하지 못하는 것은 하지 못한다고 말하는 것이 제도와 법 안에서 정책을 만들어가는 이의 기본이다.

자신할 수 없는 것, 이를 솔직하게 밝히는 것이 중요했다. 현재의 제도와 법, 정책 시스템, 한미 관계로는 힘들다고, 아니 불가능하다고 더 솔직하게 이야기해야 했다. 그것이 손으로 막을 일을 가래로 막는 일이 생기지 않도록 하는 것이었다. 그래야 국민이 힘을 실어준다.

그것이 시민을 속이지 않는 것이며 이분법적인 시민사회를 넘어서 신뢰의 정책사회로 가기 위한 첫걸음이자, 시민운동가가 아니라 정책가가 할 일이기 때문이다. 정책가의 수장이 되려면 욕을 먹더라도 좀 더 솔직해야 했다. 솔직 뒤에 진정한 지지가 있다.


## 2. 노무현의 믿음: 약자가 강자, 강자가 약자


노무현은 약자가 강자이며, 강자가 약자라는 사실을 믿었다. 전두환을 강자라고 생각하는가 아니면 문익환을 강자라고 생각하는가 하는 질문을 던져볼 수 있다. 이 질문이 유효하기 위해서는 시대적인 배경을 현재가 아닌 1980년대로 옮겨 보는 것도 좋을 듯하다. 당시 전두환은 무소불위의 권력을 가지고 있었다. 그리고 많은 사람과 조직, 돈까지 가지고 있는 상태였다. 반면, 문익환 목사는 아무 것도 가진 것 없이 민주화 운동을 하고 있을 뿐이었다. 전두환은 절대강자였다.

그러한 절대강자에 항거하는 편에 문익환은 있었다. 전두환은 강자요, 문익환은 약자가 되는 셈이다. 그러나 반드시 이럴 것이라고 생각할 수는 없다. 겉으로 보기에는 전두환이 강자요, 문익환은 약자지만 속내로 보면 이것이 뒤

바뀌기 때문이다. 전두환은 12·12군사쿠데타를 통해 집권을 했으며 국민들의 민주화 요구를 탄압했다.

그것은 역사적인 죄이다. 죄를 지은 사람은 아무리 권력이 많고, 인원과 돈이 많더라도 약자일 수밖에 없다. 그러나 문익환 목사는 돈도 권력도 없지만 역사의 죄를 바로잡으려는 사표인 셈이다. 이는 절대강자임을 밀해 준다.

재벌들은 매우 많은 부와 조직, 자산을 가지고 있다. 한국사회에서 한국 경제에서 분명 강자의 모양을 가지고 있다. 그러나 노동자는 상대적으로 가진 것도 없고, 자신이 영향을 미치는 범위는 매우 제한되어 있다. 이렇다고 할 때 강자는 재벌이고 노동자는 약자가 된다. 그러나 재벌은 정경유착, 족벌경영, 부당내부거래, 상호지급보증 등 부정한 방법으로 경영을 해왔으며 노동자들에게 정당한 대가를 지불하지 않는 방식으로 부를 키워왔다. 따라서 그들은 약자이다. 반면, 노동자는 강자가 되는 셈이다.

이러한 노동자가 조직을 만들고 그것이 하나의 힘을 발휘하면 강자의 모습을 보이게 된다. 그것은 권력이나 금력에 따른 강자가 아니라 도덕적·가치적인 측면에서 말하는 강자이다.

그러나 노동자가 자신들의 이익만을 위해 조직을 만들고 무리하게 사회적인 요구를 하는 경우에는 치명적인 약점을 가지게 된다. 노동자는 자신의 이익이라는 측면보다는 정당한 대가가 주어지는 사회에 매진하는 존재기반을 갖게 되는 것이기 때문이다.

영국의 대처가 강력한 노조를 깨는 데 사용했던 방법은 이 방법이었다. 노조와 노동자는 사회적인 가치와는 상관없이 자신들의 이익만을 추구하는 집단이라는 인식을 국민적으로 확산시켰던 것이다. 이러한 인식이 확산되었을 때 노조탄압이 노조에 대한 정당한 처벌이 되는 셈이다. 만약, 노동자나 노조가 자신들의 이익을 사회적으로 우선하여 일방적으로 내세우게 되면 그것은 치명타를 맞겠다는 것을 선언한 셈이 된다. 대처는 국민적으로 노조는 자신들의 이익만을 채우는 집단이라는 인식을 확산시킨 사이에 노조를 깨고 강력한 신자유주의 방식의 대처리즘을 이루었다.

2002년 대선에서 이회창, 노무현, 권영길 이 셋 중에 강자는 누구였나. 가장 강자는 겉으로 보면, 이회창, 노무현, 권영길의 순이었다. 이회창은 강력한 과반수 이상의 한나라당 대통령후보였다. 그리고 한나라당의 의원과 조직은 아직도 한국사회에서 기득권을 많이 가지고 있는 이들의 지지를 받고 있었다. 대기업과 재벌은 대부분 한나라당과 이회창을 지지하고 있었고, 의사집단도 한나라당과 이회창을 지지하고 있었다.

반면, 민주당의 노무현은 비록 여당의 대표였지만 강력한 지지를 받고 있지 못했다. 소위 조직도 계파도 돈, 인맥도 없는 셈이었다. 당은 이미 정부와 분리된 상태였다. 더구나 민주당은 한나라당에 밀려 여당임에도 영향력이 약했다. 이때 김원길, 박상규, 전용학 등 많은 의원들이 한나라당으로 옮겼다. 노무현은 대통령 후보였지만, 단일화를 요구하는 당 내의 다수에 밀려날 판이었다. 뒤늦게 단일화 이후 지지가 모아졌을 뿐이다. 그를 지지하는 많은 이들은 기득권을 가지고 있는 이들이 아니라 그렇지 않은 사람들이 대부분이었다.

권영길의 민주노동당은 원내에 의석이라고는 한 석도 없는 상태였다. 돈이나 조직 면에서도 밀리는 것이 가장 확실한 후보였다. 매우 약한 약자의 모습 그대로였다.

그러나 한나라당은 권영길의 말처럼 부패 원조당이었고, 민주당은 부패 신장 개업당이었다. 반면 민주노동당은 부패와는 거리가 멀었다. 기존 정치와는 먼 패러다임을 가지고 있었기 때문이다. 더구나 언제나 약자인 노동자를 대변하는, 민노총을 기반으로 하는 당이기 때문이다

이는 조직적인 열세에도 불구하고 민주노동당이 가지는 강자로서의 모습이

다. 그러나 민주노동당이 아직은 그렇게까지 규정할 수는 없지만, 노동자 위주의 정책을 내세우는 경우에는 도덕적 강자일지라도 열자(劣者)의 위치에서 벗어나지 못할 가능성이 있다. 16대 대선 2차 토론회에서 권영길이 관리직은 노동자가 아니라고 한 맥락의 발언은 이의 위험성을 제기하는 것이다. 그럼에도 민주노동당은 강자이다. 강자라는 것은 떳떳하다는 것에서 드러난다.

그런데 노무현은 어떻게 평가해야 하는가가 문제다. 권영길은 도덕적으로 우월한 강자이다. 한나라당은 물질적인 현실에서 강자이다. 도덕적으로는 약자이다. 그렇다면, 노무현은 강자도 아니고 약자도 아니다. 어중간한 위치가 되어버린다. 어떻게 보면 가장 약자였던 것이다. 김대중의 자산과 부채를 승계 한다는 측면에서 보자면 분명 김대중이 가지고 있는 도덕적 짐을 지는 것까지 포함한다는 것을 말한다. 따라서 노무현 자신은 도덕적으로 홀가분할 수 있을지라도 이러한 짐에서 벗어날 수 없다. 더구나 양 김의 도움으로 노무현이 성장할 수 있었다는 것은 부인하지 못한다. 따라서 정치적 역학상 도덕적인 강자가 될 수 없었다.

물적 가용자원의 측면에서 조직이나 물질적인 기반을 보아서도 노무현은 절대적으로 열세였다. 노무현을 골수로 지지하는 사람들의 많은 이들은 자본주의 체제를 옹호하고, 이 속에서 개인의 자유와 권리를 보장하는 선에서 개혁이 이루어져야 한다는 점을 밝힌다. 자본주의가 인간과 자연을 분열시키고 상품화시키며 일부 계급을 위해 많은 다른 상대자들의 몫을 앗아가는 현실을 인정한다. 그러나 민주노동당은 이런 점을 용인하지 않는 그룹들이 다수 포진하고 있다. 사안에 따라서 법과 제도의 틀보다는 근원적인 가치를 더 중요하게 우선한다. 근본가치 지향의 많은 계파가 존재하기도 한다. 법과 제도를 깰 수도 있다는 인식을 가지고 있다. 이는 대단히 도덕적 윤리적인 힘을 가진다.

그러나 노무현은 법과 제도의 틀에 연연한다. 그런 현실적인 요건에 얽매일수록 도덕적 윤리적인 약자가 된다. 결국, 하나도 강자이지 못한 노무현이 가장 열세인 셈이다.

이러한 점은 노무현의 딜레마를 이루는 한 가지 요소가 된다는 것이다. 노무현은 어중간한 위치에서 중산층과 서민, 민족의 통합을 위한 개혁을 시도하려 했다. 법과 제도에 연연해하면서 개혁을 추구하는 것은 매우 힘들다. 그것은 어느 한쪽이 아니라 모든 층을 아울러야 하는 것을 의미하기 때문이다. 더구나 분배성과 형평성을 추구한다는 것은 더욱 쉽지 않은 일이다. 이러한 측면을 제도와 법 틀 안에서 하겠다는 것은 양쪽의 불만족을 불러일으키기 딱 알맞다. 의미 있는 개혁작업들도 이러한 평가 분위기 속에서는 제대로 된 대접을 받기 힘들다. 결국 노무현은 의미 있는 개혁작업들을 추진하지만, 결국 김대중 정부와 같은 결과를 초래할 가능성이 컸다. 즉, 양쪽에서 비판을 받으며 실패한 정부라는 평가 말이다. 더구나 노무현 정부는 지속적으로 이들의 정책 추진들을 평가해주는 안정적인 정책 - 정치 세력을 만들어 내지 못하고 말았다. 국민밖에 없었는데, 그 자세한 정책적 메커니즘을 설명하기에는 한계가 많았다.

노무현을 바라보는 시각은 보수 우익만 불안한 것이 아니라 노무현을 찍은 사람들도 불안하게 보았다. 이러한 현상은 왜 일어나는가. 그것은 노무현이라는 인물의 실체나 정책적인 역량을 보는 것이 아니라 다른 준거점을 적용해 노무현을 선택했기 때문이다. 그것은 두 가지라고 우선 지적할 수 있다. 하나는 노무현의 이미지에 따라 선택한 경우이다. 두 번째는 권영길 등 민주노동당, 사회당이 현실적으로 당선되기는 힘든 상황에서 노무현을 찍은 것이다. 비판적인 지지 내지 차선, 차악책이다. 사실상 실제로 노무현을 지지하는 그룹들이 아니라는 점이다. 노무현의 비극은 여기에 있다. 실제로 이회창의 지지율은 거의 변화가 없이 일정한 등락을 했는데 반해서 노무현의 경우에는 천국과 지옥을 오갈 만큼 폭이 심하게 움직였다. 이는 골수의 거대 지지층이 없다는 것을 의미한다. 조·중·동과 보수, 한나라당이 지속적으로 노무현이 실체 없이 이미지 조작을 통해 표를 획득했다는 점을 부각시키는 이유이고, 대선 과정에서 이점을 물고 늘어졌던 까닭이다.

노무현의 변동이 심한 것은 사실 이미지가 많은 작용을 했다는 것이다. 실체가 이미지와 다를 경우에 지지자들은 당황하게 된다. 그것은 지지 기반으로 나타나는 것이다. 그렇다고 노무현이 이미지 위주의 정책 홍보를 계속 추구할 수는 없는 것이다. 아니, 노무현의 정책과 비전은 지속된다. 그것이 법과 제도의 틀에서 현실적인 여건을 통해 대화와 타협을 이루어 가겠다는 노무현이 이미지 사이에 겪게 되는 딜레마이다. 보수언론에서는 이미지를 따른 것을 포퓰리즘이라고 몰아붙였다.

그렇다. 결국 간단치가 않았고, 조·중·동은 변하지 않았다. 변하지 않은 것은 또 있다. 싸움은 이제 부터라는 것이다. 노무현은 강자는 약자이며, 강자는 약자라는 사실을 알았다. 약자들의 편에 서는 것이 결국 강자라는 것을 말이다. 하지만 그 강자들은 너무나 강해서 지지자마저 노무현을 버렸다.

## 3. 생존의 길, 정책 대결

2002년 11월 25일, 노무현은 이렇게 말했다.

민주당은 진보정당이 아니며, 나도 진보노선으로 가려하지 않는다.[97]

---

97) 중앙일보, 2002년 12월 3일자, 대선, 이것이 변수다

그는 이러한 말을 반복했다. 노무현은 지속적으로 정책대결을 강조했다. 실질적인 정책을 통해 차이점을 드러내겠다는 것이다. 노무현은 정책을 강조하는데 오히려 노무현을 지지한 사람은 정책이나 공약을 모르는 현상이 벌어졌다. 다음은 이를 짐작하게 하는 대목이다.

> 우리들은 정책·공약 때문에 노무현 후보를 선택한 것이 아닙니다. 오히려 DJ정부는 잘못한 게 있으니까 정권이 바뀌어야 한다는 생각을 한 사람이 많았죠. 그런데도 이런 결과가 나온 것을 보면 정책보다는 '다 바뀌었으면 좋겠다.'는 생각이 젊은이들 사이에 광범위하게 퍼져 있었던 것 같습니다.[98]

노무현이 정책 대결을 강조하는 이유에는 여러 가지 이유가 있을 수 있다. 우선 흑색선전보다는 공약에 제시되는 정책을 중심으로 이야기하자는 것이다. 선거를 중심으로 이야기해보자. 흑색선전이 난무하는 선거 대결은 정책과는 연관이 없다. 흑색 폭로전은 후보의 실질적인 정책 능력과는 상관없이 상대 후보를 깎아 내리기에 치중한다. 상대방을 깎아 내린다는 것은 이미지를 깎아 내린다는 것이고, 후보가 대통령이 되었을 경우 어떠한 정책을 추진하겠다는 구체적인 내용을 검증하는 장과는 거리가 멀다. 이러한 이미지 네거티브 전략만이 난무하여 유권자의 판단을 흐리게 한다. 주로 이때 사용되는 코드는 부정적인 문화코드라고 할 수 있다.

노무현은 16대 대선에서 한나라당에 네거티브식의 폭로전을 중단하도록 요구하고 민주당에도 이 같은 요청을 했다. 그러나 한나라당은 계속 노무현 후보의 숨겨진 재산을 찾아냈다는 식의 폭로 비방전을 지속했다. 그러나 일반적으로 언론의 평가는 모두 흑색 비방전을 했다는 식으로 분위기를 몰아갔고,

---

98) 조선일보, 2003년 1월 8일자 9면, 2030 난상토론 - 노무현을 지지한 젊은이들, 이회창을 지지한 젊은이들

심지어 시민단체는 구별을 포기하고 모두에게 비판을 가했다. 양비론이다. 차이 없는 일방적인 비판은 얼마든지 역이용 당하는 법.

실질적인 정책 능력이 없는 후보의 경우에는 이러한 네거티브 전략이 유효할 수밖에 없다. 상대방을 깎아 내리기가 상대적으로 자신의 표를 모는 역할을 하기 때문이다. 여기에서 능력이 없다는 것은 정책적인 비전과 역량이 부족하다는 의미이다. 능력 없는 후보가 보수층을 대변한다면 양비론이나 냉소주의는 그의 표를 공고하게 하는데 도움이 될 수밖에 없다. 그런데 한 쪽에서 네거티브 전략을 쓰더라도 한쪽에서는 쓰지 않으면 되지 않는 것 아니냐고 문제제기할 수 있다.

한쪽에서 폭로전을 하면 다른 한쪽에서도 맞대응 할 수밖에 없다. 그 이유는 크게 두 가지이다. 하나는 침묵하는 것은 문제제기에 대한 인정이 될 수밖에 없기 때문이다. 두 번째는 상대 후보가 실제로 나쁜 짓을 많이 했고 이로 인해 부적격자라는 것이 기정사실일 경우이다. 무엇보다 중요한 것은 네거티브전략이 먹히지 않는 구조가 존재해야 하는데 이것이 존재하지 않는 상태에서는 얼마든지 이러한 부정적인 행태가 계속된다는 점이다.

2002년 16대 대선에는 이러한 폭로전 등 네거티브 선거 전략이 먹히지 않았다는 평가가 나왔으나 실제로 먹혀 들어갔다. 막판에 당락을 결정하는데 결정적인 요인이 되지 못했을 뿐이지 여전히 효과를 보았다.

특히, 부동층과 기권층의 확대로 나타났다. 네거티브 전략은 노무현도 똑같은 놈이라는 인식으로 냉소와 불신을 가중시키므로 보수층의 안정된 지지를 받는 이회창에게 유리하게 전개될 수밖에 없었다. 이러한 네거티브 전략이 여전히 먹히는 것을 두고 국민들의 의식수준이 낮아서 그렇다느니, 국민성이 글러 먹었다느니 식으로 극단적인 평가를 하는데, 이는 바람직해 보이지 않는다. 정책이나 정책역량이 아니라 부정적인 문화코드를 중심으로 판단하고 선택하는 문화코드의 포화가 문제이기 때문이다. 여기에서 언론이 중간에 장난을 쳐버리는 것이 위험한 것이지 인간성이나 국민성은 별개의 문제이다. 이러한 문화적 코드 포화가 있는 한 네거티브 선거는 지속된다. 이에 2004년의 선거에서도 똑같은 양상이 벌어질 것임은 분명하다.

그렇더라도 노무현은 흑색선거나 네거티브 전략보다는 정책대결을 강조하게 된다. 그런데 노무현을 지지하는 사람들이 정책이 아니라 노무현이 가지고 있는 문화코드만을 보고 선택했다면 그것은 노무현의 본질은 아니며 오히려 노무현에게 부담으로 작용한다.

그런데 이런 점만이 노무현이 정책대결을 내세우는 이유일까?

김대중 정부의 많은 정책들이 평가받을 때 크게 두 가지 잣대가 사용되었다. 하나는 사회주의 방식이다. 다른 하나는 신자유주의이다. 사회주의라고 말하는 주체들은 주로 보수 내지는 기득권층이라고 할 수 있다. 여기에는 미국식 경제학자 그룹, 재계, 조·중·동, 한나라당, 우익단체 등 광범위하게 포진되어 있다. 신자유주의라고 몰아붙이는 쪽은 소위 노동계를 위시한 노동단체, 민주노동당, 사회당 등의 진보진영을 자처하는 그룹들이다.

이러한 두 가지 잣대는 서로 달라 보이지만 공통적으로 하나라고 할 수 있다. 그것은 두 가지 기준이 이념, 이데올로기로 정책을 모두 재단하고 있다는 점이다. 노무현은 자신이 진보주의 내지 좌파가 아니라고 말한다. 그렇다고 중도좌파라는 용어도 사용하지 않는다. 그에게 지칭되는 좌파, 사회주의자 보수·수구, 신자유주의자는 양쪽 진영에서 붙인 타자적인 기호이다.

2001년, 재벌개혁을 주장하는 김대중 정부의 정책을 사회주의방식이라고 자유기업원 원장은 몰아붙였다. 의사들은 의약분업이 "강제적인 것이므로 사회주의 방식이다."라고 했으며 한국논단은 김대중의 실체가 빨갱이임을 지속적으로 지면화 했다. 수구우익단체는 빨갱이들이 국정을 농단하고 있다고 말했다.

진보진영은 경제위기를 탈출하기 위해 IMF 요구대로 고용 유연화를 허용한 것에 대해 신자유주의라는 잣대를 들이댄다. 민영화, 해외매각을 들어 신자유주의라고 한다. 그러나 신자유주의는 복지부분을 대폭 삭감한다. 그러나 국민의 정부는 오히려 국민기초보장제 등을 통해 복지를 확대했다. 일부 진영에서 이야기하듯이 그것은 너무나 복지수준이 낮게 때문에 별의미가 없다고 한다. 낮다는 기준은 유럽이나 미국의 수준에 기댄 것이다. 한국의, 그리고 노조를 완전히 탄압 파괴한다. 대표적인 것이 대처와 레이건이다. 그러나 탄압한 것은 사실이지만 김대중이 그 정도로 했는지는 의문이다. 단순하게 신자유주의라고 할 수 없는 점이 많다. 무엇보다 신자유주의는 자본과 기업의 요구에 따라 정부가 자발적으로 주도하는 것이다. 그러나 국민의 정부가 신자유주의를 자본과 기업의 이익을 위해 자발적으로 주도했는지 의문이다. 왜 기업과 재계는 국민의 정부를 사회주의라고 하면서 한나라당을 지지하는가.

민영화와 기업의 해외매각이라면 정부가 중간에서 조율할 이유가 없다. 신자유주의라면 정부가 중간에서 여러 의견을 수렴하고 결정할 이유가 없다. 그대로 시장에 맡겨버리면 되기 때문이다. 외국인들의 투자를 적극적으로 유치하는 것을 권영길은 이렇게 평가했다.

> 이회창 한나라당 대통령 후보는 현 정권을 좌파적 정권, 사회주의적 정권이라고 말했는데, 이건 정말 웃기는 시각이다. 정치적 술수에서 그런 얘기를 한 것 같은데, 현 정권은 오로지 뉴욕 월가의 금융국제자본 이익을 대변하는 철저한 신자유주의 정권이다.[99]

현 정권은 오로지 뉴욕 월가의 금융국제자본의 이익을 대변한다는 부분은 누가 보아도 비약이 심하다는 것을 알 수 있다. 뿐만 아니라 외국의 투자를

---

99) 한겨레, 2002년 6월 20일자 6면, 권영길 민주노동당 대표 인터뷰

유지한다고 신자유주의라고 하는 것은 모순이다. 그럼 중국도 신자유주의 정책을 추진하고 있는 셈이고 북한도 그런 추세로 가는 셈이다. 중국 주룽지는 외국 자본의 이익을 대변하는 신자유주의자가 되는 것이었다.

가장 주목해야 하는 것은 국민의 정부가 세계적으로 불어 닥치는 신자유주의에 나름대로 적응하고 피해가면서 대응책을 모색했다는 것이다. 왜냐하면 1997년 외환위기 등은 투기적 금융자본의 횡행이 많은 부분 영향을 미쳤기 때문이다.

세계적으로 신자유주의가 불어 닥치는 와중에 그것을 거부할 것이냐, 그것을 끊임없이 변용해 나갈 것이냐 하는 고민은 세계 15위의 경제 규모국인 한국의 하부구조에서 생각해야 한다. 무조건 거부해야 한다거나 저항해야 한다는 것은 오히려 이 단계에서 진정한 진보는 새로운 상황에 능동적으로 대처해가는 이들이다. 원론적인 이야기를 하는 것은 변증법적 투쟁이 없음으로 진보가 아니다. 일부 수용하여 변용하는 신자유주의라는 이데올로기에 끼워 맞추는 것은 한국 현실을 간과하고 각 개의 많은 정책들을 무시하며 획일화시키는 가운데 정치 헤게모니 투쟁의 도구로만 사용하는 것이다.

손호철은 김대중 정부가 좌파정권은 아니지만, 신자유주의 정권이라고 보았다.

시장경제를 지향하는 신자유주의는 아이러니컬하게도 시장의 작동을 위한 국가의 개입이 어느 정도 불가피한 것이어서 신자유주의적 프로그램을 세계적으로 강제해온 소위 '워싱턴 컨센서스'조차도 신자유주의적 국가주의라는 기이한 용어를 만들어내면서까지 최소한 제3세계에 관한 한 신자유주의 정책에 국가의 개입이 불가피하다는 입장을 밝힌 바 있기 때문이다.[100]

---

100) 중앙일보, 2002년 4월 12일자, [논쟁] 김대중 정부 좌파적인가

신자유주의에 국가의 개입은 필요한 것이므로 국가가 개입했다고 신자유주의가 아닌 것은 아니라는 말이다. 신자유주의에는 국가의 개입이 있어야 하므로 김대중 정부가 개입했다고 신자유주의가 아닌 정부개입이라고만 할 수 없다는 것이다. 이는 국가와 정책이라는 부분을 완전히 간과하는 것이다. 이러한 말은 정부의 역할이 무엇인지도 모르는 정치이론의 논리이다. 정부는 한쪽만을 대변하는 존재가 아니다. 언제나 국가의 개입은 있다. 그것은 앞으로도 마찬가지이다. 정부의 활동, 그것이 있고 없음으로 판단하는 것은 모순이다. 신자유주의를 방어하기 위해서도 정부의 활동은 있어야 한다.

정부는 당연히 경제 효율성 확보에 필요한 여러 가지 방안 모색한다. 효율성은 파이를 의미한다. 파이를 키우는 것은 분배성 유지와 함께 정부의 당연한 정책적 역할이자 의무이다. 이러한 정책 행동은 전근대적인 기업, 재벌중심의 기업체제로 구성된 비효율적인 경제구조를 가지고 있는 남한에서는 더욱 강할 수밖에 없다.

효율성을 높이는 정부의 활동을 모두 신자유주의에 연결시킨다면 신자유주의와 연결되지 않는 것이 없다. 더구나 효율성과 분배성을 고르게 하려는 노력은 신자유주의가 아니다. 신자유주의는 파이를 키우는 것만 중요하게 생각하기 때문이다. 몇 가지 사례만 들어 신자유주의라고 한다면 1970년대 이후 박정희나 전두환도 신자유주의자다. 국가의 개입을 통해 외국 투자를 유치하고 자본의 이익을 대변했으니 말이다. 자본의 이익을 위해 복지 부분에 대해서 사람들을 소외시켰으니 말이다. 자본의 이익을 위해서 노동자와 노조를 탄압했으니 말이다. 더구나 민영화나, 대외개방은 국민의 정부가 추진해온 것이 아니라 1970년대부터 관료들이 추진해온 것이다.

필요에 따라 구성되는 것이지 작위적인 의도로 구성되는 것은 전적으로 아니다. 이것이 의미하는 것은 신자유주의라는 담론에 대한 천착으로 정책을 문화코드에 기대어 획일적으로 평가할 것이 아니라 우리 경제구조에 지금 필요한 것이 무엇인지에 대한 고민이 더 중요하다는 것이다. 이 땅의 사람들을 위해 어떠한 것이 바람직한 것인지 각 개의 정책을 제도·문화코드의 접점에서 어떻게 실현할 것인가가 더 중요하다.

신자유주의가 논의되려면 한국에 자유주의가 있었는지, 그리고 자유주의의 폐해로 케인지언적인 정책이 있었는지에 대한 분석이 있어야 한다. 그렇지 않은 일방적인 규정은 발전국가, 국가주도형 자본주의 폐해를 극복하기 위해 취하는 각고의 노력 끝에 이루는 조치들을 모두 무시하고 환원론으로 빠지게 하는 것이며 외국 자본이나 기업에 대항하는 치열한 전선을 보지 못하는 것이기 때문이다. 무엇보다 손호철의 논리는 제3세계 신자유주의론 무분별한의 적용이고 한국경제에 대한 적용에 따른 구체적인 삶의 이야기가 없다.

유시민은 김대중 정권의 정책 중 노동시장 유연화 정책을 제외하곤 신자유주의적인 정책은 없다면서 민주노동당의 신자유주의 반대노선을 비판한 바 있다.101) 유시민의 말대로 비고용직 문제는 비정규직 문제로, 민영화는 민영화대로 처리해야 한다. 일반 사람들은 이데올로기가 아니라 구체적인 현실과 삶에서 그 문제들을 고민하기 때문이다. 사람들이 싸우는 이유는 임시 고용직이 늘어나서 생계가 불안해져서 싸우는 것이지 신자유주의 때문에 싸우는 것은 아니다.102) 이러한 문제들에 대해 구체적인 해결방안을 통해 사람들의 지지를 이끌 수 있다면, 그것에 자신이 있다면 애써 이데올로기, 우리 땅에서 만들어낸 이데올로기가 아닌 개념을 억지로 끼워 맞추고 추상화시켜 뭉뚱그려 이야기 할 이유가 없다.

사고의 주체성, 행동의 자생성을 고민하는 것은 비단 사상만이 아니라 운동

---

101) 오마이뉴스, 2002년 10월 12일자, 서울대 진보+개혁 토론회
102) 유시민 인터뷰 – 민주당 차라리 깨져라, 월간 말, 2002년 9월, pp.17-18

이며 삶에서 이루어져야 한다.

이러할 때 노무현이 선택할 수 있는 길은 무엇이었을까? 이념 대결은 노무현에게 치명적인 결과를 가져다준다. 양쪽에서 치명적인 공격에 시달리게 되기 때문에 정책은 문화코드에 따라 평가받고, 이를 부추기는 거대 언론이 정책을 장악한 시점에서 개혁정책은 실패하게 된다. 노무현은 양쪽에서 공격을 받고 있으며 이 사이에서 개혁을 이끌어내야 한다. 이때 강조하는 것이 '정책'이었다. 노무현 정책을 강조하는 것은 여기에 큰 이유가 있다.

이데올로기를 피해 정책을 강조하는 이유는 많은 부분 한국적 현실에 밀접하다. 정치학자들이 일반적으로 지적하듯이 분단 자제가 아니라 한국전쟁이라는 불행한 민족사적 사건은 남한 사람들에게 이념에 대한 뼈아픈 코드를 깊게 심어 주었다. 이것은 부정적인 문화코드이고, 이는 모든 사물을 판단하는 기준이 준거가 되었다. 한 사람의 행동, 생각, 몸짓을 판단하는 기준은 이러한 부정적인 문화코드이고 이러한 코드가 집합적으로 등장하는 담론을 색깔론이라고 한다. 사람들의 판단기준에 코드화되었기 때문에 쉽게 바뀌지 않는 한 이러한 담론은 여전히 유효하다.

만약 퍼주기, 뒷거래의 부정적인 문화코드 아니, 돈을 떠나 생각해 보자. 김대중 정부가 2000년 6·15남북선언을 이끌어내지 않았다면 여전히 북한 적대적인 존재이고 이러한 전제에 따라 색깔론은 맹위를 떨쳤을 것이다. 그것은 정책평가의 엄청난 왜곡의 지속이다. 결국, 부정적인 문화코드를 없애는 것은 구체적인 정책을 통해 행동을 이끌어내는 것이지, 원칙적인 가치의 강조만을 내세우며 외곽에서 비판을 하는 것이 아니다. 근본적인 통일방안을 내세우며 민주당이 내세우는 대북정책은 보수수구라고 공격하는 게 색깔담론을 약화시키는 것이 아니다.

색깔론의 희석은 사회주의 그룹의 정책적 행동을 자유롭게 하는 문화코드를 제공한다. 중요한 것은 분단체제는 혁명이나 무력이 아니라 제도적인 코드가 문화코드를 적절하게 받아들이며, 대화와 타협에서 거래라는 수단을 취하기도 하면서 이루어진다.

그런데, 냉전세력이 어떻게 부정적인 문화코드를 통해 정책 수사를 사용하고 실패한 정책으로 몰아가는지 살펴보자.

대북정책을 두고 수구에서는 '북한 노동당 2중대'라는 수사를 통해, 대북 퍼주기라는 용어를 사용했다. 이러한 무분별한 수사의 사용은 상당 부분 먹혀들어갔다. 정책을 이념을 통해 평가하는 것은 매우 치명적이다. 이는 부정적인 문화코드를 사용하기 때문이다. 이는 편견, 왜곡된 인식을 기본으로 하기 때문에 결과물도 편견에 차있고 왜곡된 인식을 확대 재생산한다.

정책에 치명적이라는 것은 정책을 평가하는 기준이 일방적인 문화코드를 사용하기 때문에 정책의 현재적, 장기적, 사회 통합적 역할을 도외시한다는 것이다. 남북화해 정책을 추진하는 것은 한반도의 안정과 평화를 추구하는 동시에 경제적으로 투자조건을 향상시켜 경제 조건을 확보하는 데 필수적이다. 2003년 2월 11일, 핵 문제가 북미 간에 지지부진하자, 무디스는 신용등급을 2단계 낮추었고 남한 주가는 폭락했다. 대북강경책을 취할 때 주가는 더 떨어진다.

한반도와 미국의 관계에서 등등한 위치를 확보하는 첫 단계이다. 남북이 서로 동등하게 대화를 하지 않는 이상 강대국의 시각과 정책만이 횡행하게 되는 것을 말하기 때문이다. 쉽지 않은 일임에도 이는 남과 북의 주체적인 통일을 행한 필수적인 걸음이기도 하다. 무조건 나가라는 것보다 그들을 적절하게 정책적으로 활용하는 것이 더 어렵다.

이런 여러 가지 의미를 가지고 있는 점을 단지 북한이 지원을 해주는 만큼 우리가 원하는 행동을 해주지 않는다는 식의 발언은 의미가 없다. 이러한 비판은 퍼주기식으로 평가되어 지원을 감축해야 한다는 논리를 득세하게 하고, 이에 따라 인도적 지원을 분리하는 방안이 난무하게 했다.

그러나 이종석은 인도적 지원과 여타지원을 분리한다는 것 자체도 넌센스라고 한다. 인도적 차원 아닌 것이 없기 때문이다.[103] 김삼웅은 2002년 개천절 한 토론회에서 남한은 미국과 일본보다 적은 지원을 하고 있다고 말했다. 남한은 미국보다 일본보다 지원을 덜하고 있는데도 보수 언론들을 퍼주기라고 공격한다는 것이다. 전형적인 경제성 논리라고 할 수 있다. 이러한 논리를 부정적인 코드를 사용하고 있다. 그러나 남북화해의 보이지 않는 효과는 가늠할 수 없다.

북한의 핵과 관련하여 여전히 겉으로는 화해를 표방하면서 속으로는 핵 개발을 포기하지 않았다는 식으로 여론을 몰았다. 중요한 것은 94년 제네바 합의에 명시된 상호불가침 약속을 미국이 이행하지 않았다는 점이다. 핵 공격을 하지 않겠다는 선언을 문서화하겠다는 내용을 이행하지 않았다. 또한 경제 제재 완화를 지키지 않았다. 미국은 의회의 승인을 받는 조약은 만들어 줄 수 없다고 버텨왔다. 2002년 10월, 켈리 특사가 북한을 방문하면서 북한 핵 프로그램의 존재를 드러냈고, 이를 이유 삼아 제네바 합의 중 하나인 중유 제공을 끊어버렸다. 강경한 패권을 중요시하는 부시 행정부는 클린턴 행정부에서 만들어낸 제네바 조약을 마음에 들지 않아 했던 차였다.[104]

중유 제공의 철회는 북한의 에너지난을 가중시키는 강력한 대응책이었고 이는 북한을 원자로 봉인 제거라는 극단적인 행동으로 몰아가게 했다. 이 상황에서 필요한 것은 북한에 대한 강경책이 아니라 미국과 북한을 중재한 타협책이 중요하다. 그러나 여전히 보수언론은 문화코드에 호소했다.

---

103) 중앙일보, 2002년 12월 6일자 8면, 대선정책검증 – 대북 안보분야
104) 중앙일보, 2002년 12월 16일자 15면

… 위기인 줄도 모르고 있다는 인상을 주는 것은 곤란하다. 자칫하면 한국의 북핵 해결 의지에 대한 불신으로 이어질 수도 있기 때문이다. 상황이 이렇게 까지 된 까닭은 결국 김대중 정부와 노무현 대통령 당선자 진영, 여야 정치권 등의 안이한 대응에서 찾아야 한다. 북핵 문제에 대해 결연하고 긴박감 있는 자세를 취하지 못했던 것이다.

이래서는 북핵 위기를 풀 수 없다. 지금 한국 정부, 특히 노 당선자가 해야 할 일 중 가장 시급한 것은 국제사회와 입장을 같이하는, 북한 핵 도발에 대한 확고한 입장을 표명하는 일이다.

– 조선일보, 2002년 12월 30일자, [사설] 북핵(北核), 정부가 먼저 결연(決然)해야 한다

무엇이 안이한 것인지는 지난 5년 동안 끊임없이 제기되는 물음이다. 어떤 식으로 해야 하는지 긴박한 것인지 모를 일이다. 김대중 정부 내내 이런 식의 질문이 해결한 것은 아무 것도 없기 때문에 더욱 그러하다. 무엇보다 조선일보 사설에서 강조되는 것은 인상, 불신, 안이한 대응, 긴박감 있는 자세 등 매우 주관적이고 모호한 단어들을 이용하여 대북정책과 한미정책을 평가한다.

이러한 주관적이고 모호한 정책평가는 모두 긍정적이라기보다는 부정적인 북한에 대한 인식을 바탕으로 하고 있을 뿐이다. 더욱 의문인 것은 분명 미국이 잘못한 부분도 매우 크다는 점이 자명한데도 이러한 점에 대해서는 일체의 지적이 없는 게 조선일보의 패턴이다.

그렇다고 해서 이러한 대북 강경책을 회피하고 화해정책을 추진하는 가운데 미국의 패권주의에 대한 비판만이 능사는 아니다. 북한과 미국에 끼여 있는 상태라면 반미는 오히려 한반도의 독자적 발언권을 축소시킬 수 있다. 현실적으로 북한이라는 동족만이 존재하는 것이 아니라 중국과 러시아가 모두 존재하고 있기 때문이다. 이러한 측면을 고려한다면 대등한 한미관계를 요구하고 이를 위해 불평등한 한미행정협정을 개선해야 한다.

미국의 오만하고 일방적인 패권주의는 수십 년을 남한을 괴롭혀 미국에 대

183

한 부정적인 문화코드를 만들어 왔다. 그러나 문화적 코드가 반드시 제도적인 코드에 적용되어야 하고 평가의 전적인 기준이 되어야 한다고 생각한다면 노무현은 실패할 수밖에 없었다. 노무현은 현실적으로 문화코드를 제도적인 코드로 현실화할 수 있는 여력이 너무나 부족하다. 참여정부 초기에 국민의 정부에 일정한 거리를 두고 대북 특검을 한 것과, 북한에 대해서 일정한 조건을 달면서 대북정책을 추진한 것은 이러한 점을 나타내주고 있다. 노무현은 당선자 시절이던 2003년 1월 일본 아사히신문 인터뷰에서 "조건이 맞으면 남북정상회담을 위해 평양을 방문할 수 있다"고 했다. 하지만 정작 김정일 위원장과 만난 것은 임기를 4개월 남겨둔 시점이었다.

왜 북한은 이렇게 노무현 대통령 만나기를 기피했을까? 그것은 노무현 대통령이 제도적인 틀을 가지고 대북관계를 만들려 했기 때문이다. 즉 국민의 정부에서 추진한 화해, 협력의 기조는 이어가되 남북관계를 보다 제도화된 틀에서 추진하려 했다. 참여정부 초기에 대북특검을 통해 수사를 한 것은 바로 이러한 맥락 때문이었다. 노무현은 제도적 코드를 고민한 것이다. 불법적이고 음성적인 대북관계에서 거리를 두겠다고 밝히자, 북한 측에서 이를 못마땅하게 생각했다. 문화적 코드에 따라 무조건 북한과 화해 협력해야 한다는 감정적 분위기로만 움직일 수 없다고 판단한 것이 노무현이었다. 한나라당의 이명박이 강력한 대선 당선 후보로 거론되자, 북한은 남북회담을 추진했고, 2007년 10월 4일 10·4정상선언이 있었다. 10·4선언은 서해 평화협력특별지대 조성, 남포, 안변의 조선협력단지 조성, 철도·도로 개보수, 개성공단 2단계 개발, 백두산 관광 등 남북교류협력의 대대적 확대 방안과 평화체제 구축을 위한 관련국 정상회담 추진 등을 내용으로 담았다. 이명박 정부는 이를 부정했다. 2008년 3월 26일 통일부 업부 보고에서 6·15, 10·4선언에 대해 언급하지 않은 채 남북기본합의서 이행을 강조한 것이 결정적이었다. 이 뒤부터 북한과 관계는 더욱 멀어졌다. 북한은 6.15, 10.4선언의 무조건적 이행을 하지 않으면 대화는 없다고 못 박았다. 결국 남북화해의 분위기는 10여 년 전 냉각된 상태로 되돌려졌다. 어쨌든 노무현이 문화적 코드와 제도적 코드 사이에서 절충하고자 했던 노력은 남한이 주도권을 행사하면서도 건설적인 남북관계에서 상당한 의미점을 남겼다.

이러한 부분은 비단 한미나 대북정책만이 아니다. 노무현의 마음, 그에 따른 고민을 바로 보거나 명확하게 하는 것이 필요했다. 노무현의 적극적인 화해 정책이 없다고 비판만 할 일은 아니었다. 왜 노무현이 정책을 내세우는지 무슨 정책을 통해 무엇을 실현하려고 하는지 그런 경우에 어떠한 딜레마에 처하게 되고 그때 국민들이 그의 개혁작업에 어떠한 힘을 실어 주어야 하는지에 대한 명확한 접점의 규정이 필요했다. 만약, 노무현의 한계를 부풀리는 것은 오히려 보수 수구의 논리에 포섭되는 것이고 역이용 당하는 것이었다. 그것은 노무현의 실패이자 국민혁명의 실패로 귀결될 수밖에 없었다.


## 4. 제2의 노무현도 실패하는 구조를 넘어

> 달성한 성과를 상실하지 않기 위해서 사람들은 그들의 접촉방식이 이미 획득한 생산력에 더는 상응하지 않게 되는 그때 물려받은 일체의 사회형태를 변경하지 않을 수 없게 됩니다.
>
> — 브뤼셀 마르크스, 안넨꼬브에게 보낸 편지(1846. 12. 28)


2002년, 2000년대 언어를 가지지 못해 민주정권은 하마터면 다시 수구세력에 넘어갈 뻔했다. 아니, 그나마 있던 민주화 세력은 종말을 고할 뻔했다.

자신이 딛고 있는 현실에 대해 인식을 하지 못하고 관념적인 언어들만을 계속 사용했기 때문이다. 진보세력은 1980년대의 언어를 계속 사용하다 보니 언어가 현실을 따라가지 못하는 현상이 발생했다. 그것은 자신들의 존재를 키워온 존재기반이 아니던가. 존재기반을 부순다는 것은 어려운 일이다. 1980년대의 언어, 2000년대 코드와 그에 따른 언어의 어긋남, 그 비극의 시작이었다. 삶은 궁극적으로 사회적인 관계를 통해 영위될 수밖에 없다. 이러한 점은 민주노동당이나 진보신당으로 갈수록 두드러지게 나타났다. 이데올로기, 담론, 구호보다 중요한 것은 무엇일까? 신뢰였다. 노무현이 진보니, 보수니 하는 이전에 가장 중요하게 생각하는 것은 이것이다.

신뢰는 솔직한 마음에서 출발한다. 1997년 노무현은 이인제에게 다음과 같은 편지를 보냈다.

우리의 사고 틀에 대한 문제제기부터 하나 해야겠다. 보수냐 진보냐 지역주의냐 하는데 가장 중요한 틀이 있다. 지금 많은 사람들이 말하고 있는 것은 정치는 믿을 수 없다, 정치인은 거짓말쟁이다 이런 것이다.

이런 불신을 신뢰로 바꾸는 것이 한편으론 추상적이기는 하지만 가장 기본적인 거다. 거짓말하지 않는 지도자, 사심이 없는 지도자가 필요하다. 정치인의 도덕성이라는 것은 정직성과 도덕성이다. 거짓말하지 말 것, 자기욕심 때문에 공적 이익을 희생시키지 말 것, 공정무사, 그 다음엔 성실할 것, 자리만 쫓아다니는 것이 아니라 맡은 바 책무를 성실하게 하는 모습, 이것이 정치인의 자질에 또 중요한 거다. 이것은 진보냐 보수냐 하는 것 이전의 것이다. 역량의 있고 없음, 역량이 높고 낮음, 진보와 보수 이전의 것이고 이것이 갖추어져야 할 기본이다.[105]

신뢰, 믿음이다. 노무현이 이렇게 이야기했다는 사실이 중요한 것은 아니

---

105) 노무현, 객석에서 보내는 이인제 세대교체론에 대한 반박, 사회평론 길, 1997년 11월, p. 67

다. 이렇게 묻기 위함이다. 민주노동당이나 진보신당은 과연 믿음과 신뢰를
주었나? 권영길은 정치인이 아닌가, 민주노동당은 권력을 잡기 위한 집단이
아닌가. 단지 민중의 세상을 바라는 도덕적 결사인가, 아니면 혁명을 꿈꾸었
지만 전술적인 단계에서 당의 형태를 띠고 있는 것인가. 그렇다면 과연, 민주
노동당은 정책적인 능력이 있는 정당인가. 권영길과 민주노동당은 국정을 운
영할 능력이 있는 것인가. 민주당과 개혁적 국민정당은 민주노동당을 욕하지
않는데 왜 민주노동당은 민주당과 개혁적인 국민정당을 수구 보수라고 극단화
하는가.

한겨레는 2002년 16대 대선에서 민주노동당의 약진을 이렇게 평가했다.

> 이번 대선에서 눈길을 끄는 대목의 하나가 민주노동당의 선전이다. 권영길 후보를 앞세
> 운 민주노동당은 민주-한나라당이 구축한 두터운 양강 구도의 틈새를 비집고 3.9%(95
> 만 7천여 표)를 얻었다. 이는 민주노동당의 전신이라고 할 수 있는 국민승리21이 5년 전
> 얻은 1.2%(30만 6천여 표)의 세 배에 이르는 것이다.
>
> —[사설] 민주노동당의 선전[106)

이러한 결과로만 본다면 독일방식의 정당명부식 비례대표제가 아니라고 해
도 민주노동당은 2004년 총선에서 많은 의석을 마련할 것으로 보였다. 그것
은 꿈이 아니라 실제로 가능한 것으로 보인다. 정당명부식 비례대표제를 할
경우에 그러한 가능성은 더욱 크다고 할 수 있다. 실제로 10석을 차지했다.
그러나 18대에서는 5석이 되었다. 18대 국회에서는 민주당과 민주노동당, 창
조한국당의 의석을 모두 합해도 장관 탄핵소추안을 발의할 수 있는 100석에
이르지 못했다.

---

106) 한겨레, 2002년 12월 21일자 4면

2002년 대선에서 권영길은 텔레비전 토론을 열 번 만하면 자신이 당선된다는 말을 반복했다. 이는 2002년만 한 것이 아니라 1997년에도 누차 했던 말이다.

다음은 1997년 시사저널과 한 인터뷰 자료이다.


Q. 요즘 '텔레비전토론을 열 번만 하면 대통령에 당선될 자신이 있다'는 말을 달고 다니시던데요.

A. 과대망상증 환자의 말이 아닙니다. 세제개혁, 토지 공개념, 사회보장제도의 확충 등에 대한 저의 공약을 가감 없이 전달만 할 수 있다면 대선에서 얼마든지 성공할 수 있습니다.[107]


텔레비전을 통해서 많이 알려지기만 하면 지지가 올라간다는 것이 이유인데 이는 정보의 소통성, 접근성이 없기 때문에 권영길이나 민주노동당의 지지가 높아지지 않았다는 것을 의미한다.

벌써 1997년 대선에서 어느 정도 효과를 본 것으로 보인다. 과연 그러한가?

텔레비전 토론으로 대통령이 된다는 말이 의미하는 것은 권영길과 권영길의 말에 대해서 국민들이 인식하는가의 문제와 연결되는 것이고, 이것이 바로 지지로 이어진다는 전제에서 비롯한다. 국민들이 존재 자체를 모르는데 알기만 하면 지지를 이끌어 낸다는 것이다. 권영길의 이 같은 발언은 알고, 모름으로 지지여부를 판단하는 기준법을 사용하고 있음을 알게 한다.

그러나 과연 지지가 알고 모름의 차이에서 발생하는 것일까. 네티즌은 정보소통에 매우 탁월하고 정보에 관한한 무엇이 진실이며, 옳은 일에 대해 그 사이에서는 공감과 확산이 빠르게 이루어진다. 20~30대의 경우 이러한 환

---

107) 권영길 후보 인터뷰, 시사저널, 1997년 10월 9일자, p. 42

경에서 탁월한 능력과 활동성을 보인다고 할 때 권영길은 확실하게 많은 지지를 얻어야 한다. 노무현을 지지하는 사람들은 대부분 인터넷을 통해 지지세를 확장했다는 사실은 이를 더해준다.

이용자를 반 이상 걸러낸다고 해도 천만 명 이상이라고 할 수 있다. 이러한 수치의 대부분이 젊은이들이라고 할 때 변화를 요구하는 진보진영의 논리에 대해 인식을 하고 있지 않은 비율은 낮을 것이다. 최소한 정보 소통만의 문제는 아닌 것이다. 젊은이들을 인터넷을 통해 정보에 대해서 밝다. 특히 대학생들은 진보진영에 대해서 인식하고 있다. 그런데 이들은 권영길을 찍지 않는다. 단지 의식이 없기 때문일까.

서울 네 개 대학 대선 설문 조사에서 드러난 자료를 보기로 하자. 중앙대학교 중대신문사, 서울대학교 대학신문사, 연세대학교 연세춘추사, 이화여자대학교 이대학보사 등 서울지역 4개 대학 신문사는 2002년 9월 16일부터 19일까지 〈2002 대선 대학생 설문조사〉를 실시했다. 이 설문 조사에서 권영길은 3.4%의 지지를 받았다. 이회창 후보는 12.3%를 이루고 있었다.

이회창 후보가 일반적으로는 30% 후반에서 40%의 지지를 받는 상황에서 이렇게 이회창에 대해 낮은 지지를 보인 것은 대학생들은 개혁적인 인물을 지지하고 있는 것으로 보인다. 그런데 권영길은 3.4%밖에 되지 않았다.

대학신문이 2002년 9월 무선표집 방식으로 서울대 학부생 1,213명, 석사과정 348명, 박사과정 126명 등 총 1,687명을 조사한 결과에 따르면 권영길은 1997년에 비해 오히려 떨어졌다. 김대중 후보가 다른 후보에 비해 압도적인 지지를 얻고(29.1%), 그 뒤를 권영길 후보가 따르던(15.9%) 1997년 '서울대인 정치의식조사' 결과와 비교하면 그 차이가 현격했던 것이다. 1997년에도 출마했던 권영길과 이회창을 비교해볼 때, 권영길의 지지율이 5년 사이에 8.1% 하락한 반면, 이회창의 지지율은 1997년 5.3%에서 9.5%나 증가했다.[108] 오히려 이회창만도 못한 결과를 보여주고 있는 것이다. 과연, 이것이 대학생들의 의식이 잘못된 것만으로 규정하여 비난하기만 하면 되는 문제인가.

민주노동당 이재영 정책국장은 2003년 1월 26일, 중앙대학교에서 열린 〈16대 대선 이후 한국사회의 변화와 전망〉이라는 토론회에서 젊은이들은 노무현을 찍었으며 이유는 노무현의 이미지전략 때문이었고, 권영길은 힘없는 모습의 이미지 때문에 실패했으며 오히려 충청권을 중심으로 50~60대에서 정책적인 측면에서 지지를 받았다고 말했다. 그러나 이는 사실과 다른 것이었다.

권영길은 강하고 속 시원한 발언으로 상당한 이미지 쇄신을 했다. 그 이미지가 지지를 끌었다. 50~60대 사람들이 정책을 구체적으로 알고 찍었다는 것은 어불성설이다. 대개 이런 층의 디지털 불평등을 생각한다면 그것은 더욱 불가능하다. 텔레비전을 보고 정책에 지지를 보냈다고 하는 것은 옳은 지적이 아니다. 50~60대 사람들이 권영길을 정책을 보고 지지했다고 하는 것은 상대적으로 젊은 층에서 난조를 보이고 있는 권영길과 민주노동당의 곤혹스러움을 역으로 드러내주는 것이다.

그나마 95만 표 이상이 지지하는 이유는 무엇인가. 권영길, 아니 민주노동당을 지지하지 않는 이유는 무엇인가. 1997년 권영길이 국민승리21의 대통령후보로 출마했을 때 어떠한 반응이 나왔던가 살펴보자. 시시저널은 다음과 같이 적고 있다.

…권 후보가 노동자의 이익뿐만 아니라 봉급생활자 등 국민전체의 문제를 해결할 새로운 대안임을 알릴 방침이다.

권영길 진영의 이 같은 포부가 과연 어느 정도 실현될 것인가 하는 문제는 별도로 비정

---

108) 대학신문, 2002년 10월 3일자

치집단이 지닌 정치 아마추어리즘, 주로 민주노총의 세력에서 기인하는 강성 이미지가 국민승리 21의 가능성을 제약하는 최대의 걸림돌이 될 가능성이 높다.[109]

단지, 아마추어리즘의 정치집단이라는 점만 문제가 되는 것은 아니다. 그들은 정책에서도 아마추어이기 때문이라는 지적이다. 여기에서 정책은 정책안의 도출, 정책의제의 설정, 정책결정, 집행, 평가라는 정책과정과 정책 조직 사이의 이해관계 조율과 운영, 제도적인 장악력과 리더십을 포함한다. 이는 제도와 문화적 코드의 능수능란한 접점력을 의미한다. 특히, 민주노총을 중심으로 이루어지는 기본 세력은 정책의 한계를 이미 정해 놓은 것이다. 이는 일부 세력을 위한 정책집단이라는 것을 의미하기 때문이다.

민주노동당은 전 국민을 대상으로 한 정책집단이라기보다는 일부 계급, 일부 계층을 위한 정당이라는 인식을 강하게 주고 있다. 그러나 이러한 정책의 포괄성 이미지만이 아니라 정책을 바라보는 평가의 기본적인 기준이 더 문제다.

권영길은 외국기업과 투자기업에 대해 부정적인 인식을 간단 명료화시키면서 지지를 호소했다(2차 토론회 발언). 국민들은 어떻게 생각하고 있을까. 다음 조사를 보자. 또한 다시 반복하지만 김대중 정부를 뉴욕 월가의 앞잡이로 묘사했다.

Q. 현 정권의 이념적 좌표를 어떻게 보십니까?

A. 이회창 한나라당 대통령 후보는 현 정권을 좌파적 정권, 사회주의적 정권이라고 말했는데, 이건 정말 웃기는 시각입니다. 정치적 술수에서 그런 얘기를 한 것 같은데, 현 정권은 오로지 뉴욕 월가의 금융국제자본 이익을 대변하는 철저한 신자유주의 정권입니다.[110]

---

109) 박성욱, 정치걸음마 시작한 진보세력, 시사저널, 1997년 10월 16일자, p. 29

Q. 이 시대의 기준은 무엇입니까?

A. 그것은 IMF가 요구한 신자유주의 핵심 요소, 즉 일방적인 금융개방, 공기업 사기업화 (민영화)와 알짜 기업의 해외매각, 이른바 구조 조정과 노도시장 유연화로 표현되는 대량해고를 수용하느냐 입니다. 그런데 노무현 김근태가 속해 있는 민주당은 모두 이 것을 적극적으로 수용하는 입장에 서 있는 않습니다.111)

이러한 권영길의 발언을 듣고 있으면 시원시원하다. 대선 후보 2차 TV토론회에서 노무현은 "권영길 후보님의 말씀을 듣고 있으면 시원시원해서 듣기는 좋은데 사실은 그런 게 아닌 것이 많다."는 말을 했다. 민주노동당과 권영길의 논리는 이분법적으로 판단하는 것이다. 적 이외는 아군이라는 인식을 바탕으로 세상을 잰다면 명확해진다. 그러나 현실에서 실제 행동을 하는 사람들에게 이러한 이분법적인 구분은 의미가 없어진다. 그러한 구분이 가능하지 않기 때문이다. 정책 상황이라는 것은 적진에서 적을 물리쳐 격퇴하는 것이 아니라 다양한 이해관계를 조율해야 하기 때문에 이러한 구분 자체가 불가능하며 의미도 없다. 이것은 민주노동당과 권영길의 근본적인 약점이자 한계이다. 권영길과 민주노동당은 신자유주의를 적으로 설정, 김대중과 노무현을 그 앞잡이로 묘사하고는 했다.

정책적인 정당이라고 한다면 대안을 위주로 이야기하지 정책이 아니라 상대 당이나 인물을 비난하는 데 총력을 기울이지는 않을 것이라는 점이다. 이것은 정치꾼들이 하는 짓이다. 그러나 민주노동당은 자신들이 정치가라는 말을 하지 않는다. 정당인이라는 말도 하지 않는다. 선거는 하나의 혁명이전의 전술로 보인다. 그러니 혁명가이지, 정치가는 아닌 것이다. 그러나 대안의 정책적인 역량이 아니라면 정치꾼의 행태일 뿐이다.

---

110) 한겨레, 2002년 6월 20일자 6면, 권영길 민주노동당 대표 인터뷰 - 대선전 진보정당 통합 노력
111) 권영길, 월간 말, 2002년 3월, p. 93

오마이뉴스 인터뷰 내용 중 박노자는 2002년 민주노동당의 약진을 박노자가 20～30대 사이에 사회민주주의로 가는 것이 옳겠다고 생각하는 인식이 확산된 결과라고 했다.

Q. 이번 선거에서 민주노동당이 95만 표 정도의 지지를 얻어 정치적으로 약진했습니다. '정몽준 사태' 등이 감표 요인이 되었음에도 이 정도 성과를 얻은 것에 대해 어떻게 평가하십니까?

A. 2030들 세대 사이에서 사회민주주의에 대한 관심이 늘어나고 있다는 경향과 연관 있다고 봅니다. '미국의 길'이 아닌 다른 선택, 즉 유럽식 사회민주주의 국가의 길로 가는 것도 괜찮다고 생각하는 사람들이 늘고 있는 것입니다. 민주노동당이 그 기회를 적절히 포착했는데, 앞으로도 이러한 기대 심리를 잘 이용할 수 있을지 지켜봐야 할 문제입니다. 그러나 민주노동당의 경우 아직까지 조직적으로 이념적으로 미흡한 면이 있다고 본다. 내부의 정파관계도 복잡한 듯합니다.[112]

박노자는 젊은이들을 중심으로 사회민주주의의 필요성을 알게 되었기 때문이라고 한다. 그런데 2007년 12월 17대 대통령 선거에서 권영길 대선 후보의 득표율은 3.0%, 득표수는 71만 2,121표에 불과했다. 2002년 대선에서 원내 의석이 없었던 민주노동당 권영길 후보의 득표수는 95만 7,148표였다. 5년 전에 비해 오히려 뒷걸음질 친 결과였다.

왜 이런 현상이 일어났을까? 그것은 대중정치에 맞는 언어와 담론을 갖지 못했기 때문이다.

몇 가지만 예를 들어보자. 민주노동당과 권영길은 해외 자본이 한국에 투자하는 것을 악으로 규정했다. 민주노동당은 민족경제론의 개념에서 해외자본은 모두 악으로 규정하고 그것을 적극적으로 유치하려고 하는 정책가들은 모두

---

112) 오마이뉴스, 2003년 1월 10일자, [인터뷰] 노르웨이에서 귀국, '근대사' 강의하는 박노자 교수

악을 대변하는 자로서, 궁극적으로는 민중과 나라의 살림살이를 모두 거덜 내는 몹쓸 사물들이라고 규정한다. 이러한 규정이 과연 호응을 얻을 수 있는가.

2002년 한국 국민 10명 가운데 7명꼴로 외국투자기업이 국가경제 발전에 기여했다는 생각을 갖고 있는 것으로 조사됐다. 외국기업협회(FORCA)가 2002년 12월 8일 여론조사 기업인 ORC코리아에 의뢰한 조사 결과 '외국기업이 국가경제 발전에 기여했다'는 답이 74%(약간 65%, 매우 9%)로 나타나 지난해 조사 때보다 4%나 높아졌다. 또 '앞으로 외국기업이 국가경제에 기여하는 비중이 더욱 커질 것'이라는 답도 2001년 79%에서 2002년 84%로 많아졌다.113)

분명한 것은 1997년 경제위기를 회복하는 가운데 빈부의 격차와 함께 비정규직 중심이라는 비정상적인 노동유연화가 과도했다는 점이다. 그러나 이러한 흐름은 1997년에도 존재했다. 2002년 12월 말, 대통령 인수위 경제 정책 분과에 들어간 김대환 교수가 1997년 말한 부분이다.

노동시장의 유연화가 세계적인 추세이고 실제로 필요하지만 우리의 경우는 기능적인 유연성 제고를 위한 제도적인 장치와 정책적인 지원을 소홀하고 수량적인 유연성으로 치우친 측면이 있습니다.114)

다시 반복하지만 김대중 정부가 주도적으로 했다기보다는 기존에 존재하고 있던 고용유연화와 이러한 문제점이 전혀 시정될 여력이 없는 가운데 IMF체제를 맞게 된 것이 지적되어야 한다. 이는 김영삼 정부 시기부터 경제 관료를 중심으로 이루어져 온 것이다. 그것은 경제의 효율성이라는 측면에서 추구해 온 것이지 신자유주의라는 거대 담론의 악의적인 의도가 조종한 것은 아니다.

---

113) 경향신문, 2002년 12월 9일자 1면, 국민 74% "외국기업 경제발전 기여" - 외국기업協 설문조사
114) [좌담] 한국경제의 활로를 모색한다, 〈창작과 비평〉, 1997년 가을 통권 97호, p. 42

1997년 이후에 경제위기를 극복하는 가운데 이러한 유연화가 힘을 얻게 된 것이다. 그러나 신자유주의=고용 유연화는 아니다.

진보진영에서 김대중이나 노무현을 공격할 때 대표적으로 사용한 것은 문화적 코드에 호소해서 여론 몰이를 한 것이다. 그 대표적인 것이 '신자유주의'다. 권영길은 끊임없이 신자유주의를 이분법적으로 제기하여 모든 정책 판단의 기준, 준거기준으로 일반화 한다. 정책이 아니라 국가의 폭력성과 악성(惡性)을 구성한다. 노동자를 중심으로 한 민노총은 끊임없이 국가의 억압적인 특징을 구성해낸다. 좌파지식인들의 상당부분도 이러한 논리를 지속한다. 몇 가지 강압적인 사례가 과거의 국가폭력과 같은 것인가. 그것은 국가폭력이 아니라 공권력을 행사하는 이들의 잘못된 습성에서 비롯한 것이다. 아직도 정책집행자들에게 잘못된 습성이 남아 있는 것이다. 더 이상 국가 아니, 국정수반은 억압적인 존재만은 아니다. 구해근은 ≪한국노동계급의 형성(2002)≫에서 다음과 같이 이야기한다.

> 국가는 과거와 같이 반노조주의적인 접근을 수정하여 전투적인 노조운동을 억압하는 한편, 기업별 노조주의에 대해서는 좀 더 중립적인 입장을 취했다. 단체교섭과 노조활동이 형식적인 법적 차원에서 뿐 아니라 실제적인 활동에서도 받아들여졌다. 노동자들의 분노와 정치화의 주요 원인이었던 억압적 국가의 존재는 점차 사라진 뒤였다.[115]

1998년 1월 20일, 노사정위원회의 공동합의문은 '3자는 구조조정의 부담과 고통을 공동분담한다'는 내용을 담고 있었다. 2월 6일, 기업이 긴급한 상황에서는 정리해고를 앞당길 수 있다는 조항을 포함하는 대신 노조의 정치활동과 공무원의 단체교섭권을 인정했다. 노측의 지도부는 이에 대해 불만을 가

---

115) 구해근, ≪한국노동계급의 형성≫, 신광영 옮김, 창작과 비평사, 2002, p. 301

진 민노총 중심의 강력한 반대에 부딪혀 사퇴하고 이갑용을 중심으로 한 새 지도부를 선출했다. 그러나 이후 문제가 노사정위원회는 갈등의 연속이었다.

조희연은 ≪국가폭력, 민주주의 투쟁 그리고 희생(2002)≫이라는 책에서 국가폭력은 아직도 지속적이고 건재하다고 했지만, 그것은 앞에서 살펴보았듯이 민주화 세력과 독재세력을 똑같다고 보는 환원주의의 연장선상에 있는 것이다. 더구나 질적인 분석은 미미했다. 민주화 세력으로 정권이 교체되면서 과거의 일방적인 억압 폭력적인 국가의 행태는 사라진 것이 사실이다. 그러나 이러한 점을 인정하지 않는 흐름이 있는데, 하나는 국가의 본질이 변하지 않았기 때문에 그러한 민주화 세력의 정책 활동은 보수·수구의 대변이라는 지적이다. 다른 하나는 자본의 전위대로 활동하고 있다고 상정하는 것이다. 이것이 신자유주의 정부라는 논리이다.

신자유주의는 국민의 정부에서 시작된 것은 아니다. 단지 경제위기로 인해 필연적으로 예정된 것이었다. 조정환은 다음과 같이 말한다.

한국에서 신자유주의가 시작된 것은 1980년대 초부터였다고 생각합니다. 이것이 이러저러한 이유로 헤게모니 정책으로 대두되지 못하고, 한 동안 권위주의적인 통치방식이 지속되어 오지 않았습니까. 이러다가 노태우, 김영삼, 김대중 정권을 거치면서, 1987년의 시민항쟁과 노동자 대투쟁을 그리고 특히, 1997년 말 IMF 경제 위기를 겪으면서 본격적으로 신자유주의적인 개혁이 추진될 수 있는 조건이 형성되었습니다.[116]

사회경제적인 토대를 통해 신자유주의와 같은 모습의 특징들이 나타나기 시작한 것이다. 그것은 한국의 자본주의 단계와 밀접한 것이다. 일부 정권자들이 자본의 이익을 대변하기 위해서 인위적으로 끌어온 것이 아니다. 오히려

---

116) 조정환, 논쟁 계기로 되돌아본 80년대 사회운동, 그 성과와 한계, 월간 중앙, 2002년 9월호, pp. 10-12

전두환 정권이 가장 강력한 신자유주의 정책을 추진했다.[117)]

억압적 국가가 이제 사라졌다는 것을 논하기 이전에 국가라는 추상적 지칭이 아니라 정부를 누가 구성하고 있느냐 하는 점이 부각되어야 한다. 김대중 정부나 노무현 정부가 자본의 편이 아닌 것은 그들이 좌파 정부라고 거부하는 것에서 반대로 알 수 있는 사실이다.

그럼에도 민노총과 민주노동당은 마르크스의 개념대로 자본 전위대인 국가론을 자유주의의 연장선상에서 구성해야 한다. 이때 유효적절하게 주로 구성되는 방식이 신자유주의 담론이다. 신자유주의라는 이데올로기는 개개인의 사안을 하나의 판단 기준으로 묶어버린다. 그래서 판단 준거의 다양성을 제한해 복잡다단한 정책의 스펙트럼에 대한 평가를 획일화한다.

이는 수많은 정책 활동의 다양한 지형과 노력을 한 개의 판단결과로 귀결시켜 정책구조 속에서 일어나고 있는 무수한 정책가와 사람들의 노력을 무의미하게 만든다. 전제는 신자유주의이기 때문에 근본적인 것이 아니면 결과도 악이다. 잘못된 정책평가기준이 아닌, 평가기준이 맹위를 떨치면 절대화된다.

신자유주의는 케인지언 복지국가의 위기와 매우 밀접하게 연관되어 있다. 그러나 한국은 케인지언 복지국가가 제대로 성립한 적이 없다. 1970년대 이후 서구경제는 저성장, 고실업이 장기화되어 지속되었고 케인지언 경제정책이 실효성을 잃게 되었다. 케인지언 경제정책은 간단하게 말해 국가의 개입이 강한 경제 - 복지정책을 말한다. 공공부문을 확대하여 국가가 수요창출을 위한 사회적인 공공성을 확보하는 것이다.

이에 상대적으로 국가의 개입을 축소하고 시장의 기능을 환원하는 것을 신자유주의(New Liberalism)라고 지칭하는 것이다. 국가가 개입하여 유효 수요를

---

117) 손호철, 논쟁 계기로 되돌아본 80년대 사회운동, 그 성과와 한계, 월간 중앙, 2002년 9월호, pp. 11-13

만들어 내는 것이 아니라 국민의 소비력을 키우는 상태에서 문제를 해결하려는 것이다. 이는 철저하게 자본의 경쟁과 효율성을 통해 경제와 복지를 해결하겠다는 것이다. 그러나 국민의 정부가 국가의 개입을 축소하고 자본의 논리만을 대변했는지는 의문이다.

금융개혁, 재벌개혁, 언론개혁에 국가가 개입했으며 경제정책 전반에 신(新)관치주의라는 공격을 받을 만큼 자본의 공세는 거셌다. 또한 복지부분에서도 1998년 고용보험 1인 사업장까지 확대, 실업자복지대책수립 및 시행, 공무원 교원의보 및 지역의보의 통합, 1999년 국민건강법제정, 전 국민 연금 실시, 국민기초생황보장법제정, 교원노소합법화, 민주노총합법화, 2000년 산재보험 1인 사업장까지 확대, 의료보험의 통합, 의료보험급여의 연중실시가 이루어졌기 때문이다.

다음의 평가를 보자.

우선 필자는 현 정부의 사회복지정책이 신자유주의적인 복지정책에 불과하다는 주장은 지나치다고 생각한다. 사회보장제도가 매우 취약했던 IMF 이전과 비교해볼 때 현 정부에서의 국가복지의 확대 노력은 제한적으로나마 인정해야 한다. 비록 현재 사회보험의 사각 지대(특히 하층과 빈민)가 여전히 광범위하게 존재하긴 하지만, 사회보험의 양적확충 공공부조의 강화는 일단 우리나라가 사회보장제도 개선에 기여한 것으로 평가해야 한다. 또 현 정부의 복지정책이라고 규정하기 힘든 이유로는 World Bank 등이 요구했던 국민 연금의 민영화 요구를 현 정권이 거부하고 있다는 사실, 직장과 지역의보를 통합하는 의료보험의 실시, 4대 보험의 통합 시도 등을 들 수 있다. 이러한 경향들은 분권화와 민영화를 지향하는 신자유주의적인 흐름이라기보다는 적어도 외형적으로는 국민 연대성을 강조하는 사회민주주의적인 흐름이다.[118], [119]

---

118) 윤도현, 김대중 정부의 사회복지정책의 평가와 복지개혁의 과제, 정치변동과 사회개혁, 한국산업사회학회, 2002년 비판사회학대회(5회) 〈한국산업사회학회〉, 2002, p. 31
119) 사회민주주의적인 흐름이라는 지적은 다음 자료 참조. 양재진, 구조조정과 사회복지 - 발전국가 사회복지 패러다임의 붕괴와 김대중 정부의 과제, 〈한국정치학회보〉 35호 1호, 2001년 봄, pp. 211-

또한 신자유주의 조치라고 일컬어지는 데에서는 공공부문의 축소에 따라 공무원 수가 줄어든다. 파킨슨의 법칙(Parkinson's Law)은 공무원 수의 줄어듦은 없다고 한다. 이는 정부조직을 줄인다고 하는 공약이 허구에 그치는 것을 비판하는 데 단골로 쓰이는 법칙이다. 그러나 과연 이런 비판이 타당하기만 할까.[120) 국민의 정부에서는 하위직 공무원은 줄어들었지만 고위직 공무원은 늘어났다. 이는 각종 위원회가 늘어났기 때문이기도 하다. 정부가 형평성과 배분적 역할을 증대하기 위해서는 많은 조직과 인원이 필요하다. 단지, 공무원들이 밥그릇 때문에 공공부문이 증대하는 것이라고 한다면 파킨슨에 포획된 것 아닌가. 공무원을 무조건 줄이는 게 능사가 아니다. 양(量)이 아니라 그 양들이 어느 적정한 위치에서 무엇을 하는가이다. 참여정부에서도 공무원이 늘어났다. 뉴라이트와 이명박 정부는 작은 정부론을 내세우면서 대중들이 가지고 있는 공무원에 대한 불신을 증폭시켜 공무원을 감축시켰다. 이를 통해 민영화와 민간분야의 공적 분야 진출을 촉진했다. 그것은 결국 많은 자본에게 이익을 주는 행태였다. 여기에서 공무원에 대한 불신감정을 증폭시키는 것이 바로 부정적 문화적 코드를 자극하는 것이었다.

다시 신자유주의로 돌아가 보자. 대처의 경우에는 노조를 파괴하고 만성적인 적자에 시달린 공기업을 20여 개를 강제적으로 민영화시켰다. 그리고 공무원을 20여만 명 줄였다. 아르헨티나의 메넴은 32개의 공기업을 민영화했다. 공기업의 경우에 이렇게 강제적으로 한꺼번에 민영화시킨 일이 국민의 정부에서는 없었다. 단계적인 협상을 통해 이루어져 왔다. 노무현은 재검토에 들어갔다. 하지만 이명박 정권은 그것을 다시 되돌렸다.

무엇보다 1997년 이후 한국의 민영화는 신자유주의의 이데올로기의 관철

---

231
120) 노스코트 파킨스, 《파킨슨의 법칙》, 김광웅 옮김, 21세기북스, 2003

이라기보다는 경제위기 타개용, 공공부문의 효율성 높이기였다. 그것은 국민의 정부에만 고려되고 추진한 것이 아니라 이미 박정희 때부터 민영화 문제는 불거졌고, 그럼에도 강력한 개발독재가 자신들의 경제정책에 이용하기 위해서 출혈 운영해왔기 때문에 오늘날 돌이킬 수 없는 상태에 빠진 것이다. 이러한 모순을 해결하는 것이며, 자본의 논리를 대변한 신자유주의 논의와는 다른 맥락이 존재한다.

흔히 신자유주의의 가장 큰 특징을 들면 우선, 신자유주의는 정책결정 과정에서 노동의 배제, 노·사·정 합의와 정책결정에서 탈피, 노동의 정치적 약화전략이 포함된다.[121] 그러나 이 부분은 국민의 정부에서 전적으로 구사된 것은 아니다. 노사정위원회나 교원노조합법화, 민주노총합법화 등을 통해 정치적으로 참여시키려고 노력했다. 다만, 노동시장의 규제완화와 유연화만 존재한다. 그것은 과도했더라도 경제위기라는 측면에서 고려된 상황이었다. 자본의 공격 수위를 조절하여 경제개혁에 힘을 얻기 위한 것이었지, 자본을 대변하기 위한 것은 아니었다.

권영길은 신자유주의가 뭐냐는 인터뷰 질문에 임시직의 증가 등에 따른 고용불안이라고 말한 바 있다. 이는 노동자들의 심리상태를 신자유주의라는 이데올로기에 단순 인과관계로 연결시키는 논리이다. 매우 간단명료하므로 이해하기 쉽다. 신자유주의 내지 신보수주의의 특징은 고용의 유연화라고 할 수 있다. 그러나 역으로 고용 유연화가 신자유주의는 아니다. 이는 매우 정략적으로 단순화시켜 김대중 정부의 실정을 공격하는 논리로만 사용될 때 의미가 있을 뿐이다.

자, 그럼 왜 이 신자유주의라는 용어가 정책을 추진하는 사람들은 사용하지

---

121) 정무권, 국민의 정부, 사회정책 - 신자유주의 확대, 사회통합으로의 전환, ≪한국복지국가 성격논쟁 I≫, 김연명(편), 2002, p.35

않고 그밖에 있는 이들이 더 많이 사용하는 것일까. 혹은 모든 정책행동을 신자유주의라고 하기를 즐기는 것일까? 심리학적으로 풀어보면, 신자유주의라는 단어를 진정으로 사용하는 이유는 그것이 뭔지는 모르지만 사람들의, 우리들의, 나의 삶을 해칠 것이라는 위험 코드가 작용하는 공포감을 지니고 있기 때문이다. 그것도 단지 독재 권력이나 억압적인 정권만의 문제가 아니라 왜곡된 민족주의 감정이 실린 채 말이다. 세계의 제국주의가 직접적으로 우리들의 삶, 민족, 사회를 훼손하려 한다는 극단적인 공포심을 지닌 사회문화적 코드이다.

이런 전형적인 부정적인 문화코드를 사용하면서 정책 전체를 평가하는 환원주의적인 오류이다. 이는 적과 싸우면서 닮아온 진보진영의 문제점을 드러내는 것은 아닌가. 다음의 조희연의 말에서 이를 살펴볼 수 있다.

> 앞에서 나온 이야기대로 저항 운동의 문제 중 하나로 '적과 싸우면서 적을 닮아간다.'는 언어로 표현되는 현상이 있습니다. 저는 이것을 저항운동의 근본주의적 경향으로 표현하고 싶습니다. 여기서 근본주의라는 것은 현실의 복합성과 서로 간의 정치적 사상적 차이를 인정하지 않고 관념적으로 양극화해서 계급 환원주의적 시각으로 바라본다거나 반대의 입장을 타도되어야 할 개량주의적 입장으로 낙인찍는 것 같은 것을 예로 들 수 있겠습니다. 이런 경향은 역설적으로 자신들의 이 지배권력과의 관계에서 대단히 열악한 힘의 관계에 있던 시점이 아니라, 자신들의 투쟁인 민주주의가 시대정신을 대변하게 되는 바로 그 시점에 강화되는 것입니다.[122]

민주노총이나 진보진영이 신자유주의 담론을 통해 국민의 정부나 노무현을 공격하는 행태에는 이러한 저항운동이 환원적 근본성으로 회귀하는 점이 보인다. 신자유주의를 통한 공격은 자신들의 열악한 대중적인 지지를 올리기 위한

---

122) 조희연, 논쟁 계기로 되돌아본 80년대 사회운동, 그 성과와 한계, 월간 중앙, 2002년 9월호, pp. 3-4

극단적인 투쟁방식의 새로운 담론 사용이다. 상대를 모두 신자유주의 전위로 지배계급과 자본의 이해관계만을 대변한다고 공격하는 것이다.

그런데 각 개의 정책으로 들어가서 볼 경우에는 그것이 과연 자본의 전위 역할을 하는 것인지 의문이 들게 된다. 거대한 자본이 정부를 조종해서 그런 것인지, 단순히 일부 국민의 요구를 받아들이는 것인지, 상층의 요구를 받아 들이는 것인지, 일반 사람들의 욕망을 받아들이는 것인지, 욕망들 간의 충돌이어서 그런 것인지, 노동자, 서민 부유층이라는 계급, 계층성으로 나누기에 그 구분이 모호하게 된다.

요약하면 진보진영에서 신자유주의라고 노무현의 정책을 평가하는 이유는 크게 두 가지라고 할 수 있다. 하나는 그 동안 국가 억압성과 폭력성으로 성장해온 민노총과 진보진영이 새롭게 진출을 모색하는 원내에서 힘을 얻기 위한 새로운 추동력이 필요하기 때문이다. 사라져 가는 국가 억압성에 대응하는 새로운 추동력으로 강력한 신자유주의라는 추상체의 구성이 필요한 것이다

다른 하나는 정책적인 능력으로는 매우 좁은 여지밖에 없기 때문에 상대방의 정책에서 부정적인 측면을 지적하는 가운데 공포스런 거대한 개념을 통해 상대적인 지지효과를 얻기 위한 것이다. 노무현이 현실에서 자본과 국가와 조율하는 가운데 실수를, 실정을 많이 할수록 권영길, 민주노동당은 유리한 것으로 판단한 것이다.

이대로라면 "공포스런 존재가 우리를 위협한다. 김대중은 우리 삶을 철저하게 파괴했고, 이러한 파괴는 노무현도 마찬가지였다. 민중의 모든 삶이 어려운 것은 이들의 탓이다."라는 실제의 연관과 관계없이 선언만이 힘을 얻을 뿐이다. 새로운 신자유주의 희생양이 필요한 것이다. 2004년을 위해, 모든 것은 어떠한 각고의 개혁작업도 잘못된 것이다. 이렇다면 누가 정책을 내고 행동하겠나. 그러니 좌파 지식인들은 비판만 하고 당 일선에 나서지 않는 것이

다. 그렇다면 언제나 자본에 시달리는 삶들은 있게 마련이다. 언제까지 혼자 깨끗하다고 할 것인가.

경제위기의 영향이 커짐에 따라 대부분의 노조들은 소속 조합원들의 일자리 보호와 임금삭감 저지에 몰두하게 되었고, 다른 일반 노동자들과 광범위한 문제들에 관심을 기울일 여력이 없었다고 해도 다음과 같은 지적은 반드시 보아야 한다.

비교적인 관점에서 볼 때 다른 신흥공업국들의 경험과는 달리 한국의 노동운동은 게이 싸이드먼(Gay Seidman)이 말하는 사회운동노조주의(Social movement unionism)[123] 를 발전시키지 못했다. 브라질과 남아프리카 공화국의 신노조주의에 관한 훌륭한 비교연구에 기초하여 싸이드먼은 '두 나라의 노동운동은 1980년대 사회운동노조주의로 발전했다. 원래 임금과 작업조건에 관한 고용주에게 압력을 가하기 위해 반숙련 산업노동자들이 만든 현장조직들이 빈민촌 지역단체들과 함께 광범위한 노동계급의 요구를 표명하기 시작했다.' 따라서 싸이드먼은 한국의 노동운동도 이러한 양상을 보일 것이라고 추측했다. 그러나 한국에서는 그렇지 않았다. 비록 브라질과 한국의 노동투쟁 발생 방식에 여러 가지 유사점이 있었지만, 1987년 이후 한국의 신노조주의는 사회운동노조주의로 발전하지 않았다.

좀 더 구체적으로 1987년 노동자 대투쟁 전후 한국의 민주노조운동은 노동계급 일반의 광범위한 이해를 드러내고 대변하고자 하지 않았고 도시의 빈민운동을 지원하려 하지도 않았다. 작업장과 지역조직 간에 연계가 아주 없었던 것은 아니지만 극히 빈약했다. 내가 강조하려는 것은 한국의 노동자들은 공장특유의 문제들에 몰두하였고 지역사회의 소비관련 문재들에 관심이 적었거나 관심을 돌릴 여유가 없었다는 점이다. 싸이드먼이 그리는 브라질과 남아프리카공화국노동자들의 경우와는 달리, 아마도 한국의 노동자들에게는 지역과 공장이 곧, 동전의 양면이라는 것이 그렇게 분명하지 않았을 것이다.

요컨대, 노동운동의 발전에 외부단체와 여성노동자들이 중요한 역할을 했음에도 불구하

---

123) Seidman, Gay. Manufacturing Militance: Worker's Movements in Brazil and Africa, 1970-1985. Berkeley: University of California Press. 1994

고 다양한 경제적인 정치적 사회적 요인들은 한국노동이 지역사회문제들을 다루지 못했다
는 사실은 시민운동이 번창할 수 있는 문을 열어 주었다. 이런 현상이 노동계급운동과 중
간 계급의 주도의 사회운동 간의 분리를 낳았고 노동운동의 범위를 더 좁게 만들었다.[124]

사회운동 노조주의로 가야 한다. 그렇지 않으면 노무현이 아닐 때 대처리
즘이 얼마든지 등장하는 여건과 토양을 제공하게 된다. 보수의 시대에는 더욱
그렇다.

2007년 대선에서 민주노동당은 젊은이들의 표를 이끌어 내는 데 실패했다.
이는 선거전이나 선거 후의 젊은이들의 지지결과를 보면 쉽게 알 수 있다. 진
중권은 월간 말과 가진 인터뷰에서 다음과 같이 말했다.

> 민주노동당이 이야기하는 것은 실제로는 사민당의 수준도 안된다. 엔엘적 주장이든 피
> 디적인 주장이든 너도 하나 먹어라, 옜다 너도 하나 먹어라 식으로 받아들여서 당 강령이
> 누더기 수준이다. 당 내에 사민주의에 대해 부르주아 반동이라고 하는 대책 없는 사고방
> 식을 가진 사람들이 많다. 외부적으로는 사민주의라고 걸어두고 마음 속으로는 나는 사회
> 주의자라고 자기 암시나 하는…. 아주 편하지 않겠는가.[125]

정말 이러한 구도분석이 맞는 것일까? 무엇보다 사민주의라고 하면 대한민
국의 정체를 인정하고 헌법을 따르겠다는 것이다. 그러나 대한민국 헌법은 사
민주의에 맞지 않는다. 더구나 민주노동당은 사민주의라고 할 수 있는 정책이
나 정강을 일관적으로 보여주지 않는다. 무엇보다 사민주의를 내세우려면 정
책적 능력이 있어야 한다. 사민주의는 정책 싸움이기 때문이다. 정책적인 능
력이 떨어지는 것이 사실이다. 무엇보다 젊은이들이 사민주의에 대해서 찍은

---

124) 구해근, ≪한국 노동계급의 형성≫, 신광영 옮김, 2002, pp. 286-288
125) 진중권 인터뷰, 월간 말, 2002년 12월, pp. 104-105

것인가 아니면 권영길이나 민주노동당의 화끈한 이미지에 찍은 것인지 의문의
여지가 많다. 왜냐하면 민주노동당의 지지자들의 대부분이 정책이 아니라 좌
파적인 성향이라는 문화코드 때문에 지지하기 때문이다. 화끈 한 것 자체가
그런 의미를 내포한다. 또한 일부 시민들은 기존의 정치권에 대한 환멸 때문
에 민주노동당을 찍었다. 민주노동당이나 권영길처럼 이분법적인 잣대로 비판
하면서 부수적인 효과를 통해 지지를 확장하는 것은 진보진영의 존재가 계속
있어야 한다는 당위에 먹칠을 하는 것이다.

우리가 지금 필요한 것은 무엇인가 조희연의 말을 보자.

> 지배담론 자체가 근대화 담론에서 세계화 담론으로 변화해 간다는 것이 중요합니다. 말
> 하자면 신자유주의적인 세계화가 가져오는 새로운 모순에 대응해 민중적, 시민적, 그리고
> 공공적 이해를 어떻게 방어하고, 어떻게 싸울 것이냐? 하는 문제들입니다.[126]

이념이나 이분법적인 구획을 통한 상대방의 사물화, 대상화의 선동은 한계
에 있다. 좌우의 역사적 고장인 유럽에서도 선거 때마다 좌우파간 논쟁이 치
열하게 벌어지고 있다. 그러나 그것은 구체적인 노선과 정책을 둘러싼 논쟁이
지, 상대방에게 딱지를 붙이고 색깔을 덧씌우는 난폭한 대결이 아니다. 게다
가 날로 확산되는 좌우간의 동거현상은 이념의 전통적 개념을 해체시키고 있
다. 공공개혁, 고용보장, 민영화, 재정적자 축소 같은 문제들에 대해 유럽의
좌우파는 상호 수렴현상을 보이고 있다. 이제는 좌우보다 오히려 '중도'라는
상표가 유행처럼 확산되고 있다.

이제 유럽에서 정권의 향배는 좌우 이념에 대한 선택이 아니라, 누가 타당
한 정책노선을 제시하느냐에 달려 있다. 영국, 독일과 같이 좌파가 집권한 경

---

126) 조희연, 논쟁 계기로 되돌아본 80년대 사회운동, 그 성과와 한계, 월간 중앙, 2002년 9월호, pp.
  15-16

우라도 좌파 본래의 성격은 크게 희석되었으며, 이탈리아, 덴마크, 노르웨이 처럼 우파가 집권한 경우에도 좌우대결보다는 보편적인 국가이익이 중시되고 있다.

국가이익은 단지 지배집단의 이익을 의미하는 것은 아니다. 그래서 분명 성장과 분배는 공동으로 추구해야 한다. 성장과 분배를 위해서는 분배의 수혜 대상이 누구인지, 그러한 대상을 넓게 잡아야 하는 시점이다.

권영길은 대선 2차 TV토론회에서 관리직은 노동자가 아니라고 했다. 이러한 발언에 대해 노무현은 관리직도 노동자라고 말했다. 노무현의 지적이 옳다는 것을 말하려는 것이 아니라 관리직이 노동자라는 것은 상식이기 때문이다. 권영길은 노동가치설에 기준을 두고 있는 것을 알 수 있다. 단순히 노동가치설이 아니라 육체노동자를 중심으로 아직도 생각하고 있다는 것을 말해 주고 있다. 육체노동을 하고 있는 이미지를 그리고 있는 것이다. 이는 문화코드로 전락한지 오래다. 노동가치설은 매우 중요하고 이는 가치의 기본이다. 그러나 우리 경제가 지식정보경제로 이동하고 있다고 할 때 다음과 같은 점에 대한 정리가 필요할 것으로 보인다.

이른바 디지털시대의 도래와 함께 기존의 경제학은 이전의 학문적 위기와는 차원을 달리하는 심각한 딜레마에 빠졌다. 이전에는 적어도 '희소성의 법칙'이나 '수확체감의 법칙' 같은 근본원리가 부정되지 않았다. 그러나 디지털경제 하에서는 '풍요의 법칙'과 '수확체증의 법칙'이 '희소성의 법칙'과 '수확체감의 법칙'을 대체한다. 가상공간에서의 가치는 희소성에서 창출되는 것이 아니라 오히려 풍요함에서 창출되고, 특정 생산요소의 과잉투입으로 인해 생산의 효율성이 떨어지지는 않는다는 것이다.

정치경제학의 중심축인 마르크스 경제학에서는 '노동가치론'이 잉여가치법칙을 관철시키는 부동의 근본원리였다. 그러나 디지털 경제 하에서는 '노동가치론' 대신 '정보가치론' 혹은 '지식가치론'이 제기된다. 지식기반경제 하에서 가치창출의 주된 동인은 '노동'이 아니라 '지식'으로 대체되고 있다는 것이다.

디지털 경제의 두 번째 이슈는 경제행위 주체의 변화와 관련된 논의다. 아날로그 경제에서 소비의 주체인 가계와 생산의 주체인 기업, 공공의 주체인 정부의 경제행위는 시공간적으로 분리돼 있었다. 그러나 디지털 경제하에서는 경제주체간의 경계가 모호해지고 있다. 시공압축의 가상공간에서는 소비자이면서 생산자인 산비자(prosumer)가 무체물(無體物)인 비트(bit)상품을 거래한다. 생명공학의 발달로 사이보그나 복제인간이 현실화되면 노동양식 역시 노동의 종말과 노동개념의 변화를 포함하는 일대변혁을 맞이하게 될 것이다.[127]

여기에서 같은 제레미 레프킨이 말하는 ≪노동의 종말≫ 같은 이야기는 하고 있지만, 사실 이러한 단계에 이르기까지 매우 많은 시간이 걸릴 것으로 보인다. 하지만 분명 많은 부분 기존의 노동 개념으로 포괄할 수 없는 산업과 그곳에서 일하는 이들이 등장하고 있다는 것은 유효하다. 노동가치론에 따르자면 지금은 노동자들이 주체들이지만 앞으로 지식기반 산업이 늘어나면 늘어날수록 노동자의 구분이 모호해진다고 할 수 있다. 기본적으로 노동계급의 토대는 사라지지 않을지는 모르지만 이러한 지식기반의 산업의 등장은 이러한 영역을 포괄하기에 기존의 노동운동으로는 한계가 있다는 것을 말해 준다.

보보스라는 새로운 계급의 탄생[128]은 아직 한국에서는 미국과 같은 형태로 등장하고 있지는 않지만 사회의 변화를 이끌어 내는 한 축이며 이는 작은 형태로 곳곳에서 관찰된다. 획일적인 계급론의 적용은 오히려 대중적인 지지를 구축하는 원인이 될 수 있다는 것이다. 민주노동당이 한 시기에 활동하는 것이 아니라 대중적인 지지를 넓혀서 항구적으로 존재하기 위해서는 반드시 위치를 정리해야 할 부분이다. 뿐만 아니라 경제 주체가 모호해지고 있는 것

---

127) 동아일보, 2000년 4월 25일자 14면, [디지털사회의 새좌표] (3) 경제학/노동가치에서 정보가치로
128) 데이비드 브룩스, ≪보보스 : 디지털시대의 엘리트 Bobos in Paradise)≫, 형선호 옮김, 동방미디어, 2001

은 노동자 중심의 정당이 스스로 자신들의 토대를 가두게 될 위험성을 항상 있게 한다.

이진경은 '인간의 본질은 노동'이란 마르크스의 명제가 엉뚱하게 '노동하는 자만이 인간'이란 인식을 심어줘 실업자들에게 무력감을 주고, '무노동 무임금'이란 자본가의 주장을 정당화했다고 비판했다. 그는 "노동과 비노동의 구별을 제거하고 노동, 자본주의 등 마르크스주의가 다루는 문제를 새로운 방식으로 접근해야 한다."고 주장했다.[129]

노동하는 자, 기존의 노동가치설만이 노동의 기준인가. 과연, 진보정당은 정치 집단이 아닌가. 민중의 대변하는 도덕적인 집단인가. 그 민중이 바라는 것을 추구한다는 이름으로 현실의 수많은 노력들을, 요구, 의견들을 무시한 것이 정당하고 그것이 옳은 것이라고, 여기에 정직하다고 생각하는가, 사회주의라는 이상만으로 모든 것이 합리화된다고 생각하는가. 현재 이 자리에서 당장에 무슨 행동을 해야 하는가에 대한 물음을 회색주의라고 부정할 수 있는 것일까.


Q. 강준만 교수를 '우익의 주공격수'로 지칭하는 이들도 있습니다. 동의하십니까?
A. 이데올로기적으로 분류하면 내가 바로 '우익'입니다. 개인이 갖고 있는 이데올로기는 큰 문제가 되지 않습니다. 중요한 것은 좌파든, 우파든 최소한의 도덕성을 지니고 있어야 한다는 것입니다.[130]


브라질의 룰라. 강력한 좌파의 당선! 권영길은 좌파대통령 룰라의 대통령 당선을 보고 이는 머지않아 권영길의 모습이라고 했다. 이는 민주노동당의 지지자들이 이야기한 바다. 인터넷을 중심으로 룰라의 당선은 민주노동당과 권

---


129) 경향신문, 1999년 8월 23일자 19면
130) 경향신문, 1999년 4월 20일자 17면, 강준만 교수의 '인물과 사상' 통권 10호 돌파

영길에 대한 지지를 올리는 역할을 하였다. 그러나 어떻게 하나. 룰라는 전혀 다른 모습을 보였다. 브라질의 첫 좌익 대통령 루이스 이냐시오 룰라 디 실바는 경제 회생을 위해 자신의 이념을 초월하는 변신을 단행했다. 룰라(애칭)는 집권 후 디폴트(지급불능) 선언을 공약으로 내세울 정도로 노골적으로 좌파성향을 드러냈던 인물이다. 그런데 그는 당선자 신분으로는 이례적으로 2002년 12월 10일, 미국을 방문해 조지 부시 대통령과 회담을 가졌다. 미 백악관은 룰라가 어떤 지도자인지 알게 됐고 외국 투자가는 그때서야 안도했다.

2003년 1월 1일, 대통령 취임 뒤엔 무역장관을 비롯한 주요 경제장관도 이념적 지향성보다는 실물경제에 밝은 기업 총수 등을 발탁했고 중앙은행 총재 자리에는 다국적 금융회사 출신을 앉혔다. 노동자와 빈민층만 대변하리라는 이미지를 씻어냈다.

그는 "외국의 생산적인 투자를 원한다."면서 서방세계에 끊임없는 러브콜을 보내며 국제 금융기관의 신뢰를 되찾는 데 공을 들였다. 그는 지킬 수 없는 공약은 과감히 버렸다. 룰라 대통령은 국제금융가에서 '불안한 인물'이라는 이미지를 벗는 데 어느 정도 성공했다.[131]

이러한 행동을 보여주고 있는 룰라가 미국에 대한 노예적인 삶을 추구하기 때문인가. 또한 신자유주의자이기 때문인가. 룰라가 권영길의 모습이라면 권영길이 대통령이 된다면 신자유주의 행동을 해야 한다. 혹은 룰라가 일시적인 전략으로 그렇게 했다고 할 수 있다. 그러나 그것이 전략이라고 한다면 노무현도 얼마든지 그러한 말을 쓸 수 있다는 것이다. 중요한 것은 이데올로기가 아니라 한 나라의 정치 경제적 단계와 위치가 어떠한 것인지 그것에 맞게 무엇을 해야 하는 지를 솔직하게 인정하는 것이다. 그렇지 않고서야 그게 무슨

---

131) 매일경제, 2003년 1월 13일자

정치꾼이지 공공적 정책가이겠는가.

2009년 6월 1일, 루이스 이나시오 룰라 다 실바 브라질 대통령이 지지율이 80%대를 넘었다. 그가 지속적인 인기를 끌 수 있었던 것은 문화적 코드와 제도적 코드를 적절하게 구사했기 때문이다. 그는 집권 6년간 '부의 창출'과 '부의 분배' 정책을 골고루 썼다. '국가 경제의 허리'인 중산층 비율을 2002년 42%에서 2008년 53%까지 확대했다. 중산층을 키우기 위해 룰라 행정부는 법인세 감면과 사회간접자본 확충에 2,630억 달러를 썼다. 중소상공인 육성을 위한 저금리 대출을 확대했다. 또 저소득층을 위한 생계비 지원과 기아퇴치 프로그램 등도 추진했다. 룰라는 좌우를 가로질렀다. '경세 발전과 소득 불평등 해소'가 상당 부분 실현되었다. 한편 정부의 공공적 역할은 분명하게 했다. 이것은 2008년 미국발 서브 프라임 경제 위기를 피해간 원동력이 되었다. 미국 주도의 탈(脫)금융 규제 흐름에 휩쓸리지 않았다. 중앙은행·모기지(주택담보대출)은행·BNDES(산업은행 격) 등 주요 은행들에 대한 정부의 감시와 통제를 유지했다. 이 때문에 브라질 은행들은 서구 은행들과는 달리 부실 자산에 노출되지 않았고, 신용위기도 없었다. 철저한 외환 관리로 외환보유액은 2080억 달러에 달했고, 공공부문 부채도 GDP(국내총생산) 대비 40% 이하를 유지했다.

중요한 것은 나라 경제가 브라질만큼 위기에 처해야 정권을 잡는다는 사실이다. 권영길이 정권을 잡기 위해서는 한국 경제가 박살이 나야 한다는 사실이다. 말이 박살이지 1997년 위기 이상이어야 한다. 진중권은 2002년 2월, 월간 말에서 "우리가 정치판에 들어가도 노무현만큼 하기 힘듭니다. 우리가 기존의 정당과 만들어내는 차이가 그리 크지 않다는 것입니다."라고 말했다. 그것은 구체적인 현실에서 대응하는 방식이 다르기 때문이다. 이는 권영길과 노무현의 대화에서 드러난다. 권영길과 노무현은 2002년 12월 16일 TV합동

토론 사회문화토론에서 다음과 같이 말했다.

> 권영길 : 경제특구법은 반노동, 반인권, 반여성, 반환경법입니다. 실시되면 비정규직이
> 판을 치고 임금은 20%나 깎이며 외국인 학교가 들어와 교육체계도 무너집니
> 다. 그런데 노 후보는 찬성했습니다.
> 노무현 : 세상을 낙관적으로 보는 방법과 비관적으로 보는 방법이 있습니다. 1980년대
> 초반, 사회 운동을 했을 때 외채 때문에 한국이 망할 것이라고 했지만 안 망했
> 습니다. 외국자본에 대한 거부감을 가지고 있었습니다. 그러나 일자리를 만들어
> 선이 되지 않았습니까. 파견근로자는 전문직종에만 월차 등을 적용하고, 규정도
> 주5일제에 따른 수준에서 할 것입니다.

한 논객은 '진보라는 것은 머리를 굴려야 하는 것이다. 이건 하지 않고 나
는 안변했다. 그런데 너희는 변했다.'며 자위하는 태도들을 비판했다.[132] 이
는 알튀세르가 주장하는 사상의 변증법적 투쟁의 결과가 필요하다는 말과 통
한다. 진보는 단지 관념의 변증법 논리의 고수가 아니라 현실에서 끊임없이
모색하는 것이다. 하지만 비판만 하지 대안을 제시하지 않는다. 그리고 난 변
하지 않았다는 것이다. 불행하게도 대안이라고 제시하는 것도 이러한 연장선
에 있다. 그러면서 모든 세계 자본에 대응하는 행동들을 그들의 앞잡이로 평
가한다. 오히려 수구보다도 변하지 않는 모습을 보인다. 부정적인 측면만을
들어 미세한 변화도 부정해버리는 것이기 때문이다. 일방적인 비판은 시원하
지만 돌아서고 나면 허전하다 바람만 분다.

다른 이들의 행동을 제대로 인정하지 않으면 자신의 행동을 인정받을 수는
없다. 다른 이들의 행동을 하나도 인정하지 않은 상태에서 자신들의 행동과
사고만을 옳은 것으로 인정받기를 원한다면 그것은 지나친 자기중심적인 사고

---

132) 진중권 인터뷰, 월간 말, 2002년 12월, p. 105

이자 독선이다.

　다른 이들의 긍정적인 면을 인정하지 않는 것은 기존의 정치꾼과 그 패거리들이 즐겨하는 짓이다. 혁명이 아니라 대한민국이라는 헌정질서에서 원내를 통해 활동할 것이라면 노무현이 하는 일을 잘 보고 평가를 제대로 내려야 한다. 권영길은 대선 전 노무현에게 민주노동당에 입당하라고 했다. 이러한 맥락은 진보적인 맥락이 있다는 것을 의미한다. 노무현과 권영길이 적이 아니라고 할 때 노무현이 실패한다면 권영길도 실패하는 구조인 것이다. 노무현 정책이 실패하는데 어떻게 권영길이 성공하겠는가.

　민주노동당에게 중요한 것은 텔레비전 출연이 아니었다. 정책적인 소식화 능력과 정책적인 능력이다. 이를 바탕으로 무엇보다 지지는 솔직하고 위선적인 모습이 아닐 때 신뢰를 통해 이루어지는 바가 있다. 진보라는 것은 신뢰에서 출발한다. 앞에서 보았듯이 노무현이 진보와 보수 이전에 중요한 것이라고 강조한 것이다.

　이러한 근본에 대한 신뢰가 있어야 지지가 있고 원천적으로 자본의 대응에 적극적인 행동을 할 수 있다. 언제까지 작은 초가집 안방에서 도둑이 털린 쌀자루를 생각하고 공포에 떨면서 그 방에서만 큰소리를 칠 수는 없는 노릇이었다. 지금은 수세가 아니라 적극적으로 대응해서 나가야 했다. 시민 대다수가 바라는 것은 그러한 것이었다. 80년대를 넘어 2000년대에 맞는 언어가 필요한 것이었다.

　　한상진 : 결국 세계화를 피해의식으로 바라볼 것이냐, 아니면 적극적이고 공세적인 입장
　　　에서 볼 것이냐는 문제가 남게 됩니다. 이제까지 당하는 입장에서만 생각해 왔
　　　지만 앞으로는 무엇이든 적극적으로 세계를 향해 나가는, 새로운 기류를 만들어
　　　나가야 합니다.[133]

이러한 사고방식에 바탕을 두고 노무현은 한미 FTA도 한번 해볼만하다고 생각하고 능동적으로 나선 것이다. 그러한 정책 추진 맥락 자체를 외면하고 노무현을 강자만 잘 살게 하는 수구 꼴통이라고 표현하는 것은 정치꾼과 다름없는 세심하지 못한 행태일 터였다.


## 5. 십자가를 진 국정 딜레마


### ♪ 노무현의 무엇을 보고 판단했는가

노무현이 무엇을 고민했을지 초점이 맞추어질 필요가 있다. 이전까지 노무현이 속한 정책가적 위치와 틀에 대한 맥락을 대략 살펴보았다. 지금부터는 정책가들이 속한 일반적인 정책구조에서 고민하는 가치들, 그것의 충돌을 살펴본다. 서설(序說)의 의미가 있으므로 길게 설명을 필요로 한다.

노무현은 문화코드를 통해 만들어졌고, 그것은 국민의 힘이라고 일컬어진다. 그런데 그 문화적 코드는 다른 문화적 코드로 위협을 받기 쉽다. 그 예가 바로 이명박 정권의 등장이다. 이명박 정권의 등장을 보고, 어떻게 노무현을 대통령으로 뽑았던 국민이 이명박을 대통령으로 선출할 수 있느냐고 의아하게 여기는 일이 일어나는 이유다. 노무현이 살길은 단지 문화코드가 아니라 제도적인 코드 사이의 접점을 모색하는 것이었고, 그것을 문화적 코드만으로 판단하는 이들은 자신들의 코드를 충족시켜 주지 않는다고 노무현을 버렸다. 그런데 중요한 것은 그러한 버림 행위에 나름대로 작용한 '판단기준'이 과연 적절한가의 문제다.

---

133) 동아일보, 1998년 8월 26일자 6면, 국민의 정부' 출범 6개월 점검 특별좌담 - 사회 교육 문화분야

우리는 현상과 움직임에 대해 판단을 한다. 이러한 움직임에는 사물도 있고 사람들의 움직임도 있다. 판단에는 판단을 가능하게 하는 기준들이 있기 마련이다. 보통 상대방을 이렇다 저렇다 이야기할 때 그 사람의 행동과 말에 대해서 이야기하는 경우가 대부분이다. 또한 어떤 현상이 일어나면 그러한 현상 자체에 대해서 이야기하고 판단을 한다. 사건의 인과관계를 전체적으로 판단하지 않는다. 나쁘다거나 좋지 않다는 선악 내지 호오(好惡) 판단을 할뿐이다. 기준이 호오에 치우쳐 있기 때문이다. 즉 싫고 좋고의 문화적 코드에 치중한다.

어떤 인물의 행동을 평가하는 경우에도 마찬가지나. 우선 그 사람의 행동이나 발언에 대한 평가는 호오이며, 일면의 행동이나 발언을 그 사람의 본질로 받아들인다는 점이다.

행동과 발언은 매우 상대적임에도 보통 그 행동과 발언이 그 사람의 본질인 것으로 여기게 되는 것이다. 이는 심리학에서 가시성(availability) 우선의 판단 준거 현상으로 나타난다. 여기에서 상대적이라는 것은 그 사람의 본질과는 상관없이 그 사람이 처한 구조에 따라서 행동이 이루어지고 발언이 이루어지는 점을 말한다. 가시성은 사람들이 자신이 입수 가능한 정보만을 가지고 쉽게 판단한다는 것이다. 가용성 추론법(availability heuristic)이다.[134] 그 발언이나 행동 하나가 본질로 생각되지만, 정작 그 사람의 본질이 달라지는 것은 아니다.

즉 당연히 사람의 말과 행동이 사람 자체의 본질일 리는 없고, 한 가지의 말과 행동만으로는 그 사람의 본질이 변했다고 말할 수는 없는 일이다. 그런

---

134) Tversky, A. & Kahneman, D. Availability: A Heuristic for Judging Frequency and Probability. Cognitive Psychology 5(2), 1973. pp. 677-695
Tversky, A. & Kahneman, D. Judgments and Uncertainty: Heuristics and Biases. Science New Series 185(4157), 1974. pp. 1124-1131

데 우리는 늘상 몇 마디 말과 몇 가지 행동으로 그 사람의 본질을 확정한다. 그런데 만약 그 사람의 본질에 대해서 알지 못한다면, 이러한 왜곡현상은 더욱 심하게 일어난다고 할 수 있다.

노무현의 본질을 외면하면 그가 한 약간의 말과 행동에 쉽게 실망하고 기뻐했다. 그러나 노무현의 본질이 무엇인지를 알고 있는 사람들은 그가 하는 몇마다의 말이나 행동에도 실망하거나 새삼스럽게 놀라지 않았다. 노무현의 본질을 아는 사람들은 노무현이 변절했다거나 회색분자가 되었다는 인식을 하지 않았다. 이것은 노무현이 처하고 있는 상황, 노무현이 갇혀 있는 구조를 잘 알기 때문이었다. 앞에서 논의한 내용을 다시 한 번 요약해 보자.

무엇보다 노무현은 인권변호사나 1987년 항쟁에서 부산지역 상임집행위원장이나 시민운동가도, 대통령 후보도 아니었다. 그는 이제 정책가 그룹의 수장이었다. 정책가는 무소불위의 권력자와는 다른 것이었다. 정책가는 무수한 딜레마 속에서 정책을 결정하고 집행해야 한다는 점이 무엇보다 다른 점이다. 누구에게 어떠한 근본적인 가치를 항의하는 것이 아니라 무수한 항의들을 종합하여 결정하여야 한다는 것이 다르다. 어떠한 행동을 하더라도 그는 비판을 받게 되어있다는 점이 다르다. 중요한 것은 어떠한 정책을 통해 지금 이 순간, 대한민국이라는 현실에서 소중한 가치들을 어떻게 실현할 것인가를 고민하는 이라는 점이 다르다.

그 고민에는 노무현의 본질과 부딪히는 구조가 존재한다. 그러한 구조는 단순히 호오만으로는 판단할 수 없다.

그러한 구조는 노무현이 가지는 태생적인 딜레마의 구조뿐만 아니라 정책가가 가지는 태생적인 딜레마도 매우 강하게 존재하며 이는 단순히 호오로 판단하기에는 버겁기도 하거니와 위험했다. 이러한 딜레마는 문화코드와 부딪히고, 이는 노무현의 딜레마를 제공하는 핵심적인 요소 중에 하나였다.

이러한 딜레마의 구조에서 노무현은 상당히 고전을 하거나 시간을 허비하면서 발언과 행동을 평소 지켜왔던 소신들과 다르게 할 수도 있었다. 그렇다고 해서 그것이 노무현의 본질이 바뀌었다고 간주하는 것은 다시 한 번 노무현 지지자들의 취약한 토대를 드러나게 하는 것이었다. 그만큼 노무현에 대한 본질을 두고 지지하는 것이 아니라는 것을 말해주는 것이기 때문이다. 이는 노무현이 아니라 노무현이 겪고 있는 구조가 중요한 것이라는 점을 말해준다. 특히, 정책을 평가하는 잣대가 제대로 소통되지 않으며 지나치게 문화코드만으로 바라볼 때 이러한 구조를 더욱 간과하게 되는 것이다.

여기에서 문화코드는 대부분 부정적인 문화코드다. 이러한 부정적인 문화코드는 고정관념이나 도덕적 교조주의, 편견, 피해 의식 등이다. 이러한 코드들이 정책가나 국정 수반을 바라보는 것은 치명적이고, 거대 언론들이 이러한 코드를 통해 평가는 것은 일반 사람들의 부정적인 문화코드를 부추겨 정책의 구조를 보지 못하게 하거나 희석시켜 문제의 원인을 일부 사람에게 돌리는 일이 발생한다. 한 사람이 잘못 되었기 때문에 그러한 사람을 처벌하면 끝난다는 식이다. 그러나 그러한 구조가 존재하는 한 노무현이 되어도 그렇고 권영길(민주노동당)이나 김영규(사회당)가 그 자리에 와도 똑같은 현상이 발생하게 된다.

이제부터는 길게 일반적인 정책가의 딜레마와 패러독스의 현상을 노무현의 정책가적 구조와 관련지어 살펴보기로 한다.

일상에서 우리는 많은 난처한 상황에서 살아간다. 그러나 그러한 난처한 상황을 이해해주지 않는 것을 원망할 뿐 다른 사람의 난처한 상황을 알아주려 하지 않는다. 앞에서 보았듯이 대개 그 사람의 겉모습이나 행동을 보고 평가하는 데 그 기준은 대부분 부정적인 문화코드이다.

다음의 글은 한 도서관 사서의 이야기이다. 우리는 대개 도서관 사서는 편한 것을 생각하고 있다. 도서관에 가보면 언제나 자리에 앉아서 책만 보고 있거나 할 일 없이 도서관 내부를 거니는 것을 보기 때문이다. 과연 그럴까? 다음 글은 한겨레 국민기자석란에 실린 내용이다.

입사경력 6년인 서울시립공공도서관 사서다. 한 주 걸러 일요일마다 일해야 하므로 성실한 종교생활이나 나들이는 포기한 지 오래다. 일요일 아침 8시30분 도서관에 도착하니 역시 자료실 서가의 8만 여권의 책들이 간밤에 폭격이라도 맞은 듯 엉망이다. 정신을 가다듬고 팔을 걷어붙인다. 내 몫은 3만여 권! 이제부터 이삿짐센터 직원처럼 일해야 한다.

해당 자료가 없어 상업화한 전문 장례 전용차에 대한 자료를 찾는 이용자를 위해 인터넷으로 관련회사와 전문사이트들을 검색해 주고 보니 자료실 안이 시장통이다. 뛰는 사람, 핸드폰을 그냥 자료실에서 받는 사람, 망가진 복사기 등. 정신없이 일요일의 하루가 간다.

오후 5시. 일요일이라 작업을 마무리한다. 역시 서가는 아침보다 더 엉망이다. 내일 쉴 수 있다면 좋겠지만 어렵다. 게다가 내일은 저녁 특근이다. 오늘 근무에 대한 수당은 따로 없다. 공무원 근무규정에 일요근무를 해도 평일에 대체해 쉬면 휴일근무수당을 받지 않게 돼 있기 때문이다.

요번에 사서직 정원 축소를 위한 교육행정직으로의 전직 신청에 동급 사서 30여 명이 신청했다고 한다. 8, 9급 사서의 30%를 웃도는 수치다. 자격수당 2만 원을 빼면 지방 일반직 공무원의 월급만을 받는 이곳보다야 일요근무도, 평일특근도 없고 승진적체도 훨씬 적은 교육행정직으로의 전직 희망이 이해가 된다. 전문사서로 부단히 자신을 개발해야 하는지, 말단 공무원으로 맡은 일에만 충실하면 되는지에 대한 딜레마가 주는 스트레스에서도 벗어날 수 있을 테니 말이다.

찬란한 4월의 봄 햇살 아래 지친 내 육신과 영혼이 갑자기 서글퍼진다. 공공도서관의 푸른 이상 앞에서 전문사서라는 게 허울처럼 느껴지는 하루가 간다.

– [독자칼럼] 전문사서 대가없는 과로 슬프다[135]

---

135) 한겨레, 2000년 4월 17일자 10면

사서들이 처해 있는 구조에 대해 비교적 자세하게 나타나 있다. 이 글에는 일반 사람들이 사서를 바라보고, 가지고 있는 생각이 얼마나 좁은 것이었나를 보여준다. 행복한 고민을 한다고 할 지 모르지만, 사서 직원들의 고민과 애환이 있는 글이다. 겉으로 편해 보이는 이러한 사서들에게도 애환과 딜레마가 있는 것이다. 그러나 이러한 고민과 애환이 잘 알려질 리는 만무하다. 그런데 문제는 다 같은 사서가 아니라는 점이다. 사서도 계급이 있는 것은 당연한 사실이다. 계급 이전에 열심히 하는 사람들에게는 더욱 힘든 것이 사실이다. 그런데도 이러한 구분이 없고 여기에 사람들이 가지는 부정적인 인식이 더 많다면 그것만큼 열심히 하는 사람들을 괴롭히는 것은 없다.

예를 들어 공무원에 대한 인식은 매우 부정적인 것이 사실이다. 그러나 공무원들이 비리나 저지르고 부정부패했다는 인식이 팽배해 있는 것은 어제오늘의 이야기는 아니다. 더구나 '철밥통'이라는 인식은 보편화되었다. 그러나 이러한 인식은 부정적인 문화코드로 작용하여 현실을 호도하는 경우도 또한 상당히 보편적이다. 공무원 노조가 출범한다고 했을 때 많은 이들이 반대했다. 편한 공무원들이 무엇이 아쉬워서 국가의 기강을 담보로 노조를 만드느냐는 논리가 득세를 했다. 그러나 공무원들은 관료와는 다르며 그들은 수많은 불합리한 노동조건에서 혹사당하고 있다.

이러한 현실보다는 부정적인 문화코드를 통해 현실을 왜곡하는 것이 가능해지고, 정책에 대한 소통구조가 부족한 가운데 언론이 거대한 장난을 쳐버린다.

정책가들은 본래 딜레마와 진퇴양난의 구조를 속에 있다. 이는 매우 개혁적이어서 세상을 바꾸어 놓겠다고 한 이들도 마찬가지로 겪게 되는 본질적인 구조이다. 기존의 구조를 바꾸어 놓겠다고 한 사람들일수록 이러한 곤경에 더 처하게 된다. 무엇보다 열심히 변화와 전진을 추구하는 정책가들에게까지 구분 없이 부정적인 코드를 부추기면서 획일화된 평가를 하는 것은 정책의 성과 자체를 의미가 없게 한다. 그러한 구분 없이 부정적인 문화코드를 쉽게 꺼내어 똑같은 놈들이라고 하는 것은 개혁세력을 붕괴시키는 것이다.

일상으로 돌아가 좀 다른 이야기를 해보자.

### ♪ 노무현을 둘러싼 딜레마의 정책구조

결혼은 사랑의 무덤, 독신은 외로움의 무덤이라는 말이 있다. 결혼을 하게 되면 자신의 일과 취미를 못하게 될 가능성이 많다. 많은 경우, 배우자와 가족을 위해 개인을 희생해야 한다. 그렇다고 독신으로 남아있는 경우에는 외로움이라는 구덩이에서 헤매야 한다. 이러한 딜레마에서 남녀는 각각 선택을 해야 한다.

남자들은 똑똑한 여자를 기피하는 경향이 있다고 한다. 그러면서도 똑똑하지 않은 여자는 곧 매력을 잃어버리니 남자들은 이러지도 저러지도 못한다고 한다. 다음의 칼럼은 이러한 상황을 잘 나타낸다.

한 남자는 조니 미첼의 시구로 남자가 처한 딜레마를 요약했다. "우둔한 여성은 곧 싫증을 느낄 것이므로, 당신은 좋아하지 않을 것이다. 똑똑한 여성은 당신의 계략을 꿰뚫어 볼 것이므로 좋아하지 않을 것이다." …한 남성의 이야기를 들어보자. "우리가 결혼한 지 얼마 되지 않아 아내는 자신의 IQ가 나보다 45나 높은 178로, 대학 졸업 당시 차석을 차지했다고 울면서 고백했다. 나는 충격을 받았으나 이혼하려고 생각하지는 않았다. 그런 여자와 함께 산다는 것은 끔찍한 일이었으나 보상도 있었다. 우리의 아이들이 보다 더 똑똑하다는 것, 우리가 방문한 사람의 이름이며 장소 따위를 아내가 기억한다는 것 등등."[136]

---

136) 문화일보, 2002년 4월 22일자 7면, [해외논단] 남자들은 추방될 것이다

이 글의 필자는 이러한 남성들을 추방을 해야 한다고 주장하고 있다. 단지, 여성들을 똑똑하거나 그렇지 않은 이유로 구분하여 일방 평가하는 것은 남자들의 이중적인 심리를 나타낸다. 이 같은 현상은 남성 위주의 사회에서 벌어지는 일이다. 남성 위주의 사회라고 할 때 현실적으로 남성들이 이러한 일로 딜레마를 겪고 있다.

이러한 사례들은 사랑과 결혼에 대한 개인적인 선택의 문제라고 할 수 있다. 그러나 이러한 선택은 개인적인 것만이 아니라 사회공동체와 밀접하게 연결되어 있는 경우가 대부분이다.

낙태의 문제는 지극히 사적인 부부 관계의 문제이지민 사회적으로는 매우 뿌리 깊은 딜레마 중 하나이다. 미국에서도 낙태가 빈번하게 이루어지고 있다. 이러한 현실을 그대로 인정하여 낙태를 합법화하자니 생명을 소중하게 생각하는 청교도 정신에 위배되고, 또 낙태를 불법으로 간주하자니 바라지 않는 임신에서 산모를 보호할 길이 없어지는 딜레마에 빠지게 된다. 이러한 딜레마에서 낙태를 찬성하느냐, 반대하느냐에 따라 보수냐 진보냐, 혹은 페미니스트냐 아니냐 하는 식으로 판단하기도 한다.

한국에서는 법적으로는 산모와 아이에게 심각한 위해나 장애가 예상될 경우와 강간에 따른 임신 등의 경우만 낙태를 허용하고 있다. 하지만 실제로는 임신 중기가 지났을 때에도 보호자의 간청에 의해 낙태를 하는 경우가 많다.[137) 낙태를 해야 하는가 하지 말아야 하는가는 딜레마가 아닐 수 없다. 원칙적인 가치를 중요시하는 문화코드가 중요하다면 아무리 괴로운 임신이라고 하더라도 낙태는 있을 수 없다. 만약, 이러한 문화코드에서 낙태를 실시한다고 하면 천명하면 그는 실패한 정책가가 된다.

---

137) 한겨레, 1998년 7월 11일자 11면, 젊은 연인들이여 낙태는 당당하지 않다(사랑과 결혼)

낙태뿐만 아니라 안락사도 생명과 인간의 존엄성에 해당하는 중요한 일이며 각국의 정책가들이 맞닥뜨린 현실적인 딜레마 중의 하나이다.

2002년 4월 1일부터 네덜란드가 세계 최초로 안락사를 허용해 세계인들의 관심을 끌었다. 이 안락사는 각국의 현실적 고민이다. '오직 신만이 사람의 생명을 좌우할 수 있다.'는 종교적 믿음은 그 자살을 돕는 의사의 행위도 죄악으로 간주한다. 종교계는 '인간의 존엄성 손상', '선한 목적을 위한 악한 수단 사용금지라는 성경 말씀의 위배', 혹은 '살인으로 치료를 대신하는 배반행위' 등으로 안락사를 반대한다. 하지만 말기 암 환자나 뇌사자를 안락사 시켜 살인죄로 법정에 섰던 사람들은 한결같이 이렇게 말한다.

"사랑하는 사람의 고통을 더 이상 참을 수가 없었으며 망가지는 인간의 존엄성을 더 이상 지켜볼 수 없었다."138) 이러한 딜레마는 한국에서도 끊임없이 요구되는 것이다. 앞으로 이 문제가 우리 사회에서 다시 공론화되어 정책가에게 이 둘 중에 하나를 선택하라고 한다면 결코 쉽지 않은 일이다.

생명과 인간의 존엄성이 단지 그 개인이나 태아의 문제가 아니라 복제로 이어지는 경우, 더 많은 유혹이 있는 것이 사실이다. 이는 생명을 죽인다기보다는 생명을 만들어 내는 것이지만 도덕적인 비판이 따르기 때문이다.

사람 개체에 대한 복제는 누구나 반대한다. 그러나 난치병 치료를 위하여 복제해야 한다는 견해는 무시할 수 없는 논리를 가지고 있다. 개체 복제로 이어질 개연성을 이유로 난치병 치료 등 우리 삶의 지평을 새롭게 열어줄 수 있는 복제 배아, 체세포 복제를 원천 금지하는 결정을 내리기는 쉽지 않다. 한국 정부는 생명존중 쪽의 손을 들어주고 있다. 그러나 이는 언제든지 논란의 여지가 많은 부분이고, 정책가들을 괴롭히고 있는 것이다.

---

138) 대한매일, 2002년 4월 8일자 18면, [김성호 기자가 본 종교 만화경] 안락사

CT의 방법은 세포 몇 개면되는 골수, 췌장 소도, 신경세포 등의 이식을 비교적 간단하게 한다. 간단하다지만 죽는 사람을 살리고, 하지 마비로 못 움직이는 사람을 걷게 한다. 환자들은 이러한 복제를 허용해 달라고 한다. 인간을 상업화하도록 허용해 존엄성을 해치고 싶지 않아야 하는 것이 정책가의 기본 처지이다. 의사들은 치료적 복제(therapeutic cloning)가 어차피 '폐기되고 있는' 여분의 배아를 사용해 인간이라고 할 수 없는 세포덩이를 만들어 생명을 구하는 것으로, 지극히 인도적인 행위이며 인간 전체를 복제하는 (무성)생식과는 다르다고 주장한다.[139]

정책가들은 어디에 선을 그어(의사를 받아들이듯) 이 새로운 과학적 빌달을 받아들여하는지 난처한 것이다. 생명과 인간에 대한 존엄성이냐, 많은 인류를 위한 난치병의 치료라는 차원이냐 하는 것은 정책가의 딜레마이며 유전자와 생명공학에 관한 기술이 발전하면 할수록 정책가를 괴롭히는 사안이 되고 있다. 이른바 인간성과 효율성의 딜레마는 계속되는 것이다.

따라서 정책가는 이 둘 중에 하나를 선택하기보다는 절충을 하기도 한다.

원칙적인 가치와 현실적 요구 사이의 딜레마는 환경 정책에서도 볼 수 있다. 삶의 질을 높이기 위해서는 개발이 필요하다. 그러나 개발은 필연적으로 환경파괴를 불러온다. 개발이나 보존이냐 하는 딜레마 속에서 정책가가 한쪽의 편을 드는 것은 있을 수 없는 일이다. 환경단체는 보존을 주장하지만 많은 기업이나 자본, 이해관계가 있는 이들은 개발을 주장한다. 그 중간에서 끊임없이 절충을 모색하는 것이 정책가이다. 그러나 양쪽의 불만을 항상 받을 수밖에 없다. 개발과 보존에서 절충한 것이 '지속 가능한 개발'이다. 그러나 이도 여전히 근본적인 보존을 원하는 측과 개발을 원하는 측의 끊임없는 비난의

---

139) 중앙일보, 2002년 2월 18일자 7면, [과학으로 세상보기] 인간 불사의 시대 정말 오나 효율성과 인간성의 딜레마 - 이홍규

대상이 되고 있다. 이런 원칙적인 가치들뿐만 아니라 사회 자체는 항상 딜레마 속에서 판단을 요구한다.

　가치와 현실은 단지 보존과 개발사이의 딜레마가 아니라 많은 이해관계와 이에 따른 정책이 걸려 있다. 새만금의 예를 들어 보자. 국가와 시민, 자본과 노동이라는 이분법적인 도식으로 보자면 국가기구는 자본의 이익을 대변하는 수단이다. 그래서 개발만을 찬성하는 것으로 보인다. 그런데 과연 그러한가. 반복해서 강조하지만 국가조직과 기구들은 각기 독자적인 제도코드로 움직인다. 이를 '제도적 성격론'이라고 규정하고자 한다. 농림부는 기업형 농업육성이라는 코드로 움직인다. 환경부는 환경의 지속이라는 코드로 움직인다. 건설교통부는 기반하부 구조의 건설이라는 코드로 움직인다. 이러한 코드들은 한 사회의 수많은 이익집단의 이해를 대변하는 것이다. 이렇게 상호 충돌한 것이 새만금이다. 그 사이에 김대중이 있었고 이제 노무현이 있다. 새만금에 충돌한 것은 이것만이 아니다. 새만금 지역의 자연환경과 개펄의 귀중함, 장기적인 생산성은 말할 것도 없이 소중하다. 그러나 이것을 바라보고 있는 지역주민들은 개발의 신드롬에 있었다. 수천 년 가난에 찌든 이 지역 주민 상당수가 새만금 지역의 개발에 상당 부분을 기대해 환경운동단체 등 시민운동단체와 충돌을 빚기도 했다. 개발은 국가주도만이 아닌 것이다. 한국사회는 박정희식 국가주도형에 익숙해져 모든 개발은 국가의 검은 논리로만 움직인다고 일방적으로 전제하고 운동도 이의 폭로에 맞추어져 왔다. 그러나 누대 이래의 가난에서 벗어나보자는 한(恨)들이 존재했던 것이다. 이런 사회문화코드를 중요하게 본다면 지역 주민의 소망, 여기에 지역 주민이 서울시만한 인구를 가지고 있었다면 새만금은 개발될 수밖에 없다. 만약, 전체의 경제적인 이익과 이러한 지역주민의 코드가 맞아떨어지면 환경 단체가 주장하는 근본적인 가치들이 배제될 수 있다. 노무현은 2003년 2월 11일 새만금 개발을 계속하겠다는 입장을 처음 밝히면서 "새만금을 농지로 개발하는 계획은 재검토해야 한다."고 말했다. 이러한 발언에 대해서 환경단체는 거세게 반발했다.

그러나 노무현도 '어쩔 수 없는, 똑같은 놈'이라고만 할 수 있었던 것이 아니었다. 한정된 시간, 조직, 자원의 제도적 여건! 여기에 노무현은 대통령이 되기 전부터 지역 경제를 살리겠다고 했다. 지역주민들의 삶을 나아지게 반드시 할 거라고 했다. 그 가운데 새만금 문제가 있다. 단지, 보전이냐 개발이냐가 아니라 지역경제, 지역살림살이의 한(恨)이 걸려있는 것이기 때문에 보전만으로 그치기에는 이미 한계가 있다. 사회운동과 지역민의 삶이 유리된 딜레마를 넘어 질충점을 찾아야 했다. 이미 두입된 가용사원을 생각할 때 새만금의 친환경적 개발은 이미 예정된 수순이었다. 싸워야할 대상은 노무현이 아니라 제도와 문화사이 괴리였다.

국민들은 선거만 되면, 딜레마에 빠져든다. 국민들은 마음에 들지 않는 정치인들이지만 그래도 뽑아야 한다. 적당한 인물이 없다고 생각되지만 나라와 사회, 그리고 자신의 삶에 영향을 미칠 수 있으므로 무시할 수만은 없다.

개인에게는 이익이 될 것 같은 행동이 사회 전체에는 불이익을 안겨 줘 결과적으로 개인도 피해를 보는 '집합 행동의 딜레마'도 존재한다. 버스에 일찍 타려고 끼어드는 것은 개인들에게 이익을 주는 것으로 보이지만, 승차 시간을 더 시간을 오래 걸리게 해서 개인뿐만 아니라 전체에 피해를 준다. 로또복권의 예를 들어보자. 사람들은 나는 중독증이 아니라 여가를 보내기 위해, 삶에 희망을 갖기 위해 로또복권을 산다고 한다. 이러한 상태라면 문제가 없어 보인다. 그러나 이러한 무심한 행동들이 모이고 모여 판매액은 엄청나게 증가했고 당첨금액도 따라서 증가했다. 무심한 행동이 증가할수록 이러한 현상이 벌어지는데 당첨금액이 올라갈수록 극도로 가난한 이들, 삶에 비정함을 가지는 이들을 더욱 로또복권에 필사적이며 로또에 빠져들게 한다. 개인 행위의 문제가 아니라 개인과 사회 사이의 연관성 속에 정책가적 딜레마가 있다.

언론의 본질적 측면을 제외하고 본다면, 방송은 수입의 대부분을 연예오락 프로에 의존하면서도 정작 방송사의 정체성은 보도 쪽에서 찾아야 하는 딜레마가 존재한다. 방송사는 그 재정의 대부분을 연예오락에서 걷어 들이지만 사실상 본질은 보도에서 찾아야 한다. 이는 상업성과 공익성을 동시에 아울러야 하는 방송의 고민을 말한다. 공익성만을 내세우면 시청률은 떨어지고 상업성을 통해 시청률만을 의식하게 되면 공익성은 떨어진다는 딜레마가 존재하는 것이다. 상업적인 성공을 모색하는 오페라의 경우 성공과 실패에 따른 난처한 상황이 동시에 존재한다고 할 수 있다. 하는 김에 성공하는 것이 바람직 하지만 성공했을 때에도 문제가 발생한다.

2001년 〈오페라의 유령〉이 100억 원의 거금을 들여 제작된다고 했을 때, 우려의 목소리와 찬사의 목소리가 같이 교차했다. 관심의 초점은 과연 본전을 건질 수 있을 것인가에 맞춰져 있었다. 뉴욕 브로드웨이나 런던 웨스트엔드도 아니고 아직 공연시장이 미성숙한 우리의 실정에서 이 같은 모험이 가능할 것인가에 대한 우려 때문이었다. 여기에는 만약 큰 실패를 거둔다면 가뜩이나 열악한 공연계에 더 이상 외부자금이 들어오지 않아 공연계는 더욱 어려워질 것이라는 걱정도 들어있었다. 이는 실패했을 경우의 문제이다.

반면 대성공을 거둬도 걱정이었다. 이 작품이 7개월간 관객을 휩쓸어갈 경우 워낙 비싼 만큼 관객들이 다른 공연을 볼 여유가 없어진다. 또 초호화 대형 스펙터클에 눈이 높아진 관객들이 저 예산 일반 공연물에 입맛을 잃어 공연계의 부익부, 빈익빈이 더욱 가속화할 것이라는 우려였다. 무엇보다 열악한 공연계의 자본이 뮤지컬과 같은 상업성 있는 공연에만 집중되면 정작 공연예술의 바탕이 되는 정통극, 실험극이 점점 더 침체될 것이라는 지적도 설득력 있게 제시되었다.140) 성공해도 그렇고 실패해도 문제가 발생하는 것이다.

카피레프트 정신은 자본화되는 지식을 사회적 공공성이라는 측면을 살려 지식을 공유하자는 것이다. 지식의 자본적 독점은 지식을 독점하고 이를 통해 자본을 축적하는 불합리한 구조가 존재하는 것이다. 이는 계급을 새롭게 재편성하는 것이다. 여기에서 새로운 빈부격차가 발생한다. 카피레프트는 자본주의적인 방식을 반대한다. 그러나 이는 자본주의 경제를 근간으로 하고 있는 한 지적 재산권과 충돌을 일으킨다. 만약 지식정보경제를 우선시 하면서 경제성장을 추진하고 있는 정책가들에게는 쉽지 않은 문제들이다. 사회운동가들은 이러한 카피레프트 정신을 주장할 수 있다. 그런데 그것을 정책으로 반영하는 사람들의 상대편에는 이를 반대하는 이들이 자본의 막강한 영향력을 가지고 있다. 카피레프트가 원칙적으로는 옳은 가치를 지향하고 있지만 이런 현실이 있는 한 진보적인 정책가라고 해도 고민은 크다.

교육은 오랜 세월 딜레마의 모순을 여지없이 보여준다. 참교육을 하면 현실에서 꼴찌반의 딜레마를 경험하게 된다. 학생들의 자유를 보장하고 이를 통해 스스로 학습을 할 수 있도록 하는 것이 가능할지는 모른다. 그러나 당장에 요구되는 시험성적은 형편없게 된다. 이른바 꼴찌반의 딜레마이다. 참교육을 표방하는 담임의 반은 자유스러운 자발적인 학습이 이루어지기는 하지만 반성적은 형편없고, 이는 질책의 대상이 된다. 대학입학이 모든 것을 재는 기준인 입시공화국이라면 이러한 꼴찌반의 딜레마는 더욱 심해지기 마련이다. 참교육을 생각하는 선생님들이 항상 걱정하는 것이 들어 맞게 되는 상황이다.

또한 학생들을 가르치는 교사들은 자신의 역할에 대해서 끊임없이 고민을 하게 된다. 다음 글은 이러한 고민을 나타내준다.

변화하는 세상에서 뒤쳐 있지 않은 교사와 전통적인 교사의 이미지 사이에서 우리 교사

---

140) 문화일보, 2001년 11월 29일자 7면, [충정로에서] ‘오페라의 유령’과 공연계 딜레마

들은 딜레마에 빠질 때가 많다. 사실 대부분의 교사들이 이제껏 학생들에게 눈높이를 맞추기보다는 전통적인 교사의 이미지에 더 충실해 왔다. 그러나 이젠 그런 방식으론 도저히 변해 가는 세상과 학생들을 따라갈 수가 없다. 구태의연한 규범을 훈계조로 늘어놓아 봤자 순응할 학생도 거의 없다.[141]

변화하는 세상에 교사들이 그 동안 전통적인 교사의 이미지와 그 이미지에 충실한 역할을 했다는 사실에 대한 반성과 새로운 흐름에 따라야 한다는 의지를 내비치고 있는 글이다. 그러나 이러한 의지에도 불구하고 어디까지 현실을 따라야하는 지는 여전히 숙제로 남는다. 그것은 비단 교사의 처지에서만 그런 것이 아니라 학교나 교육 정책에서도 마찬가지라고 할 수 있다.

현실을 고려한다면 입시에 가장 큰 관심을 둬야 한다. 그러나 공교육의 기본 역할 때문에 입시에만 전념할 수는 없다. 그렇다고 참교육 같은 공공성 교육만을 하게 되면 학생들은 학원으로 가야 한다. 전교조의 참교육이 오래 전부터 겪는 딜레마이다. 이러한 양면 때문에 입시정보나 입시를 위한 지식전달에서 학교는 끊임없이 사설학원 및 족집게 과외에 포위당하고 그 존재 의미를 의심받는다. 그러나 공교육만을 고수할 수도, 입시 교육에만 매진할 수도 없는 딜레마에 빠지게 된다.

이러한 딜레마에서는 양쪽의 공격을 받게 된다. 교육의 사회적인 공공성을 높이자는 쪽에서는 공교육의 내실화를 강조한다. 입시교육에 대한 현실적인 역할을 요구하는 측에서는 경쟁체제를 도입하여 효율성을 중심으로 학교를 운영해야 한다고 한다. 교육정책은 몇 십년간 이 사이에서 맴돌았다. 그 동안 개혁정책을 표방한 무수한 이들이 교육정책의 이중성 사이에서 고민했다. 노무현도 이 사이의 간극에서 고민할 수밖에 없다.

---

141) 한겨레, 2001년 7월 5일자 9면, [독자칼럼] 알몸으로 보여준 교사의 시대적 소명

여성 정책은 출발부터 "평등과 보호"라는 일견 상충되는 두 마리 토끼를 동시에 잡아야 한다. 평등은 남녀평등을 추구하는 것이다. 보호는 여성이라는 약자를 보호하는 것이다. 이 두 개를 동시에 추구하는 것은 곧 남녀평등을 외치면서 동시에 여성의 보호를 지향한다는 의미이다. 이들 두 가지를 모두 추구하는 것은 매우 타당해 보이지만 여기에는 딜레마가 존재한다. 이 두 가지를 모두 선택하는 경우, '역차별'이라는 기득권층의 공세에 쉽게 공격당한다. 평등을 추구한다는 정책이 다른 이들을 상대적으로 차별하는 이러한 양면의 칼날에서 이를 어떻게 유지할 것인가가 정책가의 쉽지 않은 고민이다. 여성부가 여성가족부라는 이름으로 바뀐 깃도 정책 딜레마를 성징한다. 여성이 가족과 묶여 있는 것은 여성운동진영이 가장 혐오하는 것인데, 그곳에서 활동하던 이들이 제도권에 들어가 활동하는 가운데 여성가족부를 움직이고 있다.

유지나 교수의 다음 말은 노무현이 갇힌 정책구조에게 받아들여지기 힘든 문화코드였다.


신랄한 표현으로 구설에 오르곤 했던 노무현 후보는 왜 여성정책에 관해서는 화끈한 발언을 안 하는 걸까? 실제로 그간 민주당이 상대적으로 성과를 거둔 여성정책을 그대로 계승하는 것 정도로는 21세기 진보정치에 끼기 힘들다는 생각은 안하는 것일까 하는 답답함이 든다.

…여성 쿼터제에선 대표적인 두 정당의 후보가 필요하다고 한 반면 정몽준 후보가 이례적으로 50%로의 확대안, 권영길 후보가 30~50% 확대안을 내건 것이 눈에 뜨인다. 두 쿼터제를 현재보다 강화하겠다는 권영길 후보는 앞뒤가 맞는 편이다. 그런데 여성 쿼터제를 30~50%라고 한 점이 모호하다. 이런 안은 스스로 현실의 벽 앞에서 주춤하는 자신 없음을 보여준다. 장렬하게 깨지더라도 이상은 제대로 내세우는 정신은 어디로 갔나?[142]

---

142) 중앙일보, 2002년 10월 5일자 6면, [삶과 문화] 여성 · 영화정책 확실합니까? - 유지나 동국대 교수 · 영화영상학

노무현 후보가 화끈하다는 인식은 2002년 한 해 동안 노무현을 바라보는 대표적인 문화코드라고 할 수 있다. 이러한 문화코드라는 것을 충족시키기 위해서 노무현은 50% 이상이라는 공약을 내야 했다. 화끈한 노무현의 화끈한 정책이다. 그러나 그것은 여성정책이 가지는 딜레마 상황을 간과하는 것이며 문화코드만으로 제도적인 코드를 바라보는 것이다. 우리 사회에서는 여성문제를 단순히 보호가 아니라 역차별이라 보는 시각이 점점 진화(進化)하고 있는 상태에서는 쉽지 않은 일이다. 만약, 노무현을 바라보는 시각이 이렇다고 한다면 노무현이 아무리 여성정책을 위해 애를 쓴다고 해도 그 코드만큼 채우지 못하면 실패한 것으로 규정한다.

여성은 사회적인 약자로 분류된다. 청소년도 약자이다. 여성이면서 약자인 경우 청소년보호법과 관련하여 가장 많은 부분을 논란이 되는 것은 성 매매 문제이다.

여기에서 경제정책을 몇 가지 살펴본다.

경제가 좋을 경우, 경기의 피크를 늦추는 수단은 이자율 조정밖에 없다. 이자율을 올리면 과열경기가 식을 것이지만 당장 증시가 영향을 받을 것이고 워크아웃 기업들도 큰 어려움을 겪게 된다. 이것이 딜레마다. 지금은 '경제가 좋은데 왜 그런 정책 쓰느냐'며 사방에서 저항이 생기게 된다.[143]

환율에 대한 정책도 항상 딜레마 속에서 이루어진다. 환율하락을 막기 위해 시장개입에 나서자니 저금리 저물가 기조를 흩뜨리지나 않을까 걱정이고 그대로 놔두자니 국제수지에 미칠 악영향을 감수해야 하는 딜레마에 빠진 상황이 빈번한 게 현실이다. 환율이 하락하면 돈의 가치가 상대적으로 높아져 가격 경쟁력에서 밀리므로 수출은 막히게 된다. 그렇다고 인위적으로 개입하

---

143) 한국일보, 2000년 3월 20일자 23면, [정승호가 만난 사람] 김종인 前청와대 경제수석

게 되면 물가를 올리고 금리도 오르게 된다.

또한 위기에 대비해 외자유치가 필요하지만 외자유입의 급증으로 달러 당 1,200원대가 무너지면서 수출에 악영향이 미치는 것이 사실이다. 그렇다고 정부가 환율을 뒷받침하면 외국의 투자자들에게 노출되어 투기로 돈 벌 기회만 제공해주는 문제점이 발생하기도 한다. 이 상황에서 정책기는 어떠한 수단을 가져야 하는가.



2002년 재산세를 올려서 집값이 올라가는 것을 잡겠다는 발표가 있었다. 부동산에 거품이 많기 때문에 이를 해결하기 위한 극단의 방법이었다.

조세이론에서 재산세는 소득세를 보완하는 세금으로 분류된다. 집은 재산으로 분류되지만 집은 소득을 모아서 사게 된다. 소득에 대해 당연히 세금을 내게 되고 이는 소득세라는 이름으로 칭해졌다. 따라서 집은 이미 세금을 다 낸 것이다. 그렇다고 해서 집에 세금을 물리지 않을 수는 없다. 그것은 소득을 모았어도 집이라는 재산을 장만한 것이기 때문이다. 국세청 조사국장과 재정경제부 세제실장을 거친 세제전문가인 이근영 금융감독위원장은 재산세를 '아주머니 세금'이라고 불렀다. 재산세의 딜레마는 바로 '아주머니'들에게 있다. 콩나물 값도 깎으려는 주부들이 내 온 세금이라는 현실과 재산세를 왕창

---

144) 세계일보, 2002년 1월 23일자 13면, [이코노 미래] '경기 회복' 두 목소리

올려서 뛰는 집값을 잡아야 한다는 명분이 부닥치고 있기 때문이다. 투기는 꿈도 못 꾼 채 겨우 아파트 한 채 장만한 주부들은 부동산 거품의 문제를 인정하면서도 단숨에 두 배 가량 뛰어오를 재산세에 기가 막힐 수밖에 없다.[145]

세율은 단지 국내에만 연관되는 것이 아니라 대외무역정책에도 많은 영향관계에 있는 것이 사실이다. 소주와 위스키의 세율에서도 딜레마는 항상 존재한다. 소주 세율을 소폭 올리면 거의 전량 수입에 의존하는 위스키 세율을 대폭 내려야 하는 딜레마에 직면하는 것이 현실이다. 1999년 소주 세율을 당초 안인 100%선보다 낮은 80%까지만 올려 소주 업계와 소비자들을 무마하고, 수년간 분투한 EU 입장도 고려, 위스키세율을 100%에서 80%로 인하하기도 했다.[146]

북한도 항상 딜레마에 처해 있기는 마찬가지였다. 북한 신의주를 개방 특구로 만들겠다고 발표했다. 신의주 특구의 경우 북한 당국은 북한 사회 전반에 미칠 국제화의 파급효과에 어떻게 대처해 나갈 것인가 하는 체제 차원의 문제에 봉착하게 한다. 그렇다고 이를 억압한다면 신의주는 나진·선봉의 실패를 되풀이할 수밖에 없고 경제 회생은 물거품이 되는 것, 이것이 북한의 딜레마이다. 아울러 북한 당국이 요즘 안고 있는 고민은 체제·사상 교육을 우선시 하면서도 청소년들에게 변화하는 세계에 적응할 수 있는 교육을 제공해야 하는 딜레마다.

북한과 관련한 국제적인 딜레마도 있다. 탈북자 문제는 북한에게는 체제의 위협감을, 중국에게는 외교적인 딜레마를, 한국에게는 정치적인 부담을 안겨주는 일이다. 이 와중에 어느 한 쪽을 일방적으로 이야기하는 것은 정책가에게는 타당하지 않다.

---

145) 중앙일보, 2002년 9월 17일자 6면, [분수대] 아줌마 세금
146) 대한매일, 1999년 9월 15일자 5면, 정부 주세율 확정 안팎

농업보조금은 선(善)이다. 농업보조금은 농민들에게 보증금을 주어 생계를 보장하는 동시에 농업을 진흥 보전하는 방법이다. 농업보조금은 한 국가에서 농업이 갖는 산업적 위치와 식량안보, 환경보호, 농촌개발 등 비시장적이고 공공재적인 측면에서 보면 매우 중요하다. 경제 논리로만 풀 수 없는 각국의 이해와 가치가 내포돼 있는 것이다. 그러나 농업보조금은 세계화 측면에서 봤을 때 정말 큰 문제가 된다. 유럽 농민들은 보조금으로 하루에 소 한 마리 당 2.2달러를 받으면서 개도국의 농업시장을 직접적으로 파괴하고 있다. 보조금을 받기 위해 농산물을 과잉 생산하고 남는 농산물들을 원가 이하로 팔아치우는 바람에 최빈국조차 선진국들이 생산하는 값싼 농산물을 이용하고 있다. 이는 전 세계 인구 중 절반가량인 30억 명이 하루 2달러 미만으로 살아간다는 점에 비추어 보면 매우 안타까운 현실이다.

선진국 농민들이 받는 농업보조금은 선진국들이 매년 빈국에 지원하는 공적개발원조(ODA)의 6배가량인 3천 1백 10억 달러에 이른다. 한마디로 선진국들은 빈국들에 한 손으로는 적은 돈을 쥐어준 후 다른 손으로는 더 많은 것을 빼앗아 가고 있는 셈이다. 프랑스는 미국에 이은 농업수출국 2위 국가다. 결국 농업보조금은 각국의 이해가 충돌하는 '세계화의 딜레마'다.[147]

대만 해협에서 미·중간에 군사 분쟁이 발발하고 미국이 '한미상호방위조약' 제3조에 의거, 한국의 지원을 요청할 경우 한국의 선택은 미국에 대한 지원이 될 수 있다. 그러나 이럴 경우 미국 측의 요구를 그냥 수용함으로써 앞서 언급했던 중국과의 호혜적인 경제관계를 모두 버릴 용의가 있을 것인가 하는 문제가 발생한다.

2000년 의약분업에 반대하는 의사들이 집단폐업을 했다. 이유가 있었지만

---

147) 경향신문, 2002년 11월 1일자 10면, [인사이드 월드] 선진국 농업보조금 '눈 가리고 아옹'

현상적으로 볼 때 이러한 집단 폐업이 의미하는 것은 의사들이 치료하던 환자를 버리고 시위현장으로 가버린 것을 의미했다. 이 때문에 많은 환자들이 제때에 치료를 받지 못해 병이 악화되었으며 심지어는 사망하는 경우도 발생했다. 이 때문에 국민의 감정은 악화되었다. 사회·문화적으로 의사들을 처벌해야 한다는 코드가 일반화되었다. 정책가들은 이러한 문화코드를 받아들이는 수밖에 없다. 그러나 실제로 이러한 문화코드를 받아들여 제도적인 틀에서 실행하기는 쉬운 일이 아니었다.

이 당시 보건복지부는 집단폐업에 나선 의사와 병·의원의 처벌을 둘러싸고 딜레마에 빠졌다. 복지부는 폐업에 동참한 의사들을 원칙대로 처벌하자니 성난 불에 기름 끼얹는 격이었고 그렇다고 가만있자니 감독기관으로서 위신이 서지 않아 진퇴양난에 빠졌던 것이다. 복지부는 의료계가 집단폐업에 들어가면 강력하게 처벌하겠다고 으름장을 놓았지만 사실 가능한 제재는 별로 없었다.148)

이는 검찰에게도 마찬가지였다. 2000년 6월 20일 의료계가 집단폐업에 돌입하자 검찰이 '미필적 고의에 의한 살인'이란 용어까지 동원하며 초강경 대응에 나섰다. 검찰은 진료를 거부하는 의료인에 대한 처벌을 규정한 의료법 16조 1항을 들어 "병원 안에 있으면서도 고의로 문을 열지 않는 경우 이 조항에 의해 처벌이 가능하다."고 했다.

아예 문을 닫고 병원을 떠난 경우라면 업무개시명령 위반죄로 처벌이 가능했다. 폐업으로 환자를 숨지게 하거나 상태를 악화시켰다면 최고 형량이 금고 5년인 '업무상 과실, 중과실 치사상죄'가 적용되는 상황이었다. "의사가 자신의 행위로 인해 환자가 사망할 수도 있다는 사실을 인식, 예견하고도 진료를

---

148) 세계일보, 2000년 6월 21일자 21면, 복지부, 집단폐업 의사 - 병의원 처벌 '딜레마'

거부했다면 '미필적 고의에 의한 살인죄'로 처벌할 수도 있다."고 검찰은 밝혔다. 이대로라면 살인죄의 형량은 사형, 무기 또는 5년 이상 징역이다. 한편 폐업 지도부는 독점규제 및 공정거래법 위반혐의로 처벌되는 것이었다.

그러나 문제는 1만 명이 넘는 폐업 참여 의사들을 모두 사법 처리하는 것이 사실상 불가능하다는 데 있었다. 지도부가 의사들의 폐업을 강제했다는 인과관계를 입증하기도 쉽지 않았다. 무엇보다 주동자 몇 명을 구속한다고 해결될 성격이 아니라는 점도 검찰의 고민이었다. '명분 없는 싸움에 명분만 만들어 주는 격'이 될 것이라는 우려 때문이었다.149)

국민들의 문화코드를 충속하기 위해서는 국정수반의 강력한 의지가 필요한데 이는 필연적으로 제왕적 대통령 코드를 불러일으킨다. 의사들의 요구사항이 타당하건 그렇지 않건 간에 민주, 인권 대통령을 표방한다면 밀어붙이기 식의 정책집행은 불가능하기 때문에 부담을 지니게 된다. 그리고 관료들은 복잡한 사안에 애써 관여하고 싶어 하지 않는다. 대화와 타협을 선택하는 경우 의사들에 대한 감정이 고조된 문화코드를 충족시키는 것은 한계에 머무르게 된다.


## 6. 문화코드와 정책가적 딜레마


매매춘은 불법이다. 이러한 불법은 당연히 단속의 대상이다. 우리 사회는 매매춘을 사회악으로 규정하고 있다. 이는 강력한 단속을 타당하게 하는 법과 제도의 성립을 가능하게 하는 문화코드다. 일반 통념은 사창가가 단속이 제대

---

149) 경향신문, 2000년 6월 21일자 18면, '1만 여명 사법처리' 검찰 딜레마 - '의료계 폐업' 수사 속앓이

로 안 되는 것은 경찰이 부패 커넥션에 연루되어 있기 때문이라고 한다. 경찰들이 포주들과 공생관계를 가지고 있으며, 이러한 공생관계를 유지하기 위하여 직무유기를 하고 있다는 것이다. 이러한 상태라면 부패한 경찰들을 처벌하고 교체하면 문제가 해결된다는 논리를 구성하게 된다. 분명 부패한 경찰이 있고 구조적인 이유를 내세워 직무유기를 하는 경찰도 있을 것이다. 그러나 전적으로 이러한 부분에만 주목하는 것, 이는 정책의 집행의 오류와 실패가 오로지 사람, 즉 무능한 사람이나 부패한 사람, 혹은 인지적인 실수 때문에 벌어진다는 사고를 바탕으로 한 것이다. 여기에서 인지적인 실수는 판단이나 결정의 오류를 말한다.

그러나 과연, 그것이 경찰들이 무능하거나 부패했기 때문일까. 이렇게 몰아간다면 누구라도 경찰이 되면 딜레마에 빠지게 되는 구조를 간과하게 된다. 김강자 총경은 매매춘과 벌인 전쟁으로 매우 명성이 높았다. 그는 시민단체뿐만 아니라 각종 여론에서 강력한 지지를 받았다. 그런데 그가 이후에 매매춘에 대한 합법화를 주장했다. 과연 그가 변절했기 때문일까. 유명해지고 진급하고 배가 불러지니까 몸을 사린다고만 할 수 있을까.

다음은 2002년 군산윤락가 화재사고 후 쓴 김강자 총경의 긴 글 전문이다.

올 겨울은 여느 해보다 포근한 날씨였으나 국민들의 경찰을 보는 시선은 그 어느 때보다도 차가웠다. 얼마 전 군산 유흥가 화재로 인해 매춘(賣春) 여성들이 떼죽음을 당한 데다 천호동 사창가 매춘 여성들이 국가인권위원회에 경찰의 인권 유린을 문제 삼아 집단 민원을 냈기 때문이다. 그들의 아픔 못지않게 우리 경찰도 이 같은 사건들로 매우 곤혹스러웠다. 하지만 이런 문제를 불러온 가장 근본적인 요인이 무엇인지 생각해보지 않을 수 없다. 그것은 매춘 근절이 절대 불가능한 우리 사회 현실임에도 매춘을 전면 불법으로 규정한 윤락행위방지법이 있기 때문이다. 한마디로 법과 현실의 괴리에서 빚어진 일인 것이다.

먼저 군산의 경우를 보자. 솔직히 말해 상당수 경찰관들이 윤락가 매춘 단속을 두려워한다. 단속하게 되면 집단을 이루고 있는 매춘여성들은 뿔뿔이 흩어져 다른 지역 사창가로 이동한다. 심지어 여관, 이발소, 스포츠센터 등 주민의 생활공간으로까지 스며든다. 그로 인해 주택가가 오염될 뿐 아니라 '인권사각지대'가 더 분산돼버리는 부작용도 나타나기 때문이다.

하지만 더 큰 이유는 현행법상 매춘 자체가 불법이라는 데 있다. 경찰관이 인권 유린 여부를 파악하기 위해 사창가에 들어갔다고 하자. 법을 집행하는 경찰관으로서는 불법인 매춘을 그냥 두고 넘어갈 수가 없다. 그것을 묵인한 채 감금 등 인권유린 여부만을 파악하려 한다면 직무유기가 된다.

물론 모두 다 단속하면 되지 않겠느냐고 하겠지만 그것은 또 다른 문제를 일으킬 수도 있다. 이런 이율배반적인 상황 때문에 경찰관들은 사창가 단속 자체를 꺼리게 된다.

상황은 매춘여성 자신들도 마찬가지이다.

몸을 파는 행위 자체가 불법이므로 늘 범죄자가 된 입장이다. 손님과 포주로부터 인권유린을 당해서 신고를 한다 쳐도 자신도 처벌을 면하기 어렵다. 처벌을 받으면 불명예스러운 윤락 전과가 남게 된다. 그 때문에 경찰 신고 자체를 주저하게 되는 것이다. 이런 이유들 때문에 사창가가 인권유린의 사각지대가 되어 군산 화재와 같은 참사(慘事)가 일어난 것이다.

다음은 천호동의 경우를 보자. 강동 경찰서는 불법인 매춘을 근절하기 위해 밤잠을 제대로 못 자며 5년 이상 단속활동을 벌여왔다.

그 결과 상당수 매춘 여성이 그곳을 떠나 다른 곳에서 매춘을 하고 있지만 아직도 140여 명이 남아서 버티고 있다. 업소들은 불빛이 새어 나오지 않도록 밀실을 갖추고 있으며 경찰관이 보이기만 하면 윤락가 전체가 무슨 첩보영화에서나 보듯 순식간에 적막강산으로 변해 버린다. 호화 룸살롱 등에서 영화처럼 술을 마시고 버젓이 연인 행세를 하며 호텔을 찾는 사람들도 있겠지만 성적 욕망의 배출구가 없는 저소득층의 홀아비나 아내를 고국에 두고 온 외국인 노동자들은 조마조마하며 밤길을 헤집고 이 사창가로 스며든다. 이들은 단속이 있을 것을 알면서도 성욕을 배출시킬 곳이 없어 부나비처럼 필사적으로 사창가를 찾는 것이다.

매춘여성 중에는 가족의 생계를 위해 눈물을 머금고 사창가에 몸을 위탁한 이도 적지 않다. 내가 알고 있는 한 여성은 화재로 집과 남편을 잃은 뒤 사창가로 들어왔다. 가족 생계를 위해 포주로부터 수천 만 원의 빚을 얻어 가족의 전세방을 마련했고 지금은 몸을 팔면서 생활비를 보내고 있다.

한 끼를 연명하기 힘든 이 여성에게 이웃이나 은행, 국가는 머나먼 남일 뿐이다. 우리가 선입견으로 대하기 쉬운 사창가에는 이처럼 상식적으로는 이해가 잘 되지 않는 대목이 상당수 있다. 그리고 인권 시비와 직무유기라는 딜레마, 현실성 없는 법체계의 그늘이 막상 이들을 단속해야 할 우리 경찰관 앞을 무겁게 드리우고 있다.[150]

이 글에서는 매매춘의 합법화, 공창제의 찬성을 드러내지는 않았다. 경찰들이 법과 일반 사람들의 매매춘에 대한 부정적인 문화코드를 업고 맞게 되는 현실은 다르다는 것을 드러내는 데 맞추어져 있다. 김강자 총경이 말하는 것은 일반적인 매매춘에 대한 부정적인 문화코드만으로는 제대로 설명이 되지 않는 상황들이 매매춘에는 얽혀 있다는 점이다. 그러한 구조 때문에 매매춘에 대하여 강력한 단속이라는 수단만으로는 한계가 있다는 것이다.

이러한 상태에서 김강자는 다음과 같은 정책 방안을 내놓은 적이 있다. 아래의 글은 월간 말과 가진 인터뷰 내용이다. 이는 매매춘을 합법화하자는 논지여서 논란을 일으켰다.

궁극적으로는 매매춘을 근절하되 특정지역 단속은 보유하자는 겁니다. 그 지역을 제외하고는 윤락방지법을 철저하게 적용해 단속하고 동시에 합법화 지역도 미성년 매춘과 성년미성년들의 노예매매춘을 단속하면서 재활프로그램도 운영해 서서히 탈매춘으로 가자는 거죠.

Q. 왜 특정지역인가요?

A. 전국적으로 윤락녀는 200만 명인데 경찰은 10만 명에 불과해요. 경찰이 손도 못 댈 정도죠. 온 나라가 윤락을 하고 있다고 보면 됩니다. 목욕탕과 개고기 집에서도 할 정

---

150) 조선일보, 2002년 2월 21일자 6면, [기고] "사창가 단속이 두렵다" - 김강자 경찰청 여성청소년과장 · 총경

도예요. 너무나 만연해있어서 경찰이 손을 못 대요. 윤락가가 있다는 것 자체가 경찰의 직무유기인데 잡아들이자면 잡아야지 미성년매매춘이나 노예매춘만 단속할 수는 없는 거죠. 그래서 윤락방지법을 현실 가능한 법으로 개정해 특정 지역만 빼고는 다 싹 쓸어버리자는 거죠. 그 정도는 경찰력만으로도 할 수 있어요.

Q. 왜 그걸 여성들이 혼자 책임을 져야 하나요?

A. 아니, 그러면 이 사람들 밥을 다 먹여 줄 거예요? 2백만이나 되는 여성을? 사회가 책임질 능력이 돼야 요청을 하지 스웨덴 같은 나라야 선진국이니까 70% 이상 탈매매춘에 성공할 수 있었지만 우리나라는 배고프면 죽는 사람들을 국가가 다 책임질 수 없는 것이죠.[151]

제도와 정책은 이렇게 일방적인 가치를 중심으로 한 문화코드를 충족시키는 데 한계가 있으며 이러한 코드를 맞추기 위해서 부단하게 노력해야 한다는 것이다. 문화코드만, 혹은 제도와 법만을 강조할 수도 없다. 그러나 그러한 방향이 인권과 약자를 위한 배려라면 그것 자체가 이미 실패가 아닌 그 이상이라고 할 수 있다. 문제는 어떠한 노력을 하고 있는가하는 점이며 그것이 어떠한 정책 가치와 목표들을 지향하고 있는가이다.

농지전용 문제는 농민들을 위한 정책과 사회적인 문화코드를 사이의 딜레마를 말해준다. 농지는 반드시 지켜져야 한다. 민족의 생명과 공동체적 문화의 원형인 농업을 지키기 위해서는 이것이 반드시 보전으로 묶여야 한다. 그러나 농민들은 민족의 생명이라는 논리보다는 당장의 재산에 연결되는 문제이다.

너나없이 농지의 용도변경에 매달리는 이유는 분명하다. 농지로 묶이면 값이 떨어지고 농지에서 풀리면 값이 몇 배로 오르기 때문이다. 사실 농민들은 농산물 가격 등락 못지않게, 아니 어떤 경우 그보다 더 농지 값을 중시한다.

---

151) 월간 말, 2002년 5월, pp.108-109

농지야말로 농산물을 생산하는 수단인 동시에 재산증식과 노후대책을 위한 자산이기 때문이다. 농지 값이 오를 경우 농사의 수익성은 떨어진다. 그래도 농민은 당장 농지 값 상승에 기뻐한다. 이렇게 기뻐하는 것은 단지 재산이 늘어났기 때문이 아니다. 새삼스러운 이야기지만 농촌은 매우 부채에 시달리고 있다.

통계청의 2002년 6월 '2001년 농가경제 조사 결과'에 따르면 농가부채는 2001년 말 현재 2,037만 6,000원으로 1년 전에 비해 16만 9,000원(0.8%) 늘어났다. 비록 소폭의 증가일지는 모르지만 농가부채의 소폭 증가에도 불구하고 생산성자금 차입보다는 가계성 자금 차입이 크게 늘어 '농가 빚'이 질적으로 악화된 것이었다. 농가의 농업소득은 이러한 부채를 따라가지 못하고 마이너스 농가 경제를 이루고 있다. 이러한 상태에서 농민들이 부채를 갚을 수 있는 수단은 농업소득이 될 수 없다. 땅값의 상승은 이러한 농가부채를 해결을 위한 수단이 될 수 있기 때문에 농지전용 해제는 늘 농민의 가장 많은 민원사항이 되고 있다.

농지전용은 꾸준히 지속돼 지난 수년간 농지가 택지나 공장용지로 바뀌는 면적은 연간 2만ha(6,000만 평)선에 달한다. 현대 서산 농장의 2배에 달하는 농지가 매년 없어지는 셈이다.[152]

노무현은 중산층과 서민을 위한 정책을 펴겠다고 했다. 이 가운데는 농민도 포함된다. 농민들은 농지의 전용을 요구하지만 시민단체들은 이를 반대한다. 실제적으로 농민들은 조직적으로 이야기할 수 없다.

농업을 지켜야 한다는 문화코드가 강하기 때문이다. 그렇기 때문에 현실적으로 농지전용을 완벽하게 막을 수는 없다. 따라서 농지규제는 점차 풀어야

---

152) 대한매일, 2001일 11월 28일자 8면, [대한포럼] 농지보전의 딜레마

한다는 논리가 힘을 얻고 있다. 이는 오래 전부터 주장되어온 것이다. 농지는 분명 개발과 보전이라는 가치가 충돌하고 있다. 그러나 이 문제는 이러한 농지전용이 반드시 신자유주의라는 포석으로만 볼 수는 없다는 것이다. 만약, 노무현이 이를 허용했다면 이러한 정책에 대해서 전용을 반대하는 환경단체가 보면 실패한 대통령이 될 것이었다.

그러나 중요한 것은 이러한 개발을 방어하면서 농민의 지니고 있는 어려움을 풀어내려고 정책을 추진하려 했는가 하는 점이다. 똑같은 정책 행동을 해도 누구의 처지에서 정책을 추진하는가를 보아야 했다.

### ♪ 개혁 집행자들의 수장 노무현의 딜레마

개혁이 표류하는 일차적 이유는 헌팅턴이 지적하는 이른바 '집행자의 딜레마(agent dilemma)'에 있다. 이는 비단 헌팅턴만이 지적하는 것은 아니다. 공공부문 개혁이나 재벌개혁에서도 볼 수 있듯이, 개혁정치가 겪게 되는 전형적인 어려움의 하나는 바로 개혁을 주도적으로 이끌고 주관해야 하는 집행자가 개혁의 이해당사자인 경우가 종종 벌어지기 때문이다. 이는 대표적으로 관료들이나 공무원이 해당한다. 정치개혁은 개혁의 주체들을 더 불안하게 할 수도 있다. 투명하고 깨끗한 정치를 위한 정치자금 제도의 강화, 공정하고 대표성이 보장되는 선거제도의 개선과 같은 정치개혁은 여야 국회의원들에 의해 이뤄질 수밖에 없는데, 종종 이들의 기득권과 배치된다는 것이 그 역설이다.

또한 개혁 자체의 역설 혹은 딜레마도 존재한다. 개혁을 추진하는 이들은 성공적 개혁이 가져다 줄 정책적 보상을 기대하기 마련이다. 하지만 개혁은 장기적으로 사람들의 인기를 끌만한 정책이 될 수 없다. 모든 사람이 개혁의 필요성에 공감한다. 그러나 그 개혁이 나를 고통스럽게 만든다고 생각할 때 누구나 여기에 반발한다. 개혁은 이렇게 한정되어야 한다는 근본적이고 태생적인 한계를 가지고 있으며, 원천적인 개혁에 대해서는 더욱 반대하는 정서가 생긴다.

열렬 지지자들은 가시적인 성과가 드러나기를 바라기 때문이다. 이는 피부에 와 닿는 가시적인 성과를 바라게 된다. 그것은 문화코드다. 하지만 개혁은 매우 서서히 그 성과가 나타난다. 개혁의 성과가 추진 세력의 집권기간 중에 나타나기란 힘든 일이다. 갈수록 개혁에 박수 치는 사람보다 불평과 불만을 터뜨리는 사람이 많아지게 마련이다. 개혁세력은 선거가 가까운 시점이 되면 여러 정책을 누그러뜨린다. 야당을 비롯한 보수세력은 개혁의 좌절을 기대한다. 하지만 좌절된 개혁이나 개혁의 유보는 전체에 더 큰 손실을 준다.

집행자 딜레마의 극복은 궁극적으로 개혁의 최종 수혜자인 일반 시민들과 혁신적인 정책 리더십의 중심화로 가능하다. 결국, 개혁을 원하는 사람들, 그렇지만 조직이나 구체적인 단체를 통해 힘을 실어주지 못하는 일상에 흩어져 있어야 하는 시민들의 꾸준한 관심과 단결된 노력을 어떻게 연결하는 가에 있다.

노무현은 정책집행자들의 수장이었다. 정책 집행자들은 노무현의 말을 들어 개혁을 추진해야 했지만, 자신에게 위해가 될 개혁정책을 추진하는 데 소극적이었다. 이러한 사정에서 고군분투하는 것은 노무현이었다.

노무현의 정책들을 지지하는 이들이 끊임없이 개혁에 대한 관심을 가져야 하며, 이는 문화코드가 아니라 제도적인 코드로 판단해야 했다. 반드시 문화코드보다 제도적인 코드 사이의 접점을 모색해야 했다. 하지만 노무현이 개혁 대상 자체가 아니라 개혁 집행자들과 싸우고 있을 때, 지지기반은 이탈했다. 아니 개혁을 추진해야 하는 이들이 개혁의 대상인 상황에서 단기간에 가시적인 성과를 내는 것이 이상한 것이었지만, 그러한 구조에 대해서는 별로 관심이 없었다.

이러한 정책의 집행에서 중요한 것은 노무현에 대한 신뢰였다. 노무현에 대한 본질을 알고 이를 통해 지지를 했다면 노무현에 대한 지지를 쉽게 철회하지는 않았을 것이었다. 노무현이 말하는 한 두 마디나 행동 때문에 노무현에 대한 지지를 철회하지는 않는다는 것을 말한다. 노무현이 처한 상황, 한 면만이 아니라 종합적인 상황을 보아야하는 정책가적 구조에 대하여 천착해야 한다.

다음은 한 공직자의 이야기이다.

직책의 성격상 많은 중소기업인들을 현장에서 만나게 되는데 현장의 목소리에서 느끼는 공통점이 있다면, 정책에 대한 기대도 크지만 정책에 대한 불신도 상당하다는 점이다. 정책 딜레마가 상존하는 것이 현실이다. 간단한 예로 시장에 맡겨 문제가 생기면 정부가 제대로 개입하지 않는다고 하고, 정부가 개입해서 문제가 생기면 시장에 맡겨야 한다고 한다. 이처럼 정책 개입을 둘러싼 긴장관계는 항상 작용한다. 경제학 교과서에서는 정부 역할의 근거를 시장 실패에서 찾고 있지만, 이는 추상적 전제에 불과할 뿐이다. 시장실패의 개연성은 상존하고, 정부도 정책 실패의 가능성을 내포하게 마련인 것이다. 기업이나 국민들이 정책을 신뢰하지 못해 제대로 반응하지 않으면, 그 정책은 발상과 의도가 아무리 훌륭해도 기대만큼 효과를 발휘하기 어렵다. 즉, 정책의 생명력은 바로 신뢰에 있는 것이다. 선택은 다시 할 수 있지만 잃어버린 신뢰는 다시 회복하기 어렵다.[153)]

정부 정책은 언제나 실패의 가능성을 가지고 있다. 이는 노무현의 경우도 마찬가지였다. 노무현이 아무리 원칙과 소신을 가지고 정책을 추진한다고 해도 실패할 가능성은 있는 것이다. 문제는 이러한 실패를 근거로 시장주의자들이 시장의 원리, 즉 자본의 원리를 들이댄다는 점이다. 자본의 논리는 강자의 논리였다. 예를 들어서 국민연금의 재정이 문제 되니까 시장주의자들은 그것

---

153) 대한매일, 2001년 9월 19일자 28면, [공직자 에세이] 열린 마음으로 - 정책의 생명력은 신뢰다

은 민간화 시켜야 한다고 주장했다. 이러한 민간화는 경쟁과 효율성이라는 측면에서 유효해 보이지만 사회적인 약자, 서민들을 도외시하는 정책들이다.

중요한 것은 정책의 실패나 정부의 실정이 아니다. 그러한 실정이나 실패에 천착하여 노무현에 대한 지지를 철회하거나 포기하는 것은 바람직하지 않다. 정부정책이나 국정운영이 실패할 위험성은 항상 존재한다. 문제는 두 가지다. 첫째는 그러한 정책이 애초에 어떠한 취지에 따라 집행되었는가이다. 시장론자들은 정부 정책의 실정을 근거로 자본에 모든 것을 의탁하려는 공세를 이 틈 속에서 한다.

두 번째, 그러한 실패한 정책에 어떻게 대응해 가는가가 문제이다. 노무현이 이루려는 정책의 목적과 방향이 무엇인지, 그러한 방향이 어떠한 구도 속에서 장애에 부딪히고 있는지, 딜레마 구조가 무엇이고 이것이 어떻게 정책에 양향을 미치고 있는지 면밀하게 검토해야 하는 것이 필요했다. 그런 점들을 보지 않고 노무현의 정책 한 가지 실수들에 대한 비판만이 존재하는 경우, 노무현에 대한 지지를 철회하는 것은 노무현에 대한 제도적 코드를 약화시키는 것이다. 이는 공공성 정책에 대한 붕괴 대신 자본의 경영책으로 대체되는 것을 말한다.

노무현은 사회적인 공공성을 확보하는 정책들을 추진하려 했다. 열세인 상황에서 노무현의 딜레마와 이를 위한 해법은 점진적인 개혁방안으로 나타났다. 개혁적인 정책에 유연한 모습을 보인 것은 노무현을 지지하지 않는 사람들을 지지하게 하려는 것이다. 이는 노무현 지지자들이 확고하게 노무현을 지지해야 가능한 것이었다. 그러나 노무현의 지지자들이 이러한 모습에 계속 지지를 보낼까 하는 점은 의문이다. 실제로 노무현 지지 기반은 무너졌다. 노무현을 차선책으로 지지했거나 대안책으로 선택한 이들은 떠나가는 것이 일반적인 모습이었다. 특히, 노무현을 지지하는 민주노동당 당원이나 개혁적 국민정당을 지지하는 그룹들은 다른 모습으로 노무현을 압박할 수 있었고, 그렇게 했다. 다음 글은 두산중공업 노동자사망 관련 오마이뉴스 기사에 달린 리플이다.

### 약자의 편에 서는 노무현을 기다린다

노동자, 2003/01/16 오후 6:26:40

흉기로 변한 경찰의 방패를 볼 때마다 김대중 정권의 비인간성에 치를 떨게 된다.

그런데 이제 노무현 정권 아닌가

아직 취임전이라고 변명할 생각일랑 마라

만일 그 지리에 노무현이 있었다면

만일 그 자리에 인수위 관계자가 한사람이라도 있었다면

만일 배달호씨의 죽음에 대해 노무현이 단 한마디라도 했더라면 감히 방패로 시민을 내리치지는 못했을 것이다

난 노사모 소속이며 개혁당 당원이다

이번 사태를 주시할 것이며, 이번 사태의 방향에 따라 내 선택은 달라질 것이다

북핵이니 언론개혁이니 하는 것들이 중요한 것이 아니다

국민이 죽어 가는데 그 외의 것이 무어 그리 중요하단 말인가

노무현 당선자가 약자의 편에 서느냐 아니냐 하는 것을 판단할 수 있는 가장 적합한 리트머스 시험지가 바로 배달호씨의 죽음이다.

지켜볼 것이다.

배달호씨의 죽음을 헛되게 하지 마라.


약자의 편에 선다는 것은 정책적인 코드, 제도적인 코드보다는 문화코드가 강하게 배어 있다. 노사모 소속이며 개혁당원인데도 이렇다면 노무현을 지지하는 그룹은 김대중을 지지했던 그룹만큼이나 이탈이 가속화될 것이었다. 노무현은 약자의 저항이라는 문화코드 수위가 높았다. 이러한 코드가 상실될 경우 노무현에 대한 지지는 자연히 떨어질 것이었다. 이는 기존의 개혁세력이

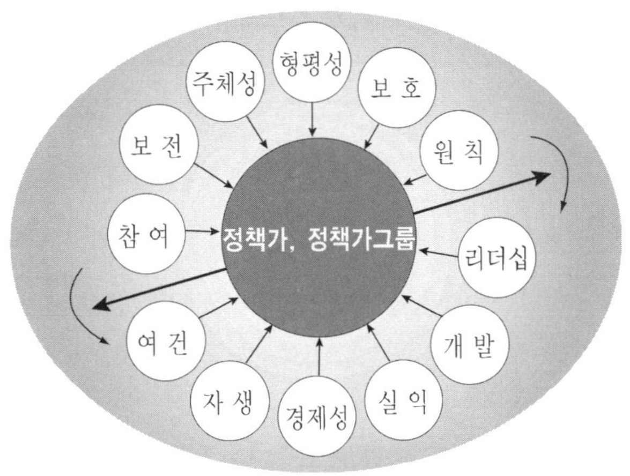



정책가의 딜레마 몇 가지

지속적으로 겪어온 딜레마이자 패러독스였다.

노무현은 기본적으로 문화코드와 제도적인 코드 사이의 불일치라는 딜레마와 패러독스를 안고 있었는데, 이는 다수당을 확보한다고 해도 해결되지 않는 문제를 말하는 것이었다. 정책을 실현하려는 가운데에는 문화코드만이 아니라 제도적인 코드도 중요하다. 안정 속의 개혁이라는 규정은 노무현이 제도적인 측면에서 국정을 어떻게 실현할 것인가에 밀접하게 관련되어 있는 것이다. 다음과 같은 말은 결과적으로 2009년 5월 23일, 실제로 그 비극적 결말을 만들어내었다. 2003년 ≪노무현 코드의 반란≫에서 이렇게 말한 바 있다.

노무현의 본질은 변하지 않는다. 제도와 문화코드, 이 양면을 보지 않고, 문화코드로만 보면 노무현은 본질에 상관없이 실패하는 것으로 보이고 실패시킨다.

지금까지는 노무현이 단지 시민운동가나 재야인사가 아니라는 점, 정책가라는 위치에서 맞닥뜨리고 정책구조의 딜레마와 패러독스에 대해서 이야기했다.

　그럼 이러한 정책구조의 딜레마에서 노무현이 어떻게 고군분투했는지 살펴
보자.

# 제 4 장

# 어록에서 본 부엉이의 꿈 그리고 화두

봄에
가만 보니
꽃대가 흔들린다

흙밑으로부터
밀고 올라오던 치열한
중심의 힘

꽃피어
퍼지려
사방으로 흩어지려

괴롭다
흔들린다

- 김지하, 〈중심의 괴로움〉


참여정부가 그동안 많이 흔들렸습니다. 지금도 흔들리고 있습니다.

– 참정포럼 월례강연 중(2007. 6. 2)


모든 것이 노무현 하는 것 반대하면 다 정의라는 것 아니겠습니까? 흔들어라 이거지요, 흔들어라. 난데없이 굴러 들어온 놈. 예, 그렇게 됐습니다.

– 민주평통연설문 중(2006. 12. 21)

노무현 대통령의 어법은 대개 직설적인 것만 많이 언급되지만 사실은 그렇지 않다. 노무현 대통령의 어법은 풍유나 은유보다는 직유나 강조법 특히 비약법이나 극단적 혹은 감적적인 단어를 통한 강조가 두드러졌다. 특히 국정 상황의 절박성을 강조하는 어법이 자주 보였다. "대통령직을 못해 먹겠다는 위기감이 든다(2003. 5)."라는 발언이 대표적이다. 못해 먹겠다, 잘라야 된다는 말은 의미전달상 직선적이고 강조 차원에서 감각적이다. "내가 다른 데선 덜렁덜렁하지만 북핵 문제만큼은 정말 신중하게 한다. 속된 말로 통박을 굴린다(2003. 11. 19, 한국청년회의소 임원단과 다과회)."리고 말했디. 기식적이지 않고 소탈한 인상을 주기 충분한 직설적인 말이다. 특히 이러한 면에서 덜렁덜렁이나 통박을 굴린다는 단어에 주목할 수 있다. 또한 어느 날은 "변화에 앞장서 뛰는 공직사회를 만들어 대한민국의 팔자를 바꿔야 한다(2004. 1. 26, 각 부처 실·국장들 간담회)."라고 했다. "후보에서 쫓겨날 뻔 했을 때 마지막까지 지켜준 사람은 돈 구해오는 데 재주가 없는, 흔히 교도소에서 '개털'이라고 말하는 사람들이었다(2004. 2. 24, 취임 1주년 방송기자클럽 초청 특별회견)."라고 했다. "합리적 보수니, 따뜻한 보수니, 별놈의 보수를 갖다놔도 보수는 바꾸지 말자는 것(2004. 5. 27, 연세대 리더십 특강)"이라고 했다. 여기에서 강조해 볼 수 있는 단어는 개털, 팔자, 별놈이다. 이것은 관념적이고 추상적인 단어가 아니고 우리가 일상에서 사용하는 구어적인 표현들이다. 흔히 대통령이라면 일반인들과 다른 용어들을 사용하면서 권위를 지키려고 하는 것과는 대조적이라는 사실이 드러난다.

평소 간단한 상황 비유를 즐겨 사용했다. 2005년 3월 8일, 부동산 투기의혹 논란으로 이헌재 경제부총리가 제출한 사표를 수리한 뒤 대국민 서신을 통해 "해일에 휩쓸려 가는 장수를 붙잡으려고 허우적거리다가 놓쳐버린 것 같은 심정이다."라고 했다. <u>해일에 휩쓸려가고 있는 상황을</u> 국정 운영에 비유하고 있는데 상황의 극단적 강조에 해당하는 비유다. 노·사·정 대타협이 이뤄지지 않고 있는데 대해 "<u>꿩도 놓치고 매도 놓치고</u> 지금 이런 형국이 돼 있다(2005. 6. 24, 노사협력 유공자 초청 오찬)."라고 말했다. 꿩도 매도 놓친다는 것은 난처한 상황을 담고 있다. 몇 가지 더 살펴보면 다음과 같다.

커브를 돌리려고 하면 배도 기울어지고 버스 안에 탔던 사람 몸도 기울어지고, 궤도 위에는 바퀴 부닥치는 소리가 삑 하고 나게 돼 있지 않습니까? 소리 난다고, 그만, 하지 마라 이렇게 요구하는 사람들이 많이 있는데, 저는 적절한 수준의, 탈선하지 않는 수준으로 궤도 위를 가면 좋겠다, 탈선하지 않는 수준으로 우리의 커브는 커브대로 가자, 너무 급커브하면 탈선할 것이고, 그래서 감당할 수 있는 수준으로 타협해 가는데, 그 속도는 적절 하냐? 저는 그렇다고 봅니다.

- KBS '참여정부 2년 6개월, 노무현 대통령에게 듣는다' 중(2005. 8. 25)

웅덩이에 빠진 사람, 안 빠진 사람을 구분할 것입니다. 옛날엔 구분이 안됐습니다. 구제하기 시작하면 다 빠져버릴 수 있었기 때문이죠.

- 경향신문 인터뷰 중(2004. 1. 22)

면역 체계가 만들어지느냐 안 만들어지느냐가 홍역을 치른 보람 아니겠느냐, 방이 골고루 따뜻하면 병아리가 쫙 흩어져서 방바닥에 전부 가슴을 대고 아주 편안하게 잠든다.

- 각 부처 업무보고 시 발언 중(2005. 3)

처음에 논바닥에 있는 이삭을 한번 줍고 지나가면 나중엔 없다

- 발언 중(2005. 5)

그날그날 음식재료를 그날그날 시장 봐 와서 그날그날 밥 짓는 것도 중요하지만, 그러나 1년 먹을 양식을 1년 먹고살 것을 생각해서 농사도 지어야 하고, 또 10년을 내다보고 경지정리도 해야 되는 것입니다. 그날그날 먹을 밥도 맛있게 지어야 하고 그날그날 시장

도 봐야 하지만, 또한 싱크대가 잘못되어 있으면 싱크대도 개조하고, 수리할 것은 수리하고 이렇게 해야 합니다. 그래서 지금 이제 내가 가정주부라고 생각한다면 주방설비 잘못된 것 고치고, 바로잡고 또 더 좋은 새로운 시스템을 도입하는 것이 필요하다 하면 그렇게 해야겠죠.

- 연정관련 기자간담회 발언 중(2005. 7. 29)


Q. 지금 2000년 8월 이래 경기가 계속 나쁩니다. 특히 노 대통령께서 취임하신 2003년 3월 이후 경기는 더욱더 나빠지는 추세를 보이고 있습니다.

A. 우선 병이 들었다가 사람이 병이 났다가, 병이 나으면 좋아진다고 말해도 좋겠죠. 병은 나았지만 아직 건강이 좀 시원찮은데, 점차 점차 건강이 회복되고 체력이 좋아진다고 하면 '좋아진다' 이렇게 말할 수 있지 않겠습니까? 그런데 지금 당장 병은 나았지만 활력 있게 산에도 바로 올라가고 펄펄 뛰지 못한다, 답답한 것이죠.

- KBS '참여정부 2년 6개월, 노무현 대통령에게 듣는다' 중(2005. 8. 25)


정책 상황을 커브 길에 비유하는가 하면, 난처한 위치의 사람들을 웅덩이에 빠진 사람으로 표현하고 정부 각 부처의 예산집행을 '이삭줍기'로 표현했다. '홍역'은 갈등예방의 강조이고 '병아리'는 국가균형발전을 뜻한다. 이른바 '홍역론'과 '병아리와 구들장론'이다. 또한 장단기 정책 추진과 국정운영의 비유인 '밥 짓기'에 자신을 가정주부에 비유하고 있다. 아울러 경제상황을 아픈 환자에 견준다. 이를 통해 참여정부에 대한 비판을 치적의 내세움으로 대응하는 데에 수사법을 사용한다. 참여정부의 상황은 이정우 전 청와대 정책기획위원장의 비유법에 잘 나타나 있었다. 2005년 6월 이정우 전 청와대 정책기획위원장은 정권의 아마추어리즘에 대한 비판에 직면하자 "12개 국정과제위원회는 이순신 장군의 12척 배"라며 "아마추어가 희망"이라고 말했다.

인지사회심리학적 분석으로 보았을 때 노무현 대통령은 항상 일관성을 유지하려 했다. '인지적 일관성 원리(Cognitive consistency)'154)를 통해 진정성을

250

지키고자 한 것으로 보인다.

앞으로도 그 시기 시기의 파도에 흔들리지 않는 큰 조류를 보고 가는 그와 같은 선택, 그러면서도 현실을 크게 벗어나지 않는 균형 있는 선택, 그것을 위해서 계속해서 고민할 것입니다. 그리고 때로는 어려움에 부닥치는 그와 같은 선택을 회피하지 않을 것입니다.

– 2006년 신년 기자회견 내용 중

정책영역에서 일관성 유지의 행태는 경로 의존적 모습(Path Dependency)을 보이기도 한다. 인지적 일관성을 통해 자신의 발언이나 정책목표의 수정을 거부한다. 그것은 정책이나 정책 추진자의 정당성과 명분이 된다. 노무현 대통령이 일관되게 추진하려는 가치가 무엇인지는 2007년 6월 2일 참평포럼에서 밝힌 연설문에 나타난다.

저는 후보 시절에 ≪노무현이 만난 링컨≫이라는 책의 서문에서 '낮은 사람', '겸손한 권력', '강한 정부' 이런 공약을 했습니다. 그 뒤에 대통령 후보가 돼서는 '친구 같은 대통령' 이렇게 공약했습니다. 정치권력을 개혁하겠다는 것이었습니다. 권위주의, 가신정치, 측근 정치 등도 개혁하겠다는 것이었지요. '특권과 반칙이 없는 사회', 이런 공약이었습니다. 정치권력, 권력기관, 언론권력의 횡포를 염두에 두고 한 공약이었습니다. 정경유착, 권언유착, 부정부패, 연고주의를 다 청산하겠다고 얘기했습니다. 그리고 투명하고 공정한 사회를 만들겠다고 했습니다. 정보의 평등, 기회의 평등, 조세행정의 투명화, 공정위 강화, 검찰권의 공정성, 이런 것들을 뜻하는 것이었습니다.

– 참평포럼 연설문 중(2007. 6. 2)

---

154) Osgood, C. E. & Tannenbaum, P. H. The principle of congruity in the prediction of attitude change. Psychological Review 62, 1955; The nature and measurement of meaning. Psychological Bulletin, Vol.49, 1952; "The Nature and Measurement of Meaning," Psychological Bulletin, Vol.49, 1952; Osgood, C. E, G. J. Suci, and P. H. Tannenbaum. The Measurement of Meaning. Urbana: University of Illinois Press, 1957.

'친구 같은 대통령', '낮은 사람', '겸손한 권력', '특권과 반칙이 없는 사회' 등이 은유적이고 감성적으로 함축적인 '수사' 어법이다. 이를 통해 노무현 대통령이 주안점에 두고 일관되게 추진하려고 하는 키워드는 몇 가지로 압축 할 수 있다. 탈권위주의 - 민주성, 공정성(원칙 확립)과 투명성이다. 참여정부나 노무현 대통령은 일관된 태도 그 자체를 매우 강조하는 어법을 보인다.

> 참여정부는 험한 바다를 헤쳐 왔습니다. 거센 바람과 험한 파도 그리고 뜻밖의 암초를 수없이 만났습니다. 끊임없는 진로방해와 발목잡기, 흔들기, 돌발사고에 시달려 왔습니다. 그러나 우리는 침몰하지 않았고 좌초하지도 않았습니다. 말년까지 레임덕이라는 그런 것 없이 잘하고 있습니다.
>
> — 참평포럼연설문 중(2007. 6. 2)

> 저는 88년 분열된 민주세력에 참여한 이래 20년간 줄기차게, 일관되게 지역주의와 싸우고 있습니다.
>
> — 참평포럼연설문 중(2007. 6. 2)

> 용어는 생소하게 들렸을지 모르지만 내용은 이미 여러 차례 예고했던 것이다, 많은 분들이 주목하지 않았을 뿐입니다. 나는 주목하지 않은 데 우리의 정계, 학계, 언론계에 오히려 좀 소홀함이 있었지 않냐 이렇게 불만을 말씀드리고 싶습니다.
>
> — 2006년 신년 기자회견 중

참여정부의 정책 추진 상황을 험난한 바닷길을 꿋꿋하게 항해하는 배에 비유했다. 온갖 어려움에 더 불구하고 항해에 성공했다고 평가했다. 참여 정부를 난처하게 하는 이들은 모두 장애물이다. 대연정도 어느 날 갑자기가 아니라 일관되게 주장한 것이라고 했다. 노무현 대통령은 일관된 태도를 보인 부분에 비판이 가해지면 민감한 반응을 보인다.

대통령이 되기 훨씬 전부터 어디 가서 항상 강연할 때 절대로 빠트리지 않는 말 한마디가 있습니다. '신뢰'입니다. "민주주의 못 해도 신뢰가 있으면 사회가 유지되고, 민주주의 해도 신뢰가 무너지면 사회가 유지될 수가 없다. 그러므로 나는 신뢰를 우리 사회적 가치의 최상의 위치에 있는 가치로 본다." 항상 그렇게 얘기를 하고 다녔습니다. 그런데 정책 신뢰성이 계속 문제가 되니까 이 또한 제가 또 부끄러운 일입니다. 일관성, 이건 같은 것이지요. 일관성과 신뢰라는 것은 사실은 비슷하게 맞붙어 있는 것이지요. 생명이지요. 국민적 합의 뭐 이런 등등 다 이런 것인데, 가장 가치 있게 생각하는 소위 원칙들이, 제가 가장 존중하고 꼭 실현하고 싶었던 참여정부의 최대의 목표가 지금 이렇게 지적받고 흔들리고 있습니다. 좀 더 노력하겠습니다. 아니면 좀 더 다른 데 냉정하게 볼 수 있는 기회가 있을지도 모르겠습니다. 이건 뭐 숙제입니다. 저는 결코 승복하지 않습니다. 승복하지 않지만 그렇다고 아니라고 증명할 방법도 없습니다.

– 노무현 대통령 민주평화통일자문회의 연설 중(2006. 12. 21)

위기감을 매우 강조하는 수사법을 사용하고 있다. 무엇보다 일관성은 신뢰이고, 신뢰는 생명이라고 했다. 일관된 태도에서 벗어나는 행위에 대해서는 굴복, 항복이라는 인식을 지니고 있었다. 신뢰를 지키는 것을 생명같이 여기며 결코 승복하지 않겠다고 했다. 결국 그는 국민들의 신뢰를 잃게 했다며, 자신을 버려달라는 글을 남겼다. 2009년 4월 22일, 아래와 같이 마지막 글을 남기며 개인 홈페이지를 폐쇄한다.

노무현은 여러분이 추구하는 가치의 상징이 될 수가 없습니다. 자격을 상실한 것입니다. 저는 이미 헤어날 수 없는 수렁에 빠져 있습니다. 여러분은 이 수렁에 함께 빠져서는 안 됩니다. 여러분은 저를 버리셔야 합니다.

일관성은 자칫 과거에 대한 얽매임으로만 끝나는 경향이 있는데 노무현 대통령은 그렇지 않았다. 국정운영을 '길'로 표현하는데, 2004년 3월 11일 특별

기자회견 마무리 발언에 노무현 대통령의 '새로움'에 대한 일관적 심리가 드러
난다.

> 항상 새로운 길을 가려고 노력했습니다. 새로운 길이 무조건 좋아서가 아닙니다. 우리
> 가 지금 걷고, 걸어가고 있는 길이 이대로 계속 가서는 안 되는 길이기 때문입니다. 이를
> 고쳐 보자고 새로운 길을 가려고 노력했습니다.

특히 새로운 길은 개혁을 넘어서서 또 다른 지향점을 의미한다. 새롭지 않
으면 타당하지 않다고 여겼다. 이를 통해 새로운 길을 끊임없이 모색했고, 그
것이 시민운동가나 단순한 정치인과 다른 점이었다. 그 길은 최종 목적지로
가기 위한 다양한 길 가운데에 하나였다.

### ▪ 일관된 철학

그 최종 목적지에 노무현은 꽂혀 있었다. 이른바 Anchoring이다.[155]
Anchoring과 인지적 일관성이 모호하거나 중첩될 수 있다. 다만, Anchoring
이 인지적 일관성의 시작점이라고 볼 수 있다. 이는 정책목표나 정책가치를 끝
까지 고수하는 행동방식으로 나타날 것이다. 2007년 6월 2일 참정포럼에서
"핵심공약만 보면 '국민이 주인 되는 나라', '떳떳한 국민 당당한 나라' 이런
말을 많이 썼습니다. 제일 많이 썼던 것이 개혁과 통합이었습니다."라고 말했
다. 가장 주안점에 두고 있는 단어는 '개혁'과 '통합'이었다.

무엇보다 개혁은 혁신이라는 말로 자주 이용되었다. "대통령도 혁신에 관해
보고를 한다고 하면 아무리 바빠도 벌떡 일어나 보고받는다(2004. 7. 3)."고 했

---

155) Slovic P & Lichtensteln S. Comparison of Bayesian and regression approaches to the
study of information processing in judgment. Organ. Behav. Hum. Perform. 1971. 6
Slovic P, Fischhoff B & Lichtenstein S. Behavioral decision theory. Annu Rev. Psychol.
1977. Vol.28,

다. "(공장에서 생산라인을 고치듯) 행정라인도 고쳐나가야 한다. 일하는 방식을 개선하는 것이 혁신이다(6. 4, 혁신담당관 토론회)."라고 하는가 하면, "지금까지 하지 않았던 새로운 일을 발굴하고 업무 틀을 새롭게 만드는 혁신의 문화를 창조해보자. 훨씬 더 강하고 적극적으로 정부혁신을 이루어나가자."라고 했다. 또한 "혁신을 위해선 리더의 혁신의지가 매우 중요하다. 장·차관은 모두 혁신전문가가 돼야 한다(10. 22, 55회 국정과제회의)."라고 했다. 한국자유총연맹 임원 오찬(2. 12)에서는 "나라가 시끄럽다고 걱정을 많이 하는데 집이 무너지려고 시끄러울 수도 있지만 낡은 틀을 고치고 새집을 짓기 위해 시끄러울 수도 있다."라고 했다. 낡은 틀을 벗어나 새집 짓기(혁신, 개혁)는 논란이 많을 수밖에 없다는 지적이다. 또한 집은 무너뜨리기 위한 것(혁명)이 아니라 개혁작업임을 강조하고 있다. 지역 경제를 살리는 것도 혁신에 있다고 역설했다. "혁신역량이 지방의 운명을 가르는 시대가 됐다(7. 9, 전북지역)."고 했는데 이것은 극단적인 상황의 강조를 내포하는 수사이다. 9월 6일 부산지역 발언에서는 "지방이 불리함을 극복하는 방법은 혁신에 있다. 어느 지역이든 지역만의 고유한 경쟁력이 있는 영역을 선택해 혁신해 나가는 수밖에 없다."라고 말했다. 따라서 정책의 우선순위에서 혁신의지와 능력이 상위에 오르고, 그러한 정책 주체에 집중한다. 특히 기업에게도 혁신을 강조한다.

혁신의지와 능력을 갖추고 기술로 승부하는 중소기업은 우선적으로, 힘닿는 데까지 최대한 지원하겠습니다.

– 중소기업 기술혁신대전 축사 중(2004. 9. 7)

궁극적으로는 새로운 사업 모델을 끊임없이 창조해 나가는 혁신 분위기가 제일 중요한 게 아닌가 싶습니다. 지금 우리 정부가 가진 가장 핵심적인 전략은 혁신입니다. 기업 기술혁신, 경영혁신, 창조적인 기업모델을 만들도록 여건을 조성해 나가는 혁신 분위기를 만드는 데 집중하고 있습니다.



한편, 빈번하게 '증오와 분노의 해소'를 강조했다. 이는 통합의 범주다. 윤 태영 제1부속실장의 〈국정일기(2005. 6. 5)〉에 담긴 내용을 보면 "대통령이 된 지금의 나에게 주어진 어려운 과제는 한국사회에 있는 '증오와 분노'를 해 소하는 것"이라고 적고 있다. 증오와 분노의 해소는 통합의 범주에 들어가는 키워드다. 지역주의 극복도 통합의 범주에 들어갈 수밖에 없다. 또한 통합은 그 강조법에서 고착성을 알 수 있다.

국민통합을 내걸고 대통령에 당선됐습니다. 지역주의를 해소하는 것은 역사의 과제이 자 참여정부에 부여된 역사의 소명입니다.



대통령이 왜 이렇게 집착하냐, 왜 선거구도에 그렇게 집착하냐 그러는데 이것은 우리 역사와 우리 정치를 매우 구조적으로 깊이 고민해 보면 당연히 이렇게 답이 나오게 돼 있 습니다. 역사적으로 망국의 요인 또는 역사발전의 걸림돌들을 찾아보면 결국 내부적 요인 으로서는 항상 독재적 체제와 사상, 부정부패 그리고 분열입니다. 지배층의 분열, 지배층 과 피지배층의 분열입니다. 이제 참여정부를 고비로 해서 독재와 부정부패의 잔재는 대개 청산되지 않을까 이렇게 우리가 기대하고 있습니다. 남은 것은 분열의 구조, 이것을 해체 하자는 것입니다. 지역구도 해체하자는 것입니다. 그러면 우리 정치가 한 단계 성숙한 정 치로 향상할 수 있습니다. 한 등급 성장할 수 있습니다.



그 지역구도 문제가 해결되면 중대한 문제들이 대부분 해결될 것입니다. 또 반대로 지 역구도 해결하지 않고는 우리 사회의 분열적 요소들을 결코 극복하지는 못할 것입니다. …우리나라의 분열적 요소들을 극복하지 않고는 중대한 문제들이 결코 잘 풀려가지 않을 것입니다. … 언제든지 잠복했다가 다시 선거 때가 되면 살아납니다.

- 연정관련 기자간담회 중(2005. 7. 29)

국민통합이 역사의 과제이자, 역사의 소명이라고 의미를 부여하고 있다. 2005년 7월 기자간담회에서는 고수(Anchoring)한 이유에 대해서 말한다, 역시 단순히 개인적인 관심에 따른 것이 아니라 역사적으로 매우 중요한 맥락과 의미를 가지고 있다는 점을 강조한다. 지역구도 해결에 고정된 것은 정치 문제의 대부분을 지역구도로 인한 분열을 극복하는 데서 그 실마리를 찾을 수 있기 때문이라고 보았다. 통합에 대한 고착은 참여정부가 집중적으로 추진하는 민주복지국가론으로 연결된다.

Q. 최근 거론한 민주복지 국가론의 실체가 궁금합니다.

A. 민주주의라는 것이 바로 사회적 자본이라고 말하는 신뢰와 통합, 그리고 갈등의 극복이고, 또 그런 것의 토대가 되는 것이기 때문에 민주주의의 발전을 하나의 국가 발전의 전략으로 집중하자는 것입니다.

- 경제현안 특별인터뷰 중(2007. 5. 21)

지역주의에 대해서도 항상 고수하는 정책 어법을 보여준다. "지금 국정의 여러 가지 과제 중 가장 어려운 것은 정치적인 지역분할구도가 지역주의를 확대 재생산하는 악순환이 계속되는 것이다(2005. 7. 15, 오찬)"라고 말했다. "특권구조를 해소하는 성과를 거뒀지만 지역 구도를 극복하는 데에는 한계가 있었다(2004. 12. 20, 참여정부 정책평가보고회)."라고 말했다. 부동산 과제에도 고착되었다. 부동산정책에 대해서 고정 어법을 보여주었다. "부동산 문제만은 투기와의 전쟁을 해서라도 반드시 안정시키겠다(2005. 2. 25, 국회 국정연설)."라고 했다. "하늘이 두 쪽 나더라도 부동산만은 확실히 잡겠다는 메시지를 국민들에게 드리고 싶다(2005. 7. 17, 국회의장 만찬).”라고 했는가 하면 “강남 불패란 말까지 나오고 있다. 부동산 투기는 절대 용납하지 않겠으며 그것으로도 부족할 때는 강력한 토지공개념 제도의 도입을 검토하겠다(2003. 10. 13, 국회 시정연설).”라고 했고, “부동산에 관해 강남 불패를 얘기하는데 그 문제에 관한한 대통령도 불패로 간다(2003. 11. 28, SBS TV 좌담).”라고 했다. 국무회의에서 “주택가격 안정정책은 <u>어떤 다른 정책적 이익을 희생하더라도</u> 최우선 과제로 직접 챙기겠다(2004. 8. 23).”라고 말했다. 다음 문답에서는 왜 고착되어 있는지 드러났다.

부동산 가격은 그 자체가 서민생활이다. 높은 집값은 임금인상의 압력이 되고 임금인상은 기업의 경쟁력을 떨어뜨리는 만큼 집값과 전세 값은 반드시 안정시키고 투기로 인해 서민들의 꿈(내집 장만)이 물거품이 되는 일이 절대 없도록 하겠다.

– 내외신 기자회견 중(2004. 1. 14)

국회 시정연설에서도 “부동산 시장의 안정은 민생경제 회복과 기업경쟁력 강화를 위한 필수요건이다. 정부는 모든 정책적 역량을 집중해 부동산 문제를 해결해 나가겠다(2006. 11. 6).”라고 했다. 이러한 발언에서는 부동산정책에 대한 집중이 최우선으로 서민이라고 하는 정책대상을 위한 것이다. 발언의 사례를 좀 더 보면, “부동산 문제만은 투기와의 전쟁을 해서라도 반드시 안정시키겠다(2005. 2. 25, 취임 2주년 국회연설).”, “하늘이 두 쪽 나더라도 부동산만은 확실히 잡겠다는 메시지를 국민들에게 드리고 싶다. 부동산정책에 더욱 올인 할 것이다(2005. 7. 17, 국회의장 초청 5부 요인 만찬).”라고 했다. 또한 “부동산정책을 무력화하기 위한 여러 집단들의 집요한 노력들이 진행 중이다. 부동산 투기는 절대 성공하지 못할 것이다(2006. 1. 25, 연두기자회견).”라고 했다. 청와대는

2006년 10월 10일 "지금 집 사면 낭패 본다."고 밝히기도 했다.

노무현 대통령과 관계자는 2005년 이후 이 같은 취지의 말을 10여 차례나 되풀이했고, 2003년 2월 이후에는 부동산정책 관련 발언은 200차례나 했다. 2003년 2월 이후 2006년 10월 말까지 노무현 대통령은 부동산 관련 발언을 40번, 정문수경제보좌관은 32번, 김병준 전 정책실장은 24번을 했다. 청와대에서 나온 발언만 90번이었다. 한덕수, 김진표, 이헌재 전 경제부총리가 각각 47번과 31번, 15번을 했고, 추병직 건교부 장관과 권오규 부총리도 7~8번씩 했다.

당시 이해찬 총리는 "부동산 투기는 사회적 암", 김병준 청와대 정책실장은 "헌법처럼 바꾸기 힘든 부동산정책을 내놓겠다."고 했다. '사회적 암'은 심각성을 강조하는 것이고, '헌법처럼 바꾸기 힘든 부동산정책'은 정책대응 해법 의지를 강조한 것이다. 당시 연일 '부동산 버블'의 붕괴 가능성을 예측하는 발언들을 했는데 '깡통주택', '쪽박신세' 등의 단어까지 사용했다. 그 이면에는 "강남 집값을 무조건 잡아야 한다."는 신념이 자리 잡고 있었다.

행정수도 이전도 정책상 인식적 고착이 일어났던 대상이었다. 2004년 6월 15일, 국무회의에서 "행정수도 계획은 참여정부의 핵심과제이기 때문에 정부의 명운, 진퇴를 걸고 반드시 성사시켜야 한다."라고 했다. 이 역시 극단적 상황을 강조하는 수사를 통해 이전 정책의 정당성의 확립과 그에 따른 지지를 모으려 했다.

노무현 대통령은 정책적 딜레마 사이에서 고민을 하는 가운데 일정한 성과를 보인 것에 대해서 대단히 만족해했다. 방해와 위협에도 흔들리지 않고 완수했다는 점을 강조했다.


참여정부가 하고자 한 일은 대체로 다 실천이 되었습니다. 참여정부는 할 일을 제대로 하고 있는 것입니다. 집안은 끊임없이 시끄러웠지만…(일동 박수) 흔들지 않은 정책이 없었는데도, 그렇게 발목을 잡았는데도, 여소 야대 국회인데도 이렇게 된 것은 참으로 신기한 일입니다. 이거는 정치학자들이 한번 연구해 볼 가치가 있는 현상 아닐까요? (일동 웃음 및 박수)

- 참평포럼 연설문 중(2007. 6. 2)

그동안 참여정부의 정책 중에 한나라당이 반대하고 흔들지 않는 정책은 거의 없습니다. 그러나 끝까지 반대한 정책도 거의 없습니다. 정부정책이 나오면 온갖 이유를 들고 나와서 반대하고 흔들고 하다가 막상 정책을 심의하고 표결할 때는 슬그머니 물러서서 찬성표를 던집니다. 그리고 아무 일도 없었던 것처럼 행동합니다. 반대를 위한 반대, 흔들기 위한 반대를 한 것이지요. 그 결과 대부분의 정책들은 참여정부의 정책대로 가고 있습니다. (일동 박수) 결국 아까운 시간만 낭비하게 만들어서 정책의 효과만 죽여 버린 것이지요. 참으로 무책임의 모범을 보여 주고 있습니다.

- 참평포럼 연설문 중(2007. 6. 2)

정책적 난관 속에서도 모든 것을 성공적으로 완수했다고 평하는 발언이다. 왜 그러한가. 마음에 부끄러움과 거리낄 것이 없기 때문이다. 상대적으로 다른 이들은 모두 부실하거나 의미 없는 행동만을 했다고 평가했다. 그 대표적인 그룹이 한나라당으로 규정되어 있다. 노무현 대통령은 2005년 1월 26일, 여당지도부 만찬에서 "지지도에 대해 둔감한 편이다. 긴 승부라고 생각하기 때문에 그때그때 지지도 가지고 일희일비하지 않으려 한다."라고 말했다. 어떠한 난관이 있어도 꾸준하게 성과를 내겠다는 태도이며, 그러한 태도를 통해서 일정한 성과는 내는 것에 자부심을 느낄 뿐이었다. 그런데 참여정부에 진보적인 정책이 없다는 비판은 노무현 대통령을 괴롭게 하는 것이었다.

참여정부에 진보적 정책이 없다는 비판도 사실이 아닙니다. 참여정부 동안에 양극화가 심화된 것은 맞습니다. 저도 참으로 가슴이 아픕니다. 그러나 분명한 사실은, 그것이 과

260

거 외환위기와 가계부도라는 경제적 위기에서 심화된 것이고 참여정부는 이를 극복하기 위해 노력하고 있다는 것입니다. 그리고 지금은 조금씩 회복되고 있습니다. 시원하게 해결하지 못해서 송구스럽습니다. 그러나 최대한 노력하고 있습니다.

– '대한민국 진보, 달라져야 합니다'라는 제목의 글 중(2007. 2. 17)

세계적인 현상입니다. 세계적으로 양극화가 점점 더 심해지고 있는 현상인 것은 사실이다, 왜 그러냐. 정보화 시대 또는 세계화 시대의 한 특징이라고 얘기를 합니다. 그렇게만 얘기하면 되겠지요. 또 내용에 있어서 하나는 지식 기반 사회로 가면서, 지식 격차, 정보화에 접근할 수 있는 정보화 격차 이것이 더욱 심해진다는 것이고, 시장의 경쟁이 심해지고 세계화됨에 따라서 승자 독식의 시장 원리가 만들어지기 때문에 심해진다, 세계적 현상이라는 점도 우리는 이해하고 들어가야 됩니다. 참여정부 들어와서 생긴 일이 아니고, 우리 경제가 세계화된 90년대 초반부터 매우 심각하게 그렇게 변화해 온 것입니다. 그렇다고 해서 '참여정부 책임 없다.' 이렇게 말씀드리지는 않습니다. 참여정부는 이 문제에 대해서 정면으로 대응해 나가겠습니다.

– KBS '참여정부 2년 6개월, 노무현 대통령에게 듣는다' 중(2005. 8. 25)

노무현은 정책적 오류에 대한 인정했다. 양극화 문제가 심각해진 것은 참여정부에서 일어난 것이고 그것이 가슴이 아프다고 했다. 참여정부 내부의 문제도 있지만 외부 환경의 문제도 있었다. 계속 노력하고 있음을 강조했다. 양극화 문제에서 참여정부가 기여한 부분은 비정규직의 양산이다. 비정규직의 양산은 인정한 발언이 있다. "비정규직 아시듯이 길게 설명할 수가 없습니다만 비정규직이 많이 늘었습니다. 참여정부 와서도 많이 늘었습니다(2006. 8. 3, KBS 특별회견)."라고 말했다. 비정규직의 양산은 양극화의 한 현상이다.

노무현 대통령은 정책 수장으로서 현실적으로 여러 가지 우회적인 방안들을 모색할 수밖에 없는 어려움을 토로하기도 했다.

모든 정책이 우리가 지향한다고 다 그대로 되는 것 아닙니다. 그래서 그리로 가려고 하

261

지만 막히는 수도 있고 또 부득이 돌아가야 되는 수도 있고 지체되는 수도 있습니다. 그렇게 이해해 주시면 좋겠습니다.

- 노무현 대통령 민주평화통일자문회의 연설 중(2006. 12. 21)

현실이 변화하면 내 마음에 들지 않더라도 그것을 받아들일 수 있어야 비로소 함께 하는 한 배에 탄 선원들을 불행하게 하지 않을 수 있는 것입니다. 풍랑이면 얼른 도망가야지 무모하게 맞부딪치는 것이 지도자는 아니라는 말입니다.

- KBS '참여정부 2년 6개월, 노무현 대통령에게 듣는다' 중(2005. 8. 25)

이렇게 이야기하는 이유는 돌아가려 하는 상황에서 노무현이 많은 비난을 받았기 때문이다. 풍랑이라는 상황에서 후퇴하는 것을 제도권 밖에서 보기에는 비겁으로 전가되기에 충분했다. 맞서 싸우고, 뚫고 지나가야 한다는 요구는 전형적인 문화코드로 정책가 노무현을 바라보는 것이고, 이를 압박만 줄뿐 현실적으로 도움이 되지는 않을 수 있었다. 하지만 근본적인 원칙에서는 정면돌파를 하려 했고, 그것이 좌절될 때마다 열정적으로 호소하기를 마다하지 않았다.

여론조사와 부동산 확실히 잡아라, 답은 나와 있습니다. 새로운 것 아닙니다. 이미 수십 년 전부터 답은 그것인데 못한 것 아닙니까? 약체 정부로서는 중요한 일을 할 수가 없습니다. 심지어 행복도시를 왜 대통령이 혼자 밀어붙였냐, 혼자 밀어붙였든 10명이 밀어붙였든, 국회에서 합의로 통과된 법을 헌재에 끌고 가서 뒤집어버리고 다시 하는 이런 나라가 어디 있습니까? 약체정부이기 때문에 이런 겁니다. 탄핵하고, 해임안 해서 (장관) 잘라버리고, 통과했던 법 들고 가서 다시 하고… 이런 정부 가지고 제대로 갈 것이냐. 맨 처음 제가 말씀드렸죠. 책임을 질 수 있느냐, 이 문제가 있지만 일을 할 수 있느냐.

- KBS '참여정부 2년 6개월, 노무현 대통령에게 듣는다' 중(2005. 8. 25)

약체 정부인 상황에서 탄핵을 받는가 하면, 해임안으로 대통령이 임명한 장관을 잘라버리고, 심지어 국회에서 여야 합의된 법안을 헌법재판소에서 위헌 판정을 내버린 상황에 대한 토로이다. 처음에 노무현 대통령은 후보자 시절에 이라크 파병에 대해서 반대를 했다. 하지만 파병에 찬성했고, 현장 방문 등 독려도 마다하지 않았다. 이 때문에 지지자들이 떠나기도 했다. 이라크 파병에 대해서 반대했던 노무현 대통령은 다음과 같이 이후 파병에 대한 당위를 설명했다.

이라크 파병 왜 했냐 이런 얘기가 나올 수 있지요. 대통령은 바뀌었고 미국을 한 번도 안 가 본 대통령이고, 그런데 전쟁은 난다하고 이런 저런 상황에 제가 안팎곱사등이 됐지요. 북핵문제를 가지고 전쟁은 없다 해야 하고 두 번째로는 있거나 없거나 간에 미국하고 관계가 돈독해야 하는 것이지요, 제일 처음 묻는 게 그겁디다. 전쟁하냐, 돈 빌려 주고 투자하는 사람들이 모여서 전쟁하냐, 그 다음에 북한이 붕괴하냐, 절대 그런 일없다고 딱 얘기해 놓고 나니까 미국하고 잘 지낼 거냐, 이렇게 물었습니다.

별 수 있습니까? 그때 제가 해야 되는 것이 전쟁 없다고, 하나는 미국하고 괜찮다는 것이지요. 가장 확실한 증명이 이라크 파병 아니냐? 그것은 개인 노무현과 미국과의 관계가 아니라 대한민국과 미국과의 우호와 동맹관계가 지속적으로 작동하냐 안 하냐는 그런 바로메타였기 때문에 이라크 파병을 했습니다. 1만 명 보내자는 사람 있었어요. 5,000명 보내자는 사람도 있었고, 전투병 보내는 것이 당연하다는 사람들도 있었는데, 또 우리나라에는 반대하는 사람들도 많이 있고, 그 전쟁의 명분에 대해서 의문을 제기하고 있는 또 많은 분들이 있어서 비전투 3,000명, 장사로 치면 장사 참 잘했다고 생각하는데 어떻습니까? (일동 박수)

– 민주평화통일자문회의 연설 중(2006. 12. 21)

이라크 파병을 장사에 비유하고 있다. 이는 국제 외교를 바라보는 인식이 담겨 있다. 장사의 관점에서 보면 언제든지 이익이 되는 유리한 대안으로 선회하기 마련이다. 한일 정상회담에서 노무현 대통령은 "혼삿날에는 장삿일을 하지 않는 것이다(2004. 7. 21)."라고 말했다. 이 또한 외교에 대한 비즈니스 관점을 드러내 주고 있다. 그것은 바로 진정성의 훼손과는 관계가 없다는 사실을 거꾸로 말해 주고 있는 것이다. 정말 미국이 좋아서 그들을 선망하고 존경하기 때문이 아니라 생존의 이익 차원에서 했을 뿐이라는 말이다. 서민 대통령이 서민의 꿈을 빼앗아 갔다는 비판이 쏟아지는 가운데 부동산정책에 대해서는 개혁 대상의 저항이나 내성, 시장의 실패 때문이라고 했다.

뒷북 행정, 힘 들어간 행정에 대해서는 얘기할 수 있겠습니다만, 가장 근본적인 것은 내성, 부동산정책에 대해서는 국민들이 내성을 가지고 있습니다. 그리고 실제로 부동산정책은 어렵습니다. 역대 정부가 계속해서 실패했습니다. 왜 실패했느냐 하면은 저항 때문입니다. 부동산 가진 사람들이거나, 어쨌든 부동산 부자들 쪽의 여론이. 원론에서, 총론에서는 다, 정책하면 찬성하다가 각론 만들 때 '그것은 결국 서민 부담을 가중시키는 것이다, 그것은 세금 폭탄이다, 또 그것은 시장원리에 위배된다, 그것은 헌법에 위배된다,' 각종의 각론적 반대를 들고 나와 가지고 주저 앉혀 버립니다. 그래서 총론할 때는요. 정부가 정책을 끄집어 낼 때, 총론 끄집어 낼 때는 전부 박수 소리가 나오니까 기분 좋아서 '되겠구나.' 자신 가지고 부동산정책 딱 입안합니다. 하다가 나중에 하나씩 하나씩 가면서 그야말로 (일부 언론의) 폭탄을 맞아서, 지난 18일경부터 언론 보도들을 한 번 보십시오.

– KBS '참여정부 2년 6개월, 노무현 대통령에게 듣는다' 중(2005. 8. 25)

10·29정책이 가면서, 사실은 용두사미까지는 아니라 할지라도 호랑이를 그리려고 했는데 표범보다 조금 작은 호랑이밖에 못 그렸다, 이거죠. 왜 그랬냐? 각론에 들어가니까 하나씩 하나씩 보유세 문제에 관해서 이런 공격 들어오고 저런 공격 들어오고 하나씩 하나씩 무너지기 시작해 정부에서 만들 때부터 추위를 타가지고, 점점 줄어요. 경제 부처 장관이 안을 들고 대통령한테 와 가지고 이거는 이래서 저항이 있고 이거는 조세 저항이 있고 이건 저항이 있고 하나씩 하나씩 빠지더니 결국 가져간 것도 당정 협의할 때 또 깎이고. 왜냐 하면 민심이 흔들리니까…, 국회에 가니까 왕창 깎여 버려요. 그렇게 돼서 지

264

난번 것도 그리 됐습니다. 이게 그래서 부동산정책이 역대 정책에서 실패한 이유는 바로 이와 같은 저항 때문이고, 이 저항은 옳지 못하다, 그리고 여기에 내성이 생겨 가지고 버텨 보자, 버텨 보자하고 다 버티니까…. 법이라는 것이요, 알아서 수용하고 지켜 주고 또 그 결과에 대해서 두려움을 가지고 수용할 때 법이 효과가 있는 것이지, 전부 다 버티자, 지금 당장 나가서 자동차 우측통행 못 하겠다, 당장 좌측통행 하겠다 하고 자동차 10%만 거리로 거꾸로 주행해 버리면 도로는 그 날로 마비돼 버립니다. 법이라는 것은 국민들이 수용할 때 법인데, 내성이 생겨 가지고 지금 어려운 것입니다. 그래서 지금 여기에 대해서 가장 문제를 제기 많이 하고 있는 사람들이 바로 부동산 부자들이라는 점, 우리 국민들이 똑똑히 봐 줘야 된다는 것입니다.

– KBS '참여정부 2년 6개월, 노무현 대통령에게 듣는다' 중(2005. 8. 25)

이 부동산정책에 대해서 너무 저항하지 않았으면 좋겠다. 너무 흔들지 않았으면 좋겠다. 또 부동산 투기하는 사람들이나 또는 부동산과 좀 관계가 있는지 모르지만, 내가 보기에는 '부동산 신문' 같아 보이는 일부 신문들이 너무 부동산정책을 흔드는데, 국가정책이라는 것은 그렇게 흔들면 효과 내기가 정말 어렵다.

– KBS 특별회견 문답(2006. 8. 31)

부동산정책은 다른 것과의 싸움이 아니라 국민과의 싸움이었는지 모른다. 그것은 욕망과의 싸움이었다. 누구나 부자가 되려고 하는 자본주의적 욕망과 노무현은 전쟁을 벌인 것으로 볼 수 있다. '정책목표나 수단이 잘못된 것이 아니라 내성이나 저항 때문'이라고 한 이유다. 민심에 대한 견해도 상황에 따라서 바뀌는 것도 결국에는 이러한 맥락에 있다. 한나라당이나 보수언론은 노무현 대통령이 대중추수주의, 즉 포퓰리즘 정책을 추진한다고 했지만 그렇지 않다는 것을 이런 점에서 볼 수 있는 것이다. 그것은 '자신의 정책 추진에 도움이 될 때는 긍정하고, 그렇지 않으면 부정하는 형국을 보인다.'고 말할 수는 없는 것이었다.

265

Q. 옛날 사람 이야기를 먼저 하나 하면서 질문을 드리겠습니다. 아마 조선왕조의 밑그림을 그린 사람이 삼봉 정도전 아닌가 이렇게 학자들이 평가를 하고 있습니다. 제가 번역된 책을 읽어 봤더니 삼봉이 '백성은 군주의 하늘이다' 이런 이야기를 한 것 같습니다. 지금 말로 표현하면 '국민은 대통령의 하늘이다' 이런 게 되겠죠. 예전에 대통령께서 인수위 시절에 '국민은 대통령입니다' 이런 말씀을 하셨는데….

A. '백성은 군주의 하늘이다, 또 백성은 바다요, 군주는 배라서, 백성이 노하면 그 배를 뒤집어버린다' 이것도 아마 그분 말씀 아닌가 생각합니다. 역사에서 백성은 항상 옳은 결론으로 걸어갔습니다. 옳은 결론으로 걸어갔는데, 실제에 있어서 현실에 있어서 단기적으로 보아서는 그것이 항상 옳은 쪽에 있었던 것은 아니라는 것입니다.

역사에서 백성이 옳은 방향으로 가는데 항상 수백 년이 걸립니다. 수백 년, 백성은 엉뚱한데 가가지고 엉뚱한데 힘 실어주고 봉사하고 이렇게 하다가, 결정적인 순간에 한번 와서 딱 뒤집어놓고 '내가 옳았지?' 이렇게 말을 하는 것입니다. 그래서 민심을 읽을 때 항상 중요하게 읽어야 됩니다.

역사 속에서 구현되는 민심을 읽는 것과 그 시기 국민들의 감정적 이해관계에서 표출되는 민심을 다르게 읽을 줄 알아야 됩니다. 그것이 자연스럽게 되는 경우도 있고 조작에 의해서 이루어지는 경우도 있습니다.

조작에 의한 가장 극단적인 것이, 지난 번 86년에 있었던 금강산댐 사건 대 사기극이죠? 그럴 때 민심 같은 것이 아마 가장 조작된 민심이라고 얘기할 수 있습니다. 그 다음에, 민심도 위험한 것이 있습니다. 89년도에 경제정책에 대한 민심이 아주 험악해서 민정당에서, 민정당이 민자당을 만들고 그래서 조순 부총리를 밀어내고 당에서 부총리를 맡은 다음에 경기부양책을 썼습니다. 그 부양책 이후에 90년도에 치명적인 경제혼란이 와 가지고, 부동산 파동이 와서 엄청난 고통을 겪습니다. 그 고통은 이루 말할 수가 없습니다. 그래서 민심이라는 것은 잘 읽어야 된다. 그렇게 생각합니다.

…모두가 함께 가는 것만이 항상 옳은 것만은 아닙니다. 나는 항일독립운동을 했던 사람들, 우리 독립투사들이 결코 그 당시에 다수파였다고 생각지 않습니다. 그렇게 극단적인 얘기를 할 일은 아니지만, 소수라고 해서 항상 틀리는 것은 아니고 이 시대에 있어서 우리가 정면으로 부닥쳐야 되는 문제는 정면으로 부닥쳐야 됩니다. 이것으로 인해서 대통령이 곤경에 빠져 있는 것은 사실입니다.

– KBS '참여정부 2년 6개월, 노무현 대통령에게 듣는다' 중(2005. 8. 25)

국민의 선택이 항상 옳은 것은 아니라는 점을 강조하고 있다. 참여정부를 탄생시킨 국민들의 선택이 오류라는 모순을 내포하고 있다. 국민의 지지와 그 중요성을 매우 강조했지만 이렇게 다르게 이야기하는 것은 인기영합주의에 빠지지 않겠다는 것이다. 심지어 자신을 지지한 사람에게도 이러한 원칙을 강조하는 셈이 된다. 틀린 것은 틀린 것이며, 타당하지 않은 것을 옳은 것이라며 찬성할 수는 없는 것이라고 본다. 어쩌면 참여정부의 정책은 최종 국민과의 싸움이었고, 그것은 노무현을 버렸다. 중종이 조광조를 부담스러워 해서 사사했듯이 말이다. 어쩌면 부동산정책의 실패는 시장논리의 무시에 따른 것이 아니라 국민의 욕망에 호소했지만, 그것이 노무현을 무시한 것인지도 모른다. 결국 2007년 대선에서 이명박 후보가 내세운 뉴타운 건설은 엄청난 표를 긁어모으는 효과를 발휘한다.

### ✔ 백성은 군주인가, 계몽의 대상인가

그러나 노무현의 기본은 시민이고 국민이었다. 국민의 인정과 지지를 매우 중요하게 여기는 발언을 계속 한다. 노무현 대통령은 최도술 전 청와대 총무비서관 비자금 수수의혹에 관한 긴급 기자회견에서 "내년 총선을 전후해 국민에게 재신임을 묻겠다(2003. 10. 10)."라고 말했다. 헌법재판소 탄핵안이 기각되어 직무에 복귀하면서 "국민들은 이제 훌륭하다는 수준을 넘어서 감동적이라는 느낌을 받았다(2004. 5. 14)."라고 했다. 또한 "민주주의는 더 큰 오류가 있을 때 그걸 바로 잡을 수 있다는 게 장점이다. 국민이 내 오류를 바로 잡아줄 때까지 내 양심에 따라 최선을 다할 것이다(2004. 12. 8, 자이툰 부대 방문)."라고 말했다. "국민들이 수용해 줄 때만 최고통치권자의 초법적인 통치행위를 인정할 수 있는 것이지, 국민들이 보편적으로 수용하지 않으면 어려운 것 아니냐(2006. 12. 21, 민주평통자문회의 연설)."라고 했으며 "국민들이 제 생각과 달리 다 공개하는 것이 좋겠다고 바라니까 그 방향으로 가야 되지 않겠느냐 (2006. 9. 28, MBC 시사프로그램 100분 토론).”라고 했다. 이러한 어법을 통해 짐작할 수 있는 것은 국민에 대한 인식이 본질적으로 일관된다는 점이다.

국정은 국민과 함께 하는 것입니다. 대통령이 어떤 문제의식을 가지고 있더라도 국민들이 받아들이지 않으면 그 정책은 실현될 수 없습니다. 그래서 모든 문제에 대해서 대통령이 답을 먼저 내놔야 한다, 이런 생각이 반드시 옳지는 않다고 생각합니다. 그리고 현실적인 것도 아니라고 생각합니다.

– 2006년 신년 기자회견 중

이것은 국민을 대하는 통치자의 심리가 아니다. 민의를 반영하는 대리자의 인식을 나타내는 것이다. 리더가 앞에서 이끌어가기보다는 국민이 제안한 것을 실현하는 것이 대통령인 것이다. 물론 그 과정에서 제도적인 어려움이 있을 때는 그것을 자신의 진정성을 통해 호소하거나 설득하려 했다. 국민이 이러한 제도적인 코드를 알지 못할 수 있기 때문에 그것에서 딜레마와 고충이 발생하게 된다. 또한 제도적인 코드 안에서 많이 활동을 하다보면 문화적 코드로는 인식되지 않는 부분을 많이 인식하게 된다. 이 때문에 국민은 물론 지지자들 사이에서 괴리감이 생길 수 있다.

한편, 조기숙 전 홍보수석은 2005년 8월 라디오 시사프로그램에 연달아 출연해 “노무현 대통령은 21세기에 가계시고 국민들은 아직 독재시대의 문화에 빠져 있다.”, “대통령은 21세기형으로 하라고 국민이 뽑았는데 국민들이 독재시대 문화에 살고 있다.”라고 했다. 이는 참여정부의 이중적 딜레마를 담고 있다. 노무현 대통령은 2007년 8월 31일, 임기를 6개월 남겨둔 때 대한민국 권력 1인자 노무현은 ‘각성하는 시민이 왜 중요한가’를 거듭 말했다.

정치권력은 만능이 아닙니다, 최정점도 아닙니다. 진짜 권력은 따로 있습니다. 그것은 시민권력입니다. 각성하는 시민들이 만들어가는 시민권력입니다.

시민들이 각성하면 정치권력과 경제권력의 관계를 정확하게 꿰뚫어볼 수 있습니다. 언론권력에 대해서도 마찬가지입니다. 소비자의 선택을 통해서 올바른 언론을 만들어나갈 수 있는 가능성이 있다고 저는 믿습니다.

그 가능성이 없다고 하면 제겐 아무 길이, 아무 희망이 없습니다. 다른 길이 없기 때문에 나는 그것을 굳게 믿고, 그래서 시민참여·시민운동을 연구하고 있는 겁니다.

내가 다른 정치인과 다른 점은 권력을 최정점으로 생각하지 않는다는 것이죠. 정치권력은 하나의 권력일 뿐이고, 하나의 과정일 뿐이고, 진전한 의미에서 권력은 시민들의 머릿속에 있어요, 진정한 의미에서.156)


중요한 것은 그냥 시민이 아니라 각성한 시민이다. 그렇다고 한다면 시민을 무조건 추종하는 것이 아니라 각성한 시민을 추종하겠다는 의미가 될지도 모르겠다. 각성하는 시민은 불어나지 않았고, 갈수록 줄어드는 느낌은 본능적인 불만을 만들었다.

또한 노무현 대통령은 패거리 독식 정치를 비판해 왔다. 책임정치의 원리나 대통령의 정책을 착실하게 이행할 사람들이라고 강조했지만, 코드 정치라는 곡해를 받았다. 패거리 정치에 대한 염증이 있었던 국민들은 노무현의 인사정책을 코드 인사 정책이라 인식했다. 이러한 부정적인 인식, 문화코드 때문에 이명박 정권 들어서서 문화체육관광부 수장인 유인촌을 필두로 대대적으로 문화계를 중심의 인적 숙청작업을 하게 되는 발판이 마련되었다. 노무현 정부에서 임명한 인사들이 대부분 임기를 채우지 못하고 쫓겨나거나 사퇴해야 했다. 그것은 코드 인사정책을 넘어 좌빨 색출작업이 되었다.

---

156) 오마이뉴스, 2009년 6월 1일자, [오연호 리포트: 인물연구 노무현 ⑨] 노무현은 왜 정치보복을 당했나, 대통령보다 더 큰 권력 구상하다 - 노란 풍선 든 스무 살 여대생에게,

이제 대통령과 가까운 정당 사람들, 또는 좀 가까운 사람들, 이런 것을 계속 문제를 삼는데, 이 문제에 대해서 능력 없는 사람은 쓰지 않습니다. 능력이 똑같은 사람이면 대통령의 정책을 잘 이해하고 대통령의 정책을 착실하게 이행하고자 하는 강한 의지를 가진 사람을 써야 합니다.

국정에 대한 최종 책임을 대통령이 지지 않습니까? 그래서 능력 없는 사람은 가까워도 쓰지 못하지만, 능력이 있으면 정치적 생각을 같이 하는 사람을 써야 한다 …. 그래서 코드 인사라고 하는데, 이름이 좀 마땅치 않지만, 그것은 책임 정치의 당연한 원칙이다, 정당 정치 · 책임 정치의 당연한 원칙이다, 그렇게 말씀드리고 싶고요.

– KBS 특별회견 문답 중(2006. 8. 31)

이러한 점은 정권초기에 능력 있는 인재는 모두 다 기용하겠다는 논지와 배치되는 것으로 보일 수도 있었다. 보수세력은 코드 인사가 자기 끼리끼리 해먹는 패거리 정치로 보았다. 하지만 보수가 추앙해 마지않는 미국에서도 선거에서 이긴 사람이 자기의 국정 혹은 정책 철학이 맞는 사람들을 정책진영에 포진 시키는 것이 당연하다. 이는 영국에서 엽관주의라는 개념으로 정착된 지 너무나 오래되었다.

주한 외교단을 초청한 자리에서 "부활은 예수님만 하시는 건데 한국 대통령도 죽었다 살아나는 부활의 모습을 보여줬다(2004. 6. 4)."라고 했다. 자신을 예수 위치에 올려놓았는가가 문제가 아니라 선한 세력의 진정성을 말하는 심리구조를 드러낸다. 이는 진실하려는 마음을 항상 중심에 두겠다는 심리이기도 했다. "진실만이 답이고 진실만이 내 편으로, X파일 문제는 진실대로 갈 것이다(2005. 7. 29, 기자간담회)."라고 말한 바도 있다. 노사모에 전한 편지에 "강물은 굽이쳐 흐르지만 결국은 바다로 갑니다. 저도 그렇습니다. 여러분도 함께 가고 있습니다(2003. 10. 10)."라고 했다. 역사의 중심을 생각하고 있는 것이었다. 그 지향점도 결코 틀리지 않았다는 점을 강조한다. 진정성에 대한 충실은 지나친 자신감으로 나타나기도 했다. 이에 대한 분석도 필요할 것이다. 이러한 점은 부동산정책에서 잘 나타났다.

완벽한 제도를 만들면 완벽하게 막을 수 있습니다. 분명하게 말씀드리겠습니다. 부동산 투기는 결코 성공하지 못할 것입니다. 스스로 건강에 대한 의지와 확신이 있는 사람이 건강을 회복하는 것이지 건강에 대해서 회복할 의지도 없고 확신도 없는 사람은 병이 잘 낫지 않는다고 합니다.

- 2006년 신년 기자회견 중

Q. 8·31 부동산 대책에 대해 어떻게 평가하십니까?
A. 아직 그 효과를 단정적으로 말하기에는 조금 이르지만 분명한 것은 이 정책은 반드시 성공합니다. 지금도 투기하려는 사람들이 부동산을 노리고 있다면 일찍 단념하라고 말씀드리고 싶습니다. 투기는, 특히 부동산 투기는 반드시 실패합니다. 이번 부동산정책은 과거의 부동산정책과 근본부터 다릅니다.

- KBS 특별회견 문답 중(2006. 8. 31)

대통령이 강남 사람 돈 버는 것이 배 아파서 그런 것 아닙니다. 부동산에 거품이 들어갔다가 꺼질 때 그 경제가 심각한 몸살을 앓게 돼 있습니다. 나중에 종부세 한번 내 보십시오. 세금제도는 노무현 정권이 끝나도 안 바뀝니다. 바꿀 수가 없다. 여소야대 국면에서 이 법이 통과됐는데 이것을 뒤집는 법은 얼마나 어렵겠습니까? 그렇게 호락호락하지 않습니다.

- 청와대에서(2006. 5. 19)

제도를 통해 부동산 문제를 해결할 수 있다는 입장을 보이고 있다. 따라서 부동산 투기는 반드시 실패한다고 선언했는데 그 이유는 과거와는 달리 자신들이 강력한 정책을 만들었기 때문이다. 물론 이러한 자신감이 정책 부작용을 낳았다. 진정성에 충실했기 때문이다.

271

연정 제안도 진정성에 충실하려는 것이었지만 모두에게서 외면받았다. 연정에 관련해 자신 있게 한나라당에 제안을 할 수 있는 이유가 무엇이냐는 질문에 다음같이 대답한 적도 있다.

자신 있게 제안합니다. 왜냐하면 역사의 대의에 부합하기 때문입니다. 길게 보면 국민들이 지지합니다. 지금까지 저의 정치행위가 다 그랬습니다. 제가 선택할 때에는 많은 사람들이 이해를 하지 못해서 왜 그렇게 하느냐고 많은 질문을 받았는데 그 뒤에는 옳기는 옳았다는 평가를 받았습니다. 옳기는 옳았지만, 여러 번 실패했지만, 옳은 선택을 축적해 왔기 때문에 마침내 국민들이 저를 대통령까지 만들어 주신 것입니다. 지금도 그래서 너무 이상주의적이라고 저를 평가했지만 제가 내걸고 현실로 만들고 싶다고 내걸었던, 정책으로 추진했던 이상은 대체로 실현돼 가고 있습니다. 다른 지도자들이 실현한 만큼 그 이상의 확률을 가지고 성취돼 가고 있습니다.

— 연정 관련 기자간담회 질의응답 중(2005. 7. 29)

항상 자신의 판단이 외면을 받았지만 결국에는 옳았다는 것을 강조하고 있다. 국민의 지지도 이러한 판단에 부합하며 논란이 많거나 비록 부작용이 발생하는 정책들도 언제인가는 진정성을 알아줄 것이라는 믿음으로 정책행동을 했다. 따라서 미래에 대해서 낙관적으로 여긴다. 그렇지 못한 언론이 문제이고, 그것이 불만사항이 된다.

전체적으로 봐서 우리 언론 일반이 우리의 미래를 너무 어둡게 묘사하고 있는 것 아닌가, 실제로 우리가 국외에 나가보면 우리 한국의 미래가 굉장히 밝거든요, 많은 나라들이 부러워하는데, 한국에만 들어오면 좀 어둡습니다. 그리고 이제 우리나라 외신 기자들이 와서 우리 신문 방송을 이렇게 받아쓰기도 하지요. 그러니까 자꾸 어두운 쪽이 외국으로 또 전달되고, 국민들에게도 좀 불안감을 주고 이런 등등이 있습니다.

— 노무현 대통령 KBS 특별회견 중(2006. 8. 31)

정책과정에서 노무현 대통령의 특징 중 하나는 선한 동기를 강조하는 점이었다. 물론 이 과정에서 정치적인 의도나 다른 목적이 없다는 점을 강조한다.

제가 1990년부터 우리 정치의 지역구도에 가담하지 않았기 때문에, 어떤 지역통합이라고 하는 이런 정치노선을 너무 힘들게 한 번도 선거에 있어서의 당락을 고려하지 않고, 또 한 번도 내 자신의 지위, 자리에 연연하지 않고 매 시기에 내 모든 것을 걸고 소위 지역주의라고 하는 그런 분열적 풍토와 싸워 왔습니다. 말이 싸운다는 것이지만 그것은 지역을 달리 하는 사람에게는 내가 극진한 사랑을 표현한 것입니다. 그렇게 표현할 수 있지 않겠습니까? 내 고향에서 핍박 받으면서까지도 말하자면 서로 적대하는 지역에 정성을 다해서, 정성을 다 바쳤습니다. 그렇게해 왔는데 지금 별 성과가 없습니다.

– KBS '참여정부 2년 6개월, 노무현 대통령에게 듣는다' 중(2005. 8. 25)

지역주의 타파에 관해서 추진하는 정책의 선의를 강조했다. 선의가 없는 정책이 얼마나 될 것인지 생각해볼 수 있다. 물론 선의 때문에 염려되는 미래의 정책 결과까지 합리화되는 것은 아니다.

Q. 미국과 FTA 체결을 좀 꼼꼼히, 천천히 해나가자는 지적이 많습니다.

A. 저는 정책의 잘잘못에 대해서 따지고 반대할 수는 있다고 생각합니다. 그러나 이런 중대한 정책에 대해서 대통령의 선의는 의심하지 않았으면 좋겠습니다. 말하자면 정치적으로 한 건 하기 위해서, 또는 정치적 목적으로 이런 것을 하는 것처럼 그렇게 오해하는 분들에게는 무척 섭섭한 마음이 듭니다. 적어도 한국이 그런 수준은 아니다…. 선의는, 선의에 대해서는 의심이 없었으면 좋겠고요.

– KBS 특별회견 문답 중(2006. 8. 31)

선한 동기와 선한 의지는 노무현 대통령의 모든 정책 행보를 관통하는 것이었다. 친인척 비리가 밝혀지면서 노무현 대통령은 기자회견을 통해 대국민 사과를 했다. 이 사과 발언에서도 자신의 주위 사람들이 가지고 있는 선의에

273

대해서 강조하고 있다.


　아직도 그 사람들에 대한 신뢰를 갖고 있습니다. 그 사람들의 선의를 믿고 있다. 그들이 개인적으로 치부하고 축재하기 위해 모아둔 돈이 아니라, 대통령으로서 최소한의 체면 치레가 앞으로도 필요하지 않겠느냐는 생각에 알아서 관리하던 돈으로 생각합니다. 믿는 근거는 십 수 년간 저를 한 번도 속이지 않았습니다. 부득이한 사용이 있을 때 반드시 저의 승낙 받았습니다. 자존심 강해서 그들은 그렇게 했습니다.
　　　　　　　　　　　　　　　　　　- 청와대 춘추관 특별기자 회견 중(2004. 3. 11)


　개인적인 차원에서 신의를 지키는 것과 공적인 범법의 행동은 다를 것이다. 가난하고 힘이 없고, 신의가 있는 선한 사람으로 묘사할 수밖에 없는 측면이 있었다. 자기의 사람들에 대한 믿음과 편애는 다른 편 혹은 상대편에 대한 비난으로 이어지고는 한다. 혹은 악인으로 그려진다. 심각한 정신적 위해를 가하는 일이 벌어질 수도 있다.


　돈을 탐해서 전화할 사람이 아니라는 믿음이 있습니다. 형은 오래 전부터 건설업 면허를 갖고 있었습니다. 지금은 갖고 있는지 모르겠습니다. 제가 경선 후보가 되면서부터 일거리를 딸 수가 없습니다. 일거리를 따지 못하니 아주 사업이 어렵습니다. 남들이 보기에 (사업)수단이 꽤 있다고 하는데 어려운 것 같습니다. 딸은 시집갔고 아들은 취직을 못하고 있습니다. 여러 가지 어려움에 시달리고 있습니다. 도와주기 바랍니다. 노건평 씨는 아무런 힘이 없습니다. 대통령에게 아무런 영향력을 행사할 수 없습니다. 그냥 내버려 두면 좋겠습니다. 어떤 청탁도 어떤 무엇도 성공하지 못할 것입니다.
　　　　　　　　　　　　　　　　　　- 청와대 춘추관 특별기자 회견 중(2004. 3. 11)


　대우건설의 사장의 자살은 전혀 생각하지 않았던 것이다. 정치적 의도가 없는 정치인이 없을 수 없다. 그럼에도 노무현 대통령은 정치적 의도가 없다고 강조하는 경향성이 강하고 그것이 오히려 뜻하지 않은 결과를 낳게 된다.

오히려 정치적 의도가 없는 것이 문제가 될 수 있는 것이다.

> 아무런 음모도 없고, 전혀 아무런 정치적 의도가 없습니다. 정치공작에 그렇게 뛰어난 능력을 갖고 있지 않습니다. 저에 대한 모욕이라 생각합니다.
>
> — 기자간담회에서 '국민의 정부 도청사건을 둘러싼 음모론 확산'에 대한 발언 중(2005. 8. 8)

> 대통령 선거를 앞둔 시점에 대통령이 갑작스럽게 개헌을 제안하는 것은 어떤 정략적인 의도가 있는 것 아니냐는 비판이 있을 것입니다. 그러나 결코 어떤 정략적인 의도도 없습니다. 개혁이 필요할 때 개혁을 이루는 것이 성공하는 대한민국으로 가는 길입니다. 당장의 정치적 이해관계를 셈할 일이 아닙니다. 셈을 하더라도 셈을 정확하게 하면 모두에게 이익만 있을 뿐, 누구에게도 손해 가는 일이 아니라는 것은 금방 이해할 수 있는 일입니다.
>
> — 개헌에 관한 특별 담화문 중(2007. 1. 7)

> 지금 연정제안도 말이죠, 음모 없습니다. 음모 없는데 뭔가 자꾸 의심을 합니다. 그런데 일부러 의심하는 척 하고, 여러 가지가 들어있는데. 음모 없습니다. 연정 못 받겠으면, 연정을 받기 싫으면, 내가 할 테니까, 내가 해도 좋으니까, 이 분열구도 극복을 위한 정치협상이라도 합시다. 대통령 국민이 뽑아 줬는데 이 정치논리가 중요한 게 아니라, 우리가 정치 지도자들이, 지금 우리가 풀어야 될 문제들을 머리를 맞대고 풀어나가는 것이 중요한 것이지, 위헌이고 아니고 하는 형식 논리가지고 게임하고 그렇게 하면 안 됩니다. 그런 점에 있어서 나한테 더 큰 요구가 있으면 검토하겠습니다.
>
> — KBS '참여정부 2년 6개월, 노무현 대통령에게 듣는다' 중(2005. 8. 25)

선한 동기에 충실한 것은 자기중심성에 따른 자존감이나 자존심으로 이어지고는 한다. 노무현은 정치적 의도와 진정성을 일치시켰기 때문에 부끄러울 것이 없었다. 그것은 자신에 대해서 떳떳하기 때문에 나오는 자존감이었고 자신감이었다. 그렇기 때문에 그렇지 못한 이들에게 노무현은 불편한 존재였으며, 결국 외롭고 고독했고 항상 오해와 폄하의 질곡에서 고군분투해야 했다. 그를 유일하게 버텨준 것은 진정성이었다. 그것이 훼손당했다고 생각하면 노무현은 서 있을 수조차 없었다. 그것을 이명박 정권과 검찰, 언론은 집요하게 파고들었다. 정작 프레임에 갇힌 것은 노무현을 지지했던 그리고 노무현이 믿었던 시민들이었다.

### ♪ 생산모델의 꿈

노무현이 진정으로 꿈꾼 것은 나이, 학력, 지연, 성별에 관계없이 누구나 꿈을 이루고 잘사는 나라를 만드는 것이었다. 하지만 대한민국은 상식조차 통하지 않았다. 그러한 장애를 딛고 좋은 나라를 만들기 위해서는 정치개혁이 필요했고, 지역 구도를 타파해야 했다. 노무현이 항상 생각한 것은 관념적인 민주주의가 아니라 사람들의 꿈을 이루어 주는 것이었다. 사람들의 꿈은 몽환적인 것이 아니라 현실에 기반을 두고 있었다. 그것은 사람들이 잘 먹고 잘사는 것이었으며, 생산모델을 만드는 데 모아졌다. 노무현이 경제적인 부분에서 끊임없이 현실적인 대안을 모색하며 신자유주의자라는 멍에를 쓰는 것을 마다하지 않은 이유다. 이러한 노무현을 믿어달라고 호소하는 장면은 자주 목격되었다.

노무현이 잘 한다 못한다 말 많고, 이것은 왜 이랬냐 그거 다 시어머니가 앉아서 며느리 밥상 차려오는데 잔소리 하려면 잔소리 할거리가 없겠어요? 그만 대강 봐서 그렇게 멍청한 것 같지는 않지요?(일동 박수) … 맡겨놔라 … 고만 … 내가 전에 만나봤는데, 그거 영 바보 아니더라. 대개 들어봤는데 앞뒤 챙길 것은 재고 챙기는 것 같더라, 좀 맡겨봐라. 부탁합니다.(일동 박수)

– 민주평화통일자문회의 연설 중(2006. 12. 21)

276

노무현 정부는 정책이 제대로 알려지지 않는다고 언론에게 책임을 물으려 했다. 노무현 대통령이 자신이 추진한 정책의 성과에 대해 직접 대국민연설을 자주 했다. 참평포럼을 통해 스스로 좋게 평가했다. 또한 자주 언급하는 말 중에 하나가 "성공한 대통령이 되겠다(2005. 5. 14, 청와대 직원가족 초청행사)."이다. 연연해하지 않겠다는 말과 곧잘 충돌한다. 성공을 지향하는 심리는 대중들의 상식이었다. 진보진영은 이것을 부정해서 대중에게서 멀어졌다. 사람은 강하거나 뛰어난 능력을 가지고 있는 이들에 대한 선망이 미움 속에 공존하고 우월한 이가 되고자 한다.[157] 그것을 인정해야 대중들의 꿈과 마음에 통할 수 있다. 왜냐하면 인간이기 때문이다. 이는 홉즈나 마키아벨리의 이론을 이야기 하지 않아도 상식적으로 알 수 있는 내용이다.

노무현 대통령은 2014년 동계올림픽 평창 유치가 좌절되자 다음과 같이 말했다. "용기가 있는 사람은 패배 속에서도 새로운 희망의 싹을 찾는다. 더러 패배는 있어도 대한민국은 절대로 패배하지 않을 것이다. 모든 경쟁에는 패배가 있고, 현명한 사람은 패배로부터 새로운 지혜를 깨닫는다. 패배 분위기에 오래 머물러 있지 않은 것이 좋다(2007. 7. 5)." 성공은 새로운 생산모델을 끊임없이 만들어가는 것을 말한다. 그것은 문명을 만들어온 인간다움이다. FTA를 왜 추진했는지 알 수 있는 단초다.

미국과의 관계에서도 마찬가집니다, 미국과의 관계에서도 이제 경쟁이 된 겁니다. 먼저 들어가면 FTA 체결 국가와 아닌 국가 사이의 경쟁입니다. 그래서 FTA는 빠를수록 좋고 그래서 하는 겁니다. 여러 나라와 하지만, 하는 김에 시장이 제일 크고 기술적으로도 수준이 높은 미국과 해야 합니다. 우리의 경쟁 수준을 획기적으로 끌어 올릴 수 있는 시장

157) 김헌식, 정책가의 제도적 성격에 대한 연구, 〈중앙논단〉, 2002
　　　____, 보수우익의 정체성에 대한 연구, 〈모색〉, 갈무리, 2003(통권 3호).
　　　____, ≪색깔논쟁 - 한국 분단 정책구조와 탈주≫, 새로운 사람들, 2003

이 미국입니다, 제3세계와 FTA를 해봤자 관세가 낮아지는 것 이외에는 이득이 없습니다. 그렇게 하지 않으면 세계 최고에서 밀리니까 세계 최고와 해보자 이런 것입니다.

– 특별회견 문답, 한미 FTA(2006. 8. 9)

Q. 한미 FTA 협상을 끝까지 지원하고 버틴 배경은 무엇인가요? 그로 인해 우리경제에 어떤 영향을 줄 것 같습니까?
A. 중요한 것은 안 할 수 없다는 것, 우리가 다른 나라보다 뒤로 갈 수가 없다는 것입니다.

– 경제현안 특별인터뷰 중(2007. 5. 21)

한미 FTA는 자본주의와 시장의 메커니즘에서 살아가야 하는 대한민국 구성원들을 더 염두에 둔 것으로 볼 수 있다. 그것은 미국에 대한 실용주의적인 태도라는 측면에서 접근되었다. 이명박의 실용주의와 노무현의 실용주의가 같다고 본다면 너무 게으른 것이다. 노무현도 정치인 시절에는 반미적인 발언들을 많이 했다. 그러나 대통령이 되어서는 그러한 발언을 하지 않았다. 그것은 제도적 코드에 대한 인식이 더욱 부가되었기 때문이다. 그렇다고 노무현이라는 이의 본질이 달라진 것은 아니며 문화적 코드를 제도적 코드를 통해 실현하려고 노력하는 모습을 볼 수 있었다. 다음과 같은 말은 노무현 대통령의 실용주의적 국제인식을 말해 주는 것이기도 하다.

왜 하필이면 미국말만 나오면 압력이냐. 콤플렉스입니다. 미국 콤플렉스. 미국 콤플렉스는 뒤집으면 일종의 사대주의적 사고입니다. 저 대통령 후보하고 있을 때 미국 가라고 모든 사람이 거의 모든 사람이 미국 갔다 오라고…. 자꾸만 가래요. 미국 가서 미국 사람한테 눈도장을 찍고 오지 않으면 한국에서 대통령 될 수 없다는 거예요. 그래서 되는가, 안 되는가 한번 해 보자.

우리 진보진영이라고 반미를 얘기하고, 진보진영이라고 얘기하는 사람들 사이에 이와 같은 미국 콤플렉스가 있습니다. 이것은 벗어 던져야 됩니다. 반미라는 것 자체가 적절하지도 않거니와 그것은 열등감의 표현이고, 그것을 거꾸로 뒤집으면 사대주의의 표현이기

278

때문에 벗어 던져야 한다고 말씀드리고 싶습니다.




　　완전하게 대등한 외교는 할 수 없다. 미국은 초강대국이다. 그런 헛소리는 하면 안 되고 미국의 힘에 상응하는, 미국의 세계의 영향력이 상응하는 대우를 해 줘야 합니다. 동네 힘 센 사람과 돈 많은 사람들이 길 이렇게 고치자, 둑 고치자 산에 나무 심자, 하면 어지간한 사람 따라가는 거죠. 미국이 주도 하는 질서 이것을 거역할 수 없다. 그러나 최소한 자주 국가 독립국가로서의 체면은 유지해야 될 것 아니겠냐? 때때로 한 번씩 배짱이라도 내볼 수 있어야 될 것 아니냐?




　　정신분석학의 반동(Reaction) 관점에서 볼 때 비주체적일수록 오히려 주체성을 강조하는 경향이 강해진다. 그것이 어쩌면 진보세력의 한계일지도 모른다. 현실적으로 무조건 거부할 수 없는 것이 대한민국의 실존적 위치라고 할 때 미국에 대한 태도는 국가의 수장으로 심각하게 고민해 보아야 할 문제이기 때문에 거역과 저항이라는 문화적 코드로 움직일 수만은 없다는 사실을 주장하고 있는 것이다.

　　이러한 점은 자본과 시장에 대한 태도에서도 동일하게 적용될 수 있을 것이다. 시장에 대해서 평가절하해도, 시장의 힘에 대한 중요성을 간주하는 심리가 있다. 노 대통령은 "정부는 권력을 가지고 있지만, 시장은 더 큰 권력을 가지고 있다(2003. 12. 10)."라고 말했다. "권력은 이미 시장으로 넘어간 것 같다(2005. 5. 16)."라고 했고 또한 "대체로 대통령이 성과라고 내놓는 제목들을 훑어보면 기업들이 핵심적으로 한 것이고, 대통령은 그냥 뒤에 가서 밥 짓는데 부채질 한 번 해준 수준 아니겠느냐(2004. 11, 칠레 방문)."라고 말하기도 했다. 시장을 인정하려 하지 않지만, 시장에 대한 통제감을 발휘하는 것이 중요하다는 것을 강조하는 것이다. 그것이 자본주의 메커니즘이며 그 속에서 때와 진흙을 묻혀야 하는 시민들이 현실이기 때문이다. 그것이 드러나는 대표적인 사례가 부동산정책이다. 경제적 업적을 추구하는데 매진하는 것도 이러한 관점이며 정부의 정책 개입을 통해 일정한 목적을 추구하는 행위가 집중되는 것도 마찬가지다. 시장에 대한 통제는 자본의 저항으로 거세게 다가왔다.

그러한 점을 알려주는 확성기는 없고 '좌빨'이라고 몰아붙이는 거대 언론만이 있었다. "내가 느끼는 제일 큰 어려움은 나를 도와주는 언론이 없다는 것이다(2005. 7. 7)."라고 했다. 물론 언론이 권력을 도와줄 리 없었다.

## ✒ 타협과 통합의 본질

21세기는 단지 국민주권의 시대가 아니라 권력이 분산되는 거버넌스(Governance) 시대다. 21세기는 단지 국민주권의 시대가 아니라 권력이 여러 곳으로 분산되는 거버넌스(Governance)의 시대로 분산된 권력 사이에서 적당한 타협과 합의를 이루는 체제다. 힘으로 갈등을 해결하거나 봉합했던 시대가 있었으나 이제는 대화와 타협에 기초한 합의로 갈등을 해결할 수밖에 없는 새로운 시대(민주주의)를 맞이했다.

– 갈등관리워크숍에서(2004. 7. 28)

라깡이 말하는 '힘(팔루스, Phallus)'은 대단히 중요한 개념이다. 누구나 이 힘을 어느 정도 추구하기 때문이다. 하지만 어느 정도 추구하는가, 그 힘의 근원을 개인에게 두는가, 아니면 여러 사람에게 두는가에 따라 진보와 보수가 나뉜다. 노무현 대통령은 그것을 아우르고자 했다.

노무현 대통령과 참여정부가 강조하는 것이 자주와 타협성이었다. 비타협노선에 대해서 강하게 비판했다. 노무현 대통령은 서로를 인정하지 않은 한국사회의 모순을 자주 지적한다. 그래서 통합과 타협이 안 된다는 것이다.

대화하는 진보, 타협하는 진보입니다. 대화와 타협은 민주주의의 요체입니다. 비타협 노선은 근본주의, 절대주의에 근거한 투쟁전략입니다. 절대주의 비타협 노선은 민주주의 가 아닙니다. 상대주의와 관용의 원리에 반하는 것입니다. 그리고 이 비타협노선이 가끔 승리에 집착해서 책략에 매몰되거나 극단적인 전향을 하기도 합니다.

– 참평포럼 연설문 중(2007. 6. 2)

소위 각계각층의 대표적 지도자들 또는 원로들 하는데, 제일 어려운 것이 이분들 모아 놓으면 서로 통화가 안 됩니다. 말을 다르게 쓰고 있거든요. 우리가 좌우대립을 너무 심 하게 겪었고 전쟁까지 치르고 독재라는 세월을 거치는 동안, 식민지, 좌우대결, 군사 독 재, 이것 하는 동안에 서로가 서로를 인정하지 못하게 돼버린 것이다. 그래서 언어가 서 로 통하지 않습니다. 개념이 달라서요. 참 좋은 얘기인데, 이것을 못하고 있는 거지요.

– 민주평화통일자문회의 연설 중(2006. 12. 21)

대화의 전제는 민주주의의 기본 원리인 상대방의 존재를 인정해야 된다. 나아가서 존중 해야 됩니다. 상대방의 의견이 옳을 수도 있다는 가능성을 인정해야 된다. 내가 틀릴 수 있다는 가능성을 인정해야 됩니다. 이런 것을 이른바 철학적으로 상대주의라는 것 아니겠 느냐? 관용이라는 말이 한마디로, 관용이라는 말로 표현될 수 있는 것이요. 관용, 이것이 대화의 전제지요.

– 민주평화통일자문회의 연설 중(2006. 12. 21)

관용과 상대주의를 강조한다. 무엇보다 대화의 전제조건이라고 본다. 하지 만 무조건 관용하고 타협하는 것이 본질은 아니다. 나름의 원칙과 기준이 있 다. 그것은 통합과 타협의 원칙인 것이다. 즉 통합과 타협에는 나름의 원칙과 가치가 있는 것인데 실제적으로는 그러한 원칙과 가치가 무시되는 것이 현실 이라는 점을 강조했다. 2006년 11월 말 전효숙 헌법재판소장 임명동의안 철 회를 하고나서 노무현 대통령은 다음과 같이 말했다.

281

국회에서 표결을 거부하고 방해하는 것은 명백히 헌법을 위반하는 불법행위이고 부당한 횡포입니다. 어제 대통령이 헌재 소장 임명동의안을 철회한 것은 굴복한 것입니다. 현실적으로 굴복하지 않을 수 없는 상황이라서 굴복했습니다.

- 국무회의 발언 중(2006. 11. 28)

노무현 대통령은 굴복이라는 단어를 자주 사용한다. 굴복의 의미는 이미 양보할 수 없는 의식이 있다는 말이다. 또한 타협할 수 없는 근본가치 설정을 내비치는 것이다. 수단이나 술수 차원에서 접근한 것이 아니기 때문에 가슴에서 터져 나오는 단어들을 쓴다.

야당에 입각을 맨 처음 제안하기도 했습니다. 개별적 교섭도 가서 했고요. 언론과 왜 싸우냐고 그러는데 … 내가 한 것은, 나는 굴복하지 않았습니다. 또 대통령이 바뀐다, 이제는 보수를 끌어안을 모양이다고 하는데 지금 와서 대통령이 변한 것처럼 말하는 것은 억울하지만 그래도 좋다, 지금부터 잘해 보자, 그렇게 말하고 싶습니다.

- 경향신문 인터뷰 중(2004. 1. 22)

싸울 수밖에 없는데 자꾸 협력하라고 말할 수는 없다.

- 국정과제회의 발언 중(2004. 7. 15)

노무현 대통령은 나름의 가치를 지키는 일관성과 정통성을 매우 중요하게 여기는 경향이 나타난다. 예컨대 한국이 국제무대에서 꿀리지 않는 당당한 일원으로 등장한 것은 국민의 정부 때부터이며 지도자의 정통성이 국가 위신에 미치는 영향은 굉장히 크다고 주장을 하는가 하면 "혹시 한국의 지도자가 독재자의 딸이니 뭐니 이렇게, 제가 그렇게 말한다는 게 아니고 해외 신문에서 그렇게 나면 곤란하다는 얘기다."라는 말도 했다.

노무현 정부의 정책 담당자들에게는 집중에 대한 과제의식이 있었다. 권력의 집중, 지역의 집중을 연상할 수 있다. 이러한 심리 상태에서는 분산, 그리고 분배를 중요하게 여긴다. 그래서 서울 중심, 권력 집중, 부의 강남 축적을 거부한다. 지역 균형을 중요시하고 지역별로 개발을 하며 혁신 도시를 만들어 낸다. 수도를 이전하고, 공기업을 지역으로 분산시킨다. 각종 위원회 제도를 만들어 의사결정과정을 분산시킨다. 이는 중앙에 대한 거부감과 연결이 된다. 분권형 대통령제도 마찬가지다. 하지만 지역만 강조한다거나 지역 자체를 우선순위에 두기보다는 상호인과성에 초점을 맞추는 것이었다. 이러한 거부감은 자신에게 몰려드는 중심화에 견디지 못하고 말 수도 있다. 이는 빈번하게 '흔들다, 흔들리지 않는다'라는 말에서 나타난다. 김지하의 '중심의 괴로움'도 이와 같은 맥락이다.

# 제 5 장

# 무엇을 할 것인가,
# 그를 다시 잃지 않으려면

노무현의 개혁, 그리고 그의 꿈은 끝나지 않았다. 노무현이 가지고 있는 태생적인 딜레마, 그리고 끊임없이 구성되고 합성되고 있는 포획의 구조에서 노무현의 개혁 – 꿈이 성공하기 위해서는 문화적 코드가 아니라 제도적인 코드 차원에서 새로운 활동이 모색되어야 한다. 이 장에서는 노무현 개혁에 대한 다른 지지 행태를 모색해보고자 한다. 그것은 제2, 제3의 노무현이 성공하기 위한 조건이다. 이는 시민운동가나 선거 후보라는 정치가가 아니라 정책구조, 제도적인 틀에서 활동해야 하는 정책가적인 위치와 역할에 맞추어 살펴보는 것이다.

## 1. 여보게, 나 좀 도와줘… 끝까지

나는 평생토록 엉겅퀴를 뽑아내고 꽃을 심으려고 노력했습니다. 그 꽃이 생각과 마음속에서 자랄 수 있는 곳이면 어디에나

— 에이브러햄 링컨

유시민은 "노 후보는 DJ와 달리 무조건적인 지지층이 없으므로 개혁적인 노선을 벗어나 안정과 보수 쪽으로 돌아서는 순간 지지율의 하락은 걷잡을 수 없을 것"이라고 한 바 있다.[158] 이는 노무현 지지 세력의 특징을 가장 핵심적으로 지적하는 말이다. 노무현에게는 핵심적인 지지층이 매우 적다. 차악, 차선책이라는 논리도 마찬가지다.

김대중은 오랜 민주화 운동과 호남을 중심으로 한 지역당을 꾸리는 바람에 많은 골수 지지자들을 확보할 수 있었다. 그러나 노무현은 지역을 중심으로 한 지역당을 자신이 주도적으로 운영한 적이 없다. 노무현은 상대적으로 민주화 운동이나 정치 투쟁 등의 활동 시기가 적었다. 해외망명을 했던 김대중과 달리 노무현은 해외 활동이 없어 인맥이 열세일 수밖에 없다.

다만, 기존 체제의 문제점을 집중적으로 부각시키면서 줄기차게 그러한 점을 변화시키겠다는 의지를 보이면서 지지를 확대한 것이다. 만약 그러한 줄기차게 변화하려는 노무현의 트레이드 마크에 조금이라도 이상과 변화가 생긴다면 많은 지지층이 이탈한다는 것을 쉽게 알 수 있었다. 이는 실제로 노풍이 어떻게 잦아들었는가를 본다면 쉽게 알 수 있는 것이다. 김영삼을 만나고 잇따르는 대통령 아들의 부패, 단순한 말실수는 50%를 넘은 지지율을 16%대로 끌어내렸다. 더구나 젊은 층이라는 트렌드가 노무현에게 결합했다는 것은 변화를 바라는 국민들의 정서를 그대로 드러내지만, 그만큼 지지기반이 협소하다는 논리에 끊임없이 공격당하는 빌미를 제공한다. 무엇보다 젊은 층의 지지세의 과대포장은 상대적으로 보수층의 결집을 통해 조직적인 저항과 전선의 동인으로 사용하려는 의도가 다분하게 배어있다.

이러한 상태에서는 여전히 부정적인 문화코드를 통해 국정운영과 제도적인

---

158) 한겨레21, 2002년 6월 6일자, p. 22

코드를 무시하는 저널리즘 평가가 횡행할 것이었다. 이는 여전히 정당한 정책과 그 집행이 제대로 된 평가를 받지 못하게 되는 것이다.

노무현은 많은 문화코드를 통해 대통령에 당선되었고 노무현의 지지자들은 많은 문화코드의 기대치를 가지고 있었다. 이러한 문화코드를 채우기 위해서는 제도적인 틀에서 정책적인 행동을 통해 충족해야 한다. 이 자체가 이 딜레마이고 진퇴양난이라는 점은 이미 수차례 지적하였다. 이러한 딜레마와 상황에서 중요한 것은 지지자들이라고 했다. 더구나 노무현은 다수세력이 아니라 소수세력이므로 진퇴양난 딜레마의 지수가 매우 높다는 사실을 또한 여러 차례 제기했다. 이러한 상태라면 노무현은 노무현이 지지자들을 실망시키는 행동을 하게 된다는 것이었다.

제도적인 코드에서는 문화코드를 충족하는 데 역부족인 현실, 그러한 현실에서 노무현이 선택할 수 있는 여지가 매우 좁기 때문이다. 만약 이러한 상태에서 노무현에 대한 지지에서 이탈하는 경우 노무현은 더욱 힘을 잃게 될 운명이었다. 노무현은 2002년 6월 9일 기자간담회에서 "제도와 문화, 인물이 다 개혁돼야 한다. 조금 지나면 상당 부문 노무현식 정치의 영향을 받게 돼 있다."라고 말한 바 있다.[159] 그러나 이러한 제도, 문화, 인물이 개혁이 되기 위해서는 노무현이나 노무현 그룹의 힘만으로는 사실상 불가능하다.

김대중 정부가 정권교체를 하였을 때 한상진 교수는 다음과 같이 말한 바 있다.

개혁속도를 빨리 하라는 이야기가 많은데 50년만의 정권교체를 했지만 집권 세력은 제도권 안의 힘이 크지 않습니다. 관료들 사이에도 기본 심리에 거부감이 없다 할 수 없고 지식인 사회도 다르지 않습니다. 실제로 개혁을 연대할 세력이 크지 않다는 뜻입니다. 따

159) 한겨레 21, 2002년 6월 20일자, 2002년 6월 9일 노무현, 기자간담회, p. 32

라서 지금 시점에서는 두루 대통령의 개혁 의지에 힘을 실어줘야 한다고 봅니다. 현실은 힘의 관계인데 이도 저도 안 되면 불가피하게 다른 방식을 선택하게 될 것입니다.[160]

이는 김대중 정부가 들어서고 나서 6개월 만에 평가를 내리는 자리에서 한상진 교수가 한말이다. 이러한 상황은 아직까지도 노무현에게 매우 흡사하게 남았다.

김대중 정부가 50년 만에 정권교체를 했지만, 개혁을 추진하는 세력의 힘이 크지 않았는데 이는 노무현 정부에서 더욱 심각한 상황이었다. 노무현은 과거의 세력과 연대하거나 보수층과 연대하는 데 문화코드로 보면 김대중 정부보다 그 여지가 적다. 김대중 정부에게 힘을 실어주어야 한다는 것이 한상진 교수의 말이었다. 김대중 정부에게 개혁의 힘을 실어주었는가. 김대중 정부에게 힘을 실어주는 것은 단기간에 여론 조사에서 힘을 실어주거나 비판의 수위를 낮추는 것이 아니다. 한 정부의 기간은 5년이다.

5년만으로는 사실상 개혁작업을 수행하기는 어렵다. 그런데도 김대중에게 5년 내내 힘을 실어준 이들은 거의 드물었다. 개혁을 바라는 이들은 얼마나 되는지도 의심스러웠다. 2000년 총선은 물론 2002년 지방선거에서도 힘을 실어주지 않았다. 오로지 잘못은 김대중에게 있었다. 김대중이 갇혀 있는 구조와 딜레마를 보지 않았다. 부패, 지역구도라는 문화코드만으로 재단하여 많은 성과의 의미를 묻어 두었다.

이러한 구도는 그대로 노무현에게 연결되었다. 노무현은 기존의 질서와는 다른 변화를 추구하고 지향하고 있지만, 낡은 질서를 깨고 변화를 기대하는 문화적 코드 지수는 그 어느 때보다 높은데 그 기대치를 채워줄 여건과 수단은 마땅치 않았다. 이러한 상태에서 노무현에 대한 지지는 얼마나 갈 것인가,

---

160) 한겨레, 1998년 8월 14일자 4면, [좌담] 김대중 정부 개혁 - 정부수립 50돌 특별좌담

힘을 실어주자는 것은 얼마나 유효할까 의문점이 드는 것이었다.

문제는 노무현의 지지자들이 어떻게 노무현을 지속적으로 지지하는가였다. 노무현의 어려운 구도를 이해하고 정책가적인 구조를 인식하며 이를 통해 노무현이라는 정책가적인 위치에서 제도적인 코드를 문화코드에 맞출 방법을 고민해야 했다.

우선 노무현을 지지하는 것, 이것은 단지 세몰이나 대중 동원이 아니어야 했다. 노사모는 정치인 팬클럽이다. 문화연구가 존 피스크는 문화의 경제학에서 팬클럽들이 대중문화에 참여하는 방식에 주목하여 팬클럽활동을 적극적인 생산의 활동 방식으로 보았다.

그는 팬덤(Fandom)을 '팬들이 스타나 특정한 텍스트에 대하여 갖고 있는 팬 의식은 자발적으로 모인 사람들이 특정 연기자나 서사체 혹은 장르를 선택하여 자신들의 문화 속에 수용하는 방식'이라고 정의하였다. 이들은 무정형의 소비자나 마니아가 아니라 팬 집단 고유의 의례(ritual)를 갖추고 문화적인 텍스트를 적극적으로 독해하여 기존 문화에서 느끼는 결핍감을 텍스트와 소속 집단 등을 통해 새로운 문화를 형성하였다.

노무현을 지지하는 노사모는 분명 팬덤 문화를 빌렸다. 노사모 회원들이 보여준 행동들은 대중문화 스타를 선호하라는 모습 그대로였다. 단지 노무현이라는 사람이 대중적인 스타가 아니라는 점만 다를 뿐이었다. 그는 정치인이었다. 정치인에 대한 최초의 팬클럽인 노사모, 이들은 노무현이 대통령에 당선되는데 일등공신이었다. 노무현이라는 문화코드는 노사모를 중심으로 적극적인 해석의 과정을 거쳤다. 그것은 기존의 억압적인 사회질서, 국민을 배제한 기만적인 민주주의, 신뢰를 주지 못하고 그들만의 잔치를 벌이는 기성정치에 대한 대항, 저항적인 문화코드로 해석되었다. 그러한 해석을 통해 적극적인 지지활동은 분명 우리 사회뿐만 아니라 정치적인 지형에서도 새로운 흐름을 만들어 내었다.

　　그러한 새로운 흐름 속에서 팬덤의 새로운 가능성을 보게 된 것이다. 배제되고 좌절했던 많은 국민들 사람들의 적극적인 반영 의지가 노무현이라는 존재에 투영되었고, 이는 결국 노무현의 변화에 대한 능력을 시험하도록 대통령이라는 자리에 오르게 했다. 대중스타와 다른 점이 여기에 있다. 대중스타는 인기를 받으면 부와 명예가 주어진다. 자신들의 작품으로만 승부하면 된다. 그것인 인기와 팬덤의 요인이다.

　　그러나 정책가의 수장인 대통령은 혼자만의 힘으로 할 수 있는 일이 없다. 일반적으로 팬덤은 문화코드로 움직이지만 정책가의 수장이라고 할 수 있는 대통령은 정책과 제도적인 코드로 움직인다. 따라서 기본적으로 노사모 같은 문화코드로 움직이는 조직은 한계를 보이게 된다.

　　팬덤은 자신들의 욕망과 의지를 한 인물에 적극적으로 투영시키는 것이다. 그것은 한 인물에 대한 지지를 높이는 것이며, 결국 몸값을 올리게 하는 것이다. 그러나 정책가는 선거의 몸값을 올리는 것만으로는 끝나지 않는다. 압도적인 지지를 통해 일정한 위치에 들어서는 순간부터가 중요하기 때문이다. 더구나 그가 처해있는 것은 철저하게 자기부정을 통해서만이 자신을 다시 유지할 수 있는 곳이다.

　　문화코드가 아니라 제도와 법을 통한 정책의 실현을 통해 현실을 바꾸어야 하는 것이다. 이는 결국 문화가 아니라 현실의 치밀한 모습, 적나라한 모습을 다시 보게 되는 것을 의미한다. 따라서 그에게 존재하는 것으로 보였던 문화코드들이 걷힌다. 이 순간 그의 문화코드만을 보고 지지했던 이들은 "진짜 확 깬다." 노무현의 실체를 본 것처럼 말이다. 이것이 노무현에 대한 지지에, 문화코드와 제도적인 코드 사이에 원천적으로 잠재한 불일치이다.

　　노무현의 꿈이 성공하기 위해서는 기존의 문화코드를 중심으로 이루어진

팬덤, 대중적인 팬의식 운동은 한계에 이르게 됨을 인식하는 것이 필요했다. 이는 단지 노사모의 문제만이 아니라 일반 지지자들이 노무현에게서 보았던 문화코드들을 제도적인 코드로 전환하는 것이 필요하다. 노무현에 대한 본질을 보고 그러한 본질에 문화코드를 맞춘 상태에서 지지하는 것이 노무현을 실패하지 않게 하는 것이었다.

노무현은 당선 이후 노사모 회원들을 만난 자리에서 이렇게 이야기했다.

2000년 총선에서 주저앉았던 나를 여러분이 다시 일으켜 세워 이렇게 대형사고를 친 공범(共犯)이니, 앞으로도 그 책임을 같이 나눠야 할 것입니다.

노무현은 노사모 회원들의 도움에 감사를 전하면서 도움을 청하고 있다. 문화적 코드의 강박은 무책임한 것이며 노무현의 실패를 불러일으킬 수 있다.[161] 노사모의 역할 변화에 대해 김동민은 다음과 같이 말한 바 있다.

그러면 어떻게 할 것인가? 노사모라는 조직 형태를 유지하는 것은 바람직하지 않아 보인다. 가장 좋은 방법은 아무리 생각해도 시민단체로 전환하는 것이다. 그래서 노무현 대통령이 그 동안 견지해온 원칙과 소신을 지키며 직무를 잘 수행하는지 감시하며 때로는 비판도 마다하지 않으며, 한편으로는 수구세력의 준동을 견제하는 역할을 해주어야 한다.[162]

노사모가 시민단체로 전환해서 안티 조선과 언론개혁의 입장을 분명히 하면서 한국 사회의 개혁을 선도하라고 했다. 여기에서 시민단체는 기존의 국가 감시, 사회적인 의사의 개진이라는 점에서 다를 게 없다. 노사모가 노무현을

---

161) 동아일보, 2003년 1월 13일자 A5면
162) 오마이뉴스, 2002년 12월 21일자, 노사모, 시민단체로 전환하길: 노무현 당선자를 성공한 대통령으로 만들어야 - 김동민

중심으로 한 팬클럽에서 시민단체로 전환하라는 것은 사실상 노무현에 대한 지지의 이탈을 의미한다. 왜냐하면 노사모의 의미는 단지 그 개혁성이나 운동성이 아니기 때문이다. 노사모의 의미는 한 정치인에 대한 무한한 신뢰이다. 그것은 노무현에 대한 본질에 닿을 때 유지된다. 한 사람에 대한 본질을 알고 있을 때 하나의 행동이나 실수 때문에 그 사람에 대한 생각을 온통 부정적으로 바꿀 수는 없다. 한 사람에 대한 신뢰는 그가 개혁을 취하는데 무한한 힘이 된다. 제도적인 코드에 들어가면 노무현은 때로는 타협을, 거래를 할 수도 있다.

문제는 그러한 행동이 궁극적으로 무엇을 위해서인가에 대한 주목과 사실의 지속적인 담론화가 필요하다는 점이다. 그러한 행동을 할 수밖에 없는 구조를 인정하고 단지 시민운동가나 정치가가 아니라 정책가 수장의 위치에 있는 노무현에 맞는 조직이 필요했다. 노무현의 본질을 신뢰한다면 끝까지 그를 신뢰하고 5년 동안 맡겨 죽이 되든 밥이 되든 함께 완성해야 하는 것이다.

김대중 정부가 힘을 잃었던 것은 김대중이 처한 구조를 보지 못하고 아니 그것에 대해 인정하기보다는 사회문화적인 기대치를 채우지 못한다는 결과론적인 잣대로 무참히 김대중을 버렸기 때문이다. 이 사이에 조·중·동과 한나라, 보수가 난동과 장난을 해서 추진체가 분산되었기 때문이다.

노사모가 시민단체가 되는 것은 이러한 오류를 반복하는 것이다. 시민운동은 결국 비판, 감시라는 보기 좋은 이름으로 정책가들에게는 사실상 도움이 되지 못하는 경우가 많다. 아직도 정치인에 대한 지지, 팬이 되는 것은 가능하지만 정책가의 팬이 되는 것은 어용이 된다. 그것은 기본적으로 시민운동이 정책가와 정치가를 잘못 인식하는 데서 일어난다. 김동춘은 시민운동에 대한 인식 한 가지를 다음과 같이 지적한 바 있다.

또 하나의 문제는 시민운동인데, 우리 사회에서 시민운동은 마치 정치에 관여하면 안 돼 것 같은, 이상한 이데올로기가 유포되어 있기 때문에 시민운동이 정치에 참여하거나 관여하면 에게 뭔가 도덕적인 순수성이 훼손되는 것처럼 선전되고 있다는 겁니다. 심지어는 제가 관여하고 있는 참여연대에서 어떤 회원이 참여연대가 십여 년 동안 정치에 관여하지 않겠다는 선포를 해달라는 식의 웃지 못 할 주문을 하는 경우도 있다는 말입니다. 비뚤어진 것이지만 우리 사회 정서를 보여주는 단적인 예죠. 정당을 만드는 작업과 시민운동을 활성화하는 작업은 서로 배치되는 것이 아니라 변증법적으로 작용하는 것인데 운동이 커야 노동조합이 커지고 운동조직이 커져야만 그 속에서 훈련된 사람들이 정치의 필요성을 시각하세 되는 것이니까요. 그렇기 때문에 저는 함께 가는 것이라고 보고 또 그래야 한다고 봅니다.[163]

이 글에서 느끼는 것은 시민단체는 정치에 대한 혐오증이 있다는 것이고 이는 지식인 사회의 대표적인 정서이다. 그러나 정치인, 아닌 정책가가 없으면 실제적으로 할 수 있는 일이 없다. 또한 무엇보다 정치인이라고 다 같은 이들로 보는 것만큼 위험한 것도 없다. 모두가 다 같은 놈이라는 냉소주의를 통해 반(反)개혁의 정치적인 세력에 상대적인 효과만 극대화되기 때문이다. 옥석의 구분이 필요하지 다 돌로 보면 지칭은 의미가 없다. 옥도 돌 아닌가. 구분 없음은 민주화와 개혁세력에 대한 치명적인 타격이다.

시민운동단체는 크게 제도적인 코드와 두 가지 거리감을 가진다. 정치에 참여하는 것은 그것이 일단 도덕적인 문제를 가진다는 시각이다. 여기에서 정치는 단지 정치인을 뜻하는 것이 아니라 정치를 통해 정무직을 맡아 국정을 운영하는 것까지를 포함하는 것이다.

그리고 시민운동단체는 일종의 개혁적인 방안을 중심으로 운동한다. 이것이 정책이다. 시민단체는 사실상 정책단체라고 할 수 있다. 그런데 정책에

---

163) 좌담: 세대교체, 현상인가 세대교체인가, ≪사회평론 길≫, 1997년 11월, p. 52

대해서는 매달리지만 정책가에 대해서는 불신한다. 정책가를 중심으로 정책을 어떻게 추진할 것인가를 고민하는 것이 아니라 정책방안을 어떻게 제도적으로 관철시킬 것인가를 고민하는 것이다. 이러할 경우에는 정책의 추진제, 정책의 주체들에 대해서는 별다른 지지, 힘이 되지 못하는 상황이 빈번하게 발생한다.

노사모는 정치인에 대한 최초의 팬클럽이다. 이들이 보여주는 것은 기존의 이념이나 정강을 중심으로 형성되는 지지가 아니다. 조직이나 단체를 중심으로 이루어지는 지지와는 차원이 다르며 정책방안을 관철시키는 데 주안점을 주는 시민단체와도 다른 점이다. 이는 정책을 추진하는 사람, 정책가에 대한 신뢰를 바탕으로 하고 있다. 이는 단지 일순간의 신뢰가 아니다. 단지 정치인이 가지는 쇼맨십이나 대중적인 이미지라면 노사모 같은 조직이 만들어지지는 않았을 것이다. 그런데 이러한 신뢰는 노사모에만 갇혀서는 안 되는 문제였다. 조·중·동과 한나라당은 노빠, 노사모라는 프레임을 통해 노무현을 허물어뜨렸다. 신뢰는 노사모가 아니라 그의 진정성을 믿는 일반 시민들이 더욱 강구해야 할 것이었다.

정책가에 대한 신뢰는 그가 처하게 될 곤란한 지경을 모두 헤아리는 것이다. 그가 일순간 말을 바꾸었다거나 보통 때와 다른 말을 한다고 해도 지지를 바꾸지 않는다. 또한 정책을 추진하지 못하는 사태가 온다고 해도 정책가에 대한 지지를 지속적으로 유지한다. 그것은 왜 그 사람이 그 정책을 추진하지 못하는가에 고민이 닿아있기 때문이다.

일반적인 정책평가, 이는 시민단체를 포함하는데, 이것은 주로 결과물을 중심으로 평가가 이루어지는 행태를 보인다. 사회복지 부분의 경우 얼마나 정책인 수급 범위, 수혜 기준, 프로그램의 일관성과 연관성을 유지하는가에 대한 평가를 한다고 치자. 이럴 경우 이러한 요소들을 채웠는가, 채우지 못했는가에 대한 결과만을 보면서 정책에 대한 평가를 내려버린다.

노무현이 당선 후 이렇게 이야기한 적 있다.

> 문제가 무엇인지 생각해 보니까, 변화를 두려워하고 거부하는 사람들이 많습니다. 나는 (그 문제를 풀) 자신도 있지만 두려움도 함께 있습니다. 가끔 내가 투정을 한다면, 시민사회도 때로는 형식적 균형주의(를 견지한다). 독을 깬 사람이나 접시를 깬 사람이나 똑같이 꿀밤을 한 대씩 때립니다. '꿀밤'이라고 얘기하는 것은 괜찮죠? (웃음) 그럴 때는 섭섭한 생각이 듭니다. 이게 작은 어려움 가운데 하나입니다. 도와 주세요.[164]

결과만을 보니 과정의 어려움, 결과를 만드는 데 방해한 사람들은 비판하지 않는다는 것이다. 국민의 정부가 잘못한 것, 제대로 개혁을 하지 못한 것에 대해서만 지적하고 이를 방해한 한나라당이나 조·중·동에 대해서는 비판이 이루어지지 않는 현상이 벌어지는 것이다. 결과만 보고 평가하는 것은 매우 객관적이고 원칙적인 평가로 보이지만, 이러한 평가는 왜 정책가가 그러한 결과를 만들어냈는가에 대한 구조적인 맥락을 보여주지 못한다. 이러할 때 만약 노무현을 포함한 노무현 진영의 개혁적인 인사가 정책의 결과를 만족스럽게 채우지 못해 개인적인 역량의 부족으로 여기게 하는 것은 치명적인 평가이다.

역량 있는 정책가에 대한 지지는 단지 그의 정치적인 세력이나 기반을 위한 지지가 아니라 정책구조에 대해 주목하고, 이러한 구조에서 그 정책가에게 추동력을 주는 것이다. 정책가에 대한 지속적인 지지는 각개의 작은 사안보다는 개혁의 전체적인 지형도에서 평가하는 것이다. 이러한 전체적인 지형도에서 장기적인 정책의 결과와 효과를 지향하는 것이다. 각개의 작은 사안을 중심으로 평가하고, 이를 일반화하는 것은 나무를 보고 숲을 보지 못하는 실수

---

164) 오마이뉴스, 2003년 1월 6일자, 시민사회단체 신년하례회에 참석한 노무현 당선자, "DJ 평가, 너무 인색한 것 아닌가" - 이한기

를 하기 때문이다. 국정과 정책구조의 시스템이 가지는 인과관계와 상호성이 시간의 동태성에 따라 어떻게 변하는가에 주목하는 전체적인 시각을 무시하는 것이다.

강준만은 노사모를 어떻게 이야기했던가.

노사모의 기본 정신은 무엇인가? 한국 정치판에 '정당한 보상의 문화'를 도입해 정치인들이 목전의 작은 이익에 눈이 멀지 않고 옳은 길을 걷게 만들자는 것이 아니었나? 노사모의 가장 큰 성공은 대통령 노무현을 만든 게 아니다. 국민에게 부정과 혐오와 절망의 대상으로 전락한 정치판 일각에 긍정과 사랑과 희망의 싹을 피운 것이다.

싹 하나 피워 대통령 만들었다고 한국 정치가 달라지는 게 아니다. 노사모가 해야 할 일은 이제부터 수많은 노무현들을 발굴하고 키워내는 것이다. 그러나 이런 발상 역시 노사모의 정체성에 위배되는 것임에 틀림없다. 노사모의 자정 능력은 '상층부'가 없고 '중심'이 없다는 데에 존재하며, 저절로 이루어지는 공감대가 유일한 실천 원리이기 때문이다. 노사모에 대한 기우(杞憂)는 디지털이 아닌 아날로그 발상이다.165)

강준만은 노사모의 정신을 강조했다. 그 정신은 옳은 길을 걷는 사람이 그러한 옳은 길을 가는 것에 대한 보상을 해주는 사회적인 긍정과 희망을 만들자는 것이다. 따라서 노무현을 대통령으로 만든 것에 대한 만족이 중요한 것이 아니라는 점을 들면서 노사모가 다른 노무현, 수많은 노무현을 만들어서 노사모의 정신을 이어가야 한다는 점을 강조하고 있다. 이러한 시각은 다르게 보이는 것 같지만 궁극적으로는 대통령이 되면 끝나는 것이 아니라는 인식으로 보여주고 있다.

노무현을 대통령으로 만들어 주었으니, 이제는 노무현이 아니라 수많은 노무현, 다른 노무현을 만들어 가라는 것이다. 실제로 노사모 지역모임들은 이

---

165) 한국일보, 2002년 12월 31일자 7면, [강준만의 쓴소리] 노사모의 진로

러한 견해에 찬성하는 뜻을 보이기도 했다. 노마드론과 다를 게 없다. 그러나 노무현을 성공한 대통령으로 만들어야 했고, 성공한 대통령을 어떻게 만들 것인가를 고민하지 않은 것, 대통령에 뽑아주었으니 네가 다 알아서 하라는 식의 노마디즘식의 유랑주의는 노무현을 실패시키는 것이었다.

중요한 것은 노사모 정신이 아니다. 노무현이다. 노무현이 있기에 노사모가 있는 것이다. 노무현을 사랑하는 것은 단지 그의 개혁과 변화라는 코드 때문이 아니다. 그것은 언제나 대체가능한 것이다. 노무현에 대한 사랑은 그 노무현만의 무엇을 사랑하는 것이다. 다른 무수한 노무현은 대체가능성만 고려하는 것이다.

그가 정책가의 수장이 된 것은 노무현이 가진 무엇, 그것을 통해 정책가의 비전을 현실에서 실현하는 것이다. 그것을 실현하는 것은 단지 인터넷에 리플을 달고 노란 옷을 입고 피켓을 들고 몰려다닌다고 되는 것이 아니었다. 더 치밀한 고도의 정책적 활동이 필요한 것을 의미한다. 일반 팬클럽이나 지지 모임이 아니라 제도적인 부분에 힘을 실어주는 모임이 필요하다. 힘을 어떻게 실어줄 것인가. 이럴 때 시민단체를 생각한다.

이러한 문제 제기에서 다시 생각해 보아야 하는 점은 기존의 시민단체에 대한 지적이다. 기존의 시민단체는 일정한 객관주의를 추구한다. 특히 제도권에 대한 거리는 대단하게 객관적이다. 본래 시민사회라는 것이 국가 사회에 대항하는 구도로 형성되었기 때문에 이런 시각에서라면 거리감을 두는 것은 당연한 것이다. 국가에 거리를 두는 것은 우리 사회 식으로 이야기하면 제도권에 대해서 객관적인 거리를 두는 것을 말한다.

우리 사회에서 그 동안 정당하지 못한 정권들이 들어섰고, 이들은 국민의 뜻과는 반대로 자신들의 이득만을 추구하는 방향으로 국정을 이끌었기 때문에 이러한 시민 사회와 시민단체의 위치 설정은 그대로 굳혀졌다. 심지어 제도권에 들어가는 것 자체를 지배이익을 배변한 짓이라고 부정적으로 인식하는 경향이 아직도 존재한다.

이러한 경향이라면 국민 직선제가 무색하고 정권이 바뀌는 것이 의미가 없으며 개혁이라는 것이 무용지물이라는 논리밖에 남지 않는다. 국민의 선택에 따라 제도권으로 들어가는 이들은 국정을 운영하는 이들이다. 한 기업을 운영하는 이들을 경영자라고 한다. 흔히 한 국가의 정부를 운영하는 사람들을 행정가라고 한다. 그러나 이러한 지칭은 타당한 지칭이 아니다. 행정이라고 하는 명칭은 조직, 인사, 재무를 담당하는 관리자의 이미지가 강하고 이를 지칭하는 것이다.

무엇보다 국가와 정부 안에 갇혀 있는 존재를 의미한다. 국민과 시민, 국가가 궁극적으로 지향하는 것은 사회의 공공성과 형평성이다. 정부가 존재하는 이유는 이러한 측면을 보장하기 위한 것이다. 그렇지 않다면 사기업의 경영자가 국가를 운영하는 것이 바람직할 것이다. 대기업체의 수장이 대통령에 출마하는 것을 바람직하지 않게 생각하는 이유가 여기에 있다.

경영자나 행정가가 아니라 그들은 정책가들이다. 국민이 선거로 선택하는 사람들을 공공성을 확보하는 이들을 최고정책가라고 한다. 그런데 이들은 수많은 딜레마와 난관에 봉착하게 된다. 특히, 국민의 선택을 받기는 했지만 실질적으로는 소수인 정책세력이라고 한다면 제도권에 들어간다고 해도 힘을 쓰지 못한다.

여기에서 힘을 쓰지 못한다는 것은 국민의 바람을 제대로 반영하지 못한다는 것을 말한다. 재벌연합, 거대야당, 오만한 관료집단, 그리고 강력한 언론들은 매번 개혁을 딜레마 상황으로 몰아넣는다. 이러할 개혁적인 작업은 미진할 수밖에 없다. 애초에 약속했던 공약은 지키지 못할 수밖에 없다. 더구나 딜레마 상황으로 몰아넣는 작업에 휘말리게 되고 냉소주의에 빠지게 될 가능성이 높다.

노무현에 대한 투표는 5년 기한의 신뢰 보장이었다. 노무현의 정책적 딜레마 상황을 밝혀주는 정책적인 활동이 필요했다. 노사모는 정치가나 시민운동가가 아니라 제도적인 코드를 문화코드에 지속적으로 맞추는 조직으로 나아가야 했다. 국정을 전반적으로 운영하는 가운데 벌어지는 각 종의 딜레마 상황을 대중적으로 알리는 가운데 노무현의 정책가적인 본질을 끊임없이 담론화하는 활동이 필요했다. 노무현이 한 공약은 잊어버려야 했다. 죽이 되든 밥이 되든 노무현을 신뢰하는 것이 장기적인 개혁에 힘을 실어주는 것이었다.

이를 위해서는 정책의 구조, 제도적인 코드에 대한 역량을 확장시켜야 했다. 더구나 노사모를 중심으로 한 2002년 노무현의 지지는 일반적인 문화적 코드의 확장으로 노무현의 제도적인 코드가 상대적으로 위축되었다. 이것은 노무현이 정책을 강조했음에도 정작 노무현과 이회창의 정책안이 어떻게 다른 것인지 구분하지 못하는 비극을 만들었다. 이러한 코드의 비균등은 노무현에게 큰 위협요소였다. 노무현에 대한 비판이 중요한 것이 아니라 이러한 코드의 적절한 지점을 찾는 활동이 필요했다.

무엇보다 노무현의 수준에 맞게 따라가는, 한 번 찍었으면 끝까지 책임지는 것이 필요했다. '내가 너를 그렇게 지지하고 대통령을 만들어주었는데 똑바로 못하냐' 하는 것은 자기만족의 무책임한 노마드 논리이다. '이제는 비판할 거야'가 중요한 것이 아니었다. 이제는 아직 오지 않았다. 5년 동안 끝까지 같이, 어떤 일이 있더라도 같이 갈 생각이어야 했다. 5년이 더 걸릴지도 모르는 일이었다. 노무현의 본질을 지지했을 때 그것이 가능할 뿐이다.

노사모는 이러한 활동의 중심이야 한다. 이제라도 모두 문화코드가 아니라, 시민운동의 차원이 아니라 정책가의 수장으로서 가지는 제도적인 코드, 제도적인 현실과 그에 따른 수단, 정책적의 구조의 전체적인 지형도를 보면서 활동을 모색해야 한다.

　　5년 뒤 걱정이 태산입니다. 나 또한 많은 실수와 과오가 있을 것입니다. 김대중 대통령 시대를 돌아보면서 너무 평가가 인색한 것 아닌가 하는 생각을 합니다. 중요한 문제에 대해서는 평가를 회피하고 고쳐 나갈 수 있는 작은 문제에 대해서는 가혹한 것이 아닌가 하는 생각이 듭니다. 그 원인에 대해 많은 생각을 합니다.[166]

　　사소한 행동이나 말은 문제가 안 된다. 그러나 비전을 잃은 노무현은 치명적이게 되었다.


## 2. 비판을 넘은 정책가적 실천의 모색


　　노무현이 대통령에 당선되면서 많은 이들이 노무현에 대해여 비판을 가차없이 할 것이라고 했다. 노무현은 이제 대통령이 되었으니 잘하나 못하나 감시를 하는 것이 필요하다는 것이다. 그런데 무엇을 어떻게 어떠한 기준으로 비판할 것인가. 왜 보수적이 되냐고 왜 공약을 지키지 못하냐고 왜 인지적인 오류를 범하냐라고 비판할 것인가. 왜 그것밖에 못해서 너를 지지한 국민들을 실망시키느냐고 할 것인가.

　　이것은 제도적인 코드나 정책가적인 구조를 통한 분석이 아니라 일반적인 문화코드를 통한 비난일 뿐이다. 이러한 비난은 사실상 노무현에게 아무런 도움이 되지 않는 것이었다. 그것은 정책가적인 위치와 구조에서 바라보고 판단한 것이 아니라 제도 밖에서 원칙적인 가치들에 대해서만 이야기하는 것이기 때문이다. 특히 저널리즘식 인터넷 매체의 비평은 정책가의 구조가 아니라 단

---

166) 오마이뉴스, 2003년 1월 6일자, 시민사회단체 신년하례회에 참석한 노무현 당선자, "DJ 평가, 너무 인색한 것 아닌가" - 이한기

지 일반적인 가치의 사실적 조합에 머문다.

정당을 비판하는 지식인들이 실제로 정치에 참여하는가, 아니다. 지식인들은 정치에 대한 비판을 가차 없이 하지만 정작 정당에는 가입하지 않는다. 실제로 정치에 참여하지 않는 사람일수록 더욱 가차 없이 비판을 한다. 정치에 참여하는 사람들에게 대해서는 언제나 부정적인 시각이 존재한다.

진흙이 더럽다고 돌을 던지는 행위. 그 행위만으로 지식인의 역할이 끝났다고 하는 한 바뀌는 것은 없다. 진흙탕에 돌을 던진다고 진흙이 없어지는 것은 아니다. 돌을 먹은 진흙은 더욱 농도가 짙어질 뿐이다. 진흙을 없애려면 진흙이 더러운 것을 아는 사람이 삽을 들든지, 포크레인을 끌고 오든지 진흙탕에 들어가 퍼내야 한다. 진흙탕에 물을 댄다고 해도 깨끗해지지 않는다. 맑은 물을 먹물에 넣으면 그것은 먹물이다. 물을 다 퍼내고 담아야 하는데 물만 먹물이라고 지적한다고 깨끗해지지 않는다.

정치가가 대통령이 되거나 행정부의 수반이 되면 정책가 그룹의 수장이 되는 것이다. 이는 매우 다른 코드로 움직이므로 여기에서 정책가의 개념을 정치가와 구분, 정교화 할 필요가 있다. 정치권력이 중요한 것이 아니라 사람들의 삶이 공공적인 약속으로 자리매김 하는 정책이 중요한 것이다. 왜냐하면 대통령은 국민들이 뽑기 때문이다. 정치인이 필요한 것이 아니라 필요한 것은 공공적인 정책을 문화코드와 제도적인 코드 사이에서 적절하게 충족시키는 정책가가 필요하다.

노무현은 정책가의 수장인 대통령, 공공의 정책을 추진하는 사람이 되었다. 단순히 두루뭉수리하게 당파의 이익을 초월해 전체의 이익을 위해 일한다는 정치적인 시각으로 볼 역할이 아니다. 무엇보다 필요한 것은 정책가의 상황과 한계를 잘 알고 지속적으로 지지하는 사람들이 많아야 한다는 점이다.

이런 정책가에 관련하여 다시 지식인의 다른 비판 유형을 볼 수 있다. 정당, 정치가에 비판을 그치는 것이 아니라 실제로 많은 지식인들은 정책가와 정책을 비판한다. 이러한 비판은 이제 제2의 노무현에게도 쏟아질 것이다.

그러나 정책가와 정책에 실제로 참여하는 이들은 없다. 이러한 참여는 실제로 정책이 어떻게 결정, 집행, 평가되는가에 대한 접근을 하는 행태가 없다. 단지 원칙적인 가치, 당위성만을 가지고 정책의 결과에 대해서만 평가하면서 정책가 혹은 공무원에 대한 불신으로 결론을 내버린다. 가차 없는 비판이 언론을 중심으로 횡행한다. 이는 사실상 못한다고 욕을 실컷 하고, 돌을 마음껏 던지면서도 정책적 현실을 감안해 현실적으로 어떻게 해야 할 것인가에 대하여는 침묵한다.

이렇게 하는 것은 현실적인 모순이 사라지게 하는 것도 아니며 개혁적인 세력들을 다른 세력들과 동일시하여 고사시키는 포획의 구조만 심화시킨다. 이러한 문제를 제기하는 것은 비판을 많이 하는 이들은 대개 일정한 정책안이나 방향을 이야기한다. 그런데 이러한 이들의 대부분이 실패한다. 그것은 비판과 시민운동은 국정운영 구조에서 실제로 실행하는 것과는 전혀 다르다는 점 때문이다.

정책가 이전에 비판적인 학자, 지식인으로 활동했던 김명자의 이야기를 들어보자.

교수라는 직업으로 28년을 살았는지라 나의 글쓰기는 이런저런 형태로 오랫동안 이어졌다. 그런데 단행본, 정책보고서, 잡문 등을 통틀어 교수로서 글을 쓴다는 건 대체로 비판적 시각에서 사회현상을 비평하게 마련이었다. 잘 꼬집을수록 잘 쓴 글로 평가받는 듯도 하지만, 글을 쓰면서 늘 마음 한구석에 걸리는 것은 얼마나 정확하게 실체를 알고 쓰는가 하는 물음이었다.

나는 어느 날 갑자기 교수에서 국무위원이 되었다. 솔직히 일 자체에 대해 겁나는 건 그다지 없었지만, 엄청나게 뒤바뀐 환경에 적응하는 것이 만만치 않아 보였다. 좀 과장되게 말한다면, '책임질 필요 없이' 비판하던 위치에서 사사건건 비판받는 위치로 바뀐 것이다. 특히 정부 부처로서 맡은 바 업무에 대한 언론보도는 가장 신경 쓰이는 부분이었다. 있는 그대로가 아니라 전혀 다른 시각에서 해석되거나, '전체'에 대한 이해 없이 '부분'만 확대되는 경우 당사자인 공무원들은 괴로울 수밖에 없다.

사람은 누구나 공정하게 평가받기를 원한다.

그런 욕구 탓도 있겠지만, 정확한 보도는 환경정책에 대한 국민의 올바른 이해와 참여를 이끌어 내는 데 매우 중요하다. 어느 정책의 부정적 측면만이 부각되어 과도한 정책불신을 초래하게 된다면 그 정책이 힘을 받기는 어렵기 때문이다. 환경행정은 서로 상충되는 개발과 보전의 논리 간에 조화를 찾고, 첨예하게 이해가 엇갈리는 당사자의 갈등을 조정해야 하는 일이 주종을 이룬다.

때문에 합리적이고 균형된 시각에서 실마리를 풀어가는 것이 중요하다. 만약 언론이나 사회단체가 그 극단 사이에서 어느 한 쪽의 시각에 치우쳐 비판하는 경우 조정기능은 난처한 상황에 몰릴 수도 있다.

많은 공무원들이 밤을 낮 삼아 일해도 시각과 이해가 대립되는 양측으로부터 비난을 받기가 일쑤라는 데 환경행정의 애환이 있다. '환경'이 그 어느 때보다도 중요하게 인식되는 이때, 환경문제에 대한 접근방식도 달라져야 한다고 생각한다.

이제는 '사건' 중심으로부터 보다 통합적인 접근으로 나아가 다원적 시각에서 다룰 필요가 있다. 그리고 관련주체들이 대안 도출과 실천에 힘을 모아야 한다고 본다. 보다 성숙한 시민사회로 가는 길이 거기에 있다고 믿기 때문이다.

— 김명자 환경부 장관[167]

김명자는 장관이 되기 전에는 잘 꼬집을수록 인정을 받는 것에 익숙했다. 시원하고 통쾌하게 비판을 할수록 실제와는 상관없이 그 진가를 인정받았기 때문이다. 사이버논객도 마찬가지이고 개혁세력에도 흔하지 않은 특성이다.

그러나 실제로 장관이 되어 정책을 추진하니 매우 다른 현실을 보게 된다. 비난, 부분, 일방적인 행위가 전체, 조화, 조율, 다원, 대안도출과 실천이라는

---

167) 조선일보, 2001년 12월 29일자 43면, [독자와의 대화] 특별기고 - 환경행정의 애환을 아십니까

303

키워드로 이동한 것이다. 이것이 정책가의 정책구조의 제도적 코드들이다. 이것은 노무현이 이제 맞은 코드들이다. 그런데 많은 이들이 입각해서 비난, 부분, 일방적인 원칙의 관철을 위해 무리하게 된다. 그것은 실패의 전조이다. 개혁적인 정책을 추진한다고 해도 전체적인 구도를 고려하여 나아가야 한다. 이것이 정책가적 딜레마와 패러독스이다.

그런데 통상적인 정책비판과 평가 행위들은 이러한 점을 과연 얼마나 고려하는가.

또한 정책가는 혼자 결정하는 것이 아니다. 대통령이 아무리 제왕적이라고 해도 그것을 불가능하다. 이는 흔히 정책을 특정 인물, 특히 최고정책가의 탓으로 돌리는 오류가 빈번하다.

제도적인 코드들은 비판적인 논리, 원칙적인 가치들의 일방적인 주장이 아니라 그것을 다양한 시각, 방법, 수단, 변수들을 고려하는 전체적인 정책구조에서 의도와는 상관없는 상황과 현상이 발생하게 된다. 그것은 정책가의 구조가 아니라 제도 밖의 문화코드로 오해할 수 있는 현상이고 문화코드로는 잘 드러나지 않는다.

이런 상태라면 저널리즘들이 부정적인 문화코드를 부추겨 실패로 규정하여 버린다. 이것은 정책의 정당한 구조적 평가도 아니고 국정운영에 대한 비판도 아니다. 그것은 부정적인 편견이나 습성을 확대할 뿐이다.

흔히 사회문화에서 정책이나 경영의 실패를 다룰 때에는 사람에게 그 책임을 전가하는 경향이 농후하다. 특히 사람들의 정책가에 대한 판단에서는 그 정도가 심해서 모든 실패는 사람 때문에 생겨난다고 본다. 한 사람의 인지적 오류 때문에 모든 실패가 생긴다고 보는 것이다. 즉, 정책결정자나 경영자의 인지적 오류 때문에 모든 문제가 생겨난다고 본다.

인지적 오류라는 측면에서만 정책이나 경영실패를 분석하려 했을 때[168] 어떠한 문제점이 생기는지 검토해 보기로 한다. 인지심리학자들은 흔히 사람들의 인지적인 오류가 정책의 실패를 낳는다고 말한다. 그래서 실패의 책임은 인간이라고 말한다. 모든 것은 인간의 책임이다. 분명 맞는 말이다. 그러나 이러한 인간의 전적인 책임론은 위험하다. 특히 인지적 차원에서 실패학을 논할 때는 더욱 위험하다.

이런 논의라면 외환위기는 모두 당시 대통령과 재정경제원장관의 책임이라고만 귀결된다. 의료보험재정 문제는 모두 관련 부서 관료의 인지적 오류에서 벌어진다. 그래서 혹자들은 이들만 처벌하거나 이들의 인지적 오류만을 제거하면 된다고 말한다. 그러나 이러한 인지적 오류를 제거한다고 하면 실패는 사라지는가. 경영과 정책 과정은 매우 다양한 변수들을 가지고 있다. 인지적 심리와 판단은 일부분이다.

외환위기 당시 재정경제원장관이 잘못 판단하는 측면보다는 우리나라의 정치, 사회문화요소가 너무 크게 작용했다. 한 예로 우리나라 관료제는 서열의식과 연결된 권위주의적인 의사결정, 정치논리 우선이라는 정책결정 메커니즘 때문에 제대로 사실을 인지하거나 정책 보고하는 체계가 제대로 이루어져 있지 않다. 이 같은 문제가 의료보험재정에서도 똑같이 발생했다. 그것은 몰랐다기보다는 정책 결정상의 메커니즘과 커뮤니케이션이 제대로 작동하지 않았다는 측면이 더 강하다.

인지적 측면에서 실책이나 성공으로 평가를 하게 되면 일정 정도의 의미는 있지만 자칫 평가 영역이 협소해지고 구조의 공고화로 기존의 문제 발생이 계속 반복될 수 있다. 또한 인지적인 측면에서 접근할 경우 경영이나 정책의 책임을 사람에게만 전가시킬 수 있다. 이러할 때 정책 실패의 책임을 한 사람이

---

168) 다음의 책처럼 인지적인 측면에서 실패를 논하는 것은 한 면에서 획일화 할 수 있다는 것이다. 하게 시게루, ≪이제는 실패학이다≫. 임승남 감역, 연합뉴스, 2001

나 일부 사람에게만 지도록 하는 희생양 책임론의 구조가 고착화될 수 있다.

이럴 경우 구조는 온존하고 사람만 바꾸는 행태가 반복된다. 또한 인지적인 오류를 방지하는 장치만 구비될 것이다. 경영의 책임을 한 경영자의 인지적인 판단만으로 평가할 수는 없다. 시스템의 문제일 수도 있기 때문이다.

그러나 지만원식의 고전적인 시스템 이론의 논지로만 보면 여진히 한계다. 이 문제뿐만 아니라 정책결정과정의 본질적인 한계들이 노무현을 괴롭히는 구조가 있는데, 그것은 노무현의 의도 혹은 본래 정책적인 뜻과는 전혀 다른 것이다. 이는 항상 엄밀한 분석이 있어야 한다. 이는 단지 개혁과 보수라는 이분법적인 운동방식이 감당할 수 없는 부분이다.

김대중 정부에서 벌어진 의료보험 재정 문제를 좀 더 살펴볼 수 있다.

2001년 5월 감사원은 복지부 공무원을 중징계하기로 했다. 추가 소요재원 확보방안 등 충분한 재정 대책 없이 분업을 추진했고, 국민 불편 사항에 대한 정확한 파악 및 충분한 대책 없이 분업을 추진했으며, 대국민 설명과 홍보노력이 부족해 정책불신을 초래했고, 시행 과정상의 문제점에 대한 대처를 소홀히 해 국민건강보험을 파탄에 이르게 했다는 이유 때문이었다. 당시 국민적인 여론은 정책담당자들을 단두대에라도 보내야 한다는 식의 비판이 비등했다. 그런데 실제로 이를 담당했던 정책가와 공무원들은 억울하게 생각했다.

그러나 감사원의 이러한 결정은 감사라거나 정책평가가 아니라 비전문인이면 누구나 할 수 있는 길거리 비판을 한 것이었다. 지나치게 정책 실패 책임을 실무자나 담당 공무원 그 개인의 능력과 역량의 부족으로 몰아갔기 때문이다. 이들을 모두 파면시키고 더 나아가 형사 처벌한다고 정책의 실패가 방지될까 아니 고통 받는 국민들이 시원해할 만큼 일부에게 중형을 준다고 하면 좋을 것이다. 그러나 정책 실패는 계속될 수 있다.

정책실패의 원인 귀속(Casual Attribution), 즉 귀인(歸因)을 어디에 두느냐는 정책 실패 재발 방지와 직결된다. 정책 결정 과정에서 일부러 정책을 망치려 하거나 실패하게 하려는 정책 기안자나 시행자는 없다. 그런데도 종종 정책이 실패하는 경우가 있다. 그럴 때 흔히 정책 실패 책임이 실제 담당하는 집행자에게 있는 것으로 보인다. 정책집행을 보통 실무자가 다루므로 일상 정책을 담당하는 모습을 본다면 정책의 성공과 실패는 모든 실무자에게 해당하는 것으로 보인다. 그러나 정책은 정책 실무자의 사고나 행동만으로 결정되지 않는다.

이러한 정책 사례 연구 중에 하나가 조직 사고(Group think)에 따른 정책 실패이다. 정책은 정책과정의 다양한 정책가들의 조직 사고에 따라 이루어지는 경우가 많다. Janis는 Victims of Group think(Houghton Mifflin, Boston 1972) 등 일련의 연구를 통해 조직 사고가 정책 실패를 낳을 수 있음을 입증했다.

이것을 조직 사고 모델(GroupThink Model)이라고 한다. 대표적인 사례로 쿠바의 미사일 위기에 대한 케네디와 그의 정책 참모들의 오류, 트루만의 한반도 38도선 획정 오류, 1941년 진주만 사령부의 방어적 전략 채택과 일본의 기습, 존슨의 베트남 미군사력 투입, 레이건의 사회복지예산 감축, 우리나라의 1997년 외환위기 등이 대표적인 조직 사고정책 실패로 열거되고 있다.

조직 사고로 인한 정책 실패에는 크게 세 가지 전제 조건이 있다. 먼저 정책 결정 조직의 응집력(Cohesiveness)이다. 그리고 치우침 없는 리더십의 부재(lack of impartional leadership), 조직 단절(Group Insulation), 발생요인적 상황(Provocative Situational Context) 등이 여기에 속한다. 응집력이라는 것은 정책가들의 내적 구성 요건이다. 그 조직이 내적으로 어떤 요소로 잘 융합하여 있는 상태를 말한다.

예를 들어서 의약분업을 도입할 때 대통령, 청와대, 보건복지부장관, 언론,

시민단체, 학계가 모두 정책 그룹을 형성했다. 모두 의약분업을 찬성했던 것이다. 당시 반대하는 사람은 거의 없었다. 혹 반대하는 사람은 반개혁세력이었다. 타도 대상이었다. 국민 건강을 위한 정책을 반대하면 당연히 반개혁세력이다. 이러한 분위기에서 응집력은 최고의 상태를 구가하였다. 국민 건강과 개혁이라는 요소가 응집력을 최대한으로 끌어올렸다.

그러나 응집력은 부정적으로도 작용한다. 응집력이 강하게 되면 정책의 일사불란함, 맹목성을 유도하기 쉽다. 예를 들어 의약분업에 대한 구체적이고 엄밀한 검토, 검증보다는 이런 응집력의 분위기에 휩쓸려 버린다. 주위 정책 집단과 피집단 모두 찬성하여 높은 동질감이 형성되었기 때문에 엄밀한 검토, 검증이나 엄밀한 준비보다는 자체를 추진하는 데 급급해진다는 것이다.

이것은 일개 한 정책가의 능력이나 준비 소홀의 단순한 문제가 아니라는 것이다. 이것은 치우침 없는 리더십의 부재와 밀접하게 연결된다. 정책 리더들이 모두 한쪽으로 이미 결정을 한 상태에서는 그 정책에 대한 부정적이거나 거스르는 사실이나 정보는 누락하거나 보고하지 않는다는 것이다. 또한 그 정책 시행을 이미 리더들이 정해서 추진키로 했다면 하위 정책가들은 추진하기에 급급해진다는 것이다.

대통령이나 장관, 청와대가 모두 의약분업을 빨리 시행하라는 상태에서는 추진하기에 급급해진다. 아무리 좋은 정책이라도 시행 시간을 못 박고 급히 추진하라고 지시한 것은 치우침 없는 리더십의 부재 측면에서 볼 때 당시 정책 리더들은 그 역할을 제대로 못한 것이다.

특히 한국과 같이 권위주의적인 관료문화 대통령 문화에서 그 정도가 충분히 더욱 심할 수 있다. 정책 결정 조직 단절은 정책추진 세력의 분리라고도 할 수 있다. 정책 조직 전체가 오로지 하나의 정책에만 매달리는 현상이다. 예를 들어 의약분업을 빨리 추진해야 한다고만 생각했다. 야심 찬 국민의 정부 첫 개혁적 제도작업이었기 때문에 그 외에는 생각 할 것이 없었다.

발생요인적 상황(Provocative Situational Context)은 그 정책 대응이 발생할 수밖에 없는 상황이다. 의약분업은 여러 가지 측면을 고려해 보아도 반드시 시행해야 하는 것으로 보였다. 따라서 빠른 시일 내에 성취를 한다면 정책의 능률면에서 효과적인 것으로 보였다.

이런 여러 가지 정책 요소들이 합해졌다. 그러나 정책상 오류가 있어서 정책은 국민들에게 고통을 주면서 실패를 하게 되었다. 그런데 정책 실패 책임을 그룹 사고의 측면을 무시하고 일부의 책임으로 떠넘길 수 있을까. 이런 부분에 대한 고려가 이루어져야 한다고 생각한다. 정책은 의도, 고의성보다는 정책 과정상에서의 미묘하고도 본의 아닌 요소들이 얽히고 설 켜서 일어난다.

정책의 평가는 단순히 결정적인 잘못을 따져서 처벌하는데 목적이 있는 것이 아니다. 어떠한 요소들이 겹치고 설 켜서 예상치 못했던 실패가 나타났는가를 분석하고 논증하는 것이다. 실패의 구조를 밝혀야 한다. 이를 통해 정책 실패를 방지해야 한다. 이런 작업을 하지 않고 사람만 처벌하는 임기응변식, 눈 가리고 아웅하는 식의 감사와 평가 작업이 이루어진다면 언제든지 실패는 반복된다.

당장의 속 시원함만으로는 장기간의 체증이 내려가지 않는다. 여기에서 속 시원함이라는 것은 정책이나 제도적인 코드가 아니라 사회문화코드 - 불신, 편견 - 를 충족시킬 뿐이다.

책임을 묻는다면 정책의 조직 사고와 관련된 정책 그룹 전체의 책임을 물어야 한다. 또한 응집력과 치우치는 리더십, 조직 단절(Group Insulation), 발생요인적 상황(Provocative Situational Context)이 가지는 단점과 그로써 빚어지는 오류 발생 가능성을 최소화 하는 방안을 강구해야 한다. 그렇지 않으면 문제는 계속 발생한다. 3종 오류가 반복되고 애매한 노무현 같은 개혁적인 정책

가만 모든 책임을 져야 하고 이는 거대 저널리즘과 수구의 공세용이 된다. 그것은 역사의 후퇴이다. 169)

정책가의 구조, 노무현이 닥치게 되는 현실은 단지 보수-개혁이라는 도식만은 아니라는 것을 미리 알 수 있었다. 그렇다고 민주와 반민주의 구도만도 아니었다. 이런 면이 중요는 하지만 다른 면도 중요하게 보아야 했던 것이다. 그것은 문화코드와 제도적인 코드 사이의 적절점을 찾는 것이다,

따라서 객관적인 정책방안을 도출하고 그것을 충족시키는가의 여부에 따라 노무현을 비판적으로 보는 것이 아니라 노무현이라는 정책가의 수장 위치에서 구조에서 어떻게 선택하고 행동할 수 있는가를 함께 고민해야 했다.

단순히 노무현에 대해 비판하겠다는 의지는 별로 의미가 없었다. 노무현을 물어뜯고자 하는 이들과 노무현의 실패를 바라고 그것을 확대하려는 이들이 얼마든지 있었기 때문이다. 오히려 노무현이라는 본질이 어떻게 왜 그렇게 행동할 수밖에 없는가를 구체적으로 밝히는 노력, 그것이 오히려 힘든 일이기에 더 값진 노력이었다. 또한 그것은 노무현을 지지하는 사람들이 노무현을 제도적인 코드에 보낸 행동에 대한 책임이다.

정말 이제는 정치적인 안티의 구도를 넘어 삶의 공공성, 공공적인 정책의 실질을 이야기 할 때이기 때문이다.

---

169) Janis, I.L(1972), Victims of Groupthink, Boston: Houghton Mifflin
Janis, I.L(1971), Groupthink, Psychology Today, November, pp. 43-46, pp. 74-76
Janis, I.L(1989), Crucial decisions: Leadership in policymaking and crisis management. New York. Free press
Janis, I.L(1982), Groupthink(2nd). Boston: Houghton Mifflin
Janis, I.L & Mann(1977), Decision making: A Psychological analysis of conflict, Choice, and commitment, New York
Courtright, J.A(1978), A laboratory investigation of Groupthink. communication Monographs, 45, pp. 229-246
Callaway, M.R & Esser, J.K.(1984), Groupthink: Effect of cohesiveness and problem-solving procedure on group decision making. Social behavior and personality, 12, pp. 157-164

# 3. 왜 그는 봉하마을에서 농사를 지었나
### – 생산모델과 시민 자본주의

2009년 3월 4일 노무현은 '정치하지 말라'는 글을 남겼다. "정치를 하면 거짓말과 돈의 수렁, 사생활의 노출, 이전투구의 저주, 고독과 가난을 겪게 된다."며 "정치인과 시민의 의식이 바뀌어야 한다."고 말했다. 이것은 무엇을 말하는가. 아무리 진정성을 가진 사람이라고 해도 해도 어려움을 겪게 되는 구조적인 모순을 말하고 있는 것이다. 중요한 것은 그러한 구조적 모순이 과연 모순 그 자체로 존재하는가 하는 점이었다. 노무현은 결국 진정성 있는 이들을 구해낼 수 있는 이들은 시민들임을 강조할 수밖에 없었다. 한 인터뷰에서 노무현은 이렇게 말했다.

> 아무리 좋은 자동차를 만들어 놓아도 운전을 어떻게 하느냐에 따라서 그것이 흉기가 될 수 있습니다. 그렇듯이 어떤 국가적 시스템을 만들어 놓아도 그것을 운용하는 공무원들이 민주화되지 않으면, 또한 아무리 좋은 민주주의 선거제도·정당제도를 만들어 놓아도 그것에 참여하는 시민들이 제대로 하지 않으면 안 되는 거지요. 그래서 이걸 제대로 하게 하는 일이 지금부터의 과제입니다.

국가적 시스템, 민주주의 제도를 아무리 완벽하게 만들어도 결국에는 시민들의 의식과 참여가 중요하다는 말이다. 즉, 사람이 중요하다는 말이다. 그래서 노무현은 이렇게도 말했다. "결국 민주주의는 시민들의 행동 속에 있어요. 궁극적으로 거기 있는 것이지, 다른 메커니즘으로서는 우리가 도저히 이길 수 없어요."[170] 행동하는 시민들이 든든하게 버티고 있다면, 그것을 이길 수 있

---

170) 오마이뉴스, 2009년 6월 1일자, 노무현은 왜 정치보복을 당했나, 대통령보다 더 큰 권력 구상하다

는 존재는 아무것도 없을 것이다.

그런데 중요한 것은 시민들의 참여가 관념적이고 추상적인 것이어서는 곤란하다는 점이다. 이것은 무엇을 말하는가. 가난한 진보세력은 너무나 많은 덫에 걸릴 가능성이 많다. 2002년 대선과정에서 모아준 돼지 저금통을 기억할 수 있을 것이다. 그것은 깨끗한 정치, 부패한 정치에서 노무현 그룹을 구해내겠다는 상징이었다. 그런데 그때 만이었다. 그 뒤에 시민들의 돼지저금통은 없었다. 먹고사는 일이 막막한 선비들이 덫에 걸릴 가능성은 많아진다. 결국 노무현을 중심으로 한 개혁세력은 그 덫에 걸려들었다. 도덕적 문화코드에 휩쓸려 뭇매를 맞고 궤멸될 지경에 이르렀다. 정말 지켜주지 못해 미안해 할 일은 그들에게 돼지 저금통이 없었던 점이었다. 최초로 인간 노무현은 차용증을 쓰는 대통령, 빚을 많이 진 대통령이 되었다.

왜 노무현은 봉하마을에서 농사를 지었나. 단순히 전원 회귀농으로 목가적인 생활을 즐기려고 갔을까? 아니라는 사실까지는 능히 짐작할 수 있다. 서민적이고 소탈한 생활을 좋아해서 갔던 것일까? 그것은 생산모델을 만들기 위해서였다. 그것은 거창하게 이념적인 거대담론으로 보기에는 너무나 소박한 먹고사는 문제의 독자적인 모색을 말하는 것이었다. 그것에서부터 정치는 출발해야 하는 것이었다. 시민의 권력이란 이러한 생산 모델에 바탕을 두고 창출이 되어야 한다. 이는 농경과 산업 시대의 패러다임을 뛰어넘는 것이었다. 자원 소모적이면서 반상태학적인 중앙집권적 산업구조와 불평등 경제 모델을 탈피하여 새로운 모델을 직접 제시하고자 한 것이다.

노무현 대통령이 고향인 경남 진영읍의 봉하마을 개발사업을 추진했다. 2008년 2월 4일 기획예산처가 대통령직 인수위원회에 사업명세서를 제출했다. 시민문화센터 255억, 생태공원 60억, 관광객 쉼터 16억 3,000만 원, 웰빙숲 조성에 30억, 경호경비시설에 35억 원 등 모두 495억 원이 투입되는 것으로 되어 있었다.

4월 13일 경남 김해시는 노무현 전 대통령의 사저가 있는 진영읍 봉하마을 일대 각종 개발사업을 전면 재검토키로 했다. 왜 그랬을까? 김해시는 그 명분으로 박연차 태광실업 회장으로부터 돈을 받은 사실과 관련 검찰조사를 받는 등 비도덕적인 부분이 드러났기 때문이라고 밝혔다. 노무현의 새로운 꿈이 일순간에 날아간 것이었다. 그렇다면 여기에서 노무현은 어떤 꿈을 이루려고 한 것일까?

현실에서 생산 모델 없는 아니 돈 없이 기생하는 정치인은 비루하다. 오죽했으면 그렇게 했을까 싶다. 정말 가진 게 없는 사람들이다. 노후대책도 더 깜깜한 이들이 되어 버렸다. 참, 돈을 벌어야 하겠구나 싶은 것이다. 인간 노무현이나 참여정부만이 아니고 가난한 진보정치인들이 이러한 프레임에서 자유스러울 수 없다. 가난한 진보 정치인의 삶은 정말 고난스럽기 때문이다. 가난이 문제는 아닐 것이다. 기생이 문제일 것이다. 아예 도덕의식도 없이 '원래 나 그런 놈이야'라면서 무대포로 나대면서 강자들만 대변하는 이들에게는 돈이 많이 몰리는 사회에서는 더욱 그렇다.

가난한 이가 정치를 하는 것이 얼마나 스스로 비루하게 만들고 덫에 걸리기 쉬운가. 그렇기 때문에 한편으로는 그들의 말로가 비참하고 비루한 것인지 알 수 있다. 결국 참여정부 인사들은 삼성이나 현대 같은 굴지의 재벌의 돈을 받은 게 아니고, 박연차의 태광실업이라는—정말 재벌에 비하면 아무것도 아닌—재계 서열 624위의 작은 기업에게 무너졌다. 이건희가 아니라 로비스트 박연차라는 인물이 결국 참여정부를 무너뜨렸다. 한나라당이 재벌과 금융자본의 적극적인 지원을 받을 때 이렇게 찌질한 돈을 아쉬워해야 하는 돈 없는 정치인들이 정말 안쓰럽다. 한국 사회에서 가난한 정치인이 한순간의 오판과 헛디딤으로 민주세력이 무너진다면, 그것은 맞지 않는 일이다. 어떻게 이명박과 노무현이 같을 수 있을까? 그것이 의식 있는 많은 이들을 분노하게 했던 일이다.

하지만, 가난한 진보 정치인들을 보면 성대중(成大中, 1732~1812)의 말과 같은 생각이 절로 들기도 한다.

> 숙종이 말했다. 나이 오십의 궁한 선비와 나이 젊은 과부는 나또한 두렵다. 훌륭하도다, 임금의 말씀이여, 두려워할 바를 아셨도다.
> 肅宗嘗曰 "五十窮儒, 靑年寡婦, 亦畏之", 大哉王言 知所畏矣.

나이가 들어 이루어 놓은 것이 없는 궁한 선비가 더 무서운 법이다. 조선 시대 학자이자 관리였던 성대중은 또 이런 말을 남겼다.

> 평범한 사내의 빈천이야 본래 그 분수지만, 재주가 뛰어난 이의 곤궁과 굶주림은 범과 이리의 주림과 같아서 그 형세가 반드시 사람을 물어뜯기에 이르니 어찌 두렵지 않겠는가? 맹수가 산에 있으면서 날마다 토끼 한 마리의 먹이를 구한다면, 어찌 즐겨 함정을 밟으면서 바깥에서 먹을 것을 구하겠는가? 그런 까닭에 재주가 빼어난 자에게 심한 굶주림에 이르지 않게 한다면, 반드시 목숨을 버려가면서 부귀를 욕심내지는 않을 것이다.

제가 스스로 먹잇감을 사냥할 수 있다면 인간의 마을에 내려오지는 않을 것이다. 재주 있는 자가 굶주림에 이르면 남을 해코지하기에 이른다. 그러니 조심하지 않으면 안 된다. 정치인이 제가 스스로 경제적 능력이 있다면 그렇게 헛된 욕심을 부리지 않고 스스로 좋은 일만 할 것이다. 애초에 남의 돈으로 정치를 하려하고, 자기 기반을 마련하려는 기생형 정치에서 진보의 희망은 찾을 수 없었던 것이다. 진보의 희망은 자생적인 생산모델이라는 물적 토대에서 출발할 수밖에 없다. 적은 돈이라도 십시일반 생산의 모델 위에서 정치는 다시 출발해야 한다. 결국 생산하는 자가 정치인이 되는 사회가 되어야 한다.

낮에는 일하고 밤에는 한국의 민주주의를 위해 고민하고 토론하며 새벽에는 시민과 소통하면서 노무현은 스스로 그러한 모델을 만들기 위해 고군분투했고, 이명박 정권은 그것마저 허용하지 않고 숨통을 조였다. 정말 지켰어야 하는 것은 노무현이 꿈꾸었던 봉하 마을 프로젝트였는지 모른다. 우리는 봉하 마을 프로젝트와 같은 생산모델을 통해 어떠한 국가 혹은 국정의 철학을 생각할 수 있을까?

### ♪ 선순환의 철학-노무현의 꿈

우리나라는 다양한 이데올로기를 진보와 보수 이분법적으로 재단해 비생산적인 논쟁만 낳는다.[171]

이러한 이분법적인 사고는 결국 자기모순에 빠지거나 모호한 정체성에 실제적인 방안을 도외시하고 만다. 노무현의 꿈은 보수와 진보라는 도식으로 규정하기에는 넓고 다종하다. 언제든지 그 각자의 역할을 대등한 위치에서 서로를 인정하고 선순환(Positive Feedback)의 범주에서 생산과 분배를 창출할 것이다.

노무현의 꿈에 존재하는 것은 '정책주의'다. 여기에서 정책은 국가나 정부에서 일방적으로 만드는 의사결정 사항을 말하는 것이 아니다. 政은 국가의 것이 아니라 시민의 구성이다. 백성이 없으면 정부가 있을 수 없다. 그것은 민을 반영해야 의미가 있다. 정책은 시민의 의사와 의견을 받아 만들어낸 산물이다. 시민이 아니라 이제 정책인이 더 많아야 한다. 시민단체가 아니라 정책 단체이어야 한다. 시민운동이 아니라 정책 운동이어야 한다. 정치가가 아

---

171) 동아일보, 2007년 3월 31일자, [창간87주년] 자율 - 관용 - 책임 작동하는 '소프트웨어 정치'로

니라 정책가의 시대가 되어야 한다. 정치학과가 아니라 정책학과가 있어야 한다. 이데올로기가 아니라 구체적인 정책을 통해 공공성과 사익성을 교차 추구할 수 있는 방안의 모색을 지향한다.

이념과 실용이라는 이분법적인 구분도 벗어난다. 이념과 실용은 따로 분리되는 것이 아니라 함께 한 몸으로 공존하는 것이다. 이것을 따로 분리하는 것이 현실적으로 가능하지 않다. 분리하기 때문에 너무 실용적이거나 이념만 강조하게 된다. 실용적이려면 가치지향의 이념이 있어야 하며, 이념이 존재하기 위해서는 실용성이 있어야 한다. 실용이 없는 이념은 죽은 이념이며 그것은 교조주의의 교본에 다름 아니다.

정부와 시장을 둘러싼 단순한 논쟁들이 있다. 국정운영이 경제민주화에 맞춰져야 한다고 주장하는 이들은 큰 정부, 규제강화, 증세 등이 해법으로 내놓는 경향이 있다. 반면, 선진화론은 '작은 정부-큰 시장'으로의 시스템 개혁을 통해 신(新)성장동력을 발굴하고 국제경쟁력을 강화하는 것이 중요하다고 한다. 규제완화, 감세, 공기업 민영화, 신(新)공공관리(New Public Management) 기법의 도입이 해법으로 제시한다. 이러한 논의는 매우 맞아 보이는 듯 보이지만, 전혀 인과관계가 없는 단선적이고 단편적인 정책 편린들일 뿐이다.

시장주의냐 국가주의냐, 혹은 정부개입주의냐, 시장 기능론이냐라는 논쟁에는 명분도 실리도 없다. 시장과 국가 혹은 정부가 따로 분리해서 존재한 적이 없다. 자본주의의 확장과 전일체제로 시장의 역할이 커진 점만이 다를 뿐이다. 시장이 전 지구적으로 팽창한다고 해도 또 다른 방식의 정부가 등장할 수밖에 없다. 시장과 자본은 하나의 생명체다. 인간이 만들어낸 것 같지만 스스로 작동하는 유기체와 같다. 그 유기체는 도덕도 윤리도 없다. 그들은 또 하나의 종족이다. 인간과는 별종이다. 따라서 인간과 호혜롭게 대하지 않는다. 그것을 인간이 어떻게 활용하고 때로는 통제하는지에 달렸다. 인간은 도덕과 윤리를 통해 약자와 소외자를 보호하며 하나의 문명을 이루어왔다. 시장과 자본에 인간의 모든 것을 전적으로 맡겨둘 수는 없었다. 때문에 인류가 생존을 통해 21세기 문명을 구가할 수 있었다. 세계화는 시장과 자본의 확장이지만, 인간이 자신의 종족을 지키기 위해서는 시장에 대응하는 정부가 있어야 한다. 세계화된 시장과 자본이라면 그것에 대응하는 세계화된 국가와 정부가 존재해야 한다. 그러나 세계화된 국가와 정부는 결코 지역적 국가나 정부와 분리되어 유지할 수 없다. 끊임없는 교호성 속에서 그 각 존재의 의미가 스스로 보증될 뿐이다.

노무현의 꿈은 수성이냐, 개방이냐 라는 단순 분리법이 아니다. 민족주의인가, 세계주의인가라는 구분도 맞지 않다. 중심은 '자아'에 있다. 관념적이고 추상적인 이데올로기나 당위적인 명분에 따라 무조건적으로 사고하고 행동하지 않는다. 당연하게 여기도록 만드는 집합적인 가치를 통해 자유와 권리를 제약당하거나 제약하지 않는다. 민족주의는 자아에 연결이 되면 용인된다. 세계주의도 자아의 연장선상이다. 무조건적인 당위적 세계화나 민족주의는 거부한다. 자아의 연장이 너이며 우리이고 가족이자 사회이다. 사회가 다시 국가이며 국가는 다른 나라 그리고 세계와 연결된다. 자아의 행복은 너의 행복이며 너의 행복은 우리의 행복이고 사회와 국가의 행복이자 세계의 행복이다. 그런 의미에서 이후의 세대는 자아 세대이다. 자유와 권리는 자아의 행복에 이바지 하는 것이지 모호한 거대구호에 복무하는 것이 아니다. 가치와 판단 그리고 행동은 자아에서 비롯하여 출발하고 그것에 종착한다. 모호한 민주와 진보라는 이름이 목적은 아니다. 민주와 진보의 최종 목적지는 자아의 행복이다. 민주진보개혁세력의 위기는 여기에서 비롯한다. 민주냐 반민주냐 혹은 개혁이냐 반개혁이냐 라는 이분법적인 도식도 횡행할 수 없다.

이분법적 분리나 대결 구도보다 더 위험한 것은 통합론이다. 마치 통합만이 유일한 대안인 것처럼 말하는 학자들, 아니 언론의 담론화가 많다. 식기위에는 밥도 있고 김치와 국, 생선조림도 있다고 치자. 밥은 밥대로 국은 국대로 그리고 생선조림대로 사람의 입에 들어가야 한다. 그렇게 맛있게 먹은 밥과 반찬을 한곳에 모두 섞어 버리면 그것은 이른바 개밥이 된다. 먹는 것 자체가 고통이 된다. 통합도 마찬가지다. 무조건 섞는다고 중요한 것은 아니다. 사회적 연대도 마찬가지다. 각자의 특징이나 성향, 역할을 고려하지 않고 무조건 연대하는 것은 막무가내식의 통합노력과 같다. 실제로 통합이나 연대의 논의는 대안으로 무수하게 지적되지만 제대로 된 적은 없다. 이러한 논의도 결국에는 진보와 보수를 넘어서 이전 세대들이 전체주의적 집합주의 정신구조에서 비롯되었다고 해도 지나친 말이 아니다. 그러한 면에서 보더라도 서로 많이도 닮았다.

한나라당의 선진화론에서는 성장이 잘되어야 분배가 잘된다고 말한다. 이를 공격하는 이들은 누구를 위해서 성장을 하는가가 매우 중요하다고 말한다. 누구를 위해 성장을 추구하지는 않는다. 누구를 위한다면 누구를 배제하게 된다. 문제는 연결고리다. 누구를 위해서 성장을 시도하는 것보다는 분배와 성장이 같이 연결되어 있다는 의식이 중요하다. 즉, 분배가 잘 되어야 성장이 잘되고 성장이 되어야 분배와 형평성이 자리를 찾을 수 있다.

성장과 분배 혹은 성장과 복지는 선후의 문제가 아니라 동반창출, 상호피드백의 관계에 있다. 전통적인 복지와 분배는 성장과 분리되어 있지 않다. 성장에 치중한다고 자연스럽게 분배와 복지가 해결되는 것도 아니다. 인위적으로 개입해서 분배나 복지정책을 정부가 모두 주도한다고 해서 해법이 도출되는 것도 아니다. 시장의 메커니즘을 완전히 도외시하는 복지 정책은 한계에 이르고 있다. 시장과 복지는 분리되어 있는 것이 아니라 연계 고리를 가지고 있는 셈이다. 그 연계 고리를 찾는 것이 중요하며 그것이 복지정책이나 분배정책의 과제다. 이름을 붙이자면, 시장적 복지주의라고 할 수 있다. 자본에 종속되는 자본주의적 시장복지주의와는 다르다.

예컨대, 학습과 노동 그리고 복지는 전혀 분리된 것이 아니라 하나의 순환 고리를 이루고 있다. 공부할 수 있는 권리는 학습복지권이다. 능력은 본래적으로 주어지는 것이 아니라 학습에 따라 성장하는 것이므로 유능한 인력으로 육성하고 이들에게 일자리를 연결해 주는 것이 필요하다. 이 과정에서 학습은 비단 개인이나 국가에게만 해당되는 것이 아니라 기업에게도 연결되는 문제다.

흔히 개인주의와 공동체주의를 분리해서 새로운 세대를 공격하는 경향이 많다. 그러나 진정한 공동체주의는 개인주의가 보장되지 않으면 유지할 수 없다. 개인주의가 보장되지 않는 공동체주의는 같이 사는 공동체주의가 아니라 일부만을 위한 전체주의가 된다. 전체주의를 깨기 위한 공동체주의는 공동체주의가 아니라 전체주의다. 개인적 자유주의와 공동체적 자율주의는 선순환을 이룰 수밖에 없다.

무엇보다 소수자와 다수자는 분리되는 개념도 아니고 존재도 아니다. 다수자라고 불리는 사람들 안에도 소수자가 있기 마련이다. 다수라는 개념은 상상의 이미지일 뿐이다. 장애인, 동성애 등 ‘소수자의 문화’와 ‘다수자 문화’의 선순환도 필연적이다. 따로 분리하는 것은 오히려 소수자를 배제시키는 것이다.

김호기 교수는 산업화와 민주화의 결산이 2007년 대선이라고 보았다. 이러한 전제에서 세 가지 목표를 도출했다.

이번 대선은 성장동력의 가속페달을 다시 밟을 수 있는 부국(富國), 사회적 양극화를 해소할 수 있는 상생(相生), 남북한의 공존을 실현하는 평화 등 세 가지 목표를 어떻게 결합시킬 것인가 하는 시대정신을 제시해야 한다.

**386세대 전후의 변화양성**

|  | 386 이전 | 386 | 386 이후 |
|---|---|---|---|
| 철 학 | 성장주의<br>(Growth model) | 분배주의<br>(Distribution model) | 선순환주의<br>(Positive Circle) |
| 세대유형 | GM 세대 | DM 세대 | PC 세대 |
| 국가 비전 | 선진국가 | 사회적 국가 | 공공적 시장 국가 |
| 주 체 | 주류 중심 | 비주류 중심 | 상호석 주류·비주류 |
| 정부역할 | 선 도 | 배 분 | 지렛대 |
| 경제정책 | 친자본 | 노동중심 | 동반창출 |
| 복지정책 | 잔여적 | 일상적 | 순환적 |
| 외교안보 | 강대국 동맹 | 주체적 | 다자교호적 |
| 사회지향 | 사회통합 | 사회평등 | 지속가능성 사회 |

그렇다면 산업화와 민주화의 범주에 들어가지 못하는, 아니 그것을 거부하는 사람들은 어떻게 되는 것인가? 2007년 대선에 참가하지 말라는 말인가? 적어도 1987년 혹은 386 이후의 세대들에게는 선택권이 없어진다.

조희연 교수는 2007년 3월 4일 프레시안과의 인터뷰에서 "한국의 진보적 분석이 단순한 계급이나 신자유주의 환원론에 빠지면서 현실의 복합성을 풍부하게 담아내는 방향으로 확장하지 못하고 있다."고 진단했다. [172) 그렇다면 어떻게 할 것인가?

대외개방과 대내개혁의 선순환, 성장과 분배의 선순환, 경제정책은 생산과 소비의 선순환, 지역과 중앙의 선순환, 고용 유연성과 고용창출의 선순환, 시장과 복지의 선순환, 효율성과 공공성의 선순환, 경쟁력과 형평성의 선순환, 작은 정부와 큰 정부의 선순환, 시장과 정부의 선순환, 시민사회와 국가권력의 선순환, 남과 북의 선순환을 통해 평화 체제와 경제의 동력을 구하고, 세계화와 지역화의 선순환, 민주와 권위의 선순환, 자율과 연대의 선순환, 개인

---

172) 프레시안, 2007년 3월 6일자, [인터뷰] 조희연 "진보분석이 환원론에 빠져선 곤란"

과 공동체의 선순환, 경제와 정치의 선순환, 정규직과 비정규직의 선순환, 여기에 노조와 경영자, 비제도권 운동과 제도권 운동의 선순환, 목표와 자원의 선순환, 시민과 정부의 선순환, 정치와 경제의 선순환, 이 땅의 비전을 통해 좀 더 나은 사회를 모색해야겠다.

### ♪ 국민소득은 올라가는데 사람들은 왜 행복하지 않은가?

시골에서 서울에 있는 대학에 오는 것만으로도 대단한 것이다. 하지만 명문이 아니라는 이유로 끊임없이 자신을 자학한다. 1~2등을 다투는 학생이 자살을 한다. 다른 학생들보다 항상 우위에 서야 한다고 생각하기 때문이다. 그렇지 않으면 존재 의미가 없다고 생각한다. 아니 그렇게 만든다. 국내에 있는 대학에서 학위를 하고 자신이 좋아하는 공부를 계속할 생각을 하지 못하게 만든다. 해외의 학위가 더 힘을 발휘하기 때문이다. 아니 그렇게 발휘하게 만든다. 따라서 국내에서만 학위를 하는 이들은 좌절감을 느끼고 좌절하게 만든다. 중소기업에 다니기 때문에 좌절하고, 장가를 못가며, 죽음의 위협에 노출된다.

사람이 무엇이기 때문에 소중한 것이 아니라 그 자체로 소중하듯이 각자 자기 자신이 지금 지니고 있는 것이 모두 소중하다. 또한 다른 이들이 지니고 있는 것은 우월이 아니라 그것 자체로 소중한 것이다. 열등과 좌절을 통해 분열과 갈등을 일으킬 수는 없다.

끊임없이 경쟁을 부추기는 사회에서는 아무도 행복할 수 없다. 2만 달러, 3만 달러의 국민소득을 올린다고 해도 사람들은 불행하다. 3만 달러 위에는 4만 달러 그리고 5만 달러 그 이상이 있기 때문이다.

끊임없이 비교의 기준을 높여가는 한 사람들은 행복할 수 없다. 이제 비교와 우위가 아니라 함께 선순환해가는 지향점을 필요로 한다. 나는 나고 너는 너이지만 둘은 연결되어 있다. 그러나 하나로 합치거나 우열을 두어 차별하거나 군림할 수 없다. 누가 우위이고 우월함이나 열등감을 강조하지 않으며, 너와 나의 순환을 통한 꿈과 행복의 성취를 이루어가는 사회를 만드는데 1987년 이후 세대의 사명이 있다. 중요한 것은 대의민주주의는 선거를 통해 진정성을 가진 이들의 꿈을 실현시킬 수 있다는 점이다. 노무현의 꿈과 유산이 위기에 치한 것도 이 때문이다.

## 4. 대통령은 단 몇%가 만든다
### - 대의민주주의 위기와 기회

### ♪ 1표가 역사를 바꿨다

1870년 보불전쟁 패배로 제2제정이 무너진 상황에서 공화당 대표와 왕정당 대표 706명으로 구성된 프랑스 의회는 1875년 왕정을 대통령제 공화정으로 바꾸는 역사적인 투표를 한다. 그해 1월 30일 최종 표결에 부쳐졌다. 결과는 353대 352의 1표차로 통과되었다. 1표차로 프랑스는 왕정에서 공화정으로 체제를 바꾸고 그 역사를 근본적으로 바꾸게 된다. 처음 투표에서 결과는 353대 353으로 같은 수였다. 재투표 도중 왕정당 의원 한 명이 배앓이로 불참하게 되자 결국 353대 352가 됐다.

바스티유 감옥 습격으로 시작된 프랑스 혁명의 와중에 1789년 국회에 설치된 특별법정은 한 표 차이로 루이 16세와 왕비의 사형을 결정했다. 항간에 떠도는 소문에 따르면 찬성표 중에 무자격자의 표가 있었다고 한다.

대영제국은 단 한 표차로 올리버 크롬웰에게 전 영국을 다스리는 통치권을 넘겼다. 영국의 찰스 1세는 의회에서 자신을 비난하는 권리청원이 제출되자

의회를 해산하고 11년간 의회 소집을 중단한다. 그런데 스코틀랜드의 반란 처리 비용을 위해 의회를 일시적으로 소집하게 된다. 그러나 이때 찰스 1세는 크롬웰이 속한 의회와 정면대립하게 된다. 이것이 청교도 혁명으로 확대됐다. 의회에서 크롬웰이 총사령관으로 임명되었고, 크롬웰은 청교도 혁명을 틈타 찰스 1세에 맞섰다. 그런데 이때 그의 임명에 가결된 의회 표결의 결과는 91대 90으로 한 표 차이였다. 크롬웰은 찰스 1세의 처형을 주도했다. 그런데 1649년 1월 찰스 1세의 처형 여부를 묻는 재판 결과는 68대 67이었다. 즉 한 표 때문에 왕이었던 찰스 1세는 공공의 적으로 확정되어 형장의 이슬로 사라졌다.

1923년, 아돌프 히틀러는 단 한 표 때문에 나치당의 당수로 선출된다. 물론 그는 600만 명의 유태인을 학살하고 유럽을 제2차 세계대전의 참화에 몰아넣는다.

1868년 미국의 앤드루 존슨 대통령은 단 1표 때문에 탄핵을 당하지 않았다. 사정은 이렇다. 남북 전쟁 뒤 황폐화 된 남부 지역의 재건이 이루어지는데, 이 과정에서 앤드루 존슨은 남부에 많은 배려를 해준다. 이 때문에 북부의 공화당 급진파와 갈등을 빚게 되었고, 급기야 그는 미 의회의 탄핵소추에 이른다. 탄핵안은 그해 5월 16일 미 상원에서 표결에 부쳐진다. 그러나 탄핵안은 35대 19로 부결됐다. 이렇게 보면 한 표는 아니다. 그런데 탄핵에 필요한 재적의원 3분의 2에 단 1표가 모자랐다. 찬성표가 1표만 더 나왔었다면, 그는 미국 역사에서 최초이자, 유일한 탄핵 대통령이 될 뻔했다.

한국 정치사에서 '1표'의 힘을 확인시킨 것은 1954년의 사사오입(四捨五入) 개헌이다. 집권당인 자유당은 이승만 대통령의 영구집권을 위한 개헌을 시도했다. 11월 27일 국회 표결 결과는 재적의원 203명 중 찬성 135표, 반대 60표, 기권 7표였다. 헌법 개정에 필요한 3분의 2는 136표였다. 즉, 1표가 부족했다. 당시 국회부의장 최순주는 부결을 선포했다. 이후 재적의원 203명의 3분의

2는 사사오입하여 135명이면 된다는 주장을 펼치며, 136표를 얻었으니 개헌
안의 가결을 선포한다고 말했다. 반대표가 하나만 더 나왔어도 희대의 사사
오입 개헌은 없었을 것이다.

1839년 미국 매사추세츠 주지사 선거에서 현역 주지사 에드워드 에버렛은
신거당일까지 선거운동을 하느라 투표를 하지 못했다. 뒤늦게 투표소에 도착
했으나 이미 5분을 지난 시간! 결과는 5만 1,034표대 5만 1,033표로 마커스
몰튼이 한 표차로 주지사가 되었다. 에버렛이 자신에게 1표를 행사했다면 당
연히 낙선하지는 않았을 것이다.

'영국 주거 칙령'은 1701년 5월 14일, 96대 95의 한 표 차이로 통과된 법
령이었다. 이 마지막 한 표는 웨일즈의 아더 오웬 경이 던졌다. 뿐만 아니라
이 한 표로 조지 1세가 왕위에 오르게 되어 영국의 왕권이 하노버 왕가로 넘
어가게 되었다.

1800년, 미국 대통령을 뽑는 하원의원 선거에서 테네시의 클레아본 의원이
던진 한 표로 토머스 제퍼슨이 대통령에 당선되었다. 1824년 잭슨과 존 퀸시
애덤스는 치열하게 경합을 벌이고 있었다. 한 표의 차이도 나지 않았다. 그러
다가 스티븐 펜실라 장군이 마음을 바꾸었고 그 한 표로 애덤스가 대통령이
되었다.

워싱턴, 오리건, 아이다호는 한 표 차이로 미국에 병합되었다. 51대 51로
교착 상태이다가 50대 52로 병압 안건이 통과되었다. 텍사스 주도 상원 의원
들이 26대 26으로 팽팽하게 맞서다 한 의원이 마음을 돌려 25대 27로 미국
에 합방되었다.

1941년 8월 12일, 미국 의회에서는 한 표 차이로 징병 제도법 연장이 가
까스로 승인되었다. 이로써 징병제도가 18개월 동안 연장되었는데 4개월 후
에 일본군의 진주만 공격이 시작됐다. 미국으로서는 결과적으로 잘된 일이 되

었다.

우리나라의 '간통죄' 조문도 단 한 표 차이로 확정되었다. 1953년 형법 개정으로 간통죄 죄목의 존속을 찬성하는 초안과 전면 삭제 안이 정면충돌했다. '정조관념은 미풍약속이므로 지켜야 한다.'와 '법률 관습은 남의 집 문턱을 넘어서는 안 된다.'가 팽팽히 맞서다가 재적의원 112명 중 57표를 얻어 간통죄 존속 안이 가결되고 오늘에 이르고 있다.

2002년 6·13지방선거에서 강원 원주시 개운동 기초의원 이강부 후보는 총 1,542표를 얻어 당선되었는데, 2위인 하정균 후보와는 1표차였다. 경기 동두천시 상패동 기초의원 선거에 출마한 이수하, 문옥희 후보는 모두 1,162표를 획득했다. 그러나 '득표수가 같을 경우 연장자순'이라는 선거법 규정에 따라 문옥희 후보가 당선되었다.

몇 표의 위력도 무시할 수 없다. 1649년 영국왕 찰스1세는 단 6표차로 사형에 처해졌다. 바로 전 해 영국 하원 표결에서 26대 20으로 그의 처형을 결정했다. 2000년 16대 총선에서는 4곳에서 20표차 이내에서 당락이 결정됐고, 표차가 200표 이내인 선거구는 총 8곳이었다. 경기 광주에서 한나라당 박혁규 후보는 민주당 문학진 후보에게 3표 앞서 당선되었다. 한동안 문학진 후보는 '문세표'라는 별명을 얻었다. 서울 동대문을 선거구에 출마한 민주당 허인회 후보는 11표차로 한나라당 김영구 후보에 졌다. 충북 청원에 출마한 자민련 오효진 후보는 한나라당 신경식 후보에게 16표차로 졌다.

### ♪ 1% 그리고 한자리 %

나폴레옹이 "1%의 가능성이 나의 길이다."라고 했고, 토머스 에디슨이 "천재는 1%의 영감과 99%의 노력에서 나온다."고 했을 때 1%는 미미한 가능성이나 무시해도 될 만한 사소한 것을 가리킨다. 1%의 힘은 별거 아닌 것 같지만 대단한 힘을 발휘하고는 한다. 끊어질 확률이 각각 1%인 고리 100개를 연결한 쇠사슬이 끊어질 확률은 63%에 이르게 된다. 1%의 위험도 여럿이 결합되면 전체를 치명적으로 붕괴시킨다.

1%는 작지만 힘이 세다. 99%에 1%가 있어야 100%도 가능하다. 2002년 16대 대선에서 노무현 후보(48.9%)는 이회창 후보(46.59%)를 57만여 표, 2.3%의 차이로 누르고 당선됐다. 1997년 15대에서 김대중 후보(40.3%)는 이회창 후보(38.7%)보다 39만여 표 많이 얻었다. 불과 1.6% 차이였다. 1960년대 이후 직선제로 치러진 일곱 차례 선거에서 당선자와 차점자의 득표율 차는 최저 1.5%에서 최고 10.5%였다.

차이가 가장 적었던 선거는 박정희 후보(46.6%)가 윤보선 후보(45.1%)를 15만 6,000여 표차(1.5%P)로 누른 1963년 대선이었다. 노태우 후보와 김영삼·김대중·김종필 후보 등 이른바 3김이 모두 출마한 1987년 13대 대선에서는 노태우 후보가 김영삼 후보를 194만 5,000여 표, 8.6% 차이로 이겼다.

### ♪ 대통령을 만드는 사람은 열렬 지지자가 아니다

한 후보를 대통령으로 만드는 것은 그 후보를 열렬하게 지지하는 사람일까? 물론 아니다. 그 후보를 잘 모르고 혹은 열렬하게 지지하지도 않는 사람들이 그를 대통령을 만든다. 무슨 말일까? 열렬하게 지지하는 사람들은 그 후보가 무슨 짓을 하고 어떤 소문이 돌아도 투표를 한다. 부정부패가 밝혀져도 불륜이 알려져도 그렇다. 결정적인 박빙일수록 선거에 영향을 미치지 않는다. 선거에서 최종 결정을 하는 사람은 그런 사람이 아니다.

어차피 선거에서 후보들은 대개 비등비등하게 지지자를 확보하는 경우가 많다. 선거에서 대통령을 만드는 사람들은 부동층 몇 %이다. 그들이 어느 쪽에 쏠리는가에 따라 선거는 판가름이 난다. 평소에 정치에 관심 있는 이들은 역설적이게도 선거에 결정적인 역할을 하지 못한다.

선거에 결정적으로 기여를 하는 이들, 그들은 평소에 정치에 관심이 없는 듯하다. 냉소적이고 불신감에 차 있고, 정치인 자체에 대한 혐오감을 가지고 있는 경우가 많다. 대변해주는 정치적 세력이 없다는 사실에 분노를 표출하기도 한다. 지지하는 후보가 하나도 없다고 말했던 사람들이 결국에 한 명의 대통령의 선거에 매우 중요한 역할을 한다. 문제는 한 표 한 표 투표를 하는 데서 세상이 바뀐다는 점이다. 중요한 것은 여전히 젊은 세대의 역할이다. 그들이 노무현의 꿈을 지켜보고 이어나가며 투표장에 나서는 한 노무현의 꿈은 수많은 노란 풍선에서 새로운 제2, 제3의 결과물을 만들어낼 것이다.[173]

## ♪ 노무현이 예수요

어떤 이는 '지도자가 되려 하지 말라'(야고보서 3:1)
는 성경 구절을 들며
"감당할 자질이나 능력이 없이는
굳이 지도자의 자리에 오르려 들지
말라는 권면의 뜻이 담긴 말"이라 했으니.

바로 김진홍 목사가 이렇게
성경의 구절을 인용하면서
노무현 대통령을 비판하기에 여념이 없으니.
어디 그만이 그러고 있을까.
수많은 목사들은 이번 주일에도
설교시간을 빌어 노무현 대통령을 비난하리라.

하지만,
그들은 어디에서 예수를 찾는가.
바로 '노무현이 예수'다.
모든 이들의 죄를 안고

---

173) 중앙일보는 2005년 3월 7일자 기사를 통해 통계청 인구 통계를 근거로 앞으로 40년 동안 386세대와 포스트386세대의 인구 비중이 전체의 30%를 넘을 것으로 보인다고 전망했다. 여기에 80년대 세대까지 합치면 무려 45%라고 보았다. 이는 인구의 절반에 약간 못 미치는 수준이다. 이 때문에 향후 지방선거나 대통령선거, 국회의원 총선 등 각종 정치일정에서도 인구의 45%를 점하는 이들 세대에 대한 구애가 치열해질 전망이라고 했다.

속죄시키고 스스로 목숨을 내놓았다

가진 모든 것을 버리고
오로지 약자들을 위해
전념했으니 그가 예수가
아니든가

비록 그들이 알아주지
못한다고 해도
마지막 목숨까지
그는 약자들을 위한
가치에
내놓았소.
아니, 거리에서 방방골골
그의 죽음을 슬퍼하는 것은
강자들이 아니라 약자들이오.
그들의 눈물은
약자들의 슬픔과 고통의
눈물이리오.
그것은 노무현, 그의
눈물과 고통이리오.

강자들의 의식을 대변하는
이들은 그들을 단순히
노빠라고만 말하니.

악한 이들이 많은
곳에서는 착한 이가
악한 이가 되느니.

예수는 제대로 역할을 하지
않는 부패한 제사장들과
정면으로 싸웠소.
거기에는 할 말 못하는
예수의 모습은 없었소.
그것은 기득권을 누리며
제 할일을 하지 않은 이들과
싸운 노무현의 모습이었소.
그에게는 위선과 가식보다는
약자들이 제 꿈을 이루는 나라를
만들기 위한 살신성인이 있었을 뿐이오.

예수도 노무현처럼 거칠기도 하고,
격정에 차 있었소.
왜 그렇겠소?
약자들을 억누르는 강자들의 몰염치함에
분노하지 않은 예수는 상상할 수 없소.

노무현이 예수요,
하늘이라
인간이 하늘이고
하늘이 인간이라.
씨알이 하늘이고
하늘이 씨알이라
씨알을 위해 살았으며
그가 바로 씨알의 왕이었도다.

그는 약자들을 위해
세상을 버렸소,
하지만
그는 세상을 버렸기 때문에
세상을 얻었소.

— 2009년 5월 29일 새벽 1시 17분
김 헌 식

# 문화·제도적 정책 구조

## 1. 정책 쟁점과 문화·제도코드

**표 1-1. 경제정책의 문화·제도 코드**

| 문화·제도적 코드의 접점 모색 | 정책 영역 | 제도적 코드의 고수 | |
|---|---|---|---|
| 노무현 정부 | 쟁 점 | 재 계 | 한나라당 |
| • 대기업 금융 지배금지 목적 | 재벌 계열사 금융사 계열분리 청구제 도입 | • 대기업 금융·재정 간섭<br>• 경영위축 | • 계열분리가 불법거래 대안 아님<br>• 현 제도 강화 |
| • 재벌2세 변칙상속 차단 위해 세법개정필요<br>• 위헌, 법률위반 아님 | 상속증여세 완전 포괄주의 | • 도입 시 과세 관청 막강한 권력소유<br>• 과세 관청 중립성 우선 | • 조세법률주의 위반<br>• 유형별 포괄주의 |
| • 부당내부거래를 막기 위해 사법경찰권법 개정 필요 | 공정거래위원회 사법경찰권 부여 | • 대기업 지나친 간섭<br>• 시장질서 침해 | • 권한집중<br>• 정부의 간섭 배제 우선 |
| • 재계와 타협 연기 대상 아님<br>• 대기업 경영 투명 위해 필요 | 증권집단 소송제 | • 소송 남발 시 주가 폭락<br>• 근거, 기준 모호 | • 집단 소송제 부작용<br>• 시기상조 |
| • IMF체제 이전 재벌총수비서실로 전락<br>• 존폐 확정 필요 | 구조본부해체 | • 사기업에 대한 권력 남용<br>• 경영조직 자율성보장 | • 권력과 정부의 지나친 간섭<br>• 유보적 |

**표 1-2. 사회복지정책의 문화·제도 코드**

| 문화·제도적 코드의 접점 모색 | 정책 영역 | 제도적 코드의 고수 |
|---|---|---|
| 노무현 정부 | 쟁 점 | 재계, 한나라, 보수 언론 |
| • 경영난 지방 민간병원 45곳 인수 | 공공의료 서비스 확충 | • 경영 효율성, 예산낭비 우려<br>• 대상 병원의 선정방식 |
| • 대도시 보건지소 4백 34곳 신설 | | • 예산확보 |
| • 경로연금 지급대상 확대 및 지급액 인상 | 노인복지 서비스 확대 | • 현행도 기준도 복잡, 집행 지지부진 |
| • 5백인 이상 사업장 2% 고용의무화 | | • 신(伸)규제이자, 복지서비스의 딜레마 |
| • 시간제 육아 휴직제 | 성 보호 방안 | • 기업인력 운동용의 복잡화 |
| • 보육료 지원 대폭 확대 | | • 시설, 인력난 최소 1조원 |
| • 장애인 연금 신설 | 기본 복지 서비스 확충 | • 연금산정 기준 부실(월16만원)재정문제(7천억원 소요) |
| • 기초 생활보장 수급자 의료, 교육비 지급 | | • 재정확보(수조원 이상 추정) |
| • 특수 고용직 2005년부터 산재보험 적용 | 비정규직 보호 정책 | • 특수 고용직의 보험 반대 |
| • 일정시한 뒤 기간제 근로자 못 내 보냄 | | • 해고시점 직전 해고, 다시 채용방관 |
| • 종합복지 카드제 도입 | 노사정책 | • 예산 부족 |
| • 과격한 행동 없는 불법파업 불구속 | | • 합법/비합법의 구분 모호 |
| • 노조 경영 참여-생산, 경쟁력과 접점 모색 | | • 경영참여 반대 구조조정 시행 |

**표 1-3. 교육정책의 문화·제도 코드**

| 문화·제도적 코드의 접점 모색 | 정책 영역 | 제도적 코드의 고수 |
|---|---|---|
| 노무현 정부 | 쟁점 | 재계, 한나라당, 보수언론 |
| • 지방 대학 육성 | 대학 역량의 강화 | • 지방대학 출신의 채용의 의무화는 역차별, 기업 반발 |
| • 지역간 교육 격차 해소 | 교육 복지 실현 | • 2007년까지 농어촌 발전방안시행, 교육부 복지투자 기업의 우선 지역 지원 사업 확대의 재정 |
| • 학교운영의 자율화, 분권화 | 공동체 지향의 교육정책 | • 교수회, 학부모회, 학생회의 법제화 반대 |

**표 2. 16대 대선 쟁점 공약으로 본 후보들의 중심 코드**

| 정책 영역 | 문화적 코드 중심 | 문화·제도 코드 중심 | 제도적 코드 중심 |
|---|---|---|---|
| | 권영길 | 노무현 | 이회창 |
| 문화 정책의 철학과 비전 | 문화적 가치가 중시되는 사회 | 21세기는 문화발전이 사회발전을 의미하는 문화의 세기 | 새로운 경쟁력 창출의 중심으로서의 문화 |
| 관광 문화산업에 대한 태도 | 볼거리 관광 지향과 생태 관광, 문화 산업의 유통의 투명성 제고 | 경제적 동기와 함께 문화 영역 간의 연계중시 | 지역경제 활성화와 부가가치의 창출이라는 경제적 동기에 기반 |
| 햇볕 정책평가 | 재벌 앞세운 경협 | 긍정적이나 국민적 합의 부족 | 군사 안보 문제 실패 |
| 농산물 개방 | 무조건적인 농업개방 반대 | 자유 경쟁적 원리적용 반대, 정부주도 투자 | 추가 시장개방 불가피, 개도국 지위 유지노력 |
| 경제 정책의 비전 | 민중이 잘 사는 경제 | 중산층과 서민이 잘사는 시장경제 | 활기찬 경제, G10국가로의 도약 |
| 정치 개혁의 목표 | 노동자, 농민, 서민을 위한 개혁, 청산 | 민주적 권력을 위한 개혁 특권과 부패의 청산 | 법과 원칙이 서는 반듯한 나라 건설 |
| 환경 정책 방향 | 자본연합에 대응하는 환경연합의 조직화 | 성장 분배 환경이 함께 가는 문화복지 | 지속 가능한 복지, 지속 가능한 성장 |

표 3. 정책가 수장의 위치

|  | 긍정의 문화코드 | 부정의 문화코드 |
|---|---|---|
| 긍정의 제도코드 | 김대중<br>노무현? | 박정희 |
| 부정의 문화코드 | 권영길?<br>김영삼 | 노태우<br>전두환 |

## 3. 정책평가 코드의 피드백(Feedback)

### 1) 양의 피드백(일탈확장)

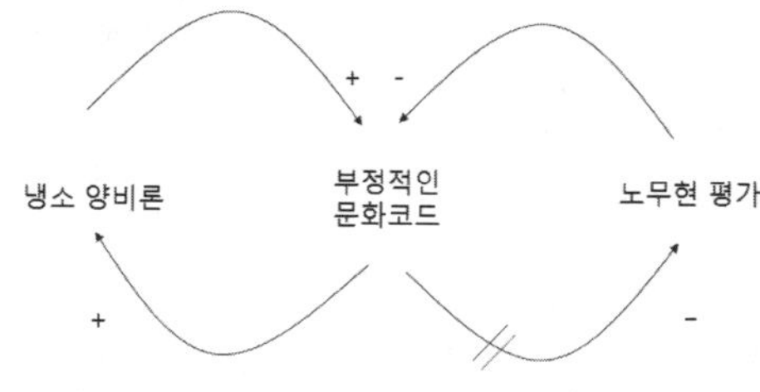


### 2)음의 피드백(균형, 안정)

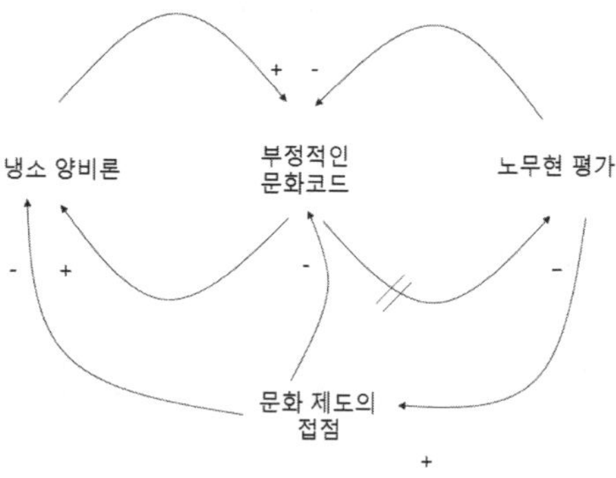

# 양비론과 냉소주의를 거부하며 [174)

일본에서 온 친구는 나를 보자마자 다급하게 물었다.

"노무현 잘하고 있는 거냐?"

잘하고 있는 거냐고 묻는 것은 두 가지 마음에서 비롯한다. 정말 몰라서 물어보는 경우와 알면서도 확인하는 차원에서 물어보는 경우다. 그 친구는 두 가지가 섞여 있는 상태였다. 어찌되었든 뭔가 마음에 들지 않아 했다. 누군가의 행동이 마음에 들지 않는다면 대개 그 사람이 자신의 기대를 채우지 못했기 때문이다.

그 친구도 노무현에 대한 기대가 많았던 모양이다. 노무현을 지지한 이들 중 많은 이들이 이러한 상태에 있다. 이미 많은 수의 노무현 지지자들이 지지를 철회하기도 했다. 이것은 이미 예견되어 있었던 것이다. 2002년 제16대 대통령 선거 전에 이 책을 쓰고자 했던 의도는 이러한 예정된 운명을 바꾸려는 몸부림의 하나였다.

이렇게 이야기하면 또 '노무현 일병 구하기'를 위한 처절한 몸부림이냐고 묻고 싶은 분들이 있을 것이다. 그렇게 생각하신다면 당장 책을 던져버리시기를 간곡하게 부탁드린다. 노무현을 좋아해서 그만 구하려고 많은 나무들을 희생시켜 종이를 낭비하는 것은 바람직하지 않아 보인다. 노무현이 실패하면 권영길도 실패한다. 비단 노무현뿐만 아니라 권영길의 실패를 막자는 것이며 민주노동당, 개혁국민정

---

174) 이 글은 2003년 발행된 초판에 실렸던 서문이다.

당, 사회당이 집권하게 되더라도 부딪히게 되는 정책과 제도적 딜레마란 구조에 대해서 살펴보고자 한다.[175] 다시 말해 최소한 수구의 부활을 막자는 것이다. 본문에서 권영길과 민주노동당에 비판이 가해진 것은 미움 때문이 아니라 그러다가는 역시 김대중같이 된다는 관심의 표시이다. 만약 권영길이 집권했다면 이 책은 권영길 코드의 반란과 역풍에 관해 분석했을 것이다.

이라크전 파병안을 통과시키자 많은 노무현 지지자들이 이탈했다. 패권주의 미국의 학살 전쟁에 파병을 했으니 노무현도 여느 대통령과 똑같다는 배신감과 함께 말이다. 이런 휴머니즘에만 따르는 정책평가는 전형적인 문화코드다. 미국에 대해 강한 발언을 하지 않자 역시 마찬가지 현상이 벌어졌다. 전교조에 대한 발언이나 교육개방에 대한 태도에서도 이는 마찬가지였다. 더구나 측근의 비리 연루 의혹은 더욱 노무현 코드들을 실망시켰다. 문화코드에 따른 국정의 판단에서 보자면, 그럼 노무현이 변절했기 때문인가. 아니면 한국의 대통령 위치가 그렇기 때문인가.

유치한 이야기부터 시작해보자.

잘생긴 배우는 성공하기 힘들다는 징크스가 있다. 배우라 하면 성격파 조연 배우가 아닌 바에야 잘생기면 유리한 것이 아닌가. 그렇게 통상적인 상식은 빈번하게 빗나가는 것이 일상사다. 문제는 기대 수준에 있다. 잘생긴 배우는 잘생긴 만큼 사람들의 기대치가 높다. 그러나 잘생긴 것과 그가 배우로서 보여줄 수 있는 역량과는 별개라는 상식을 우리는 자주 잊어버린다. 이른바 심리학에서 말하는 '가시성 우선의 원칙'이 적용되는 것이다. 그런데 그렇게 높아진 기대치를 채우지 못하면 배신감은 다른 배우들보다 몇 배는 커지고 다음과 같은 말로 터진다.

"잘생긴 것 믿고 폼만 잡았군."

잘생긴 배우나 못생긴 배우 모두 실력이 똑같다고 치자. 그럴 경우 잘생긴 배

---

175) 한국의 진보 진영을 자처하는 그룹은 좌파담론의 진전된 담론화를 이끌어 내는 데 실패했고, 산업자본주의를 유지·보수하는 차원에만 머물기 때문에 진보진영이라고 할 수 없다. 이러한 연장선상에서 찬성하지는 않겠지만 한나라당과 민주당, 개혁당이 똑같다고 보는 한 진보진영과 노무현은 같은 등식 안에 있게 된다.

우보다는 못생긴 배우가 실력이 있다고 여기게 된다. 처음부터 잘생기고 못생기고가 아니라 실력을 통해 평가했다면 동등하게 나왔을 것인데 말이다. 이 때문에 잘생긴 이미지만을 준비했다면 그 배우는 더욱 오래가기 힘들다.

정치인은 이렇게 대중들의 호감을 살 만한 이미지들을 준비한다. 인기를 한 몸에 받은 정치인들은 국정 구조 안에 정책가로 들어간다. 그러나 정책가는 분명 배우와는 다른 코드가 있다. 배우처럼 인기를 받으면 끝나는 게 아니다. 그때부터 시작이다. 그런데 문제는 지나치게 높은 기대치 때문에 증폭된 배신감이 사람들의 본질적인 삶을 위협하게 된다는 점이다.

민주화 세력과 개혁세력은 기존의 수구 세력과는 다른 이미지를 가지고 등장했다. 민주화 세력과 개혁세력에 대한 국민들의 기대는 언제나 컸다. 독재와 부패의 고리에서 자신들만의 패거리 문화를 만들어왔던 구세력들을 몰아내는 데 믿을 만하다고 여겼기 때문이다. 민주화와 개혁세력도 자신들이 구태들을 해소하겠다고 선언했다. 구세력들을 일시에 몰아내는 전사들이 되겠다고 했다. 민중들은 그들의 선언에 긍정적인 관심과 지지를 보냈고, 그들은 국민의 지지를 얻어 의기양양하게 청와대에 입성하였다. 전 국토는 한바탕 난리가 난 듯 시끄러웠다. 아하, 그 전과는 확연하게 다른 변화가 일어나겠구나. 사람들은 이제야 세상이 바뀌는구나 싶었다. 그런데 이게 어찌된 일인가. 조용했다. 응답이 없었다. 가만히 사람들은 귀를 기울였다. 신선한 모습도 있었지만, 중요한 순간에서는 그 전의 정치행태와 크게 다를 바가 없어 보였다. 사람들은 생각했다.

'세상에 믿을 사람 하나도 없네!'

자신들을 구원해 줄 전사들이 기존 세력과 크게 다를 바가 없다고 생각할 때의 배신감, 그 증폭은 이루 말할 수 없을 터다. 그래서 사람들은 또다시 이민이나 가야겠다며 허탈해 했다. 그러나 그 사이에는 사람들의 눈과 귀를 막고 배신감을 증폭시킨 수구언론이 있었고, 수구적인 정당이 포진하고 있었다. 그들은 끊임없이 부정적인 편견, 습성에 기대어 사람들에게 전사들의 악행(?)들을 증폭시켰다.

"똑같다니까 …"

과연 기존 세력과 똑같을까. 전사들은 소수의 세력이다. 그러한 소수 세력이 거대한 지배 세력의 한가운데에 뛰어들었다. 그들은 열세를 딛고서라도 한국사회를 멍들게 한 거대한 지배 세력에 대항해야 한다. 그러나 무기나 제대로 있는가. 그들에게 주어진 무기는 무엇인가. 정책과 도덕성이다.

도덕적인 순수함이야말로 민주화와 개혁세력의 최대 문화코드다. 그러나 이러한 코드만으로 모든 것을 재단하는 것은 너무나 안일하다. 부패와 협잡, 사기, 기만이 횡행하는 판에서 그들에게 도덕성만으로 대항할 수 있을까.

혁명보다 어려운 것이 개혁일 것이다. 지금은 총과 칼을 사용하는 혁명이 아니라 합법적인 제도 틀에서 무언가를 이루어 내야만 하는 개혁의 시기이다. 하지만 아직도 다수의 국민들은 선거를 통해 기존 세력을 지지하고 있다. 개혁을 속도 있게 진행하기에는 어려움이 많다는 것이다. 이러한 딜레마를 어떻게 풀어나가야 할 것인가. 그것은 바로 정책이라는 제도적인 틀만을 활용해야 한다고 말하고 싶다.

그런데 더욱 불행한 것은 개혁의 지지자들이 기존 세력을 지지하는 대다수의 국민들과 흡사하게 닮아 있다는 점이다. 독재와 폭력의 무리들과 투쟁적으로 싸우는 데 익숙한 그들은 합법이라는 틀, 정책이라는 틀에 익숙하지 않다. 독재 세력을 물리치는 데 있어서 최대의 방안이었던 이분법적인 사고와 행동에 익숙해져 있었다.

이 때문에 민주화와 개혁세력은 국정을 운영하는 데 미숙함을 여지없이 드러냈고, 때로는 돌이킬 수 없는 실패를 보이기도 했다. 무엇보다 세상을 바꾸어 줄 것이라고 기대했던 지지자들은 별 변화가 없는 것으로 인식하며 뒤돌아섰다. 그나마 숫자적으로 열악한 개혁의 지지자들이 뒤돌아서는 현상이 벌어졌던 것이다. 그럴수록 기존 세력과 그 지지자들은 단단하게 뭉쳤다.

이와 달리 근본적인 혁명과 개혁을 바라는 전사와 그룹들은 개혁 그룹들을 끊임없이 비판하며 차별성을 부각시켜 지지를 넓히는 데 매진했다. 그들이 싸운 것은 기존의 수구 세력이 아니라 개혁세력이었다. 수구 세력을 지지하는 이들이 자신들을 지지하기보다는 개혁세력을 지지하는 이들이 자신들을 지지하도록 하는 것이 더 쉽기 때문이다. 그러나 정책과 국정이라는 틀에서 혁명 단계의 전술과 전략은 현실성이 없어 지지 기반을 넓히는 것은 곧잘 한계에 달했다. 그렇게 분열과 냉소주의 그리고 양비론의 덫에 걸려 있는 사이 수구 세력들은 그들의 세를 여전히 유지 혹은 넓히기만 했다.

도대체 무엇이 잘못된 것인가.

막힌 세상을 뚫기 위해, 기존의 수구 세력과 대항하고 개혁하기 위해 가까스로 노무현은 청와대에 들어갔다. 이제 청와대는 더 이상 군림하거나 통치하는 장소가 아니라 전사들이 들어가는 고성(古城)의 입구이다. 노무현에게는 모든 개혁을 이루라는 전사의 임무가 주어졌지만, 불행하게도 노무현이 실제적으로 할 수 있는 일은 거의 없다. 노무현에게 무엇이 있는가.

노무현이 가진 것이라고는 구습을 탈피 못하는 지역당과 소수의 개혁세력뿐이다. 그리고 자신들을 지지한 이들뿐이다. 언론권력은 연일 언론 카르텔을 통해 국민의 귀와 눈을 막고 국민들을 끊임없이 분열시키고 있다. 그나마 노무현을 지지한 사람들은 노무현을 끝까지 지지할 것인가. 벌써 이탈하고 있지 않은가. 노무현도 똑같다는 혐오증에 빠져가고 있지 않나. 파병안을 처리하면서 이만큼, 반미 안 한다고 저만큼, 전교조 교육사안 때문에, 교육개방 논의 때문에 이리저리 쑹덩쑹덩 빠지고 있다. 이렇게 빠져나가다가는 김대중 꼴이다. 게다가 수구당이나 언론 카르텔을 없애는 것이 노무현만의 책임이라는 말인가. 개혁을 제대로 하지 못하는 것은 모두 그의 잘못이라는 말인가. 김대중이 그랬듯이 대통령은 이제 희생양이 된 모양이다. 우리는 대통령에게 만능의 전사가 되기를 강요하는 모양새다. 대통령에게 혁명을 요구하고 있지는 않나. 아니, 슈퍼맨이기를 바라고 있다.

그러나 이제 노무현을 지지했던 요인들을 가지고 대통령이 할 수 있는 일은 없다. 저항과 반란, 비주류, 원칙과 소신, 소통과 소탈, 서민 이미지, 바보라는 노무현의 지지 기반으로 할 수 있는 일이란 거의 없다. 잊어버릴 일이다. 할 수 있는 여건을 만들어주지도 않았는데 무슨 재주로 무엇을 어떻게 할 것인가. 그는 전사가 되기에는 너무나 제한되어 있다. 전사가 되려면 무기나 제대로 있어야 하지 않겠나. 노무현은 시민운동가나 재야인사가 아니라 정책가의 수장인 대통령이기 때문이다. 이제 중심에서 국정이라는 제도적인 틀에서 수구 세력으로 규정되는 이들과 한판을 벌여야 한다. 그가 가진 것은 총이나 칼이 아니라 합법의 정책과 제도이다.

노무현을 지지하는 사회·문화적인 기대치를 본문에서는 문화적 코드라고 규정했다. 그리고 국정 운영의 틀을 여기에서는 제도적인 틀이라고 이름 지었다. 넓은 범위에서 제도는 문화적인 범주에 들어가지만 여기에서는 일반 사회문화에 대비되는 국정과 정부라는 특수성에 상응하기 위한 규정이다.

제도적 코드는 국정을 운영하는 데 필요한 코드와 제도 안에서 그 메커니즘을 유지시키는 다양한 코드들을 말한다. 우선 법, 규칙, 조직구조, 조직행태, 인사, 의사결정 과정과 구조, 조직과 네트워크의 습성, 정책변수, 정책과정의 가용자원의 한계, 정책시간 등의 많은 코드들을 말하며 이는 대부분 노무현의 의도와는 별개로 움직이는 코드들이고 노무현의 통제로는 한계가 있는 것들이다.

정책가는 근본적으로 문화·제도코드 사이에서 딜레마를 겪는다. 이러한 딜레마에 대하여 민주화 세력은 제대로 대비하지 않았다. 독재 세력만 축출하면 모든 것이 잘될 줄 알았다. 더구나 대통령이 모든 권력을 쥐고 모든 것을 해결하고 좌지우지할 수 있다는 독재시대의 인식과 잔영은 이러한 딜레마를 깊게 하고 있다.

이러한 상황에서 노무현을 만들었던, 노무현을 지지했던 코드들은 노무현에게 역풍을 주고 그를 실패로 몰아갈 수도 있을 것이다. 이러한 점들을 본문에서는 아래와 같이 살펴볼 것이다.


1) 우선 정책 소통구조가 폐쇄된 상태에서는 부정적인 문화코드에 기댄 언론과 거대 정당이 경계·정치적인 이해관계를 위해 왜곡과 폄하를 일삼는다는 사실을 지적한다. 또한 이러한 상태에서 문화·제도 코드의 괴리가 끊임없이 제도권에

진입한 정책가들을 괴롭히고 이러한 상태에서 정당하고 타당한 사회적 공공성 지향의 정책들이 제대로 된 평가를 받지 못하면서 민주정부가 실패한 것으로 규정되는 구도를 개략적으로 살펴보고 있다.

2) 다음으로 이러한 문화·제도 코드 사이의 괴리와 딜레마의 구조에서 실제 어떠한 정책가들이 어떠한 행태를 보였고 성공과 실패를 했는지 살펴보고 있다.

예를 들어 이인제는 박정희라는 문화코드를 흉내 내다가 자멸했다. 김영삼은 문민이라는 문화코드에 함몰되었다. 정치가와 정책가는 다르다는 기본적 인식을 하지 못했으며 군사독재와 부정부패를 재야와 민주화 세력의 높은 도덕성을 바탕으로 사정위주의 개혁작업에만 치중함으로써 결국에는 자신의 기반마저 붕괴시키는 결과를 낳고야 말았다.

일련의 정책들은 그야말로 대중들을 문화적으로 감동시키는 깜짝쇼를 중심으로 이루어졌다. 그를 지지했던 문화코드에 얽매이면서 정책실패를 낳았고 이는 결국 경제모순의 심화와 경제위기를 불러왔다. 무리한 세계화정책과 OECD 가입은 외환방어 실패로 IMF 관리체제라는 극단적인 결과를 불러일으키며 정권과 국정운영을 실패로 마감하게 했다.

김대중은 자신의 지지 기반과는 다른 출발선상에서 국정을 맡게 되었다. 민주와 인권이라는 코드를 가지고 있었던 김대중은 IMF 경제체제를 극복해야 한다는 다른 코드에 적응해야 했다. 그러나 이러한 코드를 충족시키기 위해서는 자신이 가지고 있던 코드들을 포기해야 했다. 따라서 그의 지지자들은 한국이 경제위기를 탈출할수록 이탈하는 결과를 낳고야 말았다.

또한 김영삼이 그랬듯이 수십 년 동안 군사독재와 이를 중심으로 형성된 국가독점자본주의의 경제와 재벌체제는 끊임없이 개혁세력에 포위당했고 이 와중에 부정부패의 습속은 소수 개혁세력을 궤멸시켰다.

여기에 수구언론과 그 세력은 부정적인 문화코드에 기대어 남북화해 정책과 사회분배성 강화 정책들을 빨갱이, 사회주의식이라고 공격하여 정당한 정책들을 끊임없이 훼손하는 행태들을 지속시켰다. 뿐만 아니라 소수 개혁세력이 가지는 근본적인 한계 때문에 현실적인 수단과 부정적인 행태를 취할 수밖에 없는 구조에 대하여 지지자들마저 간과하면서 모든 국정운영과 정책이 실패로 규정되는 사회·문화코드가 형성되면서 수구 세력이 다시 부활하게 되었다.

가까스로 노무현이라는 카드로 한나라당을 물리침으로써 국민의 정부를 수구 세력에게 넘겨주지 않을 수 있었지만 위기는 계속되고 있다.

노무현을 지지했던 코드와 제도적인 코드 사이에서 괴리가 일어나는 사이 수구 세력은 더욱 단결하는 모습을 보이고 있다. 5년 동안 참으면 된다는 안일한 생각의 한계점을 깨닫기 시작한 것이다. 이러한 상태에서 노무현 코드의 반란과 역풍은 노무현을 실패하게 한다.

3) 노무현을 지지했던 코드들은 무엇이 있었던가. 노무현은 변방과 비주류 그리고 저항의 코드를 통해 주류와 기득권 체제에 전사의 코드를 가지고 있다. 서민, 가난이라는 약자의 코드를 통해 부유층과 가진 자들의 독선에 항의하는 메신저다. 기성체제에서는 볼 수 없었던 소통과 솔직의 코드는 폐쇄와 음모, 국민기만의 풍토를 갈아엎는 농부의 코드를 형성하기도 했다. 그러나 이러한 코드들은 노무현을 실패로 모는 자충수로 작용한다. 이젠 주류가 되어버린 서태지가 미국으로 갈 수밖에 없고 마니아를 위한 저항의 코드만을 형성하는 과정을 노무현도 그대로 겪게 되는 구조다. 그것은 어쩌면 노무현의 판타지 코드가 노무현의 현실을 맞닥뜨리게 되었을 때 아노미를 겪게 되면서 부는 역풍의 전조다. 이러한 코드들이라면 2004년 총선에서 노무현은 승리할 수 없다. 이러한 구도에서 그나마. 노무현 코드 지지자들은 노무현에게 남아 있을까. 그것은 노무현의 실패를 의미한다.

4) 이러한 반란과 역풍의 가능성은 노무현의 딜레마와 정책가적 구조와는 상관

없는 기대치만이 존재하기 때문이다. 그 노무현은 인권변호사도 아니고 재야인사도 아닌 정책가다. 그렇다면 노무현은 어떠한 정책가적 딜레마 속에 있는가. 이념적인 대결에서는 어중간한 위치, 절대적인 강자도, 약자도 아닌 어정쩡한 위치에서 신자유주의와 강대국에 저항해야 하는 한국 경제와 국가 안보에서 노무현이 할 수 있는 역할은 어디까지인가 하는 접점의 모색이 우선 필요하다는 점을 지적한다.

5) 수많은 딜레마 가운데 과연 노무현은 민주당을 버릴 수 있는가, 그리고 언론을 개혁할 힘이 있는가는 중요한 사안이다. 그가 가지고 있는 관료의 딜레마에서 어떻게 정책을 취할 것인지, 태생적으로 가지고 있는 고슴도치의 애절한 비극적 딜레마는 어떻게 할 것인지. 또한 노무현이 가진 딜레마 중에 하나는 소수 세력이라는 점, 그에 비하여 거대 조직과 제도를 개혁해야 한다는 역설적이 상황이 있다. 김대중은 1999년 1월 검찰파동 속에서 일선 검사들은 물론 시민단체들로부터도 김태정 당시 검찰총장의 퇴진요구가 거셀 때 "검찰총장 임기제는 어떤 일이 있어도 지켜야 한다."고 쐐기를 박았다. 더 나아가 정치적 처신과 표적사정 등으로 말도 많고 탈도 많았던 그를 그 후에 법무장관으로 영전시켜 '원칙'을 스스로 무너뜨렸다. "남이 하면 불륜이요, 자신이 하면 로맨스"라는 세간의 우스갯소리를 떠올리게 하는 처사라는 비판에도 불구하고 그를 지켰다. 이러한 사례만을 보자면 김대중의 인사는 실패다. 그러나 이를 그렇게만 볼 수 있을까.

시민단체들은 노무현의 김화중 보건복지부 장관의 임명을 반대했다. 또한 고건 총리에 대한 반대를 피력했다. 노무현 지지자들도 그 많은 사람들 놔두고 왜 고건이냐는 비판을 쏟아냈다. 왜 그랬는지에 대한 이유를 이 부분에서 다루고 있다.

이러한 소수 세력이 가지는 근본적인 한계를 돌파하기 위해서 노무현은 노무현의 코드들을 포기할 것인가, 가지고 갈 것인가에 대하여 끊임없이 딜레마에 빠지게 된다. 이러한 점은 집권기간 내내 계속되는 것이고 이러할 때 노무현 코드들을 지지하는 이들은 어떻게 반응할까. 양비론과 냉소주의에 빠질 것은 이미 김대중의 사례에서 보았다. 이러는 한 노무현은 실패한다.


6) 그렇다면 이제 우리는 무엇을 할 것인가. 노무현을 지지한 이들은 대선에서 노무현이 끝나고 나서 이제는 노무현을 비판하겠다고 했다. 아마 노무현을 그렇게 지지했던 것이 마음속으로 찔렸는가 보다. 그것은 김대중이 대통령이 되었을 때도 마찬가지였다. 그러나 그러한 맹목적인 비판이 김대중을 사지로 몰아넣은 점은 분명하게 지적되어야 한다.

단지 노무현을 비판하기만 할 것인가.

비판을 하는 사람은 넘쳐난다. 문제는 노무현이 가지고 있는 정책가적 딜레마를 밝히고 이제 대한 현실적인 대응수단, 정책을 모색함으로써 거대세력에 대항하는 소수 개혁·진보 세력이 실패하지 않도록 지지하는 것이다. 이 부분에서는 노사모가 단지 그대로 남아 있다거나 시민단체로 바꾸는 것에 대한 문제점을 지적하고 있다. 또한 그동안 정책을 비판한 행태들의 한계를 지적하면서 다른 방향성을 모색해야 한다는 점을 지적하고 있다. 이것 중에 하나가 소수 개혁세력이 겪게 되는 정책가적 위치와 구조의 시각에서 정책과 국정을 분석하는 정책평론이다.

이 부분에서는 정책 평론의 가능성에 대해 그룹 사고(Group Think)와 시스템 사고를 예로 들어 지적하고 있다. 다만, 애초에 포함되었던 정책평론 운동의 구체적인 의미와 구도는 다소 딱딱하고 차후 논의하는 것이 필요하다고 판단, 생략했다.


위와 같은 논의는 아무리 개혁적인 소수 세력이 정책가 그룹을 형성한다고 해도 겪게 되는 딜레마와 패착(敗着)의 구조다. 이제는 더 이상 우리끼리 실망시키고 실망하면서 양비론과 냉소주의에 포획되는 것을 막아야 할 의무 앞에 있다.


2003년 5월

김 헌 식